I libri di Viella
435

Maria Teresa Rachetta

L'*Histoire ancienne jusqu'à César*

Saggio di storia della cultura francofona del XIII secolo

viella

Prima edizione: novembre 2022
ISBN 979-12-5469-213-4

Volume pubblicato con il finanziamento della Scuola Superiore Meridionale di Napoli, area "Testi, tradizioni e culture del libro. Studi italiani e romanzi".

RACHETTA, Maria Teresa
L'Histoire ancienne jusqu'à César : saggio di storia della cultura francofona del 13. secolo / Maria Teresa Rachetta. - Roma : Viella, 2022. - 298 p. : tab. ; 24 cm. (I libri di Viella ; 435)
Bibliografia: p. [261]-287
Indici dei nomi, delle opere anonime e dei manoscritti: p. [289]-298
ISBN 979-12-5469-213-4
1. Histoire ancienne jusqu'à César - Critica del testo 2. Prosa francese - Sec. 13.
843.1 (DDC 23.ed) Scheda bibliografica: Biblioteca Fondazione Bruno Kessler

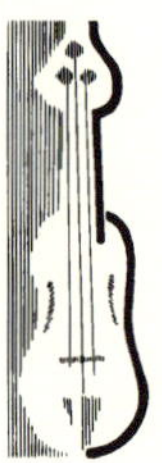

viella
libreria editrice
via delle Alpi 32
I-00198 ROMA
tel. 06 84 17 75 8
fax 06 85 35 39 60
www.viella.it

Indice

A Sylvia Huot, in occasione del suo pensionamento

Introduzione

L'*Histoire ancienne jusqu'à César* (da ora in poi *HAC*) è un lungo testo in prosa francese intervallato da inserti in versi.[1] Redatta nei primi decenni del XIII secolo, racconta la storia del mondo dalla creazione fino alle campagne galliche di Giulio Cesare secondo fonti prevalentemente latine, antiche e tardoantiche. Nella versione giunta fino a noi non reca il nome del suo autore. A partire dagli ultimi decenni del Duecento e per i due secoli successivi, l'*HAC* è stata diffusa in numerose copie manoscritte e ha goduto di ampio successo in ambienti di cultura testuale e letteraria francofone collocati in uno scenario geografico molto ampio, che comprendeva oltre alla Francia anche l'Italia e gli insediamenti latini della Terrasanta. L'*HAC* era un'opera dagli intenti ambiziosi, la cui realizzazione ha segnato un punto di svolta nella storia della produzione testuale nei volgari europei introducendo nel repertorio francese e romanzo – dove la storiografia più antica era prevalentemente di impianto genealogico ed etnico – una dimensione spazio-temporale ampia e, insieme a essa, i temi e le strutture tipici di quella che i moderni chiameranno "storia universale".[2] Se in precedenza non erano mancate importanti opere storiografiche in francese (basti ricordare quelle di Wace, ampiamente diffuse ancora per tutto il Duecento), è solo con l'*HAC* che il pubblico del volgare ha potuto accedere a una rappresentazione coerente e una narrazione compiuta della storia antica, sacra e profana. Il successo di questo testo – che prosegue entro tutto il XV secolo e arriva alla stampa – documenta l'entusiasmo duraturo con il quale tale innovazione fu accolta.[3]

1. Il titolo qui adottato è moderno e risale a P. Meyer, *Les premières compilations françaises d'histoire ancienne*, in «*Romania*», 14 (1885), pp. 1-81. Alcuni editori hanno impiegato anche l'intitolazione *Estoires Rogier*, estratta dalla rubrica incipitaria del codice P, circa la quale si veda il § 2.2.1, alle pp. 108-109.

2. Sulla problematicità di questa etichetta si veda M. Campopiano, *Introduction: New Perspectives on Universal Chronicles in the High Middle Ages*, in *Universal Chronicles in the High Middle Ages*, ed. by M. Campopiano, Henry Bainton, York, York Medieval Press, 2017, pp. 1-18, alle pp. 2-4.

3. Sulla fortuna a stampa dell'*HAC*, di cui questo studio non si occupa, si veda *L'Histoire ancienne jusqu'à César ou Histoires pour Roger, châtelain de Lille, de Wauchier de Denain. L'histoire de la Macédoine et d'Alexandre le Grand*, éd. par C. Gaullier-Bougassas, Turnhout, Brepols, 2012, pp. 42 e 92-95.

L'ideazione e la redazione di un'imponente architettura testuale in prosa come l'*HAC* si iscrive in una tendenza innovativa più ampia che caratterizza il panorama letterario francofono del primo XIII secolo.[4] Nel secolo precedente l'impiego della prosa aveva trovato usi più ristretti, limitati a traduzioni bibliche e omiletiche. È solo con la generazione di autori attiva tra la fine del Cento e l'inizio del Duecento che questo modo di espressione viene impiegato in contesti nuovi, come la narrativa di finzione e la letteratura didattica ed enciclopedica – tutte tipologie discorsive che erano state appannaggio delle scritture in versi, e che continueranno a essere praticate in forme metriche anche da autori duecenteschi. L'estensione dell'uso della prosa e la diffusione dei nuovi testi hanno coinciso cronologicamente, durante tutta la prima metà del XIII secolo, con l'affermazione del francese come lingua di cultura anche presso comunità non francofone.[5] Il francese divenne, nell'ambito del *continuum* linguistico romanzo mediterraneo, la varietà scritta preferita, e a lungo specializzata, per la narrativa e la diffusione di materiali eruditi e sapienziali. Entro questa tendenza generale, singoli episodi possono essere spiegati come conseguenze di scelte di poetica o come effetti di un prestigio sociale o estetico. In generale, però, le dimensioni e i modi dell'espansione del francese derivano soprattutto da dinamiche specifiche di produzione testuale, di circolazione e di scambio che hanno influenzato la storia culturale con la forza propria dei fatti compiuti e ineludibili. D'altro canto, i movimenti socio-culturali di ampio respiro e i fattori economico-politici concomitanti hanno solo dato forma – non causato – il successo di una produzione che deve la sua influenza soprattutto alla sua qualità, alla sua carica innovativa, e all'iniziativa degli uomini che hanno riconosciuto entrambe.[6]

A cavaliere tra il Cento e il Duecento l'espansione della prosa riguarda tutta l'espressione letteraria in francese.[7] Essa si configura talvolta come una "con-

4. B. Woledge, H. P. Clive, *Répertoire des plus anciens textes en prose française depuis 842 jusqu'aux premières années du XIIIe siècle*, Genève, Droz, 1964.

5. Per una rilettura dei concetti di *francophonie*, *rayonnement* della cultura francese e *world literature* in chiave filologica e storico-linguistica si veda: F. Zinelli, *Inside/Outside Grammar: The French of Italy Between Structuralism and Trends of Exoticism*, in *Medieval Francophone Literary Culture Outside France: Studies in the Moving Word*, ed. by N. Morato, D. Schoenaers, Turnhout, Brepols, 2019, pp. 31-72; Id., *De la France-Italie à l'Italo-France (ou de l'histoire littéraire comme délocalisation)*, in *Transferts culturels franco-italiens au Moyen Âge / Trasferimenti culturali italo francesi*, éd. par R. Antonelli, J. Ducos, C. Galderisi, A. Punzi, Turnhout, Brepols, 2020, pp. 169-199. Per una proposta di revisione della storiografia letteraria incentrata tanto sulla produzione che sulla ricezione di testi francesi presso comunità non esclusivamente francofone si veda S. Gaunt, *French Literature Abroad. Towards an Alternative History of French Literature*, in «Interfaces», 1 (2015), pp. 25-61.

6. I parametri qui evocati per la ricostruzione del fenomeno sono già tutti in P. Meyer, *De l'expansion de la langue française en Italie pendant le Moyen Âge*, Roma, Accademia dei Lincei, 1904. Meyer negava le presunte qualità intrinseche delle lingue, teneva in conto l'esistenza di un *continuum* latino-romanzo ancora nel XIII secolo e valorizzava sia i fattori sociali che il ruolo degli autori.

7. Con "letterario" e "letteratura", qui e altrove, intendo un tipo di discorso progettato per la conservazione e la diffusione mediante riproduzione (tanto scritta quanto orale), senza pregiudizio circa le funzioni che un testo così qualificato poteva avere (che erano sempre più di una). Le caratteristiche che distinguono il discorso letterario da quello non letterario – posto che la divisione

versione" dal verso alla prosa di tradizioni letterarie già esistenti in volgare; più frequentemente, però, il fenomeno che si verifica è meglio descrivibile come l'appropriazione da parte della cultura volgare di materie e tipologie discorsive nuove, intrinsecamente prosastiche. Questa appropriazione avviene in circostanze diverse e secondo stimoli non del tutto sovrapponibili nei diversi contesti in cui ciascuna opera è stata progettata, redatta e fruita, in genere per ottemperare a funzioni altrettanto differenziate. Parlare di un *essor de la prose* come fenomeno unico e unitario ha quindi poco senso. Si possono però individuare delle analogie nelle vicende storiche di tradizioni testuali inerenti materie simili o analoghe. In questa ottica la produzione dell'*HAC* fa effettivamente parte di un movimento più ampio, quello delle grandi prose storiche, a cui si possono ricondurre anche le grandi Bibbie francesi in prosa e i *Faits des Romains* (un racconto della vita di Cesare basato su Sallustio, sui *Commentarii* dello stesso Cesare, e su Svetonio). Mentre i *Faits* si basano su testi latini i cui contenuti (per quel che ne sappiamo) non erano ancora stati divulgati in francese, l'*HAC* e le Bibbie contengono materiali narrativi per la maggior parte dei quali esistevano già, nel XII secolo, adattamenti in versi. Le nuove opere in prosa non derivano però direttamente da questi: i nuovi autori – che pure spesso conoscevano i poemi – sono ritornati al patrimonio latino, hanno scelto di sfruttare fonti che prima non erano state messe a profitto, e hanno proceduto al loro adattamento in volgare *ex novo*. Questo passaggio generazionale ha significato un cambiamento di paradigma per quanto riguarda la ricezione della cultura latina e i modi della sua mediazione verso il pubblico volgare. Nel campo della storiografia antica sacra e profana, la prosificazione di opere in versi più antiche rimase a lungo un fenomeno occasionale e marginale, limitato a singole sezioni o episodi di opere più vaste e determinato da ragioni contingenti come l'inaccessibilità o la difficoltà della fonte primaria.

La preferenza costante accordata al contatto diretto con la cultura latina è una caratteristica che distingue la cultura storica in francese del primo Duecento soprattutto rispetto agli sviluppi successivi. A partire dagli ultimi decenni del secolo, infatti, gli episodi di prosificazione diventeranno ricorrenti. Lo spartiacque è costituito dalle *mise en prose* del *Roman de Troie* di Benoît de Sainte-Maure, con le quali per la prima volta la rielaborazione di una materia antica prodotta nel Cento viene ammessa integralmente e organicamente nel repertorio prosastico.[8] Queste prosificazioni – che saranno prodotte prevalentemente nel contesto delle comunità di cultura francese del bacino mediterraneo – segneranno un mutamento di gusto significativo: i lettori delle prose storiche preferiscono ora che le vicende pagane – delle quali gli autori del primo Duecento avevano fornito dei resoconti sintetici

non è mai netta – possono essere inerenti al testo verbale (per esempio la struttura metrica) oppure esterne e di natura sociale (per esempio il prestigio attribuito a una data materia da un pubblico vasto o influente).

8. M.-R., Jung, *La légende de Troie en France au Moyen Âge. Analyse des versions françaises et bibliographie raisonnée des manuscrits*, Basel-Tübingen, Francke, 1996, pp. 440-562. Per *Prose 5*, che è la versione che verrà interpolata nell'*HAC*, si veda *infra*, § 3.3.1, in particolare pp. 206-207 e n. 36.

ma basati direttamente su fonti ritenute fededegne – siano raccontate diffusamente, con spirito enciclopedico e con uno stile amplificato. Che non si tratti di semplici accidenti testuali è dimostrato dalla coeva inclusione del poema di Benoît nella produzione latina contemporanea, con l'*Historia desctructionis Troiae* di Guido delle Colonne. Prima di questi sviluppi, però, il rapporto della cultura prosastica con quella in versi del Cento sarà dialettico, non inclusivo.

Gli autori francesi del XII secolo erano riusciti, nel giro di un paio di generazioni, a costruire una tradizione volgare solida in cui opere ambiziose erano servite a ricodificare, rileggere e ripensare materiali antichi e altomedievali, sia canonici (per la storia sacra e quella classica) sia più eccentrici (come le tradizioni celtiche alla base delle narrative arturiane). Nel recepirne le opere, quelli del primo XIII hanno innovato almeno su due fronti: nell'adottare la prosa, hanno scelto una forma testuale meno modellata sull'oralità e hanno perseguito l'educazione del pubblico volgare alla forma libro; nello scegliere fonti nuove, e soprattutto nel trattarle con una fedeltà (ideologica, prima che formale) ignota ai loro predecessori, hanno segnato una frattura culturale. Così facendo, hanno introdotto nella cultura volgare europea un modo nuovo di mediazione coerente, sistematica e critica di testi e temi antichi e tardoantichi secondo modelli profondamente segnati dalla ricezione cristiana patristica e post-patristica. Nonostante le profonde differenze di spirito e intenti, la produzione in prosa del Duecento ha giocato un ruolo cruciale nel conservare e diffondere anche quella del Cento. Non l'ha cancellata, ma le si è affiancata; in alcuni casi il successo delle prose sembra aver contribuito a rilanciare quello delle opere in versi e aumentare ulteriormente la loro diffusione anche a distanza di molti decenni dalla loro composizione.[9]

Da questo punto di vista, le grandi prose storiografiche del primo XIII secolo (e l'*HAC* in particolare) non sono solo testi di elevata qualità, ma anche opere che hanno saputo cogliere e attuare le potenzialità di una società che stava creando strutture nuove, entro la quale la cultura volgare poteva ampliarsi ed evolversi. La produzione e la circolazione di questi testi ha avuto luogo in coincidenza con l'aumento dell'alfabetizzazione e il consolidarsi di un commercio librario su scala europea. Queste evoluzioni hanno alimentato la produzione di testi e sono state a loro volta alimentate dei testi, secondo uno scambio continuo tra le iniziative dei singoli (autori, commercianti, lettori) e la formazione di una nuova infrastruttura culturale (il libro volgare e le relazioni umane che ne hanno permesso la progettazione, la produzione, e la diffusione). I risvolti intellettuali di questi mutamenti sono ancora insufficientemente noti, e la storia di un testo come l'*HAC* vale la pena di essere indagata anche perché illumina vicende cruciali della cultura europea del Duecento e interseca la storia delle lingue, la storia delle forme testuali e quella della cultura libraria.

I primi due capitoli di questo libro concernono il retroterra e la composizione dell'*HAC*. Il primo capitolo è dedicato al contesto più ampio e ad alcune que-

9. Per il caso dell'*HAC* e dei *romans d'antiquité* nei codici illustrati si veda *infra*, § 3.2.1, pp. 184-187.

stioni storiografiche e interpretative ereditate dagli studi esistenti: prima di tutto quella dell'affermazione della prosa francese in generale, riletta attraverso fonti testuali e nel contesto più ampio costituito dalle produzioni latina e romanza; poi i modi della ricezione dei testi e della cultura antica nel medioevo centrale – un tema la cui discussione è stata segnata da giudizi estetici e morali che risalgono agli studi novecenteschi e che possono essere oggi relativizzati. Un paragrafo finale è dedicato all'attribuzione dell'*HAC* a Wauchier de Denain. Il secondo capitolo è dedicato alla critica interna del testo dell'*HAC*, e contiene un'analisi delle strutture discorsive che danno forma al testo e configurano il rapporto tra prosa e versi, nonché ai problemi, tra loro strettamente connessi, dell'unità dell'opera e della storia della sua composizione. Tale analisi costituirà il presupposto per definire due importanti caratteristiche dell'*HAC*: il rapporto dialettico con la tradizione letteraria del Cento (sia sul piano formale che su quello ideologico) e la visione della storia romana come una preistoria ecclesiastica. Questi elementi, insieme alla discussione dei riferimenti alla storia contemporanea che si trovano nel testo, permetteranno di collocare l'autore, la sua cultura e le sue intenzioni in un contesto – quello dei chierici secolari dei primi decenni del Duecento nella Francia del Nord – cosmopolita, colto, ma allo stesso tempo pienamente integrato nella società nel suo complesso, tanto nelle relazioni feudali quanto nelle dinamiche urbane. Il terzo capitolo si concentra sulla circolazione dell'*HAC* nei decenni successivi fino circa al 1350, con qualche escursione in epoche più recenti: è dedicato alla genealogia dei codici e alla ricostruzione di parte delle fitte dinamiche innovative (spesso contaminatorie) che interessano la tradizione dell'*HAC*; queste dinamiche, considerate nel loro complesso, raccontano la storia delle cure alle quali il testo è stato sottoposto da coloro che lo hanno diffuso.

I problemi affrontati nei primi due capitoli da un lato e quelli a cui è dedicato il terzo dall'altro sono di fatto strettamente connessi, ma devono rimanere distinti in fase operativa perché diversi sono i metodi che permettono di affrontarli: da un lato la lettura e l'analisi di un testo ragionevolmente vicino all'originale (e così definito sulla base di considerazioni inerenti il rapporto con le fonti e la ricostruzione del contesto di produzione), dall'altro una vasta tradizione manoscritta che si presenta come variegata, geograficamente estesa e già modellata (o deformata, in alcuni casi) dall'intervento di copisti-editori. I dati e le deduzioni che permettono di analizzare i due problemi sono anche, in linea di principio, distinti: da un lato, sono costituiti da argomenti di critica interna finalizzati a delucidare i rapporti tra il testo nella sua forma originale e il mondo nel quale è stato prodotto; dall'altro, si tratta di analisi e ricostruzioni formulate a partire dai testimoni conservati e in generale riguardano la dimensione materiale e concreta della storia del testo. Nella filologia biblica esiste una coppia di etichette, corrente a partire dal Settecento, che definisce queste due operazioni in maniera molto efficace: "critica alta", per la critica storica e delle fonti, e "critica bassa", per la critica testuale. Nel momento in cui vengono praticate entrambe, l'una non può fare a meno dei risultati dell'altra, ed esse diventano inscindibili a dispetto delle differenze di metodi e di fonti. Proprio come nella critica biblica, in cui talvolta ragioni confessionali hanno fatto sì che mancasse un riconoscimento pieno alla critica alta, anche nell'ambito molto meno controverso degli studi letterari si predilige talvolta una sola delle due critiche. I danni che questa pratica può produrre sono importanti: la critica alta da sola non può che discutere un testo non controllato; la sola critica bassa, anche quando produce risultati storicamente validi, rischia di essere condotta subordinando in maniera eccessiva la valutazione dei dati all'applicazione di modelli teorici o alla finalità pratica di produrre un testo critico ricostruttivo.

Per quanto riguarda la critica alta, nel corso del mio lavoro non ho potuto non rilevare come sugli studi intorno all'*HAC* pesi una mancanza di rinnovamento ideologico: i giudizi novecenteschi si sono spesso tramutati in pregiudizi generalizzanti e teleologici che agiscono sul discorso critico come una forza di inerzia difficile da contrastare. Questo non vuol dire, naturalmente, che negli ultimi anni non sono state proposte delle interpretazioni acute e molto probabilmente vicine alla verità. Ma alcune di esse suscitano altre domande, le cui risposte – ancora in gran parte ignote – possono anche modificare sostanzialmente i risultati ottenuti fino a ora. Per esempio, il fatto che l'espansione della prosa nel primo XIII secolo abbia permesso di comporre in volgare testi più vicini alle fonti latine perché liberi dal vincolo della rima è indubbiamente vero. Questa possibilità di fedeltà può essere certamente letta come un progresso (magari non definitivo e non generalizzato) verso una maggior funzionalità della lingua volgare. Ma questo riconoscimento esaurisce il problema storico che questi testi pongono? Sul piano concreto, come interpretare i casi (la grande maggioranza) in cui la fedeltà al testo latino rimane una potenzialità in gran parte inespressa, e i prosatori si prendono libertà certo diverse da quelle dei rimatori, ma non trascurabili? La minore tendenza dei prosatori rispetto ai rimatori a innovare aggiungendo episodi dal tono romanzesco o enciclopedico deve essere interpretata come il sintomo di un atteggiamento di tipo "umanistico", rispettoso dello spirito delle fonti, oppure, a fronte dell'assenza di intenti emulativi sul piano stilistico, come indice del fatto che quelle in prosa sarebbero semplici "traduzioni di servizio"? Ancora, su un piano più ampio: il fatto che la letteratura volgare includa nella comunicazione il pubblico laico – altro dato innegabile, e altro progresso in un'ottica teleologica – esaurisce le domande sociologiche? Quanto si può dire ideologicamente laico un pubblico che fruisce una cultura dall'impostazione catechetica come quella che emerge talvolta dall'*HAC*? Forse una laicità passiva, che una classe di chierici si incaricava di blandire con i riferimenti ai valori guerreschi per poi nutrirla con una morale basilare e rimasticata? Nella prospettiva della ricerca delle radici medievali di certe coscienze e scrupoli moderni, dei semi di noi stessi in un certo senso, è del tutto possibile che il giudizio su testi come l'*HAC* debba essere severo, e sarebbe un giudizio del tutto lecito. Ma appunto, si tratta di un giudizio – qualcosa di diverso, e che deve essere tenuto rigorosamente separato, dalla conoscenza.

Per evitare il rischio di emettere inavvertitamente dei giudizi mi sono trovata in possesso di due armi, che chi legge giudicherà se ho saputo usare. La prima è il quadro concettuale che fonda la filologia romanza: in particolare, sono state molto importanti l'idea che i volgari e il latino si evolvano nei loro usi organicamente anche in un'epoca molto avanzata rispetto alla loro differenziazione quale è il XIII secolo, e che la lingua sia uno strumento di comunicazione prima che di identità. Per quanto riguarda la questione dell'evoluzione organica, credo che le domande circa quali testi siano stati tradotti e adattati e come possano aiutare a chiarire molti punti oscuri, come anche gli interrogativi intorno allo sviluppo concomitante di nuove forme di espressione volgare e di espressione latina (considerate sia sotto il profilo strettamente testuale che sotto quello materiale, relativo alla conservazione e alla trasmissione scritte). Circa la questione dell'identità – particolarmente importante occupandosi di letteratura storica – credo che considerare l'uso di un volgare primariamente come indice dell'appartenenza di un discorso a un dato gruppo, per esempio i laici opposti ai chierici, o i francofoni opposti ai non francofoni nel contesto di una "storia della letteratura francese medievale", possa portare molto fuori strada perché i gruppi che individuiamo sono i gruppi che definiamo *a priori*. Questo può impedirci di cogliere le sfumature intellettuali, ideologiche e pragmatiche dei testi, e di avvertire le differenze tra le varie produzioni di un'epoca la cui espressione in volgare ci appare ancora largamente indifferenziata dal punto di vista della storia sociale. La domanda vera non è se l'immagine netta del primo Duecento che le storie della letteratura francese ci restituiscono (quella di una sorta di ritorno all'ordine dopo le esuberanze del Cento) sia vera o no, ma piuttosto perché questa immagine sia così netta – tanto da far sorgere il sospetto di una deformazione ottica. Le cause di questa percezione possono risiedere, di volta in volta, in un monopolio della produzione testuale relativa a un determinato genere, o in un monopolio della trasmissione/conservazione, oppure in un nostro difetto di comprensione delle funzioni esercitate dai testi. Non credo davvero di aver risolto questo problema del tutto, e anzi in molti casi mi sarò spinta senza paracadute e sarò andata fuori strada, ma spero che il tentativo renda giustizia alla bellezza dei materiali e allo sforzo degli uomini che li hanno prodotti.

In questo volume mi capiterà di utilizzare la categoria di "erudizione" per definire alcuni aspetti dell'*HAC* e di altri testi volgari dipendenti da fonti latine. La impiegherò per indicare opere che hanno avuto la funzione di trasferire contenuti colti nel campo del volgare e che hanno mutuato dalla tradizione latina anche caratteristiche formali, modi di produzione testuale e tipologie di trasmissione (per esempio – rispettivamente – la prosa, la compilazione di fonti e il *medium* libro) in contesti in cui esistevano e continuavano a essere coltivate forme letterarie connotate come prettamente volgari (nell'epoca che ci interessa, per esempio, le forme metriche narrativo-didattiche come il *couplet* di ottosillabi e la lassa di alessandrini). Si tratta di un'etichetta certamente imperfetta perché il concetto di erudizione evoca funzioni molto diverse da quelle in gioco qui (la ricerca innovativa, piuttosto che la diffusione del sapere), ma nonostante tutto mi è parsa utile per sottolineare la discontinuità tra produzione del XII secolo e produzione del XIII secolo. Soprattutto, è una terminologia che consente di tematizzare il cambiamento di rapporti tra la produzione volgare e quella latina entro il sistema culturale nel suo complesso: un cambiamento di equilibri che ha contato, nella storia della cultura volgare, molto più delle dinamiche endogene vere o presunte.

Per quanto riguarda invece la critica bassa, il mio obiettivo principale è quello di proporre una sistemazione possibile dei risultati che gli studi filologici recenti hanno conseguito circa la tradizione e i testimoni, con delle integrazioni. Negli ultimi decenni e ancor più negli ultimi anni, infatti, i lavori sull'*HAC* sono stati numerosissimi e di grande impegno e qualità. Gli aspetti di sintesi del mio lavoro sono (oltre che, naturalmente, non definitivi) parziali e controvertibili, prima di tutto nella misura in cui trovano un centro aggregante nella ricostruzione dei piani alti dello stemma. Inoltre, il modo in cui ho recepito i risultati e le ipotesi altrui è inevitabilmente influenzato dai miei gusti, dai miei pregiudizi e soprattutto dai miei limiti. Ma quello che mi sembra importante è provare a trattare la filologia come una disciplina capace di produrre una conoscenza collaborativa e cumulativa. In questo senso, è importante che la sintesi non avvenga solo nella forma dell'edizione critica, uno strumento che certamente mantiene le sue funzionalità quando si tratta di restituire un testo affidabile e ragionato, ma che non può includere altri tipi di risultati che potremmo designare collettivamente come "storia della tradizione".

Nel sottotitolo di questo volume l'espressione "storia della cultura" è usata in senso tecnico, non analogico. La storia dei testi è a pieno titolo parte della storia più ampia delle produzioni intellettuali. La specificità della storia dei testi risiede nel fatto che anziché concentrarsi su entità immateriali (anche se non necessariamente astratte) come le idee, le tendenze o i movimenti intellettuali, ha il suo oggetto nei significati e le vicende dei testi, a partire dalla loro elaborazione e poi attraverso la loro circolazione. Lo strumento per indagare questa storia è la filologia nel senso più ristretto e tecnico, cioè quell'insieme di metodi che si chiamano anche ecdotica. Questi metodi permettono non soltanto di elaborare edizioni affidabili, ma anche di costruire e interpretare fonti utili per una storia dei discorsi durevoli. Riconoscere e coltivare anche queste potenzialità della filologia permette di accorgersi di problemi storici che sfuggono a qualunque altro approccio. L'*HAC* è uno dei tanti testi medievali che hanno avuto un impatto nullo o limitatissimo sulla modernità, la cui influenza si è prima diluita e poi esaurita nel giro di poche generazioni. La lingua in cui è scritta è patrimonio di pochi specialisti ed è destinata a rimanere tale; i contenuti che veicola non sono originali, e spesso neanche le interpretazioni. Il valore di questo testo sta tutto nell'evento che la sua redazione e diffusione ha rappresentato nella storia della cultura europea, non tanto in sé per sé quanto come componente di un sistema il cui principale interesse risiede nelle relazioni sociali e intellettuali che l'hanno determinato e che da esso sono state modificate. Fenomeni come l'allargarsi delle possibilità espressive di una lingua, l'estendersi e il diversificarsi della partecipazione a una dimensione intellettuale, l'appropriarsi da parte delle società di nozioni e interpretazioni, non sono entità puntiformi ma oggetti estesi nello spazio e nel tempo. Gli episodi di ricezione di testi, forme e idee nelle generazioni successive a quelle degli autori sono sì fraintendimenti e manipolazioni, ma sono anche componenti integrali della fisionomia di un fenomeno sul medio periodo. In questo senso, la filologia intesa come conoscenza dei modi di trasmissione può dare accesso a un tipo di problemi storici molto più articolati e di portata ampia rispetto a quelli, pur importantissimi, che fanno tradizionalmente parte del suo dominio, come la ricostruzione ipotetica dell'originale, ma anche la storia degli adattamenti e, su un piano diverso, l'attribuzionismo. Nel caso dell'*HAC*, il lavoro collettivo portato avanti negli ultimi decenni ha posto le basi per intravedere uomini e ambienti prima al margine del discorso storiografico moderno sul Duecento, come la generazione di autori francesi attiva nei primi decenni del secolo e quella dei copisti attivi intorno alla metà, gli artefici della profonda revisione del testo e della sua larga diffusione i cui prodotti oggi sono perduti e si intravedono solo attraverso le copie più tarde. Si tratta di gruppi di attori culturali formati per lo più da anonimi, che non ci hanno lasciato né dichiarazioni programmatiche, né sistemazioni retrospettive, né riflessioni metapoetiche, né biografie. L'obiettivo ultimo di queste ricerche è di contribuire a riguadagnare almeno in parte questi uomini alla nostra conoscenza.

L'idea che la filologia possa produrre un sapere cumulativo è un'aspirazione che comporta oggi delle sfide difficili. Nel campo della filologia volgare in generale, ma in quello della filologia dell'antico francese in particolare, l'ultimo secolo ha visto l'applicazione di una pluralità di approcci allo studio della documentazione manoscritta. Non mi riferisco solo alla polemica, ben nota, tra lachmanniani e "bédieristi",[10] ma anche e soprattutto al dialogo, molto meno rumoroso perché spesso implicito, tra modi diversi di concepire lo studio delle tradizioni. Il caso dell'*HAC* è particolarmente interessante da questo punto di vista perché l'unico stemma completo che è stato a lungo disponibile, quello di Marijke de Visser-van Terwisga, è stato tracciato con metodi quantitativi. Ancora, uno degli studi più influenti sulle ricerche recenti, quello di Marc-René Jung, è basato sul rilevamento della variazione con un approccio tipologico e programmaticamente non genealogico. Lo stemma dell'*HAC* e la storia della tradizione antica sono stati ricostruiti da Fabio Zinelli combinando – ma non confondendo – approccio lachmanniano e neo-lachmanniano. Considerato ciò, e considerata l'estensione dell'opera e il fatto che le analisi condotte sono di necessità parziali, non stupisce che gli studi esistenti siano arrivati a risultati talvolta contraddittori. Nel corso delle mie ricerche ho considerato importante spiegare il *perché* di queste contraddizioni, che quasi mai sono dovute a difetti intrinseci di metodo ma piuttosto a limiti inevitabili nella concezione e nell'esecuzione di ciascuna ricerca, questa compresa. Proprio per via di questi limiti, gli studi rigorosamente

10. Sulla dubbia consistenza storica della fazione bédierista – ma anche sull'importanza teorica e polemica di questa idea – si veda F. Duval, *À la recherche des bédiéristes et de leurs avatars*, dans *L'ombre de Joseph Bédier. Théorie et pratiques éditoriales au XXe siècle*, sous la dir. de C. Baker, M. Barbato, M. Cavagna, Y. Greub, Strasbourg, Éditions de linguistique et de philologie, 2018, pp. 181-206.

condotti sono sempre integrati da quelli successivi, e mai superati (anche quando punti di dettaglio vengono corretti). Nel recepire gli studi filologici sull'*HAC* ho considerato i diversi metodi impiegati come ipotesi operative funzionali a una argomentazione; nessuno di essi è valido o non valido in sé, ma tutti rivelano la loro utilità nel confronto con altri procedimenti e nella misura in cui riescono a vedere i problemi e le sfide poste dalle fonti, prima ancora che a risolverli – per la ragione che essi spesso sono irrisolvibili.

Nel campo delle discipline storiche i metodi sono degli insiemi di definizioni e formule che ricoprono due funzioni: comunicare agli inesperti la molteplicità di esperienze implicate dal contatto con la documentazione, e permettere agli esperti di comunicarsi a vicenda le rispettive valutazioni delle stesse esperienze. La prima funzione permette di conservare e di accrescere l'esperienza collettiva, la seconda di misurare l'efficacia di questa esperienza nell'interpretazione delle fonti. In ogni contesto dove esiste una pratica filologica fruttuosa, la trasmissione delle tecniche avviene attraverso un linguaggio formalizzato. Questa stessa dimensione formale ha fornito, e continua a fornire, delle linee guida che sono indispensabili all'autocoscienza di chi fa ricerca e al dialogo tra studiosi. Ma è anche vero che lo studio di una tradizione manoscritta in sé, nella fase in cui la si deve dirimere e interpretare, è soprattutto un problema pratico. Farne un problema teorico, scegliendo a priori un metodo in modo esclusivo o argomentando che una determinata analisi possa diventare modello formale di altre, comporta dei rischi notevoli. Tra questi, i più pericolosi sono due. Il primo, meno grave, è legato ai modi in cui gli studi filologici possono essere recepiti dall'esterno. Ai non filologi, essi rischiano di apparire un campo di confronto esoterico per iniziati le cui motivazioni sono difficili da cogliere e che possono essere confuse con l'attaccamento conservatore e acritico a un metodo o a un sotto-metodo. Questa incomprensione, che si verifica di frequente, priva di possibilità di dialogo importanti, e in definitiva mina la qualità del dibattito complessivo. Il secondo rischio, che andrebbe evitato a ogni prezzo, è che il dibattito filologico (anche quello teorico, ma soprattutto quello sui singoli problemi e tradizioni) diventi davvero un dibattito nominalistico, nel quale aspetti importanti dei problemi passano inosservati. In questi casi, teoria e terminologia vengono impiegate secondo un principio di analogia cieca (in cui si compara prematuramente qualcosa che si conosce, cioè il metodo, con qualcosa che si ignora, cioè la storia del testo), secondo modi che rendono impossibile verificare fino a dove i dati rientrano nella teoria generale e dove invece no.

Come vedremo, la tradizione dell'*HAC* è estremamente attiva e caratterizzata da dinamiche anti-stemmatiche di vario tipo (congetture, contaminazioni, ritorno alle fonti latine). Una tradizione del genere non si sottrae per forza a un'analisi d'impianto lachmanniano; al contrario, a patto che non si veda in questa analisi solo un modo per produrre un testo critico, essa permette di esplorarne potenzialità interessanti. Il carattere derivativo di una compilazione come l'*HAC* e la sua tendenziale fedeltà alle fonti sono caratteristiche che ci permettono di attingere con ragionevole sicurezza alle conoscenze dell'autore e dei copisti-revisori. La valutazione delle lezioni può quindi basarsi su criteri molto più sicuri di quelli rappresentati dalla plausibilità interna al testimone, dalla vera o presunta coerenza interna delle versioni, o dalla loro completezza.[11] In casi come questo, tanto più lo stemma evidenzia dinamiche extra stemmatiche, tanto più la sua ricostruzione si avvicina alla realtà. Un contributo cruciale alla valutazione delle lezioni concorrenti è dato, infine, dallo studio approfondito del rapporto tra fonti e interpretazione dell'autore: proprio questa prospettiva, che ho potuto adottare al termine dello studio storico e genetico dell'*HAC*, mi porterà a rivedere sostanzialmente una mia proposta stemmatica di alcuni anni fa.[12]

Queste ricerche sono il frutto di anni di lavoro condotti da un filologo convinto in un luogo che, pur essendo diventato una casa, non costituiva l'habitat ideale per la filologia. Londra e le tradizioni scientifiche anglosassoni hanno messo alla prova i miei metodi e le mie convinzioni, e spesso mi è capitato di riconoscermi nelle parole che Giovanni di Salisbury attribuiva a Bernardo di Chartres per descrivere le condizioni di vita, a suo parere ideali, dello studente e dello studioso: «Mens humilis, studium quaerendi, vita quieta, scrutinium tacitum, paupertas, terra aliena». Le prove affrontate e il tragitto percorso rimangono fatti, anche intellettuali, personali e privati; spero però che i risultati a cui hanno condotto possano essere utili anche ad altri.

L'*HAC* è citata (occasionalmente con minimi aggiustamenti limitatamente alla punteggiatura) secondo l'edizione digitale elaborata nel contesto del progetto ERC-Advanced Grant *The Values of French Language and Literature in the European Middle Ages* (da ora in poi TVOF); [13] il testo a cui fare riferimento è quello del codice P (Paris, BnF, fr. 20125).[14] L'edizione di TVOF, come già quelle parziali a stampa, adotta la divisione in sezioni risalente alle ricerche di Marc-Renè Jung: sezione I (*Genèse*; §§ 1-369), sezione II (*Orient I*; §§ 370-392), sezione III (*Thèbes*; §§ 393-495), sezione IV (*Grecs et Amazones;* §§ 496-516), sezione V (*Troie*; §§ 517-588), sezione VI (*Eneas*; §§ 589-649), sezione VII (*Rome I*; §§ 650-669), sezione VIII (*Orient II*; §§ 670-756), sezione IX (*Alexandre*; §§ 757-869), sezione X (*Rome II*; §§ 870-1233), e sezione XI (*Jules César*; §§ 1234-1252).[15] I paragrafi sono indicati con il simbolo § seguito

11. Qui e altrove, seguendo l'uso di Alberto Varvaro, definisco "plausibili" le lezioni che danno un senso accettabile o soddisfacente (senza che siano necessariamente autentiche) e "competenti" i testimoni che, indipendentemente dal grado di plausibilità delle lezioni di cui sono latori, accedono a fonti stemmaticamente alte; si veda G. Palumbo, *Alberto Varvaro e l'ecdotica: per un glossario antologico*, in «Ecdotica», 12 (2015), pp. 115-155, in particolare pp. 137-138.

12. Si veda *infra*, § 3.2.2.

13. *The* Histoire ancienne jusqu'à César*: A Digital Edition,* ed. by H. Morcos, S. Gaunt, S. Ventura, M. T. Rachetta, H. Ravenhall, N. Romanova, L. Barbieri; technical ed. by G. Noël, P. Caton, G. Ferraro, M. Husar.

14. Per lo scioglimento delle sigle dei manoscritti dell'*HAC* si veda la Bibliografia. I codici che non contengono l'*HAC* sono citati utilizzando le segnature bibliotecarie, abbreviate nei seguenti casi: Paris, BnF (= Bibliothèque nationale de France); London, BL (= British Library); Città del Vaticano, BAV (= Biblioteca Apostolica Vaticana).

15. Jung, *La légende de Troie*, pp. 337-340.

dal numero corrispondente. La permanenza in linea di una simile edizione digitale non è garantita sul lungo periodo, e in ogni caso il testo critico potrebbe risultare temporaneamente irraggiungibile in futuro. Per questo motivo, nei primi due capitoli fornirò sempre anche i riferimenti alle edizioni a stampa esistenti, subito dopo quello all'edizione digitale, secondo le seguenti abbreviazioni: CJ = ed. Coker Joslin; VT = ed. Visser-van Terwisga; J = ed. Jung; R = ed. Rochebouet; GB = ed. Gaullier-Bougassas.[16] Nel terzo capitolo i riferimenti alle edizioni a stampa avrebbero eccessivamente appesantito la trattazione, e si è quindi deciso di non includerli. Dal momento però che la divisione in paragrafi dell'edizione digitale e di quelle a stampa seguono sempre la scansione del codice P, è possibile ricavare facilmente il paragrafo nelle edizioni secondo queste equivalenze: § TVOF = § CJ (ma nell'edizione a stampa i paragrafi non sono numerati); § TVOF = § VT + 370 (l'edizione a stampa inizia al § 371 di quella digitale); § TVOF = § J + 516; § TVOF = § R + 669; § TVOF = § GB + 756.

Quando faccio riferimento al testo dell'*HAC* senza ulteriori specificazioni, soprattutto nella prima parte, intendo quello dell'archetipo ipotetico, che è possibile attingere sulla base del confronto tra i testimoni. Allo stato attuale delle ricerche si tratta di una ricostruzione di tipo negativo: possiamo individuare molte lezioni innovative, ma non abbiamo certezze su quelle autentiche. In molti casi l'ipotesi di lavoro relativa alla lezione d'archetipo coincide con la lezione di P, un codice il cui carattere complessivamente conservativo rispetto al resto della tradizione è certo per quanto riguarda i livelli discorsivi che mi interessano di più in questa sede: i contenuti, i modi di adattamento delle fonti, la struttura testuale e le scelte stilistiche. Questo non vuol dire, naturalmente, che ricostruire un testo ancora più vicino all'archetipo e all'originale non sia desiderabile e anche possibile. Ovviamente, la lezione di P verrà commentata ogni qual volta siano necessarie cautele ulteriori; quando questa verrà citata in quanto versione del testimone sarà designata come "il testo di P".

Questa ricerca si concentra esclusivamente sulla versione autoriale dell'*HAC*, quindi quella che negli studi esistenti è indicata come "versione lunga" della "prima redazione".[17] Della prima redazione esiste anche una diffusissima "versione abbreviata": una riscrittura antica e di grande successo, che ha di fatto sostituito

16. Sezione I: *The Heard Word: A Moralized Story. The Genesis Section of the* Histoire ancienne *in a Text from Saint-Jean d'Acre*, ed. by M. Coker Joslin, University (Miss.), Romance Monographs, 1986 (testo basato su P con correzioni da B, D, L, Pa e V); sezioni II-IV: *Histoire ancienne jusqu'à César (Estoires Rogier)*, éd. par M. Visser-van Terwisga, 2 voll., Orléans, Paradigme, 1995-1999, (testi di P e di V); sezione V: Jung, *La légende de Troie*, pp. 358-430 (testo di P con varianti di D, L5 e V); sezione VIII: *L'Histoire ancienne jusqu'à César ou Histoires pour Roger, châtelain de Lille, de Wauchier de Denain. L'histoire de la Perse, de Cyrus à Assuérus*, éd. par A. Rochebouet, Turnhout, Brepols, 2015 (testi di P e di V); sezione IX: *L'Histoire ancienne jusqu'à César*, éd. Gaullier-Bougassas (testi di P e di V). La sezione III è edita anche in M. Lynde-Recchia, *Prose, Verse, and Truth-Telling in the Thirteenth Century: An Essay on Form and Function in Selected Texts, Accompanied by an Edition of the Prose* Thèbes *as Found in the* Histoire ancienne jusqu'à César, Lexington (KY), French Forum, 2000, pp. 127-193 (testo di P).

17. Per la "seconda redazione" e le successive si veda *infra*, § 3.3.1, pp. 206-207 e n. 36.

presso i lettori quella originale e dalla quale derivano la grande maggioranza dei testimoni conservati. Un regesto dei testimoni della versione lunga e di quella abbreviata si leggono nell'Appendice I a questo volume. La testimonianza della versione abbreviata nel contesto complessivo della tradizione dell'*HAC* sarà discussa nel capitolo 3; prima di allora, questa versione sarà menzionata solo occasionalmente come testimone della ricezione antica del testo.

Questo libro è stato pensato e progettato nella primavera del 2020, mentre il progetto ERC-Advanced Grant *The Values of French Language and Literature in the European Middle Ages* volgeva al termine e noi membri dell'*équipe* trascorrevamo il *lock-down* in luoghi diversi e distanti. In quel momento speravo che l'emergenza sanitaria potesse risolversi in breve tempo, e che noi potessimo tornare a vederci, intorno a un tavolo rotondo, nel Virginia Woolf Building. Le cose non sono andate così, ma Hannah Morcos, Henry Ravenhall, Simone Ventura e, a partire proprio dai primi giorni del *lock-down*, Natasha Romanova hanno continuato a fornirmi supporto intellettuale, emotivo e pratico, con incrollabile amicizia. Il mio debito scientifico e personale nei loro confronti è incalcolabile. Tra settembre e ottobre 2020, mentre la maggior parte del patrimonio bibliotecario europeo era ancora inaccessibile, Stephen Dörr mi ha permesso di trascorrere alcune settimane a Heidelberg e nella biblioteca del *Romanisches Seminar*. A Stephen, a Maud Becker e a Marcus Husar vanno i miei ringraziamenti più sentiti, come colleghi e come amici, per il tempo trascorso insieme fino al momento in cui l'Europa tornava a riempirsi di "zone rosse". Negli ultimi due anni ho potuto dedicarmi alla scrittura grazie al sostegno della Scuola Superiore Meridionale di Napoli e in particolare di Laura Minervini, che è riuscita con sicurezza e naturalezza nella difficile impresa di stimolarmi a procedere nel lavoro e infondermi allo stesso tempo la tranquillità necessaria a mettere ordine tra le mie idee. Le persone verso le quali ho contratto debiti scientifici riflessi in queste pagine sono tantissime, e non è davvero possibile ricordarle tutte. Stefano Asperti, Luca Barbieri, Francesco Montorsi, Laura Minervini, Marina Passalacqua e Henry Ravenhall hanno letto e commentato una versione provvisoria del lavoro, e le loro osservazioni mi hanno permesso di migliorarlo in molti punti. Non so come ringraziarli per avermi dedicato tanto tempo e aver condiviso con me le loro competenze. Tutti gli errori, naturalmente, sono mia responsabilità.

Questo libro non esisterebbe, come non esisterebbe la studiosa che sono oggi, senza l'iniziativa, la visione, l'intuizione e la sensibilità di Simon Gaunt. Ogni parola dell'*Histoire ancienne jusqu'à César*, ogni pagina dei suoi testimoni, ogni ipotesi e ogni conclusione di questa ricerca saranno per me, sempre, suoi ricordi e pezzi di un'amicizia che continuerà a rinnovarsi.

1. Tra storia e interpretazione

Aux yeux des érudits, l'intérêt d'un livre est, dans une certaine mesure, proportionnel à l'étendue des recherches qu'il peut susciter.
Paul Meyer (1885)

1. *Per una storia della prosa francese medievale*

1.1. *La prosa francese nel XII secolo; le "traduzioni-calco"*

A giudicare dalle attestazioni giunte fino a noi, la letteratura francese medievale nasce come sistema culturale (vale a dire come panorama complesso di attori, centri e tipologie testuali) intorno alla metà del XII secolo. È possibile che questa cronologia sia in qualche misura falsata dalla perdita di documenti, ed è molto probabile che in alcuni contesti una produzione volgare destinata a una circolazione relativamente ampia e alla conservazione sia esistita anche più anticamente, ma è solo dal Cento inoltrato che vengono prodotti libri manoscritti francesi pensati per, e quindi degni di, essere conservati – alcuni dei quali sono giunti fino a noi.[1] Fino all'ultimo decennio del secolo il modo principale di espressione letteraria, in campo tanto narrativo quanto sapienziale e didattico, è il verso (principalmente, ma non solo, in lasse di alessandrini e in distici di ottosillabi). In una prospettiva comparatistica, la tradizione francese si distingue da quelle degli altri volgari medievali per una caratteristica non immediatamente evidente, ma neanche sottile: nessun'altra lingua di cultura europea, antica e medivale, ha conosciuto una tanto lunga prevalenza della versificazione nel contesto della produzione scritta basata su un'infrastruttura di tipo librario.[2] Le opere in versi del XII secolo francese giunte fino a noi non sono fedeli trasposizioni scritte di prodotti pensati

1. Per il catalogo e una riflessione sistematica relativa a queste testimonianze antiche si veda M. Careri, C. Ruby, I. Short, *Livres et écritures en français et en occitan au XIIe siècle. Catalogue illustré*, Roma, Viella, 2011.

2. Per questa comparazione si veda L. B. Mortensen, *The Sudden Success of Prose: A Comparative View of Greek, Latin, Old French and Old Norse*, in «Medieval Worlds», 5 (2017), pp. 3-45, in particolare p. 31.

per la fruizione orale, ma (come testimoniano la loro mole e complessità retorica) sono progettate per essere conservate e trasmesse in libri manoscritti.

Il carattere specifico di questa letteratura corrisponde a un contesto socio-culturale nel quale laici moderatamente alfabetizzati avevano accesso a risorse economiche considerevoli e avevano responsabilità amministrative crescenti. Costoro avevano l'interesse e disponevano dei mezzi per favorire una produzione libraria; allo stesso tempo, il fatto che non avessero accesso diretto allo scritto o lo avessero in forme molto parziali faceva sì che la fruizione letteraria avesse luogo ancora prevalentemente mediante la lettura ad alta voce. Per quanto riguarda le forme dell'espressione, quindi, i gusti e le aspettative di questo pubblico si formavano ancora nella ricezione della *performance* orale. La versificazione di discorsi narrativi o didattici e la trasmissione anche orale dei testi non era di per sé connotata come esclusiva di un solo livello di cultura: era una pratica diffusa, per esempio a fini mnemonici, anche in latino. La specifica dimensione sociale propria alla tradizione volgare è rivelata piuttosto dalla forma del contenuto: si tratta di opere che riflettono profondamente su temi come l'esercizio della giustizia e della guerra nelle loro implicazioni esistenziali e sociali, e sui legami personali e di gruppo che giustizia e guerra determinavano. I loro autori affrontano sempre problemi quali la legittimità del potere, il bilanciamento delle forze, la moralità mondana, e questo indipendentemente dal registro di volta in volta scelto, che può essere tanto costruttivo e didattico quanto disimpegnato o addirittura ironico.[3] Questa cultura testuale, laica per quanto riguarda i problemi e le preoccupazioni, era prevalentemente prodotta da chierici bi-culturali e bilingui.

La letteratura francese del Cento giunta fino a noi è libraria senza essere "libresca". L'uso del verso continuava a facilitare la fruizione aurale nelle letture pubbliche e, permettendo la memorizzazione dei testi – anche talvolta approssimativa e aperta ad aggiustamenti da parte del recitante –, continuava anche a permettere forme di trasmissione orale.[4] Dal punto di vista del rapporto tra oralità e scrittura, il verso e la prosa francesi del Cento non sono realtà antitetiche: se da un lato la prosa non può essere facilmente riprodotta a memoria (e soprattutto non ha la struttura chiusa e formulare che consente a un recitante esperto di ricreare estemporaneamente sezioni intere e o passi di raccordo tra episodi diversi), d'altro canto anch'essa veniva normalmente fruita da ascoltatori che presenziavano

3. Sulle fonti per l'alfabetizzazione dei laici nell'Europa francofona è ancora utile J. W. Thompson, *The Literacy of the Laity in the Middle Ages*, New York, Franklin, 1960, pp. 123-147. Per una riflessione circa il ruolo sociale dei laici, anche in prospettiva modellizzante, si veda M. Aurell, *Le chevalier lettré. Savoir et conduite de l'aristocratie aux XIIe et XIIIe siècles*, Paris, Fayard, 2011.

4. Il caso di un testo narrativo una cui versione trasmessa oralmente è stata in seguito ammessa nella trasmissione libraria è esemplificato dallo *Charroi de Nîmes* e della *Prise d'Orange* nella lezione del codice Paris, BnF, fr. 1448, siglato comunemente D; si veda M. Tyssens, *Le geste de Guillaume d'Orange dans les manuscrits cycliques*, Paris, Les Belles Lettres, 1967, pp. 113-123 e 133-137; *Le redazioni C e D del* Charroi de Nimes. *Edizione critica*, a cura di S. Luongo, Napoli, Liguori, 1992, pp. 251-237; *Les rédactions en vers de la Prise d'Orange*, éd. par C. Régnier, Paris, Klincksieck, 1966, pp. 260-309.

a delle letture pubbliche, e quindi poteva adottare stilemi che facilitavano questo tipo di comunicazione quali allocuzioni al pubblico, formule iterate, a volte persino la rima. Nonostante questa continuità dal punto di vista della fruizione e quindi dello stile, la conservazione dei testi in prosa, a differenza di quelli in versi, dipendeva interamente dalla trasmissione scritta e dal *medium* che era il libro manoscritto.[5]

I reperti di prosa francese del pieno XII secolo non sono numerosi, ma sono sufficienti a delineare un panorama geograficamente ampio e culturalmente differenziato.[6] Anche per quanto riguarda la prosa, come in quello delle attestazioni francesi in generale, l'area insulare gioca un ruolo importantissimo. La valutazione delle testimonianze anglo-normanne richiede però qualche specificazione. L'idea che in Inghilterra la prosa francese venisse correntemente utilizzata per trasmettere per iscritto testi legislativi è tanto comunemente accettata quanto dipendente dalla valutazione che si dà di un solo testo, le *Leis Willelme*. La critica recente interpreta questa raccolta come uno strumento di propaganda e una falsificazione di presunti costumi pre-normanni, e attribuisce la stessa funzione anche alle altre traduzioni di raccolte di leggi anglonormanne prodotte a partire dalla fine del Cento.[7] A parte le *Leis*, i testi di diritto anglonormanni del Cento superstiti sono solo due: una donazione fondiaria agli ospitalieri del 1140 circa, trasmessa in un loro cartulario, e il testo di un'inchiesta del 1170 trasmesso in copia originale senza firma e sigillo, e quindi con tutta probabilità una copia di lavoro precedente la traduzione del testo

5. Sia nel caso dei romanzi in ottosillabi che in quello dell'epica e della storiografia in lasse, come anche per la narrativa in forma strofica, è molto probabile che i testi trasmessi nei libri che sono giunti fino a noi (estesi, talvolta retoricamente cesellati, spesso organizzati in cicli, normalmente trasmessi da codici copiati a partire dal XIII secolo) corrispondano a versioni specializzate per la conservazione libraria, sostanzialmente diverse da quelle recitate senza il supporto dello scritto. Per l'epica, si veda M. Delbouille, *Les chansons de geste et le livre*, dans *La technique littéraire des chansons de geste*, Actes du Colloque (Liège, septembre 1957), Paris, Les Belles Lettres, 1959, pp. 295-407. Un indizio importante del carattere librario della tradizione conservata risiede nell'assenza nei codici di qualunque traccia di notazione musicale o comunque registrazione della melodia; per la scarsità delle fonti e il carattere controverso della loro interpretazione si veda ora F. Carapezza, *Il rigo musicale in fondo alla* Bataille d'Annezin *e i dispositivi di chiusura della lassa epica*, in «Zeitschrift für romanische Philologie», 131 (2015), pp. 440-464. Sulle *performance* di canzoni di gesta condotte sulla base dei codici, quindi di letture pubbliche che dovevano essere analoghe a quelle dei romanzi in ottosillabi, si veda M. Tyssens, *Le jongleur et l'écrit*, dans Ead., *"La Tierce Geste qui molt fist a prisier". Études sur le cycle des Narbonnais*, Paris, Classiques Garnier, 2011, pp. 31-44. Per i modi di recitazione del romanzo in ottosillabi si veda la rassegna bibliografica in P. A. Martina, *Il romanzo francese in versi e la sua produzione manoscritta*, Strasbourg, Éditions de linguistique et de philologie, 2020, p. 167, n. 362.

6. Per il censimento e lo studio si veda Woledge, Clive, *Répertoire*, che, al netto degli aggiornamenti e delle integrazioni oggi necessari – soprattutto per quanto riguarda la delucidazione dei rapporti tra versioni diverse e riscritture di singole opere – rimane l'analisi più completa e criticamente vagliata.

7. B. O'Brien, *Leis Willelme*, in *The Encyclopedia of British Medieval Literature*, ed. by S. Echard, R. Rouse, 4 voll., Chichester, Wiley-Blackwell, 2017, III, pp. 1167-1169. Per la discussione meno recente, Woledge, Clive, *Répertoire*, pp. 82-84.

in latino.[8] Secondo M. T. Clanchy – che pure non enfatizza la valutazione circa il carattere seriore e propagandistico delle *Leis Willelme* – la scarsità e il carattere di queste testimonianze dimostra che in Inghilterra, anche se doveva esistere una pratica diffusa di messa per iscritto del francese in ambito giuridico, nella fase della conservazione la forma volgare era caduca perché i testi erano facilmente convertibili in latino senza perdita di informazioni o senso.[9] Il problema storiografico che interessava a Clanchy era quello di spiegare l'assenza di una cultura testuale giuridica in volgare nell'Inghilterra del Cento a fronte dell'ampia e solida tradizione di messa per iscritto di testi religiosi, storici e narrativi in versi francesi a uso della nobiltà normanna. Secondo lo storico inglese, il fattore determinante per la conservazione dei testi volgari in quel contesto non era tanto la loro autorità e ufficialità, quanto l'attribuzione a essi di un qualche prestigio formale e quindi di una "dignità di conservazione". Tale dignità era riconosciuta più facilmente al verso piuttosto che alla prosa, ed evidentemente non alla prosa giuridica. Questa intuizione è molto utile, *mutatis mutandis*, a valutare le ragioni che hanno portato alcune tipologie letterarie a essere conservate per iscritto – tanto in Inghilterra quanto sul continente – anche quando, dal nostro punto di vista di osservatori moderni, il prestigio formale non è una loro caratteristica immediatamente evidente. Se si parte dalla constatazione del diverso trattamento della letteratura rispetto ai documenti giuridici, è naturale essere portati a concepire questa qualità come estetica; ma è possibile, e anzi probabile, che la forma di molti dei testi conservati fosse apprezzata anche o principalmente per la sua funzionalità comunicativa.

Alcune delle prose letterarie francesi del XII secolo giunte fino a noi – che sono anche tra le più antiche in assoluto – si caratterizzano per essere traduzioni estremamente fedeli agli originali, a livello sub-frasale, frasale, testuale (la traduzione è integrale, senza tagli o interpolazioni) e macrotestuale (le raccolte di testi brevi sono tradotte integralmente). Costituiscono i primi esempi di "traduzioni-calco", condotte cioè in uno spirito di totale fedeltà alla fonte: veri e propri tentativi di traslare – certo, nei limiti del possibile – nel sistema francese la tessitura verbale e concettuale dei testi latini.[10] Ricade in questa casistica quella che è la più ampia tradizione testuale non metrica del XII insulare: le traduzioni del Libro dei Salmi, e in particolare quella che fa capo al cosiddetto Salterio di Oxford.[11]

8. I. Short, *Patrons and Polyglots. French Literature in Twelfth-Century England*, in «Anglo-Norman Studies», 14 (1991), pp. 229-249, alle pp. 242-243, e M. T. Clanchy, *From Memory to Written Record. England 1066-1307*, Chichester, Wiley-Blackwell, 2013³, pp. 220-221. La documentazione continentale concernente lo stesso tipo di atti di natura privata è leggermente più tarda – la più antica tra le carte datate è del 1191 – e quantitativamente altrettanto scarsa; si veda Woledge, Clive, *Répertoire*, pp. 54-59.

9. Clanchy, *From Memory to Written Record*, pp. 217-222.

10. Riprendo qui la categoria di «borrowing-translation» utilizzata in P. F. Dembowski, *Learned Latin Treatises in French: Inspiration, Plagiarism, and Translation*, in «Viator», 17 (1986), pp. 261-263; nella ricostruzione dello studioso americano, tuttavia, tali traduzioni non esisterebbero in francese prima del Trecento.

11. Edito in *The Oxford Psalter (Bodleian MS Douce 320)*, ed. by I. Short, Oxford, Anglo-Norman Text Society, 2015.

Secondo Ian Short, Maria Careri e Christine Ruby questa traduzione sarebbe stata prodotta a Saint Albans e destinata alla pubblica recitazione in contesti tanto monastici quanto eremitici e anacoretici, anche femminili.[12] La sua storia e quella dei suoi derivati sono istruttive nel mostrare come una produzione volgare apprezzata, preservata e largamente diffusa potesse circolare anche in congiunzione alla fonte, in manoscritti bilingui. Il testo oxoniense si distingue dalle altre traduzioni insulari antiche del salterio, tutte interlineari, per il fatto di presentarsi in forma indipendente nel testimone più antico, il codice Oxford, Bodleian Library, Douce 320, e in diversi codici più recenti. Tuttavia, nella tradizione successiva lo si trova copiato prevalentemente in congiunzione all'originale latino.[13] D'altra parte, il suo interesse dal nostro punto di vista è assai limitato, dato che i salmi erano, a tutti gli effetti, lirica: per il tipo di comunicazione tra una individualità (o una collettività) che si rivolge a Dio secondo modi determinati da una condizione emotiva di fondo definita (gioia, disperazione, rabbia, etc.), e per la potenza e profondità metaforica che, elemento caratterizzante già nella tradizione ebraica, era stata recepita e adattata dalla tradizione cristiana. La divisione in versi dei salmi era trasmessa dalla loro tradizione manoscritta e praticata quotidianamente nel canto responsoriale.[14] Come vedremo subito, quelle dei salmi sono praticamente le uniche traduzioni in francese redatte entro l'area di influenza plantageneta a mantenere un approccio strettamente fedele rispetto al dettato latino; anche questa loro particolarità va ricondotta allo statuto poetico dei testi fonte, ereditato dalle traduzioni.

Sempre nel XII secolo, ma questa volta sul continente e in area vallone, si sviluppa una voga di traduzioni molto fedeli in prosa francese di testi religiosi, in particolare opere attribuite (correttamente o meno) a grandi autori patristici e tardoantichi (Gregorio Magno e Isidoro di Siviglia) e ai fondatori dell'ordine cistercense, Bernardo di Chiaravalle e Guglielmo di Saint-Thierry.[15] Nel caso di queste

12. I. Short, M. Careri, C. Ruby, *Les psautiers d'Oxford et de Saint Albans: liens de parenté*, in «Romania», 128 (2010), pp. 29-45, in particolare pp. 40-44, per l'ipotesi che il salterio sia stato fatto tradurre dall'abate di Saint Albans per farne dono a Cristina di Markyate.

13. Si veda: C. Ruby, *Les psautiers bilingues latin/français dans l'Angleterre du XIIe siècle. Affirmation d'une langue et d'une écriture*, dans *Approches du bilinguisme latin-français au Moyen Âge. Linguistique, codicologie, esthétique*, sous la dir. de S. Le Briz, G. Veysseyre, Turnhout, Brepols, 2010, pp. 167-190; G. Rector, *The* romanz *Psalter in England and Northern France in the Twelfth Century: Production,* mise-en-page, *and Circulation*, in «The Journal of the Early Book Society for the Study of Manuscripts and Printing History», 13 (2010), pp. 1-38; V. Agrigoroaei, *The First Psalters in Old French and Their 12th Century Context*, in *Vernacular Psalters and the Early Rise of Linguistic Identities. The Romanian Case*, Bucureşti, Dart, 2019, pp. 29-37.

14. P. Bourgain, *Qu'est-ce qu'un vers au Moyen Âge?*, dans «Bibliothèque de l'école des chartes», 147 (1989), pp. 231-282, a p. 236. Sulla ricezione dei Salmi in contesto volgare, e in particolare nel romanzo in ottosillabi, si veda G. Rector, *Courtly Romance, the Vernacular Psalms, and Generic Contrafaction*, in «Viator», 45 (2014), pp. 117-147.

15. Su di essi si veda G. Hasenohr, *Sur une ancienne traduction lorraine (XIIe s.?) du* Beniamin Minor, dans «Revue d'histoire des textes», 21 (1991), pp. 237-242, e G. Paradisi, *La Parola e l'amore. Studi sul Cantico dei Cantici nella tradizione francese medievale*, Roma, Carocci, 2009, pp. 63-66.

traduzioni, se l'uso del volgare indica una vocazione almeno potenziale *anche* verso la diffusione esterna, la loro concezione e la circolazione attestata è tutta interna alle comunità monastiche. Ci troviamo davanti alla prima – e a lungo unica – produzione di traduzioni in prosa francese che sembra mossa da un maturo intento emulativo nei confronti dei testi fonte e che si compone di "traduzioni-calco". I traduttori rendono in volgare la qualità espressiva e argomentativa della fonte senza ricorrere a eccessivi servilismi quali, per esempio, pretti latinismi lessicali o sintattici. Nonostante questa cura nell'esecuzione, che evita effetti di *Mischsprache*, la tessitura sintattica di queste traduzioni è complessa in misura ignota al resto della produzione in prosa francese del Cento e del Duecento, e a questo livello essa si configura quasi come una lingua speciale. Nel loro complesso questi testi compongono una vera e propria biblioteca monastica volgare la cui esistenza deve dipendere da diverse cause concorrenti. L'area vallone da cui le traduzioni provengono, corrispondente *grosso modo* alla diocesi di Liegi, era il teatro di contatti intensi con le diocesi confinanti, dove si parlava medio basso tedesco e medio neerlandese, e con il mondo insulare. In un contesto del genere – la cui francofilia è ben nota per quanto riguarda la letteratura profana e la cultura cortese[16] – il francese sembra aver assunto una funzione di seconda lingua di cultura accanto al latino, in maniera analoga a quanto stava avvenendo nello stesso periodo nelle isole britanniche. In sostanza, si potrebbe trattare di una peculiare declinazione claustrale di questa situazione di contatto, che ci ha lasciato una lingua e una letteratura "patristiche" e "bernardiane", risultato del calco in un volgare di cultura della testualità dei padri antichi e di quelli moderni in modi non diversi da come, più tardi e altrove, esisteranno culture volgari "ciceroniane".

1.2. *Traduzioni e adattamenti in prosa di area plantageneta nel XII secolo*

Per quanto ne sappiamo, il tipo di approccio conservativo ed emulativo che abbiamo appena visto applicare ai Salmi dai traduttori insulari e alla letteratura teologica e morale dai traduttori monastici dell'Est non è mai stato adottato nel XII secolo nell'ambito della cultura volgare di orientamento extra claustrare localizzata in Inghilterra e nell'area continentale di influenza plantageneta.[17] Questa cultura, che si sviluppa su un'asse che collega l'Inghilterra al sud-ovest del dominio d'*oïl* e che è riconducibile all'attività del clero secolare, non produceva "traduzioni-calco" ma adattamenti in una prosa che, pur non subendo i vincoli della versificazione, mantenevano un rapporto dialettico con le fonti. Questi tre

16. R. Sleiderink, *From Francophile to Francophobe: The Changing Attitude of Medieval Dutch Authors Towards French Literature*, in *Medieval Multilingualism: The Francophone world and its Neighbours*, ed. by C. Kleinhenz, K. Busby, Turnhout, Brepols, 2010, pp. 127-143.

17. Con "area di influenza plantageneta" intendo la rete culturale esistente nel XII secolo tra i domini continentali della dinastia e le isole; da un punto di vista storico-linguistico, è riflessa nella complessa ma esistente continuità e negli scambi tra il francese insulare e le varietà continentali, su cui si veda D. Trotter, *"Deinz certeins boundes": Where does Anglo-Norman Begin and End?*, in «Romance Philology», 67 (2013), pp. 139-177.

parametri – redazione e circolazione in area plantageneta, connessione con il clero secolare, e atteggiamento interventista rispetto all'adattamento delle fonti – ci permettono di individuare una precisa cultura traduttoria. Uno dei suoi esempi più antichi è un testo di supporto alla pastorale, l'adattamento dei sermoni di Maurice de Sully, interpolato con estratti del *Liber exceptionum* di Riccardo di San Vittore, che Marie-Madeleine Huchet ha ricondotto al contesto insulare individuando nella cattedrale di Durham il centro propulsivo di una vasta fetta della circolazione manoscritta, e ipotizzando che la traduzione si debba a un chierico pittavino dell'*entourage* del vescovo-abate Ugo Puiset.[18]

Entro questa tradizione, gli adattamenti di libri biblici dell'Antico Testamento rivestono per noi un interesse particolare. I testi a noi noti che datano con certezza entro il Cento sono due: l'adattamento dei Libri dei Re e quello del Libro dei Giudici.[19] Le analogie tra i *Quatre livre des Reis* e il *Livre des Juges* da un lato e la sezione biblica l'*HAC* dall'altro sono notevoli: sono comuni le fonti (accanto naturalmente alla Vulgata, un ruolo importante è ricoperto nei *Quatre livre des Reis* dalle versioni latine di Flavio Giuseppe); è analoga la logica del loro trattamento, tendenzialmente fedele ma non esente da aggiustamenti, soppressioni di materiali e aggiunta di glosse implicite. Inoltre, è molto simile la concezione dello stile: una prosa che non imita quella della fonte e che risente in modo molto significativo dell'influenza della produzione in versi. Per entrambi i testi del Cento abbiamo la fortuna di possedere delle attestazioni manoscritte antiche che assicurano la datazione: il codice Paris, Bibliothèque Mazarine, 54 per il primo e il frammento New Brunswick (NJ), Theological Seminary Gardner A. Sage Library (senza segnatura) per il secondo.[20] Per quanto riguarda il primo non disponiamo di dati interni che possano connetterne la produzione a nessuna specifica comunità o ordine. Secondo Patricia Stirnemann, la decorazione del codice della Mazarine, monumento del Cento copiato in area insulare, presenta delle analogie con la produzione connessa alla cattedrale di Christ Church a Canterbury.[21] Nella tradizione manoscritta dei *Quatre livre des Reis* gli elementi linguistici anglonormanni sono numerosi anche nei codici che derivano da una tradizione diversa rispetto alla copia della Mazarine, per cui il carattere anglonormanno dell'archetipo è molto probabile.[22] Per quanto riguarda il *Livre des Juges*, invece, il frammento di New Brunswick presenta elementi lessicali riconducibili all'ovest del dominio d'*oïl*

18. M.-M. Huchet, *Les sermons en français attribués à Maurice de Sully: la piste anglaise*, in «Romania», 138 (2020), pp. 325-359.

19. La prima è edita in *Li quatre Livre des Reis*, hrsg. von E. R. Curtius, Dresden, Niemeyer, 1911; la seconda in *Le Livre des Juges. Les cinq textes de la version française faite au XII*[e] *siècle pour les chevaliers du Temple*, éd. par le Marquis d'Albon, Lyon, Alexandre Rey, 1913.

20. Careri, Ruby, Short, *Livres et écritures*, catt. 52 e 71.

21. P. Stirnemann, *Paris, BN, MS lat. 8846 and the Eadwine Psalter*, in *The Eadwine Psalter: Text, Image and Monastic Culture in Twelfth-Century Canterbury*, ed. by. M. Gibson, T. A. Heslop, R. W. Pfaff, London-University Park (PA), MHRA-Pennsylvania State University Press, 1992, pp. 189-192, alla p. 190.

22. P. Nobel, *La transmission des Quatre livres des Reis dans une traduction biblique de Terre sainte au temps des croisades*, dans *Croisades? Approches littéraires, historiques et philologiques*,

continentale. Questi, insieme alle identità dei dedicatari (come vedremo subito, due templari inglesi), fanno pensare che anche nel caso di questo testo una parte significativa della sua storia possa aver avuto luogo in Inghilterra. Il lessico insulare o normanno diffuso nella tradizione è tuttavia molto raro, e quindi più probabilmente da imputare a un copista forse attivo in Terrasanta.[23]

Il *Livre des Juges* è introdotto da un prologo in versi che ne testimonia la dedica a due templari, *maistre Richart et frere Othon*; costoro sono stati identificati con Riccardo di Hastings e Odo di Saint-Omer, collocando la redazione del testo nel terzo quarto del XII secolo.[24] Questa traduzione viene quindi a costituire una testimonianza importante dell'esistenza di una testualità francese prodotta nell'ambito dell'ordine templare. Un altro elemento importante del prologo del *Livre des Juges* consiste nell'identificazione del destinatario effettivo non con i soli Riccardo e Odo, ma con l'ordine nel suo complesso come gruppo sociale e morale:

El tens par laquel porveance
Ont toute rien estre [et] puissance,
Qui set et puet et voit toz biens,
Car sols est bon en totes riens,
Sauve en voire religion
Maistre Richart et frere Othon,
En cele sainte fraerie
De vostre honeste compaignie
Gart et saintefie plus et plus
Li dous, li frans, li pius Jhesus. (vv. 1-10)[25]

sous la dir. de J.-C. Herbin, M.-G. Grossel, Valenciennes, Presses universitaires de Valenciennes, 2009, pp. 130-164.

23. Sulla lingua del frammento si veda G. A. Bertin, A. Foulet, *The Book of Judges in Old French Prose: The Gardner A. Sage Library Fragment*, in «Romania», 90 (1969), pp. 121-131, p. 123; sulla tradizione nel complesso, P. Nobel, *La tradition manuscrite du Livre des Juges transmis dans la Bible d'Acre*, dans *Francofonie medievali. Lingue e letterature gallo-romanze fuori di Francia (sec. XII-XV)*, sous la dir. de A. M. Babbi, C. Concina, Verona, Fiorini, 2016, pp. 275-291.

24. L'identificazione risale a *Le Livre des Juges*, éd. le Marquis d'Albon, p. 1. Per i documenti relativi all'ordine che menzionano entrambi, si veda B. A. Lees, *Records of the Templars in England in the Twelfth Century: The Inquest of 1885 with Illustrative Charters and Documents*, London, British Academy, 1935, pp. XXXIX-XL e XLIX-LIV. L'unico testimone fungibile per quanto riguarda il prologo è il codice Paris, BnF, n. a. fr. 1404, la cui lezione è di qualità particolarmente bassa. Per la localizzazione di questo codice ad Acri si veda L. Minervini, *Les manuscrits français d'Outremer. Un nouveau bilan*, dans *Transferts culturels entre France et Orient Latin (XIIe-XIIIe siècles)*, sous la dir. de M. Aurell, M. Galvez, E. Ingrand-Varenne, Paris, Classiques Garnier, 2021, pp. 149-172, alle pp. 152-153. Il codice Chantilly, Bibliothèque et archives du Château, 3, la cui versione del prologo è edita in sinottica in *Le Livre des Juges*, éd. le Marquis d'Albon, è un *descriptus* trecentesco del codice di Parigi (si veda *Li quatre Livre des Reis*, hrsg. Curtius, p. XIX, e *La Bible d'Acre*, éd. Nobel, p. XXI). Le citazioni che seguono derivano da P. Meyer, rec. S. Berger, *La Bible française au Moyen Âge,* e a J. Bonnard, *Les traductions de la Bible en vers français au Moyen Âge*, dans «Romania», 17 (1888), pp. 121-144, alle pp. 133-134. Riproducendo il criterio adottato da Meyer, le integrazioni da lui giudicate probabili sono nel testo, mentre le correzioni proposte dubitativamente sono in nota, nella forma: "lezione manoscritta] congettura".

25. Meyer: 1 *El tans*] *Cil Deu?*; 7 *En*] *Et*; 8 *vostre*] *nostre?*; 9 *santefie*] *saintefit?*.

E ancora, poco dopo:

Et ileuc [*id est* nella traduzione] reporront oyr
Quel honor est de Deu servir
Et quel guerredon as siens rent,
Qui por s'amor noméement
Ce vuelent as perils livrer
Por sa loy deffendre et garder,
Com[e] cil de vostre ordre font
Qui ces eslis chevaliers sont,
Et de sa privée maisnée
As quels a d'enseigne baillée:
Ce est sa crois que vos portés,
Dont vos cors et vos cuers armés. (vv. 43-54)

Infine, l'autore specifica anche di non richiedere per la sua opera alcun tipo di ricompensa economica:

C'il vos plaist ma translation,
Dont vos demant mon guerredon:
C'est que por Deu [me] creantés,
Qu'en vos bien fais me recevés,
Car certes autre covoitize
Ne m'a en ceste euvre mise. (vv. 123-128)[26]

Questi passi chiariscono l'inquadramento sociale della finalità didattica di questa traduzione, permettendo di escludere la possibilità che l'autore si rivolga a Riccardo e Odo in qualità di patroni privati.

Il prologo si chiude poi con quella che è la più esplicita dichiarazione di poetica traduttoria di tutta la letteratura antico francese di matrice erudita del XII e del XIII secolo, che illustra in modo cristallino la logica che sottendeva a quegli adattamenti in prosa che, pur liberi in teoria dalle pastoie del verso, sono apparsi a occhi moderni manipolati, adulterati e semplificati:

Et ci requier toz mes oyans,
Que mains orront ce mien roman,
Que nul nel vuelle trop blasmer
Se un poi nel set amender.
D'une riens doit blasme avoir
D'aucun soffraitos de savoir,
Por ce qu'en aucun leu mis ai
Plus qu'au latin que je trovai,
Por ce que la letre est oscure,

26. Meyer: 123 *C'il*] *Si*; 128 *ceste*] *iceste?*; la correzione proposta al v. 123 è superflua, perché la lezione del codice – copiato ad Acri in Terrasanta – riflette lo scambio grafico tra ‹s› e ‹c›; si veda L. Minervini, *Le français dans l'Orient latin (XIIIe-XIVe siècles). Élements pour la caractérisation d'une* scripta *du Levant*, dans «Revue de linguistique romane», 74 (2010), pp. 119-198, alle pp. 150-152.

Trop cloze as gens sanz letreüre.
Ne sai que translation vaille
Qui semble as oyans devinaille,
Dont l'en [n']oze et puet la verité
Demostrer par auctorité. (vv. 129-142)[27]

Al v. 141 la negazione in *n'oze* è una proposta editoriale di Paul Meyer, che è necessaria al senso complessivo del passo. La fonte latina, dichiara il traduttore, è a tratti oscura, e senza integrazioni sembrerebbe agli ascoltatori un enigma; una traduzione che non contenga integrazioni e spiegazioni servirebbe a ben poco, perché non permetterebbe di dimostrare attraverso una chiara autorità quale fosse la verità. Nei versi precedenti, il traduttore ha più volte protestato la sua insufficienza e ignoranza nei confronti della materia. Se questo corrisponde sicuramente a un *topos* di modestia, è anche vero che costui, che certamente non era un esegeta di professione, si stava misurando con una materia difficilissima per la distanza culturale ed etica tra le vicende narrate e le esperienze dei cristiani medievali. L'autorità che egli ricerca, e che vuole costruire per i suoi lettori, non si trova a monte del processo di traduzione, ma a valle, e dipende essenzialmente dalla chiarezza e l'univocità del messaggio.

Il contesto più ampio nel quale si collocava l'autodifesa del traduttore del *Livre des Juges* è ipotetico, ma forse non del tutto oscuro. Esiste la possibilità, apparentemente ovvia, che le critiche che egli prevedeva fossero formulate confrontando la traduzione con il testo latino e giudicandola in parte "spuria". Questa interpretazione non è priva di oneri: nella tarda antichità e nel medioevo latini la pratica della parafrasi esplicativa del testo biblico era comunissima, come diffusa era quella esegesi che si sforzava di colmare le lacune narrative delle Scritture, a volte con pretese di verità teologica.[28] L'integrazione e la glossa non erano solo pratiche lecite, ma forme prestigiose della scienza cristiana. Allo stato attuale delle nostre conoscenze mi sembra improbabile che siano esistiti attori culturali

27. Meyer: 133 *doit*] *doi jou?*; 141 *verité*] *verté*.

28. Sulle parafrasi bibliche in versi latine si vedano: F. Stella, *La poesia carolingia latina a tema biblico*, Spoleto, Centro italiano di studi sull'Alto Medioevo, 1993; Id., *Riletture e riscritture bibliche: funzione della poesia esegetica e tipologie di trasmissione dei testi*, in *Scrivere e leggere nell'alto medioevo*, Cinquantanovesima settima di studio (Spoleto, 28 aprile-4 maggio 2011), 2 voll., Spoleto, Centro italiano di studi sull'Alto Medioevo, 2012, II, pp. 993-1041; G. Dinkova-Bruun, *Biblical Versifications from Late Antiquity to the Middle of the Thirteenth Century: History or Allegory*, in *Poetry and Exegesis in Premodern Latin Christianity*, ed. by W. Otten, K. Pollmann, Leiden-Boston, Brill, 2007, pp. 315-342; Ead., *Rewriting Scripture: Latin Biblical Versification in the Later Middle Ages*, in «Viator», 39 (2008), pp. 263-284; Ead. *Why Versify the Bible in the Later Middle Ages and for Whom?: The Story of Creation in Verse*, in *Dichten als Stoff-Vermittlung. Formen, Ziele, Wirkungen. Beiträge zur Praxis der Versifikation lateinischer Texte im Mittelalter*, hrsg. von P. Stotz, Zürich, Chronos, 2008, pp. 41-55; Ead., *The Verse Bible as Aide-mémoire*, in *The Making of Memory in the Middle Ages*, ed. by L. Doležalová, Leiden-Boston, Brill, 2010, pp. 115-131. Per la discussione di un episodio di esegesi narrativa, P. Toth, *La vision du Christ dans le Jardin de Gethsemani: un dialogue pseudo-apocryphe comme exemplum théologique*, dans *Formes dialogues dans la littérature exemplaire du Moyen Âge*, sous la dir. de M.-A. Polo de Beaulieu, Paris, Champion, 2011, pp. 427-441.

che, nel XII secolo, abbiano sconsigliato queste pratiche in contesto volgare. Mi sembra invece più probabile che all'epoca di composizione del *Livre des Juges* sia esistita una discussione circa i modi adeguati della traduzione in volgare dei testi sacri, e che il traduttore stia difendendo le sue scelte rispetto alle prassi, più improntate alla fedeltà, di altri che lo avevano preceduto o che gli erano contemporanei. Il pubblico intorno a Riccardo e Odo poteva avere esperienza di "traduzioni-calco" dalla tessitura verbale densa ed enigmatica, forse tramite il Salterio di Oxford o uno dei suoi derivati. Visti gli stretti legami tra cistercensi e templari, è anche possibile – sebbene non ve ne sia prova alcuna – che questi ultimi conoscessero traduzioni simili a quelle valloni che sono giunte fino a noi.

Il sostantivo *translacion*, che si legge al v. 23 del prologo del *Livre des Juges*, in francese antico è usato principalmente nel senso di "traslazione (di reliquie)". Nel senso di "traduzione" è raro; è un cultismo, perché traduce direttamente il latino *translatio* e designa traduzioni antiche, verso il latino o verso il greco.[29] Il traduttore del *Livre des Juges* non lo introduce come un preziosismo e non lo glossa, e quindi possiamo ritenere che fosse familiare anche al suo uditorio. Insieme alla *excusatio* relativa ai possibili errori da lui commessi nell'interpretazione di singoli passi, questo lemma è la traccia più importante del lavorio intellettuale condotto da chi, nel XII secolo, adattava la Bibbia in francese. Se a queste riflessioni corrispondevano anche delle discussioni o delle vere e proprie polemiche, essa avevano al loro centro il problema di come produrre versioni volgari chiare ed "evidenti". Come vedremo presto, la prosa francese del Duecento ammetterà tacitamente tutte le innovazioni rispetto alle fonti che il traduttore del *Livre des Juges* aveva ritenuto di dover difendere. Da questo punto di vista le sue parole rappresentano una testimonianza capitale, per quanto esile, della fase formativa della tradizione ermeneutica volgare del medioevo francese.

Il tema della funzione della letteratura volgare nella formazione religiosa, morale e culturale dei membri degli ordini combattenti e delle comunità a essi connesse non è stato ancora affrontato sistematicamente. Le altre testimonianze letterarie rilevanti per quanto riguarda il Cento riguardano testi in versi, e consistono essenzialmente nei quattro adattamenti di materia agiografica e devozionale: le *Vitae patrum*, la *Vie de sainte Thäis*, l'*Antichrist* e la *Vision de saint Paul*. Sono stati composti da un solo autore anonimo, che lavorava in connessione al templare Henri d'Arci (documentato, con qualche incertezza, tra il 1165 e

29. Si vedano: TL, *translacïon*: DEAFpré, *translacion*. Nella traduzione vallona dei *Moralium in Job* di Gregorio Magno conservata in Paris, BnF, fr. 24764, e in quella delle omelie gregoriane su Ezechiele del codice Bern, Burgerbibliothek, 79, il lemma occorre in corrispondenza dei riferimenti gregoriani a una *antiqua translatio* da cui egli trae lezioni bibliche alternative; nella traduzione pienamente duecentesca della *Historia orientalis* di Jacques de Vitry conservata nel codice Paris, BnF, fr. 17203 è riferito alla Settanta. Come è noto, le occorrenze del verbo *translater* sono invece numerose; esso indica normalmente un processo di adattamento; si vedano G. Folena, *Volgarizzare e tradurre*, Torino, Einaudi, 1991, pp. 15-21, e P. Damian-Grint, *The New Historians of the Twelfth-Century Renaissance. Inventing Vernacular Authority*, Woodbridge, Boydell, 1999, pp. 16-32.

il 1180).[30] La comune attribuzione dei quattro poemi, che sono attestati congiuntamente dal solo codice duecentesco Paris, BnF, fr. 24862, è indicata dagli ultimi versi della *Vie de sainte Thäis* (che condivide le stesse fonti delle *Vitae patrum*), nei quali l'autore annuncia la sua intenzione di proseguire con il poema sull'Anticristo e quello paolino.[31] La traduzione delle *Vitae Patrum*, a cui si deve attribuire una priorità cronologica all'interno del piccolo *corpus*, contiene un riferimento che ne colloca la redazione a Temple Bruer, nel Lincolnshire:

En l'onur Damnedeu, de Rei omnipotent,
E de Marie sa duce mere ensement,
E de tuz seinz e seintes comunement,
Dirai vus un sermun que ci truis en present.
Ço est de *Vitas patrum*, issi cum je l'entent,
Que translaté fu par devin espirement
Al Temple de la Bruere tut veraiment,
Nient pur les clers mes pur la laie gent,
Que par le rumanz le entendent uniement
Tut ces que entendre nel sevent autrement,
La vie des seinz homes, e lur cuntenement,
Qui ja vesquirent religiusement. (vv. 1-12)[32]

Temple Bruer era un conglomerato rurale di possedimenti templari dove nel 1185 viveva una comunità di trentasette famiglie affittuarie; non vi era ancora né una cappella né un altro tipo di struttura di supporto ad attività intellettuali. In questo contesto provinciale e indubbiamente disagevole, è per i laici che l'autore vicino a Henri d'Arci produce una letteratura di istruzione che, soprattutto nella traduzione delle *Vitae patrum*, propaga con forza pratiche e valori di tipo regolare.[33]

30. P. S. Poureshagh, *Critical edition of the Anglo-Norman Rhymed Translation of the* Vitas Patrum *Dedicated to the Templar Henri d'Arci*, PhD dissertation, 2 vols., University of Edinburgh, 1977, I, pp. CVII-CVIII.

31. R. C. P. Perman, *Henri d'Arci, the shorter works*, in *Studies in Medieval French Presented to Alfred Ewert in Honour of his Seventieth Birthday*, Oxford, Clarendon Press, 1961, pp. 279-321, vv. 151-168.

32. Poureshagh, *Critical edition*, I, p. 1; edito anche in *Henri d'Arci's* Vitas patrum*: a Thirteenth-Century Anglo-Norman Rimed Translation of the* Verba seniorum, ed. by B. A. O'Connor, Washington, Catholic University of America Press, 1949, p. 1.

33. La ricostruzione classica dell'origine di questi testi – per la quale si veda M. D. Legge, *Anglo-Norman Literature and Its Background*, Oxford, Clarendon, 1963, pp. 191-192 – è stata messa in discussione da K. V. Sinclair, *The Translations of the* Vitas patrum, Thäis, Antichrist, *and* Vision de saint Paul *made for Anglo-Norman Templars: Some Neglected Literary Considerations*, in «Speculum», 72 (1997), pp. 741-762. Secondo Sinclair (al cui lavoro rimando per la ricostruzione dello stato dell'insediamento di Temple Bruer durante il XII secolo e per l'ampliamento dei riscontri documentari relativi al committente), dato lo scarso sviluppo istituzionale dell'area, l'assenza di infrastrutture di tipo scolastico e la mancanza di attestazioni della presenza in loco di Henri d'Arci, il riferimento a Temple Bruer, che si legge solo nel codice Paris, BnF, fr. 24862, dovrebbe essere interpretato come una interpolazione di copista e le quattro opere dovrebbero essere attribuite a un canonico regolare attivo a Londra. Su questo punto l'argomentazione di Sinclair non è condivisibile. Mentre l'*Antichrist* e la *Vision de Saint Paul* sono trasmesse solo

Un'altra testimonianza dell'attivismo dei templari inglesi nel campo della letteratura devozionale in antico francese proviene dal codice Paris, BnF, n. a. fr. 4503: la più antica miscellanea di testi volgari romanzi giunta fino a noi, copiata in Inghilterra nell'ultimo quarto del XII secolo, contiene esclusivamente opere in versi agiografiche (l'*Assomption de Nostre Dame* di Herman de Valenciennes, la *Vie de saint Alexis* in strofe decasillabiche, il *Voyage de seint Brendan* di Benedeit e la *Vie de sainte Catherine d'Alexandrie* di Clémence di Barking).[34] Nell'ultima carta del codice è copiata la traduzione francese di una bolla emessa da Alessandro III il 28 aprile 1177 che rinnova e conferma i privilegi e l'indipendenza dell'ordine militare. È davvero difficile pensare che il volume non sia appartenuto a un membro dell'ordine o a qualcuno che con esso doveva intrattenere dei forti legami.[35]

Se da un lato non abbiamo nessuna certezza sull'esistenza di una connessione effettiva tra queste opere in versi di produzione o circolazione templare e il *Livre des Juges* (la cui tradizione manoscritta conservata, come abbiamo visto e come vedremo ancora a breve, non è anglonormanna), possiamo però affermare che nel XII esisteva un'analogia funzionale tra gli adattamenti attualizzanti in prosa e la produzione narrativo-didattica in versi. L'interesse del contributo dei templari inglesi alla divulgazione di contenuti dottrinali ed esegetici in francese è notevole, nella nostra ottica, ben oltre i casi in cui il loro ruolo è accertabile. La loro attività ci mostra degli impieghi delle forme letterarie volgari che può essere stata diffusa, in forme simili, anche in altri contesti di edificazione spirituale o gruppi sociali. Questa edificazione serviva nell'immediato a mantenere viva e a diffondere la vocazione alla crociata, cioè l'impegno umano ed economico verso l'espansione della cristianità – e questo obiettivo non era certo appannaggio dei soli templari. Sul lungo periodo, questo approccio alla testualità francese,

dal codice di Parigi, la traduzione delle *Vitae patrum* e la *Vie de sainte Thaïs* sono conservate anche in London, BL, Harley, 2253, dove appunto il riferimento a Temple Bruer non compare. Nel codice di Londra manca però anche l'unico riferimento a Henri d'Arci, che si trova nella *Vie de sainte Thaïs* secondo il codice di Parigi. Nel codice della British Library mancano quindi sia il nome del dedicatario (che Sinclair considera autentico) che quello del luogo di redazione (che invece egli considera spurio). L'eventualità più probabile è, evidentemente, che il codice Harley elimini i riferimenti a contesti e persone particolari non compresi dal copista, o non ritenuti attuali. Il carattere innovativo del testimone londinese squalifica anche la sua lezione, profondamente rielaborata, del v. 8: «Ki translaté fud pur prou de la gent», cfr. *Henri d'Arci's* Vitas patrum, ed. O'Connor, p. 160.

34. Careri, Ruby, Short, *Livres et écritures*, cat. 85.

35. Il *corpus* templare potrebbe anche essere, prudentemente, ampliato: per l'ipotesi di un rapporto tra ambienti templari e la redazione del *Poème anglo-normand sur l'Ancien Testament* si veda I. Short, rec. *Poème anglo-normand sur l'Ancien Testament*, éd. par P. Nobel, dans «Cahiers de civilisation médiévale», 161 (1998), pp. 82-84. Per le analogie tra questo singolare poema in distici di decasillabi e le traduzioni in prosa dal punto di vista della selezione delle fonti e dell'approccio alla materia, si veda M. T. Rachetta, Lignage e nacïon. *Storia, allegoria e analogia nelle Bibbie in versi del XII secolo francese*, in *Confini e Parole. Identità e alterità nell'epica e nel romanzo medievali*, Atti del Convegno (Roma, 21-22 settembre 2017), a cura di A. Perrotta, L. Mainini, Roma, Sapienza Università Editrice, 2019, pp. 49-89, in particolare pp. 80-85.

che prevedeva la mediazione di contenuti sapienziali e narrativi *anche* tramite la prosa e che identificava l'autorità con la chiarezza, ha avuto delle ricadute molto vaste sul piano culturale.

Ritornando agli adattamenti biblici in prosa, è interessante come le vicende duecentesche dei *Quatre livre des Reis* e del *Livre des Juges* ci conducano fisicamente, oltre che spiritualmente, sulle rotte crociate: entrambe le traduzioni sono attestate come componenti della compilazione nota come *Bible d'Acre*.[36] Essa è trasmessa da due testimoni duecenteschi: Paris, BnF, n. a. fr. 1404, e Paris, Bibliothèque de l'Arsenal, 5211. Di questi, solo il primo è collocato concordemente dagli studiosi in Terrasanta. La destinazione specifica del testimone rimane però incerta: l'unico – debole – argomento a favore dell'ipotesi che tale codice fosse destinato a un templare è la conservazione del prologo del *Livre des Juges*. Per quanto riguarda invece il secondo, la provenienza dai territori crociati è stata messa in discussione recentemente da Gabriele Giannini. Secondo la sua ipotesi, elementi linguistici, materiali e iconografici concordano a qualificare questo volume come compatibile con la produzione romana della fine del Duecento (con una significativa post-datazione rispetto all'ipotesi acritana, che lo colloca alla metà del secolo).[37]

Nel panorama manoscritto duecentesco, l'elemento più forte di connessione tra un'opera francese e un membro dell'ordine templare riguarda proprio l'*HAC*: al f. 3r del *codex optimus* P compare, insieme ad altri stemmi ancora da identificare, una raffigurazione del vessillo templare, il Beauceant.[38] Questa testimonian-

36. L'idea che la *Bible d'Acre* possa essere stata composta in Terrasanta dipende dalle ipotesi relative ai testimoni più antichi, per le quali si veda *La Bible d'Acre. Genèse et Exode*, éd. par P. Nobel, Besançon, Presses universitaires de Franche-Comté, 2006, pp. XI-XVI. Essa è ben distinta dall'altra traduzione biblica in prosa primo-duecentesca, la cosiddetta *Bible du XIII*[e] *siècle*, per la quale si vedano: *La Bible française du XIII*[e] *siècle. Édition critique de la Genèse,* éd. par M. Quereuil, Genève, Droz, 1988; E. Burgio, *I volgarizzamenti oitanici della Bibbia nel XIII secolo (un bilancio sullo stato recente delle ricerche)*, in «Critica del testo», 7 (2004), pp. 1-40; C. Lagomarsini, *Primi accertamenti sulla trasmissione manoscritta della* Bible du XIIIe siècle *(Antico Testamento)*, in «Medioevo Romanzo», 45 (2021), pp. 253-283.

37. Sulla lingua delle copie della *Bible d'Acre* si veda P. Nobel, *Écrire dans le Royaume franc: la* scripta *de deux manuscrits copiés à Acre au XIII*[e] *siècle*, dans *Variations Linguistiques:* koiné*, dialectes, français régionaux*, sous la dir. de P. Nobel, Besançon, Presses Universitaires de la Franche-Comté, 2003, pp. 33-52; *La Bible d'Acre*, éd. Nobel, pp. XXV-XXX; F. Zinelli, *Attrito, resistenza e fluidità nella ricodificazione linguistica dei testi romanzi (con particolare attenzione alle tradizioni in contatto)*, in *Innovazione linguistica e storia della tradizione. Casi di studio romanzi e medievali*, a cura di S. Resconi, D. Battagliola, S. De Sanctis, Milano, Mimesis, 2020, pp. 67-104, alle pp. 78-80. Per l'ipotesi romana relativa al manoscritto dell'Arsenal si veda G. Giannini, *Textes et manuscrits français dans la Rome pontificale*, in *Actes du XXIX*[e] *Congrès international de linguistique et de philologie romanes (Copenhague, 1-6 juillet 2019)*, sous la dir. de L. Schøsler, J. Härmä, 2 voll., Strasbourg, Éditions de linguistique et de philologie, 2021, II, pp. 1243-1256, a p. 1249. Per le analogie tra le illustrazioni di questo codice e gli affreschi della cappella del *Sancta Sanctorum* in Laterano, realizzati tra il 1277 e il 1280, si veda C. Bruzelius, rec. D. H. Weiss, *Art and Crusade in the Age of Saint Louis*, in «Speculum», 76 (2001), pp. 813-815.

38. F. Zinelli, *Traditions manuscrites d'Outremer (Tresor, Sidrac, Histoire ancienne jusqu'à César)*, dans *En français hors de France. Textes, livres, collections du Moyen Âge*, sous la dir. de F. Zinelli,

za, tanto isolata quanto significativa, suggerisce di identificare in un templare la persona per cui P è stato confezionato, e suggerisce che la relazione tra tradizioni duecentesche e ambienti connessi agli ordini combattenti debba essere ancora ricostruita. La storia della tradizione dei *Quatre livre des Reis* e del *Livre des Juges*, che nel Duecento trovano fortuna in Terrasanta e la cui diffusione è quindi geograficamente analoga a quella dell'*HAC*, sono giunti fino a noi anche perché erano ancora letti nel secolo successivo. I libri storici dell'antico testamento avevano un significato importante per l'educazione etica dei crociati e per fornire loro degli esempi di ricompensa divina ai combattenti della buona battaglia; per questo, è possibile che essi siano stati tradotti prima e/o diffusi più ampiamente rispetto ad altri libri biblici, oggi perduti. D'altra parte, la loro vitalità nel XIII secolo può anche essere un tributo all'impresa non facile nel campo dell'adattamento linguistico e letterario portata a termine dai loro autori.

1.3. *La prosa piccarda del primo XIII secolo tra latino e volgare*

Come abbiamo appena visto, il Duecento vedrà l'assorbimento entro una nuova cultura mediterranea della produzione di area plantageneta del secolo precedente. Allo stesso tempo, una nuova componente entra in gioco: la produzione testuale che si origina nel nord-est del dominio d'*oïl*, cioè nell'area la cui produzione letteraria e libraria è individuata su base linguistica come piccarda. Qui e altrove, la definizione di "area piccarda" è basata imprescindibilmente sulla ricostruzione sociolinguistica di Serge Lusignan: corrisponde geograficamente alla provincia ecclesiastica di Reims ed è storicamente determinata dalla rete di rapporti, e dalla produzione volgare, che interessano gli allievi della nazione dei Piccardi all'università di Parigi nella loro qualità, finiti gli studi, di professionisti dell'alfabetizzazione in contesti urbani – segnatamente, ma non solo, come maestri di scuola.[39] Questa produzione volgare raccoglie l'eredità di quella di area plantageneta del Cento e, inglobandone i prodotti e continuandone alcune caratteristiche, produce nuove opere che si proiettano, già nella concezione e poi nella circolazione, su uno scenario geograficamente ampio.

La nuova generazione di autori della Francia del Nord preferisce la prosa al verso, e in alcuni casi lo fa in aperta polemica con la produzione più antica. I prosatori del Duecento attingono a un repertorio di fonti più ampio rispetto a quello, essenzialmente biblico, dei loro predecessori e si rivolgono a un pubblico laico identificato non tanto dalla disponibilità all'edificazione, quanto dallo stile di vita aristocratico. Dal punto di vista dei modi dell'adattamento, seguono la linea tracciata da traduttori come quello dei *Quatre livre des Reis* e del *Livre*

S. Lefèvre, Strasbourg, Éditions de Linguistique et de Philologie, 2021, pp. 59-107, p. 89. Per la collocazione di P nel complesso della tradizione manoscritta si veda *infra*, § 2.1.3 e soprattutto 3.3.2.

39. S. Lusignan, *Essai d'histoire sociolinguistique. Le français picard au Moyen Âge*, Paris, Classiques Garnier, 2012. Per una ricostruzione del panorama letterario si veda O. Collet, *Littérature, histoire, pouvoir et mécénat: la cour de Flandre au XIIIe siècle*, dans «Médiévales», 38 (2000), pp. 87-110.

des Juges adattando le fonti latine con libertà e impiegando uno stile prosastico semplice, paratattico, che continua a servirsi di stilemi formulari ereditati dalla lingua della versificazione ancora funzionali alla lettura pubblica. Gli esempi più antichi e noti di questa nuova produzione sono le traduzioni, redatte nel nord-est della Francia, della cronaca dello Pseudo-Turpino; tra di esse sono particolarmente importanti quelle che hanno avuto una circolazione vasta e monografica, indipendente da più ampie compilazioni, quali quella di Nicolas de Senlis, quella cosiddetta *Johannes*, e quella anonima edita da Ronald N. Walpole con il titolo di *Turpin I*. A queste si deve aggiungere quella insulare di William de Briane. Tutte queste versioni sono antecedenti il 1250.[40] In esse, il tema più classico di tutto il repertorio delle canzoni di gesta, la campagna spagnola di Carlo Magno, viene rinarrato secondo la versione latina dell'*Historia Karoli Magni et Rotholandi*.

Una di queste traduzioni, quella di Nicolas de Senlis, contiene nel prologo quella che è una delle più celebri dichiarazioni metapoetiche della storia del francese medievale: «nus conte rimés n'est verais». Molti studiosi hanno interpretato questa dichiarazione come la pietra miliare che segna la nascita, nel pubblico volgare, di una sensibilità nei confronti dell'accuratezza dei contenuti testuali e di una condanna della letteratura in versi nel suo complesso. Tale condanna individuerebbe una rottura rispetto alla tradizione precedente sul piano della poetica e delle aspettative di correttezza e verità riposte negli adattamenti in volgare.[41] Questa interpretazione è in gran parte accurata, ma il quadro evocato dalle parole di Nicolas è più ampio e complesso. Dal punto di vista della poetica, come vedremo subito, alle discontinuità che riguardano le prospettive di tipo formale si accompagnano delle continuità importanti con la letteratura più antica per quel che riguarda i metodi dell'accreditamento del discorso storico. Inoltre, sono evocate delle novità assai rilevanti dal punto di vista del contesto socioculturale, profondamente mutato rispetto al Cento.

Il prologo di Nicolas è composto da due parti. La prima, (1), si concentra su questioni metapoetiche; la seconda, (2), sulle circostanze, o pseudo-circostanze, della traduzione:

> En l'enor nostre Segnior qui est Peres et Filz e saint Esperiz e qui est uns Deus en tres persones, e eu nom de la gloriose mere ma dame saincte Marie, voil commencer l'estoire si cum li bons empereire Karlemaine en ala en Espaigne por la terre conquerre sor Sarrazins. (1) Maintes gens si en ont oï conter e chanter mes n'est si mensongie non ço qu'il en dient e en chantent cil chanteor ni cil jogleor. Nus contes

40. Per il contesto storico si veda G. M. Spiegel, *Romancing the Past. The Rise of Vernacular Prose Historiography in Thirteenth-Century France*, Berkeley-Los Angeles-London, University of California Press, 1993, pp. 69-74. Per una messa a punto recente sulle varie versioni e la bibliografia si veda L. Ramello, *Per un'edizione della versione* Johannes *dell'*Historia Karoli Magni et Rotholandi, in «Revista de literatura medieval», 31 (2019), pp. 217-233.

41. Si veda, per esempio, Dembowski, *Learned Latin Treatises in French*, p. 258; Spiegel, *Romancing the Past.*, p. 75; E. Baumgartner, *Le choix de la prose*, dans *Le choix de la prose (XIIIe-XIVe siècles)*, Paris, Champion, 1998 [= «Cahiers de recherches médiévales et humanistes», 5 (1998)], pp. 7-13.

> rimés n'est verais, tot est menssongie ço qu'il en dient, car il non sievent rienz fors par oïr dire. (2) Li bons Baudoins, li cuens de Chainau, si ama molt Karlemaine ne ne voc unques croire chose que l'en chantast, ainz fit cercher les bones abaies de France e garder par toz les armaires por saver si l'om i troveroit la veraie estoira, ni onques trover ne l'i porent li clerc. Tant avint que uns sis cleirz ala en Borguonie, icele estoire domeinament que Turpins li bons arcevesques de Reins escrit en Espagne, qui avoc le bon empereor fu, e par jor e par nuit, e que il sot que vers fu le conquest; toz les miracles si com il avenoient le jor, tot eissi les escrivoit par nuit et par jor quant il en avoit leisir. Dont en feit cil mielz a croire qui hi fu e qui le vit qui ne font cil qui riens n'en sevent fors par oïr dire. Li clers ou bon compte Baudoin contrescrit l'estoire e a son seignor la porta qui molt l'en tinc en grant cherté tant cum il vesqui. E quant il dut morir, si enveia le livre a sa seror la bone Jolent la comtesse de Saint Po, e si manda que par amor de lui gardast le livre tant cum ele vivreit. La bone comtessa ha gardé le livre jusqu'a ore. Or me proie que je le meta de latin en romanz por ço que teus set de letre qui de latin ne seüst eslire, e por romanz sera il mielz gardez. Or si oïez que li bons arcevesques en reconte.[42]

Nella sezione metapoetica il discorso di Nicolas non è di interpretazione univoca; tuttavia, si può proporre di scomporlo in due enunciati dei quali il secondo è incastonato nel primo: (a) «Maintes gens si en ont oï conter e chanter mes n'est si mensongie non ço qu'il en dient e en chantent cil chanteor ni cil jogleor [...], tot est menssongie ço qu'il en dient, car il non sievent rienz fors par oïr dire» e (b) «Nus contes rimés n'est verais».

L'enunciato (b) presenta tutti i caratteri di un *topos*, una nozione espressa tramite una formula sentenziosa, che era pacifica e condivisa o che Nicolas voleva far diventare tale. Già nel Cento, alcuni autori di testi in versi avevano accusato i loro concorrenti di deformare la verità per rispettare i vincoli di rima.[43] In quei casi si tratta di una accusa rivolta ai singoli esecutori, non alla forma in quanto tale. Nicolas de Senlis e gli altri pionieri della produzione in prosa nelle materie che prima erano state trattate in versi – tra le quali quella carolingia doveva, evidentemente, confrontarsi con la precedente ampia e prestigiosa produzione epica – potevano fare proprio questo argomento generalizzandolo. Già pochi decenni dopo le due equazioni complementari (tra verso e mendacia da un lato, e tra prosa e verità dall'altro) diventeranno talmente topiche da poter essere utilizzate indipendentemente dall'effettiva pretesa di storicità delle materie trattate. Nel prologo in versi alla vita di Filippo Augusto dedicata a Gile de Flagi, castellano di Sens attestato tra il 1203 e il 1236, il racconto in prosa verrà qualificato come veritiero, in quanto in prosa, esattamente come le vicende di Lancillotto:

42. Versione del codice Paris, BnF, fr. 5714, edita in U. Mölk, *Les débuts d'une théorie litteraire en France. Anthologie critique*, Paris, Classiques Garnier, 2011, pp. 182-183. Nel codice Paris, BnF, fr. 124, trascritto in R. H. Rouse, M. A. Rouse, *French Literature and the Counts of Saint-Pol, ca. 1178-1377*, in «Viator», 41 (2010), pp. 101-140, p. 105, n. 15, si legge la variante «Or me proie que je le meta de latin en romans sans rime»; «metra de latin en romanz sans rima» si legge anche in fr. 5714, ma nell'*explicit* (cfr. Mölk, *Les débuts*, p. 183).

43. Il più esplicito è Bertrand de Bar-sur-Aube nella *Mort Aymeri de Narbonne*; per un'ipotesi ricostruttiva del dibattito si veda Damian-Grint, *The New Historians*, pp. 172-177.

Issi vos an feré le conte
non pas rimé, qui an droit conte,
Si com li livres Lancelot
Ou il n'a de rime un seul mot,
Por mielz dire la verité
et por treitier sans fauseté;
Quar anviz puet estre rimée
Estoire ou n'ait ajostée
Mençonge por fere la rime. (vv. 99-107)[44]

Sia nel Cento che nel Duecento, l'accusa di mendacia rivolta alle opere in versi (alcune o tutte) è un argomento polemico. Ha un contenuto metapoetico, ma il suo uso non è finalizzato a una riflessione astratta, bensì strumentale a un dibattito concreto che opponeva due pratiche di produzione testuale profondamente diverse, e non solo sul piano formale. Nicolas non sta emettendo una condanna – è difficile credere che ne avesse l'autorità – ma proponendo al pubblico una testualità di tipo nuovo. Per capire meglio la sua iniziativa è necessario concentrarsi sulle sue motivazioni complessive, che dovevano necessariamente essere di tipo anche contenutistico e ideologico, e sul contesto che rendeva possibile rinunciare alla versificazione, una forma testuale che fino ad allora era stata la *conditio sine qua non* per la circolazione e la conservazione in forma manoscritta dei testi francesi di argomento carolingio.

Gli aspetti ideologici del dibattito non sono enunciati nel prologo, ma si possono ricostruire contestualizzando in primo luogo l'enunciato (a), la cui coesione e data dal soggetto, «cil chanteor ni cil jogleor». È qui che Nicolas designa i suoi diretti concorrenti, gli esecutori di *chanson de geste* relative alla campagna di Spagna. Secondo quanto raccontato nella seconda parte del prologo, la ricerca di una nuova e più soddisfacente versione delle vicende di Carlo Magno e Roland, alternativa alle canzoni, sarebbe iniziata ben prima dell'entrata in scena del traduttore francese: sarebbe stato Baldovino, V conte di Hainaut e VIII conte delle Fiandre, a intraprenderla. Non sappiamo se qui Nicolas stia riferendo una vicenda realmente accaduta o stia piuttosto costruendo un aneddoto funzionale a dotare la sua produzione di un pedigree eccellente; anche in questo caso, tuttavia, la notizia doveva essere verosimile. L'incredulità del conte nei confronti dei poemi sarebbe scaturita dalla devozione per la figura di Carlo: «si ama molt Karlemaine ne ne voc unques croire chose que l'en chantast».[45] I racconti orali a cui Nicolas sta alludendo dovevano quindi veicolare un'immagine dell'imperatore poco lusinghiera o poco

44. P. Meyer, *Mélanges de poésie française*, dans «Romania», 6 (1877), pp. 481-503, a p. 498. Di questa vita si è conservato solo il prologo, copiato da una mano duecentesca nelle carte di apertura del codice London, BL, Additional 21212, contenente la *Philippide* di Guillaume le Breton.

45. Baldovino V di Hainaut era anche considerato un antenato diretto dell'imperatore: nozioni genealogiche usate a fini propagandistici, riflesse più tardi nelle *Grandes chroniques de France*, individueranno in sua figlia Isabella, prima moglie di Filippo Augusto e madre di Luigi VIII, il veicolo del "ritorno del regno alla stirpe di Carlo Magno"; si veda G. Spiegel, *The* Reditus Regni ad Stirpem Karoli Magni*: A New Look*, in «French Historical Studies», 7 (1971), pp. 145-174 (ora in

edificante, tanto da suscitare una reazione e la ricerca, nei chiostri dei monasteri, della "vera storia". Naturalmente, le versioni che Nicolas aveva in mente sono in grandissima parte perdute; il poco che abbiamo, però, basta a ricostruire un panorama variegato nel quale esistevano letture della figura di Carlo che potevano essere sconvenienti a vario titolo. Sappiamo dell'esistenza di tradizioni satiriche come quella di cui faceva parte il *Pèlerinage de Charlemagne à Jérusalem et à Constantinople*, o addirittura apertamente immorali: è possibile che nella Francia del Nord circolasse una qualche incarnazione della tradizione che fa capo alla *Vita Aegidii*, che tramandava come Roland fosse il figlio incestuoso di Carlo e di sua sorella.[46] La stessa *Chanson de Roland*, nelle sue varie versioni, poteva essere percepita come latrice di una interpretazione ambigua e troppo umana. La figura di Carlo Magno era rilevante infatti sia da un punto di vista "debole", semplicemente moralista, sia da uno "forte", che poteva implicare la valenza esemplare della figura dell'imperatore come modello di governante cristiano – e quindi, da una prospettiva politica ecclesiastica che aveva ampia circolazione, di governante legittimo. In questa ottica la versione della *Historia Karoli Magni et Rotholandi* era ineccepibile nel ritrarre un Carlo e un Roland irreprensibili ed esemplari, estranei alle tensioni terrene che erano al cuore delle rappresentazioni epiche.[47]

Il prologo di Nicolas prosegue con il ritrovamento del resoconto di Turpino a Sens.[48] Il traduttore francese presenta due argomenti per sostenerne l'autorità:

Ead., *The Past as Text. The Theory and Practice of Medieval Historiography*, Baltimore-London, Johns Hopkins University Press, 199, pp. 111-137).

46. Sulla quale si veda R. Lejeune, *Le péché de Charlemagne et la Chanson de Roland*, dans *Studia Philologica. Homenaje ofrecido a Dámaso Alonso por sus amigos y discípulos con ocasión de su 60º aniversario*, 3 voll., Madrid, Gredos, 1960, II, pp. 339-371, in particolare pp. 339-347, e Au. Roncaglia, *Roland e il peccato di Carlomagno*, in *Symposium in honorem prof. M. de Riquer*, Barcelona, Quaderns Crema, 1986, pp. 315-316 (ora in Id., *Epica francese medievale*, a cura di A. Ferrari, M. Tyssens, Roma, Edizioni di storia e letteratura, 2012, pp. 75-105). La circolazione della leggenda nel nord-est del dominio francofono è resa probabile dal fatto che essa è ripresa, forse da una fonte epica, ne *Ly Myreur des Histors* di Jean d'Outremeuse; si veda L. Michel, *Les légendes épiques carolingiennes dans l'oeuvre de Jean d'Outremeuse*, Bruxelles, La Renaissance du livre, 1935, pp. 168-170.

47. Per i prologhi turpininani che esplicitano gli intenti morali del racconto si vedano *The Old French Johannes Translation of the Pseudo-Turpin Chronicle*, ed. by R. N. Walpole, 2 voll., Berkeley-Los Angeles-London, University of California Press, 1976, I, p. 56, e *The Anglo-Norman Pseudo-Turpin Chronicle of William de Briane*, ed. by I. Short, Oxford, Anglo-Norman Text Society-Blackwell, 1973, p. 31.

48. Sens era un importante centro di produzione testuale latina di argomento carolingio. In una fase precoce, subito prima dell'annessione della contea omonima nel regno capetingio avvenuta nel 1055, l'attività culturale di questa sede episcopale era stata nel segno non solo dell'opposizione all'idea di una continuità tra Carolingi e Capetingi, ma della delegittimazione di tutta la discendenza di Carlo: nella *Historia Francorum Senonensi* Ludovico il Pio è il fratello, non il figlio, di Carlo (Spiegel, *The* Reditus Regni, pp. 153-154). Nonostante la sua tendenziosità e le notizie isolate che conteneva, l'*Historia* continuò a essere citata come fonte complementare anche nei secoli successivi, per esempio da Ugo di Fleury. Per le reinterpretazioni propagandistiche della figura e dell'eredità di Carlo Magno è ancora fondamentale R. Folz, *Le souvenir et la légende de Charlemagne dans l'Empire germanique médiéval*, Paris, Les Belles Lettres, 1950.

Turpino ha trascritto gli eventi volta per volta, man mano che accadevano: «toz les miracles si com il avenoient le jor, tot eissi les escrivoit par nuit et par jor quant il en avoit leisir», e ne è stato testimone oculare: «en feit cil mielz a croire qui hi fu e qui le vit». Quest'ultima caratteristica qualifica il racconto come autoptico e quindi come storico, secondo un criterio – in origine tucidideo, poi liviano – trasmesso al medioevo da Isidoro di Siviglia.[49] In questo caso, Nicolas sta ricalcando la lettera prologale della *Historia Karoli Magni et Rotholandi* latina.[50] Invece il primo argomento, la composizione del testo in contemporanea agli eventi, manca nella lettera prologale. Aggiungendo questo elemento, Nicolas classifica il racconto pseudo-turpiniano in uno dei tre generi della storiografia antica, le efemeridi, la cui definizione era stata divulgata sempre da Isidoro di Siviglia, e così facendo aumenta le credenziali di autorità del racconto in maniera significativa rispetto alla fonte.[51]

È molto probabile che entrambi i criteri di veridicità evocati da Nicolas fossero già noti al suo pubblico di riferimento. Le stesse due caratteristiche del racconto, cioè il carattere autoptico e la stesura contestuale, erano state attribuite al resoconto di Darete Frigio nel prologo del *Roman de Troie* di Benoît de Sainte-Maure:

> Chascun jor ensi l'escriveit
> Come il o ses ieuz le veeit.
> Tot quant qu'il faiseient le jor
> O en bataille o en estor,
> Tot escriveit la nuit après
> Icist que je vos di Darès. (vv. 105-110)[52]

Nell'originale latino, il *De excidio Troiae* dello Pseudo-Darete Frigio, si alludeva, per altro indirettamente, alla sola autopsia: il pregio del racconto di

49. *Isidori Hispalensis episcopi Etymologiarum sive Originum libri XX*, ed. W. M. Lindsay, Oxonii, Clarendon, 1911, I, XLI: «Historia est narratio rei gestae, per quan ea, quae in praeterito facta sunt, dinoscuntur. Dicta autem Graece historia ἀπὸ τοῦ ἱστορεῖν, id est a videre vel cognoscere. Apud veteres enim nemo conscribebat historiam, nisi is qui interfuisset, et ea quae conscribenda essent vidisset. Melius enim oculis quae fiunt deprehendimus, quam quae auditione colligimus. Quae enim videntur, sine mendacio proferuntur».

50. *Karolellus atque Pseudo-Turpini Historia Karoli Magni et Rotholandi*, ed. P. G. Schmidt, Stutgardiae-Lipsiae, Teubner, 2011, p. 2: «Turpinus, Dei gracia archiepiscopus Remensis ac sedulus Karoli magni impertori consocius, Leoprando decano Aquisgranensi salutem in Domino. Quoniam nuper mandastis michi apud Viennam cicatricibus vulnerum aliquantulum egrotanti, ut vobis scriberem, qualiter iperator noster formosissimus Karolus magnus tellurem Hispanicam et Galecianam a potestate Sarracenorum liberavit, mororum gestorum apices eiusque laudanda super Hispanicos Sarracenos trophea, *que propriis oculis intuitus sum*, quatordesim annis perambulans Hispaniam et Galeciam una cum eo et exercitibus suis, pro certo scribere vestreque fraternitati mittere non ambigo» (l'enfasi è mia). Anche Johannes, il traduttore della più diffusa versione francese dell'*Historia*, include il riferimento al carattere autoptico nel suo prologo: «voust li cuens [Renaut de Boloigne] que cist livres fust sans rime selonc le latin de l'estoire que Torpins l'arcevesque de Reins traita et escrist si com il le vit et oï», cfr. *The Old French Johannes Translation*, ed. Walpole, I, p. 130.

51. *Isidori Hispalensis episcopi Etymologiarum*, ed. Lindsay, I, XLIV: «Ephemeris namque appellatur unius diei gestio. Hoc apud nos diarium vocatur. Nam quod Latini diurnum, Graeci ephemerida dicunt».

52. Benoît de Sainte-Maure, *Le roman de Troie*, éd. par L. Constans, 6 voll., Paris, Firmin Didot, 1904-1912, I, p. 7.

Darete risiede nel fatto che egli era, a differenza di Omero, un contemporaneo dei fatti.[53] Sia Benoît de Sainte-Maure che Nicolas de Senlis, quindi, innovano rispetto alle loro fonti attribuendo ai testimoni la scrittura contestuale, e così facendo rafforzano le pretese di veridicità dei due racconti. Le analogie nel rapporto tra fonte e adattamento francese tra il *Roman de Troie* e i Turpini francesi sono palesi, e trasversali rispetto alla scelta del verso e della prosa. Se da un lato è impossibile affermare con certezza assoluta che Nicolas de Senlis conoscesse il *Roman de Troie* e che vi si ispirasse, è invece molto probabile che le consonanze tra le innovazioni di Benoît e quelle di Nicolas non siano casuali, ed è comunque certo che sul punto della definizione del racconto storico l'operazione dei prosatori di primo XIII secolo è solo parzialmente di rottura e ha invece molto in comune con le idee di letteratura che avevano prodotto anche il romanzo in versi di materia antica del Cento.

Tenendo conto sia delle analogie (tanto il *Roman de Troie* che i Turpini sono adattamenti di fonti latine pseudostoriche – o, nel caso del *De excidio Troiae*, interpretate come tali da lettori distanti molti secoli dalla sua redazione) che delle differenze (il primo è un *tour de force* di invenzione narrativa, erudizione romanzesca e versificazione, i secondi sono adattamenti privi di amplificazioni retoriche), si può provare comunque a individuare in cosa consista il loro fattore comune. Anche se nella progettazione di opere tanto diverse sono sicuramente entrati in gioco stimoli eterogenei, stratificati o concorrenti, gli elementi in comune sono fondamentali per individuare entro quale gruppo umano, unificato da cultura e formazione analoghe, si è creata la spaccatura generazionale tra gli autori in versi e i fautori della prosa. Naturalmente, sia la vicenda troiana che quella di Carlo erano rilevanti dal punto di vista della legittimazione – e dei modi di tale legittimazione, che poteva essere anche molto parziale – del potere regale in Francia. Questo elemento – nella forma che ci si attenderebbe, ovvero il collegamento dinastico tra Francio, il patriarca eponimo dei Franchi, e la stirpe troiana – è assente nel *Roman de Troie*; ma questo non stupisce se si colloca la redazione del poema in ambito plantageneto, come suggeriscono la lingua della tradizione antica e la carriera di Benoît prima ancora che il presunto riferimento a Eleonora d'Aquitania all'interno del romanzo.[54] Ciò non toglie che la ricezione come documenti per la storia della corona francese possa aver accomunato in qualche momento il *De excidio* e l'*Historia*. Tra le due opere,

53. *Daretis Phrygii de excidio Troiae Historia*, ed. F. Meister, Lipsiae, Teubner, 1873, p. 1: «Optimum ergo duxi ita ut fuit vere et simpliciter perscripta, sic eam ad verbum in latinitatem transvertere, ut legentes cognoscere possent, quomodo res gestae essent: utrum verum magis esse existiment quod Dares Phrygius memoriae commendavit, qui per id ipsum tempus vixit et militavit, cum Graeci Troianos obpugnaverunt, anne Homero credendum, qui post multos annos natus est, quam bellum hoc gestum est». Sulla presenza in filigrana della tradizione tucididea nel testo del *De excidio Troiae* si veda M. Lentano, *Come si (ri)scrive la storia. Darete Frigio e il mito troiano*, in «Atlantide. Cahiers de l'EA 4276 – L'Antique, le Moderne», 2 (2014), pp. 1-19, in particolare pp. 3-5.

54. Sulla ricostruzione della biografia di Benoît è ora fondamentale I. Short, *Three Anglo-Norman Kings. The Lives of William the Conqueror and Sons by Benoît de Sainte-Maure*, Toronto, Pontifical Institute of Medieval Studies, 2018, pp. 3-7.

la seconda è in realtà quella più scopertamente anti-regale: nasce infatti come opera di propaganda clericale, e la sua ricezione volgare duecentesca presenta elementi da leggere nell'ottica della conservazione di privilegi ecclesiastici, se non addirittura alla subordinazione del potere della corona a quello della Chiesa.[55] D'altra parte, il *De excidio* e l'*Historia* sono due pseudo-documenti che potevano essere strumentalizzati in chiavi diverse e la cui ricezione non doveva essere limitata a una sola parte e una sola opinione; essi potevano poi anche interessare a fini meramente eruditi, al netto di una immediata utilità pratica, sospendendo il giudizio sulla loro reale autenticità.

I codici superstiti che conservano insieme il *De excidio Troiae* e l'*Historia Karoli Magni et Rhotolandi* non sono numerosi e nessuno è più antico del XIII secolo. Quelli in cui le due opere sono copiate nella stessa unità codicologica – e per i quali è quindi lecito ritenere probabile che la raccolta possa riflettere un assetto più antico, già del modello – sono solo tre: Cambridge, Corpus Christi College, 414, trecentesco, collocato in un contesto francescano nella East-Anglia da M. R. James, una raccolta che contiene prevalentemente storiografia classica e medievale di materia classica; Cambridge, St. John's College, G. 16, trecentesco, forse proveniente da Peterborough secondo James, una miscellanea eterogenea ma con una forte componente storica; infine, Città del Vaticano, BAV, Reg. lat. 657, copiato in Francia tra la fine del Duecento e l'inizio del Trecento, che costituiva originariamente la prima sezione di un codice più voluminoso del quale sopravvivono solo le nostre due opere.[56] Se la cultura letteraria nella quale il *De excidio* e l'*Historia* si sono incontrate ha lasciato delle tracce in raccolte manoscritte – cosa di per sé non scontata – gli unici indiziati di poterla trasmettere sono i due codici di Cambridge. La natura dei contenuti di queste raccolte (che va dagli *Otia imperialia* di Gervasio di Tilbury al *Pantheon* di Goffredo da Viterbo, da un'epitome di Giulio Valerio a estratti vari di materia classica), insieme alla provenienza dei codici, lascia supporre piuttosto un interesse verso la materia storica, etnografica e genealogica che non è classificabile in nessun modo come laico (lo provano positivamente i testi teologici copiati nella raccolta del St. John College) ma sicuramente, in una certa misura, aveva dei caratteri liberali – nel senso che scaturiva da un libero desiderio di sapere.

55. Per gli elementi propagandistici riconducibili a Saint Denis nelle versioni francesi si veda *Le Turpin français, dit le Turpin I*, ed. by R. N. Walpole, Toronto-Buffalo-London, University of Toronto Press, 1985, pp. 187-201, e M. T. Rachetta, *From Saint-Denis to Béthune: The* Chronique française des rois de France *by the Anonymous of Béthune and its Textual Background*, in «Medium Ævum», 86 (2017), pp. 299-322, alle pp. 308-310. Il perseguimento da parte degli storici volgari di Saint-Denis di un'agenda politica diversa dalla semplice celebrazione della corona (e, in particolare, la contrapposizione di Carlo I d'Angiò a Luigi IX come modello di regalità) è stato dimostrato per quanto riguarda le *Grandes Chroniques de France* in B. Guenée, *Comment on écrit l'histoire au XIIIe siècle. Primat et le Roman des roys*, éd. par J.-M. Moeglin, Paris, CNRS Éditions, 2016.

56. Per gli spogli mi baso su L. Faivre d'Arcier, *Histoire et géographie d'un mythe. La circulation du* De excidio Troiae *de Darès le Phrygien (VIIIe-XVe siècles)*, Paris, École des chartes, 2006; i manoscritti citati sopra portano rispettivamente le sigle CA, CE e RL.

Ritornando al prologo di Nicolas de Senlis, è alla fine che leggiamo di eventi che, veri o frutto di una rappresentazione finzionale che siano, rivestono il massimo interesse per noi perché ci informano sul posizionamento della produzione volgare nella cultura piccarda del primo Duecento – se non nei fatti, almeno a livello di reputazione e aspettative. Secondo Nicolas dopo la morte di Baldovino (che avviene nel 1195), il libro latino copiato a Sens sarebbe passato a sua sorella, Jolanda di Saint-Pol, che dopo averlo lungamente custodito avrebbe chiesto a Nicolas di tradurlo in volgare perché un simile adattamento sarebbe stato più accessibile a chi non era in grado di leggere e comprendere un testo in latino; e in questo modo «por romanz sera il mielz gardez», in volgare il libro sarà meglio conservato. Contrariamente a quanto abbiamo visto accadere nel Cento anglonormanno, la prosa volgare non è più un genere deperibile, ma quello che – in alcuni contesti, e in particolare in quello gentilizio – garantisce una conservazione migliore. Questo cambiamento di sensibilità, che segna una sicura affermazione del volgare sul fronte della conservazione dei testi, sembra già molto avanzato all'epoca di Nicolas.[57] Solo pochi anni prima, del resto, Giraldo Cambrense aveva descritto la stessa situazione quando nella dedicatoria dell'*Expugnatio Ibernica* (1189) auspicava che un traduttore francofono potesse dedicarsi all'adattamento della sua opera per permetterle una ricezione in contesti principeschi.[58] Il riconoscimento del valore strategico della produzione volgare anche da parte di attori della cultura latina permette di pensare che in qualche caso la possibilità di un volgarizzamento abbia influenzato nuove opere latine nella fase della loro progettazione ed esecuzione. Gli equilibri che governavano il sistema permeabile formato dal latino e dal volgare erano significativamente mutati a favore del secondo. Ma l'affermazione del volgare nel contesto che ci interessa non ha significato una sua emancipazione dal latino. Al contrario, essa è uno degli aspetti di un mutamento sistemico più ampio che, prendendo le mosse dall'ampliamento del pubblico alfabetizzato, ha portato una certa cultura latina e la produzione in francese più ampiamente diffusa a convergere su funzioni molto simili o uguali.

Il cambio di paradigma narrativo e discorsivo nel dominio della materia carolingia, cioè la produzione di una nuova versione della campagna di Spagna, non avviene per la prima volta nel campo della letteratura volgare ma in quello di espres-

57. Mortensen, *The Sudden Success of Prose*, pp. 29-31, ritiene che sia avvenuto in concomitanza con lo sviluppo delle biblioteche private signorili.

58. «Verumtamen, quoniam res gesta per interpretem non adeo sapit aut animo sedet, sicut proprio et idiomate noto prolata, alicui, si placet, lingua simul et litteris erudite, ad transferendum in Gallicum ocius non ociosus liber hic noster committatur. Qui forte fructum laboris sui, quoniam intelligi poterit, assequetur, quem nos quidem, minus intellecti, quia principes minus litterati, hactenus obtinere non valuimus». si veda *Expugnatio Hibernica. The Conquest of Ireland by Giraldus Cambrensis*, ed. by A. B. Scott, F. X. Martin, Dublin, Royal Irish Academy, 1978, p. 264-265. Sul contesto della «authorization of the *sermo vulgaris*» in Inghilterra si veda I. Short, *Vernacular Manuscripts I: Britain and France*, in *The European Book in the Twelfth Century*, ed. by E. Kwakkel, R. Thompson, Cambridge, Cambridge University Press, 2018, pp. 311-326, a p. 313.

sione latina con l'*Historia Karoli Magni et Rotholandi*. Questa è un'opera che adotta la lingua e gli attributi esterni della storiografia classica, ma che non rinuncia a una profonda struttura agiografica e che è scritta in un latino semplice, facilmente convertibile in volgare; e questa scelta è naturale, se si pensa che l'obiettivo di questo falso era di divulgare una versione autorizzata di vicende già note ai laici per il tramite della letteratura a diffusione orale. Sarebbe sbagliato però considerare l'*Historia Karoli Magni et Rotholandi* come un sottoprodotto della cultura latina destinato esclusivamente alla propaganda esterna, presso gli incolti: essa non era trattata come tale dagli storici di espressione latina successivi. Al contrario, prima nell'*atelier* storiografico di Saint-Denis, poi nelle opere di Elinando di Froidmont, Alberico di Trois-Fontaines e Vincenzo di Beauvais, essa è entrata a pieno titolo nel canone storiografico.[59]

La vicenda di questo testo è solo un episodio particolare di una più ampia rivalutazione di quelle forme di espressione latina che si collocavano consapevolmente su un registro stilistico basso. Questo registro, che gli studiosi moderni hanno chiamato "pragmatico", entra a tutti gli effetti nel canone librario, dal quale prima era escluso, e svolge la funzione di coinvolgere un numero di attori (sia emittenti che riceventi) più ampio rispetto a quanto fosse consentito dall'uso del latino di impronta classica.[60] Il latino pragmatico era quello impiegato quotidianamente – per esempio, in forma orale in contesti formali – ed era naturalmente sempre esistito; ma è solo a partire dall'XI secolo che, a giudicare dalle opere e dai testimoni conservati, acquisisce rilievo crescente nel panorama letterario. La nuova prosa latina che ne deriva si affianca a quella retoricamente elaborata di stampo scolastico-ciceroniano; entrambe sono forme ammesse a pieno titolo nella circolazione libraria, e per entrambe esiste un pubblico di lettori. Inoltre, entrambe sono adatte al racconto storico, come dimostra il fatto che nel Cento sono state entrambe adottate da "falsari": la prima dall'autore dell'*Historia Karoli Magni et Rotholandi*, la seconda da Goffredo di Monmouth.

La facile convertibilità tra latino pragmatico e volgare, che nella generazione precedente e nel campo degli scritti amministrativi era stata uno svantaggio nell'ottica della conservazione, diventa ora uno spettacolare vantaggio in fase produttiva (attestato per l'*Historia Karoli Magni et Rotholandi* dal numero importante di traduzioni indipendenti). Questa novità determina un cambiamento radicale nel rapporto degli autori francesi con la tradizione latina. Nel XII secolo le traduzioni di successo derivavano da testi classici o comunque classicizzanti nello stile: è il caso del *Brut* di Wace, o dei *romans d'antiquité*. Anche

59. Si veda E. A. R. Brown, *Saint-Denis ant the Turpin Legend*, in *The* Codex Calixtinus *and the Shrine of St. James*, ed. by. J. Williams, A. Stones, Tübingen, Narr, 1992, pp. 51-88.

60. Sono fondamentali, da questo punto di vista, la ricostruzione e le riflessioni di L. B. Mortensen, *Comparing and Connecting: The Rise of Fast Historiography in Latin and Vernacular (12th-13th cent.)*, in «Medieval Worlds», 1 (2015), pp. 25-39. Sulle analogie strutturali e funzionali tra latino pragmatico e volgare si veda J. Rüdiger, *"Éviter le mot": langages politiques au Moyen Âge*, dans *La légitimité implicite*, sous la dir. de J.-Ph. Genet, Paris-Rome, Éditions de la Sorbonne-École française de Rome, 2017, pp. 257-268.

le forme scelte per gli adattamenti volgari erano retoricamente spinte: gli autori impiegavano forme testuali di matrice orale che rielaboravano, perfezionavano, canonizzavano, e promuovevano alla forma libro; le opere composte in queste forme venivano a ricoprire le funzioni sociali e intellettuali proprie della letteratura, entro le quali l'efficacia comunicativa e il pregio estetico erano entrambe fondamentali. L'elaborazione stilistica in campo volgare non era modellata dall'imitazione del latino, ma l'idea di letteratura sottesa era omologa a quella dei classici e pienamente retorica. Nel XIII secolo, invece, gli autori francesi cambiano interlocutori latini: non più i classici e la letteratura classicizzante, ma gli autori moderni e i loro modelli, prima di tutto la patristica e la letteratura tardoantica. All'inizio del Duecento, nel momento in cui la produzione libraria esplode e inizia a rispondere a logiche commerciali in misura crescente, la produzione francese segue quella latina di tipo pragmatico nella creazione di nuove forme linguistico-discorsive e nella conquista graduale di nuove tipologie testuali e librarie. Il cambiamento che vediamo recepito in campo volgare era avvenuto prima, già nel Cento, in contesto latino e in ambienti di diffusa alfabetizzazione e continua dimestichezza con il *medium* scritto e l'infrastruttura libraria ma non necessariamente di elevata cultura retorica ed estetica. Il processo a cui assistiamo non è una "volgarizzazione" del latino, ma una "librarizzazione" di forme non classiche, influenzate dalla dimensione orale, che coinvolge prima il latino e poi il volgare e determina una convergenza stilistica negli usi delle due lingue: in entrambi i casi diminuendo il tasso di retoricità nello scritto, e sempre al fine di raggiungere pubblici nuovi.

Il sorgere della stagione della prosa nella letteratura francese medievale non è, da un punto di vista storico, né un rifiuto della tradizione del Cento né semplicemente un allargamento della *palette* stilistica interpretabile in senso evolutivo. È il risultato di un mutamento nel contesto culturale ampio, negli intenti e nei modelli, che corrisponde a un cambio generazionale e a uno spostamento dei centri di produzione della letteratura di successo dall'area di influenza plantageneta a quella piccarda. L'avvicendamento generazionale porta sul palcoscenico attori diversi: non più prevalentemente poeti-educatori come Wace e Benoît de Sainte-Maure, ma narratori-informatori, che, pur continuando a leggere e ammirare gli autori della generazione precedente, operavano in un contesto radicalmente mutato e si ponevano obiettivi diversi, in continuità con tendenze che nel XII secolo, come abbiamo visto, esistevano già nel campo della traduzione biblica circolante sull'asse che collegava l'Inghilterra alla Turenna.

Nel contesto di questo mutamento culturale generalizzato, il campo della storiografia riveste un interesse particolare perché, come abbiamo già visto, ha costituito un settore privilegiato per l'impiego del latino pragmatico. Secondo Lars Boje Mortensen, che a questa questione ha dedicato delle riflessioni approfondite, la produzione in stile pragmatico può essere etichettata come *fast historiography*: narrativa dal debole sostrato intertestuale (cioè che non esibisce l'imitazione, né nello stile che nella forma del contenuto, dei modelli antichi) e che si segnala, da un punto di vista funzionale, per uno statuto a metà tra il documentario e il letterario.[61] Questi testi latini, in effetti, sembrano pensati sia per informare, nell'immediato, su fatti di attualità, che per custodire in seguito la memoria di questi fatti. Alcuni tra i più antichi provengono da contesti anche francofoni, come i *Gesta Francorum*, cioè la relazione della prima crociata scritta da un membro dell'armata di Boemondo di Taranto, e la cronaca contemporanea del chierico e funzionario del conte di Fiandra Galberto di Bruges.

La ricezione di questi testi da parte dei chierici avvezzi allo stile di stampo classicista è stata, all'inizio del Cento, all'insegna della reazione. I *Gesta Francorum*, per esempio, furono rielaborati in uno stile più elevato almeno tre volte: dall'abate Guiberto di Nogent, dall'abate e vescovo Baudri di Borgueil, e da Roberto il Monaco (detto anche di Reims) – tutti attivi entro il 1130. Le loro riscritture hanno in seguito incontrato un favore più ampio e duraturo di quello del racconto originale.[62] Queste rielaborazioni comportano il rifiuto del riconoscimento di uno statuto letterario ai *Gesta Francorum*; i rielaboratori li trattano come una fonte grezza, un semilavorato discorsivo, a cui si riconosce pienamente il pregio dell'autopsia ma al quale non viene riservato, in fase di trasmissione, il privilegio della conservazione degli *ipsissima verba*. Dal punto di vista delle dinamiche di rielaborazione testuale, queste operazioni di conversione stilistica somigliano moltissimo a quella che Benoît de Sainte-Maure avrebbe messo in atto, pochi decenni dopo, nella composizione del *Roman de Troie* a partire dalla pseudo-testimonianza di Darete Frigio. A differenza di Benoît, però, nessuno dei tre revisori dei *Gesta Francorum* ha dovuto giustificare la necessità della rielaborazione. Ancora negli anni Ottanta del Cento abbiamo una testimonianza del fatto che l'adozione di uno stile classicizzante poteva essere un requisito determinante per la circolazione di un racconto autoptico in determinati contesti colti. Guglielmo di Tiro, che nella sua *Chronica* ricorre a uno stile solido, elaborato e ricco di riferimenti alla Bibbia e ai classici, lo fa per mostrare la sua cultura – e quindi la sua conoscenza del mondo e la pregnanza delle sue opinioni – a un pubblico di suoi pari, evidentemente esigente da questo punto di vista.[63] La convivenza tra stile classico e stile pragmatico nella stessa epoca all'interno del dominio latino si articola quindi in funzione delle finalità dei testi e degli ambienti di circolazione primari. L'impiego di elementi pragmatici o retorici può dipendere da una selezione del pubblico operata degli autori, ma la circolazione di testi in stile pragmatico può anche essere il risultato di accidenti storici per i quali un semilavorato testuale, che avrebbe ambito alla promozione a prodotto retoricamente finito, non ha trovato rielaboratori capaci e volenterosi.

61. Mortensen, *Comparing and Connecting*.

62. L. B. Mortensen, *Change of Style and Content as an Aspect of the Copying Process. A Recent Trend in the Study of Medieval Latin Historiography*, in *Bilan et perspectives des études médiévales en Europe*, Actes du premier congrès européen d'études médiévales (Spoleto, 27-29 mai 1993), sous la dir. de J. Hamesse, Turnhout, Brepols, 1995, pp. 265-276.

63. P. Edbury, J. Gordon Rowe, *William of Tyre. Historian of the Latin East*, Cambridge, Cambridge University Press, 1988, pp. 32-43.

Anche nel campo del volgare *fast historiography* e forme retoricamente elaborate convivevano ed erano commutabili. Il primo registro è ben esemplificato dai racconti autoptici di eventi contemporanei: per esempio quello di Robert de Clari (la cui circolazione medievale può essere stata molto limitata – è conservato oggi in un solo manoscritto) e quello di Geoffroi de Villehardouin. L'*Estoire de la guerre sainte* di Ambroise e, nei primi decenni del Duecento, la *Canso de la Crosada* di Guilhem de Tudela in occitano sono esempi di racconti di argomento contemporaneo in versi, e quindi retoricamente elaborati, che derivano da relazioni di testimoni oculari. In campo francese si inizia a coltivare in prosa e in stile pragmatico anche una tipologia di racconto della contemporaneità più attardata, radicata nell'alto medioevo, di impostazione documentaria: la continuazione di cronache che prendono le mosse da eventi remoti, inizi di storie dinastiche o locali. Questi vasti organismi testuali sono sempre in gran parte derivativi e contengono adattamenti di fonti latine composte sia in stile classicizzante che in stile pragmatico. Da una tradizione latina di elevato pregio stilistico derivano le *Chroniques d'Outremer*, un complesso di racconti della storia del vicino Oriente e delle crociate composti per lo più direttamente in francese, ma entro il quale un ruolo strutturante è ricoperto dalla traduzione della *Chronica* di Guglielmo di Tiro. Il suo traduttore non ha cercato di replicare la tessitura retorica propria dell'originale: l'adattamento è composto nello stile piano e pragmatico normale nella prosa francese del tempo, e lo stesso varrà per le sue continuazioni – che a volte inglobano materiali cronachistici francesi preesistenti.[64] Le due cronache dell'Anonimo di Béthune, invece, sono un prodotto di tradizioni latine di tipo misto: mentre quella di argomento francese si basa su cronache latine esili e redatte in uno stile estremamente semplice, quella di argomento normanno deriva dalle imponenti e retoricamente elaboratissime *Gesta Normannorum ducum* di Dudone di Saint-Quentin.[65] Queste due ampie cronache sono interessanti perché sono composte sia da adattamenti di fonti latine che da materiali originali di primario

64. Sulla traduzione di Guglielmo di Tiro si veda ora P. Handyside, *The Old French William of Tyre*, Leiden-Boston, Brill, 2015. Per la tradizione manoscritta delle continuazioni: M. Gaggero, *La Chronique d'Ernoul et de Bernard le Trésorier, l'Eracles et la narration de la croisade*, dans «Cahiers de recherches médiévales et humanistes / Journal of Medieval and Humanistic Studies», 37 (2019), pp. 53-74, e Id., *Per la tradizione dell'*Eracles: *copie occidentali di modelli oltremarini*, in *Innovazione linguistica e storia della tradizione. Casi di studio romanzi e medievali*, a cura di. S. Resconi, D. Battagliola, S. De Santis, Milano-Udine, Mimesis, 2020, pp. 325-353, cui si rimanda anche per la bibliografia precedente.

65. Sulle fonti dell'Anonimo di Béthune – in particolare per la cronaca normanna – si veda G. Fedorenko, *The Texts, Manuscripts and Historical Significance of the prose* Chronique de Normandie *and* Geste de France *(c.1180–c.1230)*, PhD dissertation, University of Cambridge, 2012; Id., *The Thirteenth-Century* Chronique de Normandie, in *Proceedings of the Battle Conference 2012*, ed. by D. R. Bates, Woodbridge, Boydell and Brewer, 2013, pp. 163-180; Id., *The Language of Authority? The Source Texts for the Dual Chronicles of the Anonymous of Béthune (fl. c. 1220) and the Evolution of Old French Prose Historiography*, in *Authority and Gender in Medieval and Renaissance Chronicles*, ed. by J. Dresvina, N. Sparks, Newcastle upon Tyne, Cambridge Scholars, 2012, pp. 202-230.

interesse storico, e quindi ci consentono di osservare una continuità nell'impiego di latino retoricamente elaborato, latino pragmatico e volgare per le stesse materie all'interno della loro stessa storia testuale.

La sostituzione del volgare al latino all'interno di queste tradizioni coincide con un cambio di destinazione del racconto – pensato prima per un'élite intellettuale, e poi gradualmente per pubblici sempre meno colti e potenzialmente più vasti. Per questo è particolarmente interessante chiedersi *dove* abbia avuto luogo la redazione dei nuclei più antichi di ciascuna compilazione volgare, perché è in questi luoghi che è avvenuta la conversione dalla storia in latino in storia in volgare. La risposta a questa domanda, in entrambi i casi, non è univoca. Il *corpus* dell'Anonimo di Béthune ha una circolazione tutta europea, e se ci sono evidenze esplicite che indicano un ruolo dell'abbazia di Saint-Denis nella redazione del nucleo compilativo della cronaca di argomento francese, tutto nelle sezioni originali (temi, interessi politici discussi, la stessa menzione del probabile patrono, Roberto VII di Béthune) conduce a un punto di osservazione collocato nelle Fiandre francesi.[66] Questo punto di osservazione non determina però una dimensione locale del racconto; al contrario, l'Anonimo di Béthune narra gli stessi eventi due volte, la prima nel contesto di una genealogia inglese e la seconda in quella di una genealogia francese, perché gli eventi di cui era testimone informato – i conflitti franco-inglesi e franco-imperiali nei campi di battaglia e nelle città della Francia del Nord – possano essere conosciuti e conservati in quanto esiti recentissimi delle vicende, iniziate anticamente, di due popoli che erano arrivati a confrontarsi su un vasto scenario. L'Anonimo subisce o sfrutta la forma testuale entro la quale queste vicende gli erano state trasmesse dalla tradizione dionisiana, cioè le genealogie parallele. Per quanto riguarda la traduzione della *Chronica* di Guglielmo di Tiro, Philip Handyside ha corroborato le ipotesi precedenti attribuendo (sulla base di indizi contenutistici) la traduzione a un chierico operante nell'Île-de-France ma dotato di una conoscenza diretta della Terrasanta.[67] La continuazione più antica, detta *d'Ernoul*, è il risultato dell'incorporazione di materiali indipendenti e di stratificazioni redazionali ancora da dirimere pienamente. Il primo punto fermo nella sua storia corrisponde a un momento redazionale relativamente tardo: la revisione di Bernard, tesoriere dell'abbazia di Saint-Pierre a Corbie, nel 1232.[68] In entrambi i casi, la patria delle due opere va cercata non in un punto sulla carta geografica, ma sulla rete di connessioni tra Parigi la Francia del Nord che Lusignan ha posto alla base della definizione di "piccardo". Sia le piccole compilazioni dell'Anonimo di Béthune che la tradizione antica delle *Chroniques*

66. Rachetta, *From Saint-Denis to Béthune*.

67. Handyside, *The Old French William of Tyre*, pp. 88-101.

68. Si veda M. Gaggero, *L'édition d'un texte historique en évolution: la Chronique d'Ernoul et de Bernard le Trésorier*, dans *Actes du XXVIIe Congrès international de linguistique et de philologie romanes (Nancy, 15-20 juillet 2013), Section 13: Philologie textuelle et éditoriale*, sous la dir. de R. Trachsler, F. Duval, L. Leonardi, Nancy, ATILF, 2017, pp. 133-145, in particolare p. 134 e n. 7.

d'Outremer sono esempi di organismi testuali che, prima ancora di accrescersi grazie al contributo di attori appartenenti a diversi centri di produzione, sono il risultato dell'azione di uomini il cui orizzonte storico e culturale era ampio sia nel tempo che nello spazio. Nessuna di queste opere ha una vocazione propriamente "universale" nel senso para-teologico di "storia (a volte provvidenzialistica) del mondo terreno" che normalmente si assegna a questo aggettivo nella medievistica; al contrario, si tratta dei prodotti di visioni sovralocali che sono prima di tutto proprie agli adattatori-autori, e che in seguito hanno avuto un riflesso nella circolazione delle opere. Lo stesso tipo di cultura, come vedremo presto, era anche propria all'autore dell'*HAC*.

Le osservazioni che ho fatto fino a ora sono naturalmente limitate ai testi che hanno un diretto sostrato latino, ovvero le traduzioni e gli ampliamenti/continuazioni di traduzioni. Sono sicura però che esse possono rappresentare un punto di partenza utile anche per riconsiderare alcuni aspetti che riguardano anche altri tipi di letteratura. Se nel campo della narrativa storica non esistono opere in prosa ad ampia circolazione datate al primo Duecento che siano frutto di *dérimage*, in quella di argomento arturiano esiste il *Joseph d'Arimathie*, che è una prosificazione della versione in ottosillabi di Robert de Boron.[69] Nel campo della narrativa di origine orientale, i *Sept sages de Rome* offrono l'interessante situazione per la quale esistono due versioni concorrenti in prosa: una, siglata A, deriva da un *dérimage*; l'altra, siglata L, da una versione latina perduta.[70] Le vicende della produzione di matrice erudita suggeriscono di considerare anche in questi casi la possibilità che i modelli (se non concreti, mentali) dei prosatori dovevano essere più complessi della semplice rinuncia al verso come attributo esterno e squalificante dell'invenzione.

1.4. *Versi e prosa nella letteratura morale e storica del Duecento*

La generazione dei prosatori francesi di primo Duecento non operava in un ambiente che aveva completamente bandito il verso. Al contrario, non solo la produzione in versi più antica continuava a essere consumata e a esercitare un influsso, ma ne veniva prodotta di nuova. È molto probabile che più di un autore le cui opere ci sono giunte come anonime si sia esercitato su entrambe le forme. In un panorama in cui gli autori noti per nome sono pochissimi e in cui praticamente di nessuno si conosce la vita, una delle figure chiave per cercare di approssimare la specializzazione del verso e della prosa nel Duecento diventa quella del traduttore e rimaneggiatore noto come Pierre de Beauvais, attivo probabilmente tra i primi anni del secolo e il 1218 circa. Prosa e *couplet* di ottosillabi ricoprono, nel sistema di opzioni formali di Pierre, esattamente gli stessi ruoli che avranno nel prosimetro

69. Sulla quale si veda L. Evdokimova, *Vers et prose au début du XIIIe siècle: le Joseph de Robert de Boron*, dans «Romania», 117 (1999), pp. 448-473.

70. Per una sintesi degli studi e delle conoscenze su questa complessa vicenda plurilingue si veda M. Maulu, *Osservazioni sulla metodologia di edizione del Roman des septs sages de Rome: il gruppo L*, dans «Romance Philology», 70 (2016), pp. 411-432.

che è l'*HAC*. Come vedremo subito, la sua attività e il suo profilo intellettuale e professionale sono strettamente legati alla produzione libraria, e in particolare a quella delle raccolte. Il caso – nonostante il carattere esile di alcune delle sue opere – è interessante anche per iniziare ad avvicinare la questione di come la letteratura primo-duecentesca si sia conservata nella trasmissione manoscritta.

La ricostruzione del *corpus* di Pierre dipende essenzialmente dal codice Paris, BnF, n. a. fr. 13521, detto anche raccolta La Clayette, copiato alla fine del Duecento, in cui sono attestate tutte le opere a lui ascritte.[71] Si tratta di tredici testi, in ottosillabi o in prosa: la *Vie de saint Eustache* (1726 vv.), la *Vie de saint Germer* (874 vv.), la *Vie de saint Josse* (820 vv.), il *Bestiaire* (prosa), *Translation et miracles de saint Jacques* (prosa), il *Voyage de Charlemagne à Constantinople* (prosa), la *Chronique du Pseudo-Turpin* (prosa), il *Mappemonde* (954 vv.), la *Diète du corps et de l'âme* (218 vv.), l'*Œuvre quotidienne* (120 vv.), i *Trois séjours* (240 vv.), le *Trois Maries* (114 vv.) e l'*Olympiade* (prosa). Nella raccolta La Clayette il nome di Pierre (che è stato completato con la provenienza solo dagli studiosi moderni) compare in dieci opere su tredici. Manca nella *Vie de saint Germer*, che è però il pezzo centrale di un trittico agiografico di cui il testo di apertura e quello di chiusura (rispettivamente la *Vie de saint Eustache* e la *Vie de saint Josse*) sono firmati; manca anche nell'*Œuvre cotidienne*, che però condivide temi e soprattutto fonti con le opere firmate che la precedono (la *Diète du Corps et de l'âme*) e seguono (*Les trois séjours* e *Les trois Marie*); infine, manca nella rielaborazione del Turpino *Johannes*, che è attribuita a Pierre perché attestata sempre in congiunzione con il *Voyage de Charlemagne à Constantinople*, firmato. Di Pierre è certa la connessione, in termini di patronato, con la casa di Dreux – nelle persone di Filippo, vescovo di Beauvais, e del fratello, il conte Roberto II, entrambi fedelissimi e stretti collaboratori di Filippo Augusto.[72] Pierre scrive di vite di santi e di morale in ottosillabi, di storia e scienza in prosa; in versi esorta, in prosa informa. I modi, anche disillusi, con cui si rivolge ai suoi patroni rendono evidente che si tratta di un autore, non di un semplice copista-editore per conto terzi.[73]

Il *corpus* di Pierre è posto nella raccolta La Clayette in posizione di apertura ed è intervallato da varie opere che non sono state e non possono essergli attribuite: la *Vie de Sainte Marguerite* in *couplets* di ottosillabi, che segue il trittico

71. M. Berkey, *Pierre de Beauvais: An Introduction to his Works*, in «Romance Philology», 18 (1965), pp. 387-398, non superato da G. R. Mermier, *De Pierre de Beauvais et particulièrement de son Bestiaire: vers une solution des problemes*, dans «Romanische Forschugen», 78 (1966), pp. 338-371.

72. J. Baldwin, *The Government of Philip Augustus: Foundations of French Royal Power in the Middle Ages*, Berkeley-Los Angeles-Oxford, University of California Press, 1986, *passim*.

73. Mi riferisco ai vv. 947-954 del *Mappemonde*, in cui Pierre lamenta l'indifferenza dei lettori: «Portrés i est et estendus / Li mondes, qu'il soit entendus, / Par perron, des clers et des lais. / A tant se veut desoremés / De trouver targier et retrere; / Car pou voit qui vueille bien fere. / Pouvre sont més li guerredon / Courtes les cours, petit li don» (citato in Berkey, *Pierre de Beauvais*, p. 369).

agiografico *Eustache - Germer - Josse*; la traduzione in prosa dei *Moralium dogma philosophorum* di Guglielmo di Conches, che segue il *Bestiaire* creando un dittico enciclopedico;[74] una traduzione in prosa francese della *Relatio tripartita* detta "di Aimaro", che segue e completa il Turpino;[75] la *Bible* di Guiot de Provins, che precede la *Diète du corps et de l'âme* e apre la sezione morale; il *Doctrinal Sauvage* e una preghiera di invocazione allo Spirito Santo, che introducono una sequenza di opere assai eterogenea tra le quali compare anche l'*Olympiade*. Tranne la vita di Margherita e la lode allo Spirito Santo, si tratta di testi dalla tradizione ampia o ampissima. Queste opere possono essere state interpolate nel *corpus* di Pierre da un interposto tra il suo "libro d'autore" e la raccolta La Clayette. È anche possibile però che, almeno per quanto concerne la prima e più coesa sezione del manoscritto (che contiene la *Vie de Sainte Marguerite*, la traduzione dei *Moralium dogma philosophorum*, la traduzione della *Relatio tripartita* e la *Bible* – tutti testi compatibili con una datazione entro il periodo di attività di Pierre), egli possa essere stato il responsabile anche dell'inclusione dei testi non suoi, avendo agito in questi casi semplicemente da copista. Esempi di raccolte di questo genere, dove testi originali o rimaneggiati e testi fedelmente copiati formano un insieme coerente, esistono nel Duecento inoltrato: è il caso, per esempio, di Paris, BnF, fr. 1444, dove testi a tradizione multipla sono copiati insieme a loro continuazioni e a opere originali firmate da un Berengier, e quello dall'anonimo di Paris, Bibliothèque de l'Arsenal, 3516, contenente testi fortemente rimaneggiati e compilati da quello che sembra essere un solo copista-editore.[76] Il "libro d'autore" di un moralista e divulgatore primo-duecentesco – i cui confini non sono semplici da tracciare con certezza – potrebbe avere avuto questa forma ibrida, invece che quella di una raccolta personale e autoriale.

Quattro delle opere di Pierre, la *Vie de saint Germer*, la *Vie de saint Josse*, *Les trois séjours* e *Les trois Maries,* sono trasmesse dalla sola raccolta La Clayette. Due, la *Diète du Corps et de l'âme* e l'*Œuvre cotidienne*, hanno tradizione bitestimoniale e sono conservate anche in Paris, BnF, fr. 834. Questo codice con-

74. Edito in J. Holmberg, *Das* Moralium dogma philosophorum *des Guillaume de Conches. Lateinisch, altfranzösisch und mittelniederfränkisch*, Uppsala, Almqvist & Wiksell, 1929, pp. 84-182.

75. Edita in T. Hunt, *Haymarus's* Relatio Tripartita *in Anglo-Norman*, in «Medieval Encounters. Jewish, Christian and Muslim Culture in Confluence and Dialogue», 14 (1998), pp. 119-129. Per la datazione e l'attribuzione del testo latino si veda J. Richard, *Pouvoir royal et patriarcat au temps de la Cinquième Croisade, à propos du rapport du patriarche Raoul*, dans «Crusades», 2 (2003), pp. 109-119.

76. Per Berengier si veda M. T. Rachetta, *Transmettre et reconstruire: la tradition manuscrite de la* Bible *d'Herman de Valenciennes*, dans «Romania», 136 (2018), pp. 261-299, alle pp. 271 e 286. Per l'ipotesi di identificazione con Robert de Blois dell'anonimo redattore della raccolta dell'Arsenal si veda C. Guggenbühl, *Recherches sur la composition et la structure du ms. Arsenal 3516*, Basel-Tübingen, Francke, 1998, pp. 261-267. Sui libri d'autore nelle raccolte francesi si veda ora J. Stout, *L'auteur au temps du recueil. Repenser l'autorité et la singularité poètiques dans les premiers manuscrits à collections auctoriales de langue d'oïl (1110-1340)*, these de doctorat, Université de Montréal, 2020.

divide con la raccolta La Clayette anche opere a vasta tradizione: quattro sono attribuite a Pierre (il trittico formato da *Translations et miracles de saint Jacques*, dal *Voyage de Charlemagne à Constantinople* e dal rimaneggiamento del Turpino *Johannes* e il *Bestiaire*) mentre una, il *Doctrinal Sauvage*, non fa parte del suo *corpus*. È probabile che questo testimone trasmetta una versione ridotta e selettiva della collezione della raccolta La Clayette. La conservazione dell'opera agiografica di Pierre e di quella morale-catechetica, tutta in versi, è limitata a questi due codici, e quindi dipende dalle filiazioni del suo "libro d'autore". L'unica eccezione è costituita dalla *Vie de saint Eustache*, tràdita da quattro testimoni, che deve la sua diffusione più ampia alla congiunzione con la largamente attestata *Vie de saint Denis*, con la quale forma un dittico motivato dalla conservazione delle reliquie di Eustachio nell'abbazia parigina.[77]

Le cose stanno diversamente per quanto riguarda l'opera storico-scientifica, tutta in prosa, la cui diffusione è più ampia. Il *Mappemonde* è tràdito anche da Rennes, Bibliothèque municipale, 593, un'imponente raccolta primo-trecentesca spiccatamente orientata verso la scienza e i *mirabilia*. Il trittico formato da Turpino *Johannes*, *Voyage de Charlemagne à Constantinople* e *Translations et miracles de saint Jacques* è conservato in cinque testimoni; il *Bestiaire* in dieci testimoni, considerando anche la versione "lunga" che si deve a un rimaneggiatore; la breve lista delle conquiste di Gerusalemme nota come *Olympiade* in dodici testimoni. Il successo dei materiali carolingi si spiega con la loro confluenza nella voga di interesse generale per i materiali turpiniani e i loro testi di complemento. Più varia è invece, dal punto di vista della storia testuale e delle funzioni ricoperte dalle opere, la storia della trasmissione del *Bestiaire* e dell'*Olympiade*.

Nella sua versione originale – nota anche come "breve" – il *Bestiaire* di Pierre è conservato entro il Trecento soltanto dalla raccolta La Clayette e dal suo probabile collaterale Paris, BnF, fr. 834.[78] Come già quella dei testi in versi, anche la sua fortuna coincide quindi con quella del libro d'autore. Per entrare in una tradizione diversa il *Bestiaire* di Pierre ha dovuto passare da una profonda rielaborazione, la cosiddetta versione "lunga", che deve essere stata composta tra il 1246 e il 1268.[79] La versione lunga non è una semplice riscrittura, ma una compilazione di fonti francesi a tema animalistico-morale che usa l'opera di Pierre semplicemente come fonte strutturante, o canovaccio, e la accresce sistematica-

77. Pierre de Beauvais, *La vie de Saint Eustache*, a cura di M. Badas, Bologna, Pàtron, 2009, pp. 58-59.

78. Per quanto riguarda il *Bestiaire*, i due codici sono anche collaterali a livello di lezioni; si veda C. Rebuffi, *Il* Bestiaire *di Pierre de Beauvais. A proposito di una recente edizione*, in «Medioevo Romanzo», 5 (1978), pp. 34-65, e R. Capelli, *Per una nuova edizione del Bestiario di Pierre de Beauvais (Versione corta)*, in *"Tra chiaro e oscuro". Studi offerti a Francesco Zambon per il suo settantesimo compleanno*, a cura di D. Mariani, S. Scartozzi, P. Taravacci, Trento, Università degli studi di Trento, 2019, pp. 133-148, che superano G. R. Mermier, *Le Bestiaire de Pierre de Beauvais. Version courte*, Paris, Nizet, 1977, pp. 26-28.

79. *Le Bestiaire. Version longue attribuée à Pierre de Beauvais*, éd. par C. Baker, Paris, Champion, 2010, pp. 29-28.

mente mediante altri apporti.[80] È interessante come nel momento in cui un rimaneggiatore trasformava l'esile bestiario di Pierre in un'ampia summa di sapere volgare costui decidesse di rimanere anonimo e riproducesse nella sua versione migliorata il prologo di quella originale, contenente il nome di Pierre e la dedica al vescovo Filippo. In qualche modo, la cultura di primo Duecento faceva, entro certi limiti, autorità: non fino al punto che il dettato dei suoi prodotti venisse rispettato (di fronte alla necessità e facilità di revisione e ampliamento), ma abbastanza da far sì che dei suoi attori si mantenesse la memoria anche a svantaggio della notorietà di un contemporaneo. La versione lunga del *Bestiaire* compare anche in due codici miscellanei copiati entro il XIV secolo. Il primo e più antico è il già menzionato Paris, Bibliothèque de l'Arsenal, 3516, un grande libro-biblioteca nel quale sono contenute opere appartenenti a ogni genere didattico e narrativo coltivato nel primo Duecento, secondo un rigoroso ordine tematico e in versioni rimaneggiate e armonizzate. Il *Bestiaire* compare in una compiuta sezione scientifica che comprende anche l'*Image du Monde* di Gossuin de Metz, un lapidario, e le *Moralités des philosophes* di Alart de Cambrai. Il secondo testimone in ordine cronologico è il medio-trecentesco Montpellier, Bibliothèque interuniversitaire. Section de Médicine, H. 437, datato al 1340: una raccolta di testi didattici lunghi incentrata su entrambe le versioni, giustapposte, dell'*Image du Monde*.

La versione lunga del *Bestiaire* è ancora, in un certo senso, opera di Pierre: dell'originale preserva l'architettura e il carattere morale dell'interpretazione allegorica, che anzi è talvolta accentuato. La riscrittura di cui è frutto, che amplifica il testo in chiave enciclopedica, è stata però cruciale per incontrare le aspettative dei lettori di testi eruditi nel Duecento pieno. Nella tradizione più recente delle due versioni si osserva una vera e propria dicotomia ricezionale, che qualifica la versione originale come un'opera di devozione e quella rielaborata come un'opera di erudizione. Nel Quattrocento, infatti, la versione breve è trasmessa da un codice monografico (Leuven, Bibliotheek van de Faculteit der Godgeleerdheid, Fonds Grootseminarie Mechelen 32) e da una raccolta volgare che comprende un libro d'ore, delle guide alla confessione e delle parafrasi di preghiere (Paris, BnF, fr. 944). La versione lunga è invece trasmessa da due ampie raccolte di materiali allegorici, didattici e soprattutto storici prevenienti dalle Fiandre francesi: Città del Vaticano, BAV, Reg. lat. 1323, datato 1475, e Bruxelles, KBR, II. 6978, datato 1482. La versione breve manteneva una funzionalità in ambito catechetico; la versione lunga, invece, era ancora un vettore di conoscenze e curiosità – e questo non in virtù di una rielaborazione dei contenuti allogorici, ma solo della sua ampiezza e completezza.

Con il *Bestiaire* di Pierre de Beauvais abbiamo iniziato a esplorare la ricezione della letteratura primo-duecentesca alla metà del secolo, cioè all'epoca in cui sono

80. Le altre fonti utilizzate con maggiore frequenza e sistematicità sono l'*Image du monde* di Gossouin de Metz (in una redazione ancora da stabilire), la versione francese dell'operetta mistica nota come *Palma contemplationis*, e il *Bestiaire d'amour* di Richard de Fournival; si veda ivi, pp. 21-28.

stati copiati gli archetipi perduti della maggior parte delle tradizioni manoscritte francesi conservate: di questa letteratura abbiamo verificato il prestigio, ma anche il bisogno di aggiornamento e adattamento a maggiori ambizioni. Con l'*Olympiade* ci spostiamo su un altro terreno, quello della creazione di modelli librari e delle loro realizzazioni concrete nella tradizione. L'*Olympiade* è una brevissima lista delle conquiste di Gerusalemme da Nabucodonosor a Saladino, con datazione secondo il sistema antichizzante delle olimpiadi, un piccolo gioiello di erudizione volgare al servizio della propaganda crociata. L'eziologia del sistema di datazione mediante le olimpiadi era nota nel medioevo almeno perché spiegata da Orosio – e l'introduzione dell'*Olympiade* riprende, probabilmente tramite una qualche fonte intermedia, proprio la sua definizione.[81] Ma il sistema delle olimpiadi era sopravvissuto all'antichità anche, seppure in modo discontinuo e incoerente, nel campo della diplomatica di area francese, dove era impiegato come preziosismo cronologico almeno fino all'inizio del XII secolo. Il ricorso a questo modello di datazione sembra essere stato tanto largamente diffuso quanto esornativo: i metodi di calcolo utilizzati erano diversi e talvolta probabilmente artigianali, per cui le indicazioni cronologiche fornite risultano oggi oscure.[82] Il breve testo di Pierre, un'accorata invocazione alla riconquista, unisce quindi l'erudizione classica di tradizione cristiana all'impiego di un metodo di datazione che evocava l'autorità propria alle fonti di diritto emesse dalle cancellerie. Questi elementi qualificano il nostro autore come un professionista versatile della scrittura e dell'adattamento, capace di cogliere e riutilizzare impulsi di natura eterogenea.

La fortuna dell'*Olympiade* è strettamente legata a quella della cronaca dello Pseudo-Turpino, che compare in versioni diverse (quella *Johannes*, la revisione di Pierre, e quella di Nicolas de Senlis) in ben dieci tra i suoi testimoni.[83] Le raccolte in questione, tuttavia, non sono omogenee dal punto di vista della scelta dei materiali e degli interessi che sottendono. Il codice Paris, Bibliothèque de

81. Si veda M. L. Berkey Jr., *Pierre de Beauvais'* Olympiade*: A Medieval Outline-History*, in «Speculum», 41 (1966), pp. 500-515, alle pp. 510-511: «Veritez est que lonc tans devant l'Incarnacion Nostre Seingneur ert une citez en Grece qui est apelee Elyde et les gens Elydiens, si come cil de Rome Romain. Prés de la cité est un mons. En cel mont establirent ces genz une institution de luitier et de combatre en tans devisé. Cele institution apelerent Olimpiade pour le mont qui ot a non Olimpius»; cfr. Orosio, *Le storie contro i pagani*, a cura di A. Lippold, 2 voll., Milano, Fondazione Lorenzo Valla-Arnoldo Mondadori Editore, 1976, II, 4, 1: «olympiade, [...] quae quinto demum anno quattuorin medio expletis apud Elidem Graeciae civitatem agone et ludi exerceri solet». Le date fornite nell'*Olympiade* non coincidono con quelle della possibile fonte per quelle antiche, cioè il *Chronicon* di Eusebio nella versione di Girolamo.

82. Si veda l'atto del 1102 menzionato in A. Bernard, *Observations sur le sens du mot olympiade employé dans les actes du Moyen Âge*, dans «Mémoires de la Société impériale des Antiquaires de France», 22 (1854), pp. 267-274, p. 271. Per una rassega della letteratura secondaria – tutta molto datata – si veda P. Mazzitello, *Un volgarizzamento fiorentino dell'*Olympiade *di Pierre de Beauvais*, in *Forme letterarie del Medioevo romanzo: testo, interpretazione e storia*, XI Congresso della Società Italiana di Filologia Romanza (Catania, 22-26 settembre 2015), Soveria Mannelli, Rubettino, 2016, pp. 335-348, alle pp. 337-339.

83. Oltre a quelli elencati in Berkey, *Pierre de Beauvais'* Olympiade, anche in Saint-Omer, Bibliothèque municipale, 722.

l'Arsenal, 5201, contiene prevalentemente storia biblica, agiografia e morale in versi e occasionalmente in prosa. L'*Olympiade* non segue lo Pseudo-Turpino, ma compare molto appropriatamente nell'ultima parte del codice, dopo una vita di Cristo e soprattutto dopo l'adattamento in alessandrini della *Vindicta Salvatoris*, il fortunato racconto apocrifo della presa di Gerusalemme da parte di Vespasiano. L'ordinamento dei testi in questo codice non sembra sempre determinato da una logica stringente, ma è interessante notare come il *corpus* in prosa che vi è confluito sia stato smembrato e l'*Olympiade* sia stata integrata in un discorso, quello della narrativa storica in alessandrini, che costituisce un filone parallelo sia a quello in prosa che a quello in ottosillabi. Nel codice Firenze, Biblioteca Medicea Laurenziana, Ashburnham 52, una raccolta primo-trecentesca di probabile origine vallone, l'*Olympiade* e lo Pseudo-Turpino compaiono in un contesto marcato da una finalità educativa insieme al *Tresor* di Brunetto Latini, ai *Sept sages de Rome* e alla traduzione francese del *De regimine principum* di Egidio Romano a opera di Henri de Gauchy. Ma in altri codici il contesto dell'*Olympiade* è quello di raccolte a tema orientale e crociato di tipo più aggiornato, non più incentrate sul modello carolingio della guerra per la cristianità, ma su vicende e temi che disegnano prospettive più ampie, meno apertamente esemplari, che nel Duecento erano state introdotte nella narrativa volgare. Un esempio particolarmente chiaro è fornito dalle due raccolte dove lo Pseudo-Turpino non compare. Il codice Oxford, Bodleian Library, Hatton 77 è un testimone antico (copiato nella prima metà del Duecento) dei poemi del ciclo delle crociate nel quale l'*Olympiade* è l'unico pezzo in prosa e compare in chiusura, come contestualizzazione del racconto avventuroso e crudo nella storia escatologica. Sempre il valore escatologico della nostra breve lista è valorizzato nella miscellanea scientifica Paris, BnF, fr. 25247, dove l'*Olympiade* compare insieme alla traduzione della *Relatio tripartita* e alla *Prophétie de Hannau le fil Ysaac*, una pseudo-profezia della presa di Damietta che, in una versione diversa da questa, circolava in congiunzione alle *Chroniques d'Outremer*. Insomma, è proprio con l'esile *Olympiade* che Pierre si guadagna il successo più ampio, perché tra le sue opere è quella che riuscirà meglio a cogliere il nuovo interesse per una storia erudita, informativa, non necessariamente esemplare o celebrativa, capace di educare anche al futuro.

Con l'opera di Pierre de Beauvais abbiamo esplorato un tassello di quel settore della produzione primo-duecentesca che trova il suo centro in area piccarda e che si presenta, anche nell'opera dei singoli autori, come una tradizione nutrita da modelli differenti ma non divergenti quali la catechesi morale e l'erudizione pragmatica. Questa cultura si distacca fortemente da quella dei grandi autori di narrativa in versi del Cento; appare più legata a intenti didattici immediati e meno artisticamente scaltrita. Tuttavia, negli stessi primi decenni del XIII secolo esisteva una produzione che subiva l'influsso degli autori più antichi in maniera più marcata e decisiva. Un caso interessantissimo in questo senso è rappresentato dell'opera in ottosillabi nota come *Les empereors de Rome* di Calendre: un breve resoconto di vicende della storia romana corredate di ampie moralizzazioni. È dedicato alla memoria del duca di Lorena Federico II, le cui doti di comandante vengono esaltate nel prologo in opposizione al carattere inetto del suo giovane successore, Tebaldo IV.[84] Calendre attacca duramente Tebaldo, la cui strategia mediocre e infine fallimentare aveva sacrificato numerose vite umane nel contrasto con l'imperatore Federico II. In particolare, gli attribuisce la responsabilità del massacro delle truppe lorenesi nelle cave di Rosheim avvenuto nel 1218 – data che viene a costituire il *terminus post quem* per la datazione del testo. Breve e in attestazione unica, *Les empereors de Rome* è un'opera pamphlettistica, esplicitamente legata a una situazione, e proprio per questo tanto più chiara nel suo scopo di propagare e spiegare a una morale laica sostanziata in valori quali la lealtà verso i pari e i sottoposti – virtù tutte terrene, inefficaci in mancanza di una società solida e di buoni condottieri. L'autore evoca i modelli storici della lealtà di parte che costituisce la componente essenziale della sua morale, tutta mondana e tanto più importante quando la parte in questione è allo sbando. La storia romana giunge a questo autore attraverso canali non ovvi e soprattutto non (almeno prettamente) latini: il testo francese deriva infatti dalla traduzione antico inglese di Orosio redatta all'epoca di Alfredo il Grande (fine IX secolo) e nota ai moderni come *Old English Orosius*, da cui eredita numerosi dettagli relativi alla storia delle isole britanniche.[85] La versione di Calendre manca naturalmente dei tratti antiromani che innervano l'*Old English Orosius*, ma presenta dei marcati elementi pro-bretoni che derivano dal *Brut* di Wace. Questo testo è utilizzato da Calendre non solo come fonte per una chiave di lettura dei fatti narrati, ma anche per alcuni dettagli e dati evenemenziali.[86] Nell'unico codice nel quale è conservato, la celebre *copie Guiot* (Paris, BnF, fr. 794), *Les empereors de Rome* segue proprio il *Brut*; anche se non disponiamo di testimonianze precise in questo senso, non è improbabile che l'inclusione dell'opera di Calendre nella raccolta corrisponda alla volontà di completare la storia bretone con un ragguaglio di storia romana.[87]

84. Edito in *Les Empereors de Rome par Calendre*, ed. by G. Millard, Ann Arbor, University of Michingan Press, 1957.

85. J. Bately, *Alfred's* Orosius *and* Les empereors de Rome, in «Studies in Philology», 58 (1960), pp. 567-586, che rivede, corregge e rafforza l'ipotesi di Millard. Dell'Orosio anglosassone conosciamo due codici e due frammenti, tutti datati tra X e XI secolo (sulla tradizione si veda ora *The Old English Orosius*, ed. by J. Bately, Oxford, Oxford University Press, 2005).

86. M. Chazan, *Un lorrain de cœur: le champenois Calendre*, dans «Les cahiers lorrains», 3 (1979), pp. 65-75; le ipotesi biografiche presentate in questo articolo, che erano state in parte anticipate in B. Guenée, *La culture historique des nobles: le succès des Faits des Romains (XIIIe-XVe siècles)*, dans *La noblesse au Moyen Âge. Essais à la mémoire de Robert Boutruche*, sous la dir. de P. Contamine, Paris, Presses Universitaires de France, 1976, pp. 261-288, alle pp. 267-268, e vogliono Calendre monaco – o frequentatore – dell'abbazia di Saint-Ayoul di Provins ed espressione di un ambiente politicamente filoinglese, sono forse troppo stringenti. L'interpretazione dell'opera – che riprendo qui – è invece in generale convincente.

87. Questa iniziativa può essere stata presa da uno dei modelli di Guiot o da Guiot stesso. La versione del *Brut* di Wace prodotta dallo scriba *champenois* contiene numerose riscritture a carattere marcatamente anti-romano; si veda F. Di Lella, *Les premières étapes de la réception du* Roman de Brut *de Wace: la rédaction γ (mss. DLZ) à côté du manuscrit de Guiot*, in corso di pubblicazione (ringrazio molto l'autore per avermi permesso di consultare il saggio). Tale orientamento stride nettamente con i toni dell'opera di Calendre, ma ciò non impedisce che possa essere stato comunque Guiot ad aggregare le due opere, mosso dall'interesse per le informazioni contenute in *Les empereors de Rome*. Sulla compilazione della *copie Guiot* si veda G. Hasenohr, *Les recueils littéraires français du XIIe siècle: public et finalité*, in *Codices miscellanearum*, Brussels Van Hul-

Il prestigio delle narrative in ottosillabi del Cento continuerà a essere percepito dagli autori anche di prosa per tutta la durata del secolo successivo. Per esempio, la traduzione anonima della *Historia regum Britanniae* di Goffredo di Monmouth nota come *Estoire de Brutus* – che deve datarsi intorno alla metà del Duecento e si misura con un'opera latina di elevata qualità stilistica e ampiamente circolante – utilizza largamente il *Roman de Brut* di Wace come fonte per la sezione arturiana. Essa è attestata solo come interpolazione in una copia dell'*HAC*, P18, confezionata nella diocesi di Soissons intorno al 1300.[88] Ancora, nel 1262 il monaco di Corbie Jean de Flixecourt nella sua traduzione del *De excidio Troiae* dichiara reverenza per l'autorità di Benoît de Sainte-Maure (che designa come *auteur*) e contamina la versione latina con quella del *Roman de Troie*.[89] Verso la fine del Duecento l'apprezzamento per le versioni del Cento da parte degli attori della produzione testuale sarà ancora più marcato: gli adattamenti in prosa del *Roman de Troie* introdurranno la versione amplificata delle vicende troiane anche presso il pubblico che non era avvezzo agli ottosillabi di Benoît de Sainte-Maure.[90] Negli stessi anni questa versione, non esplicitamente accreditata, sarà resa disponibile anche ai lettori latini da Guido delle Colonne.[91]

them Colloquium 1999 / Colloque Van Hulthem, Bruxelles 1999, éd. par R. Jansen-Sieben, H. van Dijk, Bruxelles, Bibliothèque royale de Belgique, 1999, pp. 37-50, in particolare pp. 41-42, dove si esaminano degli elementi materiali a favore di una costruzione della raccolta in più fasi.

88. *L'estoire de Brutus*, éd. par. G. Veysseyre, Paris, Classiques Garnier, 2015, in particolare pp. 23-26, e ora si veda H. Ravenhall, *The Anachronic Manuscript: Voices of the Past in BnF fr. 17177*, Phd Thesis, King's College London, 2020, pp. 36-42, che apporta elementi che fanno ritenere che l'interpolazione dell'*Estoire de Brutus* non sia stata decisa dopo il completamento della confezione del codice, ma progettata durante la copia dell'*HAC*. Per la datazione e la contestualizzazione di P18 si veda G. Giannini, *L'Arsenal 3114 et la production de manuscrits en langue vernaculaire dans l'ancien diocèse de Soissons (1260-1300 environ)*, dans *Les centres de production des manuscrits vernaculaires au Moyen Âge*, sous la dir. de G. Giannini, F. Gingras, Paris, Classiques Garnier, 2015, pp. 89-138.

89. F. Vielliard, *La traduction du* De excidio Troiae *de Darès le Phrygien par Jean de Flixecourt*, in *Medieval Codicology, Iconography, Literature, and Translation. Studies For Keith Val Sinclair*, sous la dir. de P. R. Monks, D. D. R. Owen, Leiden-New York-Köln, Brill, 1994, pp. 284-295, in particolare p. 289. La reverenza di Jean nei confronti di Benoît de Sainte-Maure è espressa anche nel prologo della sua traduzione, che è proposta ai lettori non solo (e non soprattutto) come versione veridica, ma primariamente come "surrogato" più agile, economico e reperibile rispetto al *Roman de Troie*: «[...] chil qui veulent oïr le batailles de Troies et ne pueent mie avoir le ronmant qui est rimés, ou pour chou que il est trop grans ou pour chou que il en est peu, si porroit avoir chestui legierment car il est petis et porroit bien savoir par chestui la verité de l'estoire» (ivi, p. 285). Sugli influssi della tradizione versificata su quella in prosa a livello linguistico si veda ora J. Métois, *La traduction du* De excidio Troiae *de Darès le Phrygien et ses liens avec le* Roman de Troie *(deux exemples du XIII*^e^ *s.)*, dans «Atlantide – Cahiers de l'EA 4276, L'Antique, le Moderne», 2 (2014), pp. 1-23.

90. Per una riflessione sull'influenza delle prose cortesi nel Duecento è ancora attuale B. Woledge, *La légende de Troie et les débuts de la prose française*, dans *Mélanges de linguistique et de littérature romanes offerts à Mario Roques*, 2 voll., Bade-Paris, Arts et sciences-Didier, 1953, II, pp. 313-324, soprattutto pp. 320-321. Sul riuso ideologico del *Roman de Troie* attraverso le versioni in prosa si veda F. Tanniou, *Troie, sur le chemin des croisades (XII*^e^*-XIV*^e^ *siécle)*, dans «Atlantide – Cahiers de l'EA 4276, L'Antique, le Moderne», 2 (2014), pp. 1-16.

91. Sui modi del rifacimento latino si veda Jung, *La légende de Troie*, pp. 563-564, e, per il rapporto tra Guido e le fonti latine complementari, Faivre d'Arcier, *Histoire et géographie d'un mythe*, pp. 284-286.

Gli episodi qui evocati relativi alla produzione duecentesca hanno confermato un dato che era emerso già trattando la prosa del Cento: il contatto tra la produzione e la fruizione di queste opere e quelle della letteratura in ottosillabi. Per completare la ricostruzione delle vicende della narrativa storica in francese tra XII e XIII secolo manca un terzo polo, la letteratura in lasse di alessandrini. Nel retroterra dell'*HAC* il suo ruolo è marginale: il *Roman d'Alexandre* di Alexandre de Paris è impiegato solo saltuariamente, come fonte complementare, nella sezione IX. La storia e l'influenza di questa produzione sono però molto interessanti, e ancora largamente da mettere a fuoco. In generale, è opportuno distinguere in modo netto la funzione e la storia dei testi in lasse di alessandrini da quelle dei testi in lasse di decasillabi. L'impiego di quest'ultima – che implica una struttura del discorso con un tasso di formularità molto più elevato, e conseguentemente la possibilità di sfruttarne le variazioni – è, salvo pochissime eccezioni, limitata alla *chanson de geste* propriamente detta, ovvero la via poetica alla biografia, più o meno romanzata, degli eroi. La lassa di alessandrini era invece sfruttata per un'ampia gamma di narrazioni, normalmente a tema storico, spesso basate su fonti latine, generalmente non a contenuto bellico e, dal punto di vista dei modi della narrazione, di impostazione oggettiva, ben diversa da quella soggettiva e mimetica tipica della *chanson de geste*.

Il testo più antico che impiega la lassa di alessandrini, il *Pèlerinage de Charlemagne à Jérusalem et à Constantinople*, è una parodia del racconto pseudo-storico dell'acquisizione delle reliquie costantinopolitane da parte di Carlo. Si tratta di materiali che abbiamo già incontrato esaminando il *corpus* di Pierre de Beauvais, e che in versioni diverse circoleranno in francese come prose fededegne per tutto il Duecento. La parodia e la deformazione comica sono forme di reinterpretazione testuale che si applicano a materiali dotati di una qualche forma di autorità o di prestigio. Nel caso del *Pèlerinage*, l'autore poteva certamente avere in mente l'epica seria in decasillabi, ma doveva necessariamente avere presente gli pseudo-documenti latini che fornivano la trama di base. Molto probabilmente, li conosceva direttamente anche il suo pubblico di riferimento, che altrimenti non avrebbe potuto inquadrare il rovesciamento comico. Il *Pèlerinage* è un divertimento pensato prima di tutto per lettori e ascoltatori che avevano dimestichezza diretta con questa testualità, e che quindi probabilmente erano, almeno in una significativa porzione, chierici.[92] Dal canto loro, le vite di Alessandro Magno – un personaggio che l'esegesi cristiana identificava apertamente con l'Anticristo o, nel migliore dei casi, come un uomo straordinario che aveva però fallito in quel ruolo escatologico che poi sarà di Roma – rappresentano un filone di narrativa storica di matrice certamente colta ma

92. Questo non esclude una ricezione gentilizia, borghese o popolare del *Pèlerinage* – e non può escluderla, perché i chierici erano anche (per origine e per connessioni) nobili, borghesi o popolari. Per la discussione critica sulle finalità del *Pèlerinage* si veda *Il viaggio di Carlomagno in Oriente*, a cura di M. Bonafin, Parma, Pratiche, 1987, pp. 1-22. Il titolo oggi più comunemente usato per questa opera è *Voyage de Charlemagne à Jérusalem et à Constantinople*, che io non utilizzo in questa sede solo perché è molto simile a quello dell'opera in prosa di Pierre de Beauvais discussa *supra*.

di impostazione non religiosa. Si tratta, probabilmente, del frutto di interessi nelle arti liberali portati avanti dai chierici; in quanto tali, uniscono l'erudizione a una sensibilità laica. La narrativa in alessandrini a tema biblico, di cui fa parte l'adattamento della *Vindicta Salvatoris* e il cui testo più rilevante è la *Bible* di Herman de Valenciennes, costituisce il filone meno catechetico della narrativa religiosa. Il fatto che le due tradizioni sembrino convergere con la comparsa di canzoni di gesta in alessandrini (nel Duecento inoltrato) e con le riscritture in alessandrini di storie già raccontate in decasillabi (nel Trecento) indica che la competenza nella composizione in decasillabi – per quanto riguarda tanto la tecnica metrica quanto le convenzioni discorsive – stava venendo meno, e che la tradizione formale che si era sviluppata nel campo della narrativa di argomento storico aveva guadagnato maggiore terreno. Ma fino a quel momento le due tradizioni in lasse hanno storie ben distinte e parallele, e quella della produzione in alessandrini attende ancora di essere restituita ai suoi ambienti di produzione e prima circolazione e soprattutto di essere interpretata correttamente in funzione delle sue finalità.

1.5. *Convergenze di tradizioni nell'*Histoire ancienne jusqu'à César

Questo percorso nella storia della prosa francese del Cento e del primo Duecento è servito a tracciare il retroterra storico-testuale dell'*HAC*. Il contesto ampio e complesso che abbiamo provato in parte a ricostruire può essere compreso tenendo a mente i diversi filoni che vi si incrociano: l'eredità della prosa biblica del Cento, la ragioni dei caratteri specifici della nuova produzione in prosa sorta in congiunzione con il diffondersi della prosa latina di tipo pragmatico, la permanenza di una testualità didattico-catechetica in forme versificate e l'influenza della tradizione narrativa in ottosillabi del XII secolo (quindi delle opere di Wace, di quelle di Benoît de Sainte-Maure e dei *romans d'antiquité*).

In questo quadro, l'*HAC* costituisce un punto di snodo fondamentale. Essa deve essere stata composta in un periodo non breve collocato tra il 1223 e il 1230.[93] È in questa opera che avviene la conversione alla prosa di tutto il patrimonio relativo alla mitologia e alla storia antica che aveva fornito materiale ai *romans d'antiquité*. L'atteggiamento dell'autore nei confronti di questi testi è

93. La datazione dell'*HAC* è stata in passato molto discussa. Le date entro le quali si è cercato di circoscriverne la produzione sono il 1208 e il 1230, cioè la maggiore età e le morte del dedicatario Roger IV, castellano di Lille. Una forchetta più stretta è stata proposta da F. Montorsi, *Sur l'*intentio auctoris *et la datation de l'Histoire ancienne jusqu'à César*, dans «Romania», 134 (2016), pp. 151-168, che colloca la composizione dell'*HAC* tra il 1214 (dopo la battaglia di Bouvines; dal valore dimostrato in quell'occasione dalla gente di Soissons dipenderebbe il passo § 1245.1-2: «et li Suessonien i orent ·l· mile homes de ·xii· chasteaus qu'il avoient en lor segnories. Cil faisoient a loer mout tres adonques et font encore por defendre aus et lor contrees par fiere bataille») e il 1219 (data in cui termina il conflitto dinastico-ereditario tra Margherita e Giovanna, figlie di Baldovino, VI conte di Hainaut e IX conte delle Fiandre, a cui potrebbero alludere le invettive contro la cupidigia degli eredi che si leggono nel § 850 – dove Baldovino VI è menzionato, anche se non esplicitamente in connessione all'invettiva morale – e a § 416.2-4). Per la giustificazione della mia datazione si veda *infra*, § 2.3.1.

dialettico. Nell'*HAC* troviamo infatti una traduzione del *De excidio Troiae* dello pseudo-Darete Frigio influenzata dal *Roman de Troie* di Benoît de Sainte-Maure, un adattamento dell'*Eneide* e del commento di Servio che conosce (ma non approva) il *Roman d'Eneas* e una vita di Alessandro Magno, tradotta prevalentemente dall'epitome di Giustino alle *Historiae Philippicae* di Pompeo Trogo che non manca di integrare materiali trasmessi dai romanzi in versi. Per la sezione tebana, probabilmente a causa delle difficoltà linguistiche e contenutistiche poste dalla *Tebaide* di Stazio, l'autore dell'*HAC* ricorre sistematicamente a una fonte volgare e propone una prosificazione, profondamente adattata, della versione *courtoise* del *Roman de Thèbes*.[94] Nelle sezioni dedicate alla storia di Israele e dell'Oriente, che sono tratte da fonti latine, i modelli sono ancora diversi: in questa porzione dell'*HAC* converge la tradizione delle traduzioni bibliche in prosa del tipo dei *Quatre livre des Reis* e del *Livre des Juges*. Come vedremo presto, è l'interesse per la storia del mondo come storia ecclesiastica (più che come "storia universale") ad attrarre nel *corpus* di fonti latine la materia romana, che negli anni di composizione dell'*HAC* costituisce la grande novità contenutistica rispetto alla tradizione precedente.[95]

Due sono le caratteristiche che unificano tutte le fonti dell'*HAC*: si tratta di testi antichi e tardoantichi, cristiani o già acquisiti alla tradizione cristiana, facilmente accessibili dal punto di vista linguistico (perché scritti in un latino semplice di per sé o perché erano disponibili commenti e glosse che ne facilitavano l'accesso), ma molto complessi dal punto di vista dei contenuti come dei mondi, delle culture e dei valori raccontati e evocati. Che si trattasse di un'opera ambiziosa era molto chiaro al suo autore quando, nel consegnarne la prima parte ai lettori, ne parla – certo anche per promuoverla, ma senza distaccarsi troppo dalla realtà dei fatti – come "la più grande opera che sia mai stata realizzata nella nostra lingua":

N'en dirai plus, el ai a faire,
Car j'ai entrepris un afaire
A traitier selonc l'escriture
Ou mout avra sens et mesure.
Qui la matiere porsivra
E de cuer i entendera
Oïr porra la plus haute ovre

94. L. Di Sabatino, *Edipo, i Sette a Tebe e Wauchier de Denain: osservazioni sulla sezione tebana dell'*Histoire ancienne jusqu'à César, in «Troianalexandrina», 9 (2009), pp. 87-114.

95. Sicuramente l'*HAC* non è il primo testo di successo a includerla. Al suo interno, infatti, si legge che la materia cesariana era già ben conosciuta presso il pubblico intorno a Roger di Lille: «Segnor et dames, et adonques en celui tans estoient jovencel Pompeius li Grans et Silla et Julius Cesar, dont vos avés oï par maintes fois conter les aventures» (§ 1121.1); sull'errata identificazione tra Gaio Giulio Cesare e Lucio Giulio Cesare, console nel 90 a.C., che determina l'errore cronologico nel passo, si veda G. Raynaud de Lage, *L'Histoire ancienne jusqu'à César et les Faits des Romains*, dans Id., *Les premiers romans français et autres études littéraires et linguistiques*, Genève, Droz, 1976, pp. 5-13 (originariamente in «Le Moyen Âge», 55 [1949], pp. 5-16), pp. 8-9. L'autore dell'*HAC* può stare alludendo a letture pubbliche dei *Faits des Romains* o di parti di essi, oppure di testi – anche estemporanei – che non si sono conservati.

Qui encor pas ne si descuevre
C'onques fust en nos lengue traite. (§ 1, vv. 101-109; CJ, p. 76)

Nell'*HAC* convergono quindi alcune delle più importanti eredità della cultura francese del Cento nel campo della narrativa di matrice latina e, allo stesso tempo, si opera un fondamentale salto in avanti con l'inclusione della materia romana e di quella orientale antica. Questo carattere di *summa*, che sarebbe stato ancora più accentuato se l'autore avesse avuto la possibilità di continuare la sua opera, pone l'*HAC* al centro della cultura di una intera generazione. Per questo essa rappresenta un punto di vista – e un punto di partenza – fondamentale per leggere questa vicenda con un'attenzione nuova.

2. *Interpretare l'*Histoire ancienne jusqu'à César

2.1. *L'*Histoire ancienne jusqu'à César *e i* Faits des Romains

La ricezione scientifica dell'*HAC* è stata lungamente legata a doppio filo a quella di un'altra grande prosa storica, i *Faits des romains*. Nel 1885 Paul Meyer, che definiva la sequenza dei due testi «le plus ancien livre d'histoire ancienne qui ait été écrit en prose français», aveva riservato ai *Faits* un giudizio più lusinghiero rispetto all'*HAC*. Se per l'autore della prima opera, pur con significative limitazioni («son œuvre n'a rien de commun avec l'érudition»), scomodava il titolo di *humaniste*, il giudizio sull'*HAC* era il seguente: «bien qu'écrit[e] d'un style assez alerte, a, dans sa teneur générale, une allure moins littéraire».[96] In seguito i *Faits* godranno di una fortuna critica più ampia grazie alla pubblicazione, qualche decennio dopo i primi studi, di un'edizione non ricostruttiva e certamente non definitiva, ma accurata, dotata di un commento eccellente e accompagnata da ampi studi sulle attestazioni manoscritte, gli adattamenti e la posterità.[97] La vicinanza cronologica tra le due opere e il fatto macroscopico che esse sono complementari nell'introdurre la materia romana nella letteratura francese (la grande biografia di Cesare che sono i *Faits* sostituisce idealmente e, in numerosi codici, concretamente, la breve sezione dell'*HAC* dedicata a quello che era ritenuto il primo imperatore) ha autorizzato, tra i pionieri del loro studio, delle ipotesi – fondamentalmente inverificabili – circa i possibili rapporti tra le loro rispettive composizioni.[98]

96. Meyer, *Les premières compilations*, pp. 26-27 e 36-37. Sempre a Meyer, nello stesso contributo, si deve la localizzazione della composizione dell'*HAC* nelle Fiandre (basata sulla dedica a Roger IV, castellano di Lille, che si legge nel prologo) e di quella dei *Faits* – ipoteticamente – a Parigi.

97. *Li fet des Romains*, éd. par L.-F. Flutre, K. Sneyders de Vogel, Paris-Groningue, Droz-Wolters, 1938; L.-F. Flutre, *Les manuscrits des Faits des Romains*, Paris, Hachette, 1932; e Id., *Li fait des Romains dans les littératures française et italienne du XIIIe au XVIe siècle*, Paris, Hachette, 1932 (da integrare con i numerosi interventi successivi che hanno ampliato il testimoniale; una bibliografia filologica aggiornata sulla tradizione dei *Faits* manca ancora).

98. Secondo ipotesi basate su argomenti interni, i *Faits* sarebbero stati composti tra il 1211 (dopo l'erezione della cinta muraria meridionale di Parigi) e il 1214 circa (prima della battaglia di Bouvines, perché nel testo si allude alla coalizione contro Filippo Augusto guidata dall'imperatore

La materia per la quale i contenuti dell'*HAC* si sovrappongono a quelli dei *Faits* consiste nella brevissima sezione XI, dedicata all'invasione cesariana delle Gallie, e questo ha sicuramente giocato un ruolo nella ricezione delle due opere. La circolazione dell'*HAC* e dei *Faits* negli stessi codici – normalmente, a seguito della soppressione della sezione XI – era stata segnalata in primo luogo da Meyer sulla base di testimoni copiati dal XIV secolo in poi. Tra i codici antichi, la congiunzione delle due opere è attestata nel solo codice italiano Ch. Recentemente, Henry Ravenhall ha dimostrato che Ch è l'unico derivato completo superstite di una tradizione duecentesca originata nella Francia del Nord in cui *HAC* e *Faits* erano saldati insieme anticamente. La congiunzione antica dei due testi, che è oggi così problematicamente attestata, deve aver avuto luogo in un contesto molto vicino a quello nel quale è stata prodotta la versione abbreviata dell'*HAC*.[99]

Nonostante questo episodio, l'*HAC* e i *Faits* hanno circolato prevalentemente in forma disgiunta nel Duecento e il secondo testo ha avuto una ricezione immediata molto più significativa di quella dell'*HAC*. Questo non tanto per quantità, quanto per qualità: dai *Faits* derivano due delle opere di materia romana più importanti del Duecento francese inoltrato, ovvero le due versioni (in versi alessandrini e in prosa) del *Roman de Jules César* di Jean de Thuin.[100] Soprattutto, due estratti dei *Faits* – il discorso di Cesare e quello di Catone sul destino dei complici di Catilina – sono citati integralmente e ricoprono un ruolo di primissimo piano nella strutturazione della sezione retorica del *Tresor* di Brunetto Latini.[101] I *Faits* sono un'opera che catalizza ulteriori sviluppi successivi della letteratura di argomento classico in volgare, mentre l'*HAC* è una sintesi di un patrimonio più antico redatta da qualcuno che era in sintonia con l'interesse crescente per la storia romana ma legato a un tipo di approccio alle fonti più tradizionale.

La prima differenza capitale tra *HAC* e *Faits* risiede nelle fonti utilizzate. Mentre quelle dell'*HAC* sono prevalentemente cristiane, i *Faits* sono basati esclu-

Ottone IV che sarà sconfitta in quella occasione e che si sfalderà); si veda K. Sneyders de Vogel, *La date de la composition des Faits des Romains précisée*, dans «Neophilologus», 17 (1932), p. 271. Per le proposte di cronologia relativa si veda F. Lot, rec. J. Frappier, *Étude sur la Mort le roi Artu*, dans «Romania», 64 (1938), pp. 111-122, in particolare p. 121, e Raynaud de Lage, *L'Histoire ancienne jusqu'à César*. Secondo queste datazioni e quella da me proposta per l'*HAC* i *Faits* sarebbero, tra le due, l'opera più antica.

99. Si veda H. Ravenhall, *All Roads Lead to Rome: Revisiting the Pairing of the* Histoire ancienne jusqu'à César *and the* Faits des Romains *in the Thirteenth Century*, in «Romania», 139 (2021), pp. 5-36.

100. Composte intorno al 1260 sulla base anche di fonti latine; si veda l'edizione della versione in versi in *Le roman de Jules César*, éd. par O. Collet, Genève, Droz, 1993, e Id., *Étude philologique et littéraire sur le Roman de Jules César*, Genève, Droz, 1993. Sulla fortuna medievale dei *Faits* si veda anche C. Crozy-Naquet, *Les Faits des Romains. Une fortune diverse*, dans «Anabases. Traditions et reception de l'Antiquité», 4 (2006), pp. 141-154.

101. Si veda M. T. Rachetta, *I discorsi e le storie. Sulla sezione retorica del* Tresor *di Brunetto Latini*, in *Filologicamente VIII: "La voie de prose". La materia antica nel romanzo francese in prosa medievale*, a cura di J. Fois, Bologna, Bologna University Press, 2022, pp. 141-155.

sivamente su fonti pagane: si tratta infatti di una vita di Giulio Cesare che risulta dalla compilazione del *De coniuratione Catilinae* di Sallustio, dei *Commentarii* dello stesso Cesare e della *Pharsalia* di Lucano. Il macrotesto ideale dell'*HAC*, la storia del mondo che sfuma nella storia etnica ed ecclesiastica, è di matrice cristiana e tardoantica. Quello dei *Faits*, al contrario, è di ispirazione classica: nel prologo, l'autore anonimo dichiara che la sua opera è pensata per essere solo il primo segmento di una imponente serie di vite dei dodici primi imperatori sul modello di Svetonio.[102] Infine, e cosa ancora più importante, l'autore dell'*HAC* racconta la storia romana in uno stile compendioso e concentrato sul racconto degli eventi; uno stile non privo di elementi preziosi, ma in definitiva sintetico come quello della sua fonte principale, Orosio. Nei *Faits*, invece, sono resi fedelmente anche i numerosi discorsi che compaiono nelle fonti classiche (e che sono il modulo discorsivo caratteristico della storiografia classica, anche poetica). Da molti e importanti punti di vista i *Faits* sono a tutti gli effetti un adattamento in linea con la mentalità dominante nel primo Duecento: materiali eterogenei sono compilati, riorganizzati, attualizzati e glossati. Ma, occasionalmente, il loro autore pratica l'idea che gli *ipsissima verba* della fonte possano e debbano essere resi in volgare al meglio possibile. Questa mentalità, la cui applicazione è inscindibile dalla scelta delle fonti, determinerà la maggiore considerazione in cui i *Faits* sono tenuti dagli autori volgari tardomedievali. In questo quadro l'*HAC* diventa, a partire dalla metà del Duecento, un'opera a metà tra due mondi: disallineata rispetto alle tendenze più innovative ma decisamente utile come serbatoio di notizie singole o segmenti narrativi limitati.[103]

La distanza dell'*HAC* e dei *Faits* sia dal punto di vista del sostrato culturale che da quello della ricezione dimostra di per sé la ricchezza e la pluralità degli approcci alla materia antica del Duecento francese. Di questi approcci sappiamo però ancora poco, perché sullo studio dei testi che li documentano ha gravato a lungo il peso di valutazioni circa i modi corretti e scorretti di leggere gli antichi che derivano da modelli appartenenti a tempi, luoghi e culture diverse.

102. *Li fet des Romains*, éd. Flutre, Sneyders de Vogel, *Prologue*, 3: «Et comencerons nostre conte principalment a Juille Cesar, et le terminerons a Domicien, qui fu li douziemes empereres, si que nos i metrons meinte persone qui orent diverses dignetez a Rome au tens des .xii. empereeurs». Sulla fortuna e le rielaborazioni della materia cesariana si vedano: J. M. A. Beer, *A Medieval Caesar*, Genève, Droz, 1976; J. Leeker, *Die Darstellung Cäsars in den Romanischen Literaturen des Mittelalters*, Frankfurt am Main, Klostermann, 1986; recentemente, i saggi raccolti in *La figure de Jules César au Moyen Âge et à la Renaissance (I/II)*, sous la dir. de B. Méniel, B. Ribémont, dans «Cahiers de recherches médiévales et humanistes», 13 (2006) e 14 (2007).

103. Per l'impiego dell'*HAC* da parte di Brunetto Latini si vedano M. T. Rachetta, *Sulla sezione storica del* Tresor*: Brunetto Latini e l'*Histoire ancienne jusqu'à César, in «Medioevo Romanzo», 42 (2018), pp. 284-311, e Ead., *Brunetto Latini, la storia universale e la letteratura francese di matrice erudita del primo XIII secolo*, in *Dante e la cultura fiorentina. Bono Giamboni, Brunetto Latini e la formazione intellettuale dei laici*, a cura di Z. G. Barański, T. J. Cachey Jr., L. Lombardo, Roma, Salerno, 2019, pp. 101-133. Per i riusi nell'Italia del Trecento si veda L. Di Sabatino, *Note su alcune chiose d'argomento tebano nei commenti danteschi di Andrea Lancia e dell'Anonimo fiorentino*, in «Rivista di Studi Danteschi», 2 (2010), pp. 368-382.

2.2. *Umanesimo e tradizione cristiana*

Durante il secolo scorso la ricezione critica della letteratura francese di materia antica del Duecento è stata fortemente segnata da svalutazioni etiche ed estetiche. La capacità di comprendere l'antico da parte degli autori è stata giudicata modesta e le opere sono state ritenute arretrate e reazionarie dal punto di vista culturale. In alcuni casi queste dure valutazioni sono state emesse da studiosi che alle traduzioni e adattamenti francesi di materia classica avevano dedicato lavori eruditi di grande novità e approfondimento. In questo paragrafo ripercorreremo un caso illustre, quello di Jacques Monfrin, non tanto per contestarne le valutazioni, ma per contestualizzarle nel dibattito in corso negli anni Sessanta del Novecento e mostrare come dentro di essa agissero, sottotraccia, delle tensioni interpretative ancora oggi irrisolte che continuano a influenzare la ricezione dei testi che ci interessano.

Dopo Paul Meyer, Monfrin è lo studioso che ha ottenuto i risultati più ampi, innovativi e solidi nel campo che ci interessa. A lui si devono un censimento delle traduzioni dei classici latini e soprattutto una grande quantità di notizie e ricostruzioni circa la produzione e la circolazione dei codici che le conservano.[104] Nel momento in cui Monfrin ha interpretato i dati che aveva raccolto, egli si è confrontato con quella che era una esigenza pressante per tutta la comunità scientifica di cui faceva parte: la valutazione di queste opere come possibili componenti di un *cursus studiorum* aggiornato, compatibile con i valori e le sfide della modernità.[105] In questa chiave, Monfrin si è chiesto se, nella tradizione francese medievale, si potessero rilevare le tracce di una sensibilità paragonabile a quella "umanistica". Nel dibattito nel quale Monfrin si inseriva l'etichetta "umanesimo" era ambigua: poteva indicare un insieme di pratiche e inclinazioni intellettuali che, diffondendosi e diventando dominanti in un certo periodo mediante specifiche strutture sociali – in particolare, un determinato tipo di scuole –, avevano dato nome a un'epoca della storia della cultura europea;[106] ma poteva anche

104. Si vedano: J. Monfrin, *Humanisme et traductions au Moyen Âge*, dans Id., *Études de philologie romane*, Genève, Droz, 2001, pp. 757-785 (ed. or. 1963); Id., *Les traducteurs et leur public en France au Moyen Âge*, ivi, pp. 787-801 (ed. or. 1964); Id., *La connaisance de l'antiquité et le problème de l'humanisme en langue vulgaire dans la France du XVe siècle*, ivi, pp. 803-837 (ed. or. 1972).

105. Così nell'*Avant-propos* di *L'Humanisme médiéval dans les littératures romanes du XIIe au XIVe siècle*, Colloque organisé par le Centre de Philologie et de Littératures romanes de l'Université de Strasbourg (29 Janvier-2 Février 1962), sous la dir. de A. Fourrier, Paris, Klinksieck, 1964, dove sono stati ripubblicati, dopo una anticipazione nel «Journal des Savants», i due primi studi di Monfrin: «Comment accorder, dans la formation de l'homme nouveau, la culture traditionnelle qui est un héritage millénaire avec les impératifs d'un monde qui naît sous nos yeux et dont les problèmes, non seulement dépassent, semble-t-il, ceux d'hier et d'avant-hier, mais encore se posent, ou paraissent se poser, en des données radicalement autres?» (p. 8).

106. Come nella celebre definizione in P. O. Kristeller, *The Classics and Renaissance Thought*, Cambridge (MA), Harvard University Press, 1955, p. 10: «Renaissance humanism was not as such a philosophical tendency or system, but rather a cultural and educational program which emphasized and developed an important but limited area of studies. This area had for its center a group of

indicare un insieme di atteggiamenti sempre disponibili, potenzialmente, nelle scelte intellettuali dei singoli che si rapportavano con l'eredità antica. In questa seconda accezione, l'"umanesimo" poteva essersi manifestato episodicamente anche nel medioevo più profondo, come una sorta di trascendente intellettuale.[107] Negli studi di Monfrin, come in quelli di molti dei suoi interlocutori, l'accezione dominante sembra la seconda. Già nel 1963 egli aveva dato una definizione precisa di "umanesimo", e sulla base di questa aveva costruito una valutazione della traduzioni francesi:

> Tout le monde s'entend sur le mot "traduction"; personne, sans doute, sur celui d'"humanisme". Admettons ici qu'il s'agit d'une recherche philologique, animée par un certain désir de jouissance esthétique et de perfectionnement moral.
> Après 1300, en Italie, on a recherché avec passion les textes antiques, on les a lus, corrigés, commentés; chaque cité s'enorgueillit de ses découvreurs et de ses exégètes. Après 1400, leurs œuvres et leur influence ont envahi la Catalogne, l'Aragon, puis la Castille. A partir du XIVe siècle, en Italie, à partir du XVe siècle dans la péninsule ibérique, la grande masse des traductions que nous avons signalées permet de parler d'un humanisme en langue vulgaire qui suit pas à pas les développements de l'humanisme latin.
> En France, avant l'extrême fin du XVe siècle, la situation est différente. On y a partout traduit les anciens pour répondre à un besoin d'information technique ou de perfectionnement moral; le souci de la forme est absent.
> On aurait pu attendre d'un exposé sur les traductions au Moyen Âge la conclusion qu'il a été d'autant plus nécessaire de traduire que l'on a moins su le latin. C'est le contraire qui est vrai. Plus il y a d'humanistes, d'hommes capables de lire et de goûter directement les textes antiques, plus il se trouve des traducteurs et plus volontiers ceux-ci se sont attachés aux plus humaines des œuvres antiques.
> Ainsi calculé, le bilan, pour la France, paraît assez négatif: lecteurs et écrivains qui connaissaient mal le latin n'ont guère eu accès à la littérature gréco-romaine.[108]

La rassegna di testi e manoscritti che ha portato Monfrin a queste conclusioni è davvero imponente; si apre con traduzioni redatte entro il primo Duecento (l'*HAC*, i *Faits*, le varie traduzioni dell'*Ars amatoria* di Ovidio, gli pseudo-catoniani *Disticha* e il *corpus* morale pseudo-senecano, i romanzi su Alessandro) e giunge alle più

subjects that was concerned essentially neither with the classics not with philosophy, but might be roughly described as literature».

107. Si veda l'introduzione di G. Verbeke in *The Late Middle Ages and the Dawn of Humanism Outside Italy*, Proceedings of the International Conference (Louvain, May 11-13, 1970), ed. by G. Verbeke, J. Ijsewijn, Leuven-The Hague, Leuven University Press, 1972, p. 3: «Speaking of the *Late Middle Ages and the Dawn of Humanism* we don't maintain the medieval culture to be totally deprived of all kinds of humanistic study, nor Humanism to start suddenly after a period of cultural darkness. According to Professor P. O. Kristeller some medieval authors are to be consider as authentic humanists, for instance the Carolingian scholars and certain XIIth writers such as John of Salisbury or the grammarians of Orléans and Chartres».

108. Monfrin, *Humanisme et traductions*, pp. 784-785. La lista degli "umanisti volgari" tracciata da Monfrin comincia per l'Italia con Bono Giamboni, Brunetto Latini e Bartolomeo da San Concordio; per la Penisola iberica, con i catalani Jaume Domenech, Francesch Alegre e Ferrer Sayol.

tarde traduzioni di Vegezio, Aristotele, Cicerone, Seneca, Livio (perduta). Di molte delle opere censite, Monfrin segnala le traduzioni nei volgari italiani.[109]

Nel giudizio emesso da Monfrin non contano né la quantità delle opere né la loro diffusione; al contrario, è fondamentale la qualità, o meglio la mancanza di certe qualità. Le traduzioni francesi sono innovative, spesso integrate in compilazioni e quindi in macrotesti estranei all'originale latino; vengono giudicate di non particolare pregio linguistico e stilistico e per questo aliene da forme di «jouissance esthétique». Inoltre, Monfrin rifiuta il titolo di "umanisti" a Nicolas Oresme e altri traduttori intorno a Carlo V, le cui opere hanno segnato in maniera indelebile la storia del francese, per un doppio motivo: il carattere politico-istituzionale dell'impresa («la notion d'utilité publique domine, non celle de la culture désintéressée ou du plaisir esthétique») e l'influenza che su di loro esercitava la tradizione teologica universitaria, che si manifesta per esempio nelle aggiunte di dottrina cristiana alla traduzione del *De caelo et mundo* aristotelico.[110] Il criterio etico di Monfrin viene ulteriormente precisato comparando la produzione francese con quella italiana. Mentre quest'ultima avrebbe avuto un carattere disperso e spontaneo, la prima sarebbe stata prevalentemente il frutto di iniziative personali o politiche di ampia portata: «cela tient, sans doute, à des conditions politiques et sociales différentes, mais aussi à des conditions diverses de culture».[111] Per Monfrin, i traduttori francesi operano su commissione o nel quadro di iniziative altrui. Per questo, nelle loro opere mancherebbe quell'elemento di spontaneità, gratuità e insomma libertà che è parte integrante dell'idea di umanesimo. In questo quadro, i testi francesi del Cento e del primo Duecento risultano inservibili nel quadro di una storia culturale europeo, a dispetto della loro vasta e perdurante fortuna anche nel tardo medioevo.[112]

La svalutazione di Monfrin dipende naturalmente dalla sua definizione di umanesimo. Pochi anni dopo l'uscita dei suoi studi, e proprio basandosi su di

109. È il caso delle *Heroides* di Ovidio (ivi, p. 759), del Livio perduto (ivi, pp. 766-767), dei *Faits* (ivi, p. 778) e le *Epistolae* di Seneca a Lucilio commissionate da Riccardo Petri (ivi, p. 779). Su questi testi rispettivamente e sulla bibliografia relativa si vedano: *Istorietta troiana con le Eroidi Gaddiane glossate. Studio, edizione critica e glossario*, a cura di A. D'Agostino, L. Barbieri, Milano, 2017; *Ovidio, Heroides. Volgarizzamento fiorentino trecentesco di Filippo Ceffi. I. Introduzione, testo secondo l'autografo e glossario*, a cura di M. Zaggia, Firenze, SISMEL - Edizioni del Galluzzo, 2009, pp. 26-28; F. Pilati, *I volgarizzamenti italiani dei* Faits des Romains. *Indagini sulle versioni "ampia", "breve" e "intermedia"*, in «Studi di filologia italiana», 79 (2021), pp. 49-94; M. Eusebi, *La più antica traduzione francese delle* Lettere morali *di Seneca e i suoi derivati*, in «Romania», 91 (1960), pp. 1-47.

110. Monfrin, *Humanisme et traductions*, p. 771.

111. Ivi, p. 781.

112. Una parziale reazione alle valutazioni di Monfrin si legge in Dembowski, *Learned Latin Treatises in French*. Dembowski rivaluta pienamente solo le traduzioni trecentesche e qualifica quelle duecentesche come i loro primi, imperfetti, precedenti: «I believe, that without the early "inspiration-plagiarism" translations, without the early attempts at the more faithful "service-translations" of hagiographic and historiographic prose (and, probably, without the prosifications of Old French verse-narratives), the fully developed translations by such a writer as Oresme could not have taken place», p. 264.

essi, Carlo Dionisotti darà una valutazione radicalmente diversa del ruolo giocato dalla cultura francese nel Duecento per quanto riguarda la ricezione dei classici:

> Un'inchiesta sulla cultura italiana di quell'età deve partire da un dato di fatto incontrovertibile, comunemente noto, ma che non vuol essere dimenticato al momento giusto: che cioè quanto allora in Italia si sapeva della storia di Roma antica proveniva non da testi latini, ma direttamente o indirettamente da testi francesi.[113]

Per Dionisotti l'umanesimo è un sistema culturale, non un'inclinazione dello spirito che si riflette nelle opere. In questa sua visione, il mancato riconoscimento dell'influenza dei testi francesi nella storia della cultura di lingua italiana è un problema anche perché ha contribuito alla distorsione del panorama complessivo e all'indebita predatazione dell'umanesimo in quanto fenomeno sistemico.[114] I testi francesi, nel quadro problematico tracciato da Dionisotti, sono parte integrante di un'epoca ancora largamente ignota.

Una strategia per ripensare prima di tutto la cultura francese duecentesca in sé, prima nel momento della produzione e poi in quello della ricezione, può passare dall'osservazione di una aporia che è stata introdotta nel suo studio dal ricorso al concetto di "umanesimo". Negli studi sulle traduzioni di testi antichi in francese medievale, tra cui quelli di Monfrin, il criterio alla base dell'unificazione del *corpus* – molto variegato per quanto riguarda i temi, le forme e le epoche di produzione – è uno solo: si tratta di opere di autori (o pseudo-autori) non cristiani.[115] Questa impostazione, che è stata rafforzata della grande attenzione che la cultura novecentesca ha riservato alla fortuna dell'antico, oblitera un dato fondamentale: nella cultura francese medievale la conoscenza dell'antichità era largamente mediata dalla lettura di autori e commentatori cristiani, patristici e moderni. I loro testi veicolavano cognizioni vaste, profonde e sistematiche. La visione dell'antico degli autori francesi medievali non è il frutto di una ricezione incompetente, ma deriva in gran parte da una tradizione che era iniziata almeno con Eusebio di Cesarea e che nel XII secolo era sfociata nel capolavoro di erudizione medievale che è l'*Historia scholastica* di Pietro Comestore. Questa tradizione aveva inglobato anche un autore non cristiano e dalla profonda cultura ellenistica che, in traduzione latina, diventerà lo storico antico più letto

113. C. Dionisotti, *Tradizione classica e volgarizzamenti*, in Id., *Geografia e storia della letteratura italiana*, Torino, Einaudi, 1999, pp. 125-178, p. 137 (ed. or. 1967). Sul prestigio del francese in Europa e sull'avvicendamento con l'italiano alla fine del Trecento si veda A. Varvaro, *La centralità della Francia nella letteratura medievale*, in «Medioevo Romanzo», 34 (2010), pp. 241-263.

114. Dionisotti, *Tradizione classica e volgarizzamenti*, p. 136: «[C]i si può chiedere se l'insistenza, per sé ineccepibile, dei nostri studi su alcuni volgarizzamenti dugenteschi di testi retorici latini non abbia dato luogo al miraggio delle origini che spesso illude gli studiosi di ogni grande rivoluzione, nella fattispecie della rivoluzione umanistica, e abbia così portato alla deformazione del quadro di un'età, il Duecento, che della rivoluzione umanistica non poteva avere presentimento alcuno».

115. Vi si atterrà ancora R. H. Lucas, *Medieval French Translations of the Latin Classics to 1500*, in «Speculum», 45 (1970), pp. 225-253.

nel medioevo: Flavio Giuseppe.[116] La tradizioni "antichistica" cristiana era stata mantenuta viva per secoli sia per la sua funzionalità nell'esegesi biblica, sia per il suo prestigio intrinseco.

La continuità tra la cultura degli autori francesi e quella cristiana di espressione latina spiega anche i caratteri stilistici e strutturali dei testi. Gli autori francesi non imitavano stilisticamente i classici perché i loro modelli erano diversi, patristici e *moderni*, e perché erano modelli da un punto di vista funzionale prima che estetico. I profondi adattamenti, le compilazioni, l'inserzione sistematica di glosse non dichiarate, la mancanza di approfondimento del *Sitz im Leben* originario delle opere, le riletture in chiavi etiche innovative sono le conseguenze di un atteggiamento che considerava la cultura e la storia pagane come strumentali: esse non erano *per se* l'oggetto dell'interpretazione, ma costituivano dei saperi a essa indispensabili. Ciò non escludeva che questi saperi strumentali potessero essere coltivati con passione e profondità. In alcuni momenti storici, tra cui quello che ci interessa, diventa chiaro che il possesso degli strumenti interpretativi era considerato una fondamentale forma di accrescimento culturale, forse anche di emancipazione. Cosa ancora più importante dal nostro punto di vista, il fatto che la storia antica ricoprisse un ruolo strumentale non vuol dire che essa servisse sempre alla stessa cosa. I modelli più antichi, quelli patristici, la finalizzavano all'apologia. Questo non è più vero per i *moderni*, che non dovevano difendere la fede cristiana ma potevano usare le conoscenze trasmesse dai padri e gli strumenti argomentativi da loro ereditati per conoscere, spesso liberamente, l'antichità. La possibilità che un autore medievale fosse interessato a conoscere e divulgare la storia in quanto tale va tenuta in conto, e a mio parere ritenuta probabile, ogni volta che ci troviamo davanti a opere che non hanno finalità espressamente teologiche, e anche quando possono avere avuto una utilità politica o pratica. Il fatto che le conoscenze, gli strumenti e le forme dell'indagine storica medievale ci appaiano oggi del tutto superati non esclude la possibilità che l'intento degli autori fosse genuinamente conoscitivo. Nel caso degli autori volgari, le cui opere sono spesso fortemente derivative, l'ipotesi da tenere in conto è che essi volessero prima di tutto divulgare conoscenze storiche valide. La costruzione di queste conoscenze assumeva forme diverse a seconda della materia, delle inclinazioni dei singoli autori e dei mezzi in loro possesso, degli ambienti per circolare nei quali le opere erano progettate e infine della finalità di ogni nuova creazione testuale.

Negli ultimi decenni la discussione critica sulla letteratura francese di materia antica ha lasciato da parte la questione della libertà intellettuale degli autori. Nuove prospettive sono emerse. Si è provato a connettere la produzione francese con la cultura latina contemporanea esplorando la presunta influenza sulla lette-

116. K. M. Kletter, *The Christian Reception of Josephus in Late Antiquity and the Middle Ages*, in *A Companion to Josephus*, ed. by H. H. Chapman, Z. Rodgers, Malden (MA)-Oxford-Chichester, Wiley-Blackwell, 2016, pp. 368-381; R. M. Pollard, *Flavius Josephus: the Most Influential Classical Historian of the Early Middle Ages*, in *Writing in the Early Medieval West. Essays in Honor of Rosamond McKitterick*, Cambridge, Cambridge University Press, 2018, pp. 14-35.

ratura del XII secolo di quello che Richard W. Southern ha chiamato "umanesimo medievale" (o "umanesimo scolastico") – una forma di antropocentrismo cristiano di matrice prettamente teologica – ma il tentativo si è scontrato con l'assenza dell'elemento teologico e filosofico nei testi volgari.[117] Recentemente, la categoria più utilizzata per concettualizzare il rapporto tra gli autori del Cento e l'antichità è quella di *translatio studii*.[118] A differenza dell'idea di umanesimo, questa ha il vantaggio di basarsi su un concetto propriamente medievale, largamente attestato a vari livelli, tanto in latino quanto in volgare. Dal nostro punto di vista però essa si rivela poco centrata perché sottolinea le continuità di un'epoca della quale a noi interessano soprattutto le discontinuità di breve periodo e perché è un concetto che veniva sfruttato per l'accreditamento di uomini, testi e istituzioni.[119] È quindi qualcosa che ci parla delle aspirazioni e dei modelli più che dei fatti; e per conoscere sia i primi che i secondi occorre distinguerli al meglio possibile.

2.3. *Produzione e ricezione*

Diversamente da quanto abbiamo visto accadere negli anni Sessanta del secolo scorso, quando al centro dell'interpretazione dei testi di materia antica in francese erano ancora gli autori e le loro intenzioni, nei decenni successivi gli studiosi si sono concentrati prevalentemente sul momento della ricezione. La fortuna di questa impostazione è dipesa da impulsi anche molto diversi tra loro e spesso del tutto indipendenti. Per quanto riguarda la critica, un ruolo di primo piano è stato giocato dalla teoria della ricezione di scuola tedesca associata al nome di Hans Robert

117. Sull'"umanesimo medievale" si veda R. W. Southern, *Medieval Humanism*, Oxford, Blackwell, 1970; Id., *Scholastic Humanism and the Unification of Europe*, I, *Foundations*, Oxford, Blackwell, 1995 e II, *The Heroic Age*, Oxford, Blackwell, 2001. Per la discussione sulla presunta influenza dalla scuola di Chartres sui *romans d'antiquité* si veda la recente palinodia in F. Mora-Lebrun, *"Metre en romanz". Les romans d'antiquité du XIIe siècle et leur posterité (XIIIe-XIVe siècle)*, Paris, Champion, 2008, pp. 36-52, in particolare pp. 51-52. Per lo studio sistematico dell'allegoria nei testi francesi medievali (che nel Cento è limitata a testi religiosi) si veda M.-R. Jung, *Études sur le poème allégorique en France au Moyen Âge*, Bern, Francke, 1971, pp. 170-191 e 227-236

118. É. Gilson, *Humanisme médiéval et Renaissance*, dans Id., *Les idées et les lettres*, Paris, Vrin, 1955, pp. 171-196. Per uno studio storiografico si veda É. Jeauneau, Translatio studii*: The Transmission of Learning. A Gilsonian Theme,* Toronto, Pontifical Institute of Mediaeval Studies, 1995; per un intervento che esplora l'opposizione tra questa categoria e l'umanesimo petrarchesco, E. Fenzi, Translatio studii *e* translatio imperii. *Appunti per un percorso*, in «Interfaces», 1 (2015), pp. 170-208.

119. Per la posizione di Chrétien de Troyes nella storia del concetto medievale, si veda C. R. Levilson, *Clergie, Clerkly Studium, and the Medieval Literary History of Chrétien de Troyes's Romances*, in «The Modern Language Review», 106 (2011), pp. 682-696, e la bibliografia citata. Sull'uso strumentale di questo *topos* nella legittimazione delle università si veda S. Lusignan, *"Verité garde le roy": la construction d'une identité universitaire en France (XIIIe-XVe siècle)*, Paris, Publications de la Sorbonne, 1999, pp. 225-281, e Id., *Les mythes de fondations des universités au Moyen Âge*, dans «Mélanges de l'École française de Rome. Moyen Âge», 115 (2003), pp. 445-479. Per l'uso nelle traduzioni francesi trecentesche, Id., *La topique de la* translatio studii *et les traduction françaises de textes savants an XIVe siècle*, dans *Traduction et traducteurs au Moyen Âge*, Actes du colloque international du CNRS (Paris, 26-28 mai 1986), Paris, CNRS, 1989 [= «Documents, études et répertoires de l'Institut de recherche et d'histoire des textes», 42 (1989)], pp. 303-315.

Jauss, per la quale i diversi ambienti e contesti di circolazione si possono desumere dai generi letterari e testuali e degli orizzonti di attesa a essi associati.[120] Nel campo degli studi di impostazione storico-erudita, invece, hanno influito l'approfondimento dei metodi di analisi dei testimoni manoscritti e l'interesse crescente per i loro ambienti di produzione, che si riflette sia nell'attenzione per gli aspetti materiali che in quello specifico per il testo (verbale e spesso anche iconografico) dei singoli testimoni.[121] In alcuni casi questa tendenza ha anche beneficiato dell'onda lunga delle polemiche sulle pratiche editoriali che, per tutto il secolo scorso, hanno investito il dominio della letteratura francese medievale con una forza particolare.[122] Ne è derivata, in alcuni casi, una svalutazione – teorica e/o operativa – del momento compositivo in sede di storiografia letteraria.

In questa tendenza generale, il nostro campo di interesse è stato quello in cui lo studio della ricezione è stato introdotto in una delle varianti più coerenti e interessanti per chi si ponga in una prospettiva di storia della cultura. Il saggio del 1976 di Bernard Guenée, dedicato ai *Faits des Romains* e basato sugli studi di Flutre, di Sneyders de Vogel e di Monfrin, è infatti lo studio più compiuto che uno storico abbia dedicato alle fonti manoscritte letterarie volgari, nonché un esperimento in cui il momento della produzione ha un'importanza centrale.[123]

120. H. R. Jauss, *Littérature médiévale et théorie des genres*, dans «Poétique», 1 (1970), pp. 79-101; W. D. Stempel, *Pour une description des genres littéraires*, dans *Actele celui de-al XII-lea Congres Internațional de de Linguistică și Filologie Romanică*, Bucarești, Editura Academiei Republicii Socialiste Romanicâ, 1971, II, pp. 565-570. Questo modo di procedere dovrebbe mettere al riparo dai rischi implicati dall'etichettare gli ambienti di composizione e circolazione secondo criteri extraletterari; ma che a generi diversi per temi e forme non corrispondano canali di trasmissione specifici e distinti è dimostrato in A. Varvaro, *Élaboration des textes et modalités du récit dans la littérature française médiévale*, dans «Romania», 119 (2001), pp. 1-75.

121. Per lo studio dei centri di produzione in ambito francese si veda: G. Giannini, *Poser les fondements: lieu, date et contexte (essai sur le recueil L.II.14 de Turin)*, dans «Études françaises», 48 (2012), pp. 11-31 (per una ricerca nata nel contesto del lavoro sulle raccolte contenenti *fabliaux*) e i saggi contenuti in *Les centres de production des manuscrits vernaculaires au Moyen Âge*, sous la dir. G. Giannini, F. Gingras, Paris, Classiques Garnier, 2015. Per un punto di vista sullo studio dei singoli testimoni nel contesto di approcci ricostruttivi: L. Leonardi, *Filologia della ricezione: i copisti come attori della tradizione*, in «Medioevo Romanzo», 34 (2010), pp. 5-27. Per una teoria di storia letteraria e culturale basata sulla ricezione e la sua applicazione: S. Gaunt, *Marco Polo's* Le devisement du monde, Woodbridge, D. S. Brewer, 2013 e J. Gilbert, S. Gaunt, W. Burgwinkle, *Medieval French Literature Culture Abroad*, Oxford, Oxford University Press, 2020. Per una proposta relativa alle pratiche editoriali: S. Gaunt, *Philology and the Global Middle Ages: British Library Royal Ms 20.D.1*, in «Medioevo Romanzo», 40 (2016), pp. 27-47, e Id. *Texte et/ou manuscrit? À propos de l'Histoire ancienne jusqu'à César*, dans *En français hors de France. Textes, livres, collections du Moyen Âge*, sous la dir. de F. Zinelli, S. Lefèvre, Strasbourg, Éditions de Linguistique et de Philologie, 2021, pp. 35-58.

122. La bibliografia su questo tema è molto ampia; per delle ricostruzioni, si vedano D. F. Hult, *Reading It Right: The Ideology of Text Editing*, in *The New Medievalism*, ed. by M. S. Brownlee, K. Brownlee, S. G. Nichols, Baltimore-London, John Hopkins University Press, 1991, pp. 113-130; L. Leonardi, *Il testo come ipotesi (critica del manoscritto-base)*, in «Medioevo Romanzo», 35 (2011), pp. 5-34 e C. Segre, *Lachmann et Bédier. La guerre est finie*, dans *Actes du XXVIIe Congrès international de linguistique et de philologie romanes (Nancy, 15-20 juillet 2013), Allocutions d'ouverture, conférences plénières, tables rondes, conférences grand public*, sous la dir. de É. Buchi, J.-P. Chaveau, Y. Greub, J.-M. Pierrel, Nancy, ATILF, 2015, pp. 15-27.

123. Guenée, *La culture historique des nobles*.

Il saggio di Guenée muove da due ipotesi euristiche fondamentali. La prima riguarda il momento della produzione, e consiste nell'idea che ad ambienti diversi corrispondessero diversi modi di praticare la storia, e che gli ambienti principali (permeabili, ma distinti) fossero nel Duecento francese i monasteri, le scuole e le corti principesche. Si tratta in gran parte e dichiaratamente di astrazioni: sia perché nella realtà storica questi tipi di comunità erano comunicanti, sia perché l'attribuzione a essi di una data opera sulla base di argomenti forti (e magari diversi da quelli interni, che sono spesso controvertibili) è molto difficile. Gli ambienti sono comunque definiti da delle *funzioni* della storia: (a) *esegetica*, rivolta al testo biblico, per l'ambiente monastico; (b) *retorica*, nel contesto dell'apprendimento del latino, per le scuole; (c) *ricreativa*, nel caso delle corti principesche. Soprattutto le scuole e i monasteri di Guenée sono veramente delle costruzioni artificiali, perché altro non sono che i luoghi – idealmente separati – della cultura cristiana e di quella classica. Il monastero, in particolare, è ridotto al luogo della storia biblica – mentre è notissimo che i monasteri sono centri importantissimi di storia dinastica post-antica e di agiografia (che è una forma di storia). Queste semplificazioni si devono all'interesse preponderante di Guenée per la storia antica, ma è innegabile che esse riflettano in qualche modo l'idea che solo gli autori pagani trasmettessero una vera conoscenza dell'antichità. Secondo lo storico francese, ciascun ambiente produce opere che hanno fini diversi o rilegge opere prodotte in altri ambienti adattandole ai propri fini. Nello svolgersi dell'indagine, egli metterà costantemente in discussione l'attribuzione dei *Faits* a uno di questi ambienti, e non solo ricordandone la permeabilità, ma anche ammettendo che i gusti di ambienti diversi potessero in qualche misura convergere e soprattutto che entro ciascuno di essi potessero esistere correnti locali anche significativamente divergenti che noi possiamo ricostruire solo in parte.

La seconda proposta concerne la ricezione e consiste nell'idea che i testimoni manoscritti possano essere usati come fonti di primo piano per individuare e ricostruire i luoghi e le circostanze delle sue fortune o sfortune nel corso dei secoli e che da questa operazione possano venire informazioni di primo piano per la storia culturale. Guenée segue i manoscritti dei *Faits* nella prima diffusione attestata: in ambiente pittavino, dove non troppo dopo il 1239 il testo è completato con degli annali dal forte colore locale, e a Roma, dove i *Faits* giungono intorno al 1266 in ambienti guelfi, probabilmente al seguito di Carlo d'Angiò – episodio con il quale si apre la storia italiana del testo.[124] Nella Francia del Nord il successo dei *Faits* è documentato dalle numerose citazioni e riusi in altre opere, ma la localizzazione

124. Su Bruxelles, KBR, 10168-10172, copiato a Roma, si veda G. Giannini, *Un guide français de Terre sainte, entre Orient Latin et Toscane occidentale*, Paris, Classiques Garnier, 2016, pp. 81-85, e ora Id., *Textes et manuscrits français dans la Rome pontificale*. Sui manoscritti di produzione angioina (Chantilly, Bibliothèque et archives du Château, 726 e Paris, BnF, fr. 295), si veda E. Williams, *Two Manuscripts of the* Faits des Romains *in Angevin Italy*, in «Italian Studies», 72 (2017), pp. 157-176. Sui testi che accompagnano e integrano i *Faits* nei manoscritti italiani, A. Marziali Peretti, *En marge de la tradition italienne des Faits des Romains: à propos de deux continuations traduites du latin*, dans *Rencontres, conflicts, échanges: l'éspace méditerranéen au Moyen Âge* [= «Memini. Travaux et documents», 25 (2019)].

precisa dei codici risulta generalmente difficile. Dopo aver seguito l'altra grande voga di ricezione dei *Faits*, quella trecentesca derivante dalle attività di promozione culturale di Carlo V, Guenée prosegue nel ricostruire la storia del testo nelle biblioteche principesche fino ai primi decenni del XVI secolo, alle porte del Rinascimento francese. Nei decenni successivi a questo studio la geografia della circolazione dei *Faits* si è ulteriormente ampliata, con la localizzazione di codici duecenteschi in Terrasanta e in Italia, precisamente entro la produzione detta "pisano-genovese".[125]

Al termine dello studio sulla fortuna dei *Faits*, Guenée ritorna sul momento della produzione. Il testo sarebbe stato composto in un ambiente universitario parigino influenzato dalla scuola di Orléans, e la loro circolazione sarebbe rimasta limitata a questo contesto fino alla discesa di Carlo d'Angiò in Italia. L'idea dell'influenza della scuola di Orléans si basa sull'evidenza dallo sfruttamento, per l'interpretazione di Lucano, del commento del maestro Arnolfo, vissuto nella seconda metà del XII secolo.[126] La localizzazione a Parigi dipende dalle allusioni alla topografia cittadina che si trovano nel testo.[127] L'ipotesi universitaria è una deduzione di secondo grado basata su questi dati e sulla cronologia della grande storia culturale, secondo la quale il primo riconoscimento e l'affermazione dello *studium* parigino avvengono nel corso dei primi tre decenni del Duecento. La sintesi di Guenée su questo punto va integrata con l'analisi di Mireille Chazan, pubblicata l'anno successivo, che si concentra sui modi di adattamento delle fonti latine da parte dell'autore dei *Faits*. Molte innovazioni che Flutre e Sneyders de Vogel avevano classificato come errori di traduzione e deformazioni fanno sistema nel qualificare i *Faits* come un'operazione di archeologia del valore dei popoli della Francia centrale (pittavini, *champenois*, *cil de la riviere de la Seinne*) ritratti senza le mancanze che le fonti gli attribuivano, ma in una resa assolutamente rispettosa dello spirito degli originali latini e mirata, prima di tutto, a veicolare la verità delle vicende di questi antenati.[128]

Guenée e Chazan hanno proposto una ricostruzione ricchissima e articolata, in cui un'opera nasce nelle scuole ma trova l'infrastruttura necessaria alla

125. I codici attribuiti agli *scriptoria* di Terrasanta sono due: Bruxelles, KBR, 10212, e Sankt-Peterburg, Rossijskaja nacional'naja biblioteka, fr. F. v. IV.6; si veda Minervini, *Les manuscrits français d'Outremer*, pp. 164-165. I codici attualmente ritenuti "pisano-genovesi" sono invece tre: Paris, BnF, fr. 726; Paris, BnF, fr. 23082 e Città del Vaticano, BAV, Vat. lat. 4792; si veda F. Fabbri, *Romanzi cortesi e prosa didattica a Genova alla fine del Duecento fra interscambi, coesistenze e nuove prospettive*, in «Studi di Storia dell'Arte», 23 (2012,) pp. 9-32, alle pp. 17-19, e F. Zinelli, *I codici francesi di Genova e Pisa: elementi per la definizione di una* scripta, in «Medioevo Romanzo», 39 (2015), pp. 82-127.

126. B. M. Marti, *Arnulfus and the* Faits des Romains, in «Modern Language Quarterly», 2 (1941), pp. 3-23.

127. Si veda *supra*, p. 64, n. 98.

128. M. Chazan, *Les traductions de la* Guerre des Gaules *et le sentiment national au Moyen Âge*, dans *L'historiographie en Occident du Ve au XVe siècle. Actes de VIIIe Congrès de la Société des historiens médiévistes de l'enseignement supérieur public (Tours, 10-12 juin 1977)*, dans «Annales de Bretagne et des pays de l'Ouest», 82 (1980), pp. 387-407, alle pp. 390-396, in particolare p. 392 (per il brano commentato si veda *Li fet des Romains*, éd. Flutre, Sneyders de Vogel, III, 1, 9).

sua diffusione libraria in una rete costituita da centri religiosi come da ambienti principeschi. La produzione del testo e la fase iniziale della circolazione si deve ai primi, ma la grande diffusione su ampia scala geografica avviene soprattutto per iniziativa e impulso dei secondi. In questa ricostruzione il momento della composizione dell'opera non è affatto svalutato rispetto a quello della ricezione, e anzi la loro integrazione apre delle prospettive molto promettenti (e ancora in gran parte inesplorate) circa i modi concreti e le ragioni delle interazioni culturali tra (autori) chierici e (ascoltatori o lettori) laici. Il saggio di Guenée, con la sua trasparenza metodologica, indica anche con chiarezza una strada per gli sviluppi futuri della ricerca sulla cultura francofona del Duecento: invita a ritornare sui *Faits* e a studiare testi simili avendo presente la permeabilità degli ambienti culturali, ma provando a individuare questi ambienti in modo meno astratto e non esclusivamente euristico.

Infine, è interessante notare il fatto che Guenée e Chazan non abbiano pensato di poter fare a meno di porsi domande difficili sulla produzione del testo. In questo erano in sintonia con il loro tempo: anche la contemporanea teoria di scuola tedesca considerava il piano della ricezione come utile a trarre deduzioni sulle intenzioni degli autori. Ma i due storici operano questa scelta con ben altra naturalezza, nella consapevolezza che enfatizzare l'autonomia della storia della ricezione rispetto alle domande circa gli originali può indurre a dimenticare che la storia della produzione studia oggetti diversi, collocati in posizioni storiche diverse, che documentano culture differenti da quelle responsabili della diffusione. Rinunciare a interrogarsi sulla composizione vuol dire rinunciare a conoscere questi oggetti, che sono ipotetici non in quanto oziose astrazioni, ma solo perché lo scorrere dei secoli ci ha privati della loro documentazione diretta. Il momento della produzione, per quanto difficile da attingere, corrisponde a un fatto concretamente verificatosi. Decidere di ignorare questo momento vuol dire, fondamentalmente, rinunciare a colmare una lacuna capitale. Nel caso della letteratura di matrice erudita del primo Duecento, poi, il fatto che la fortuna di queste opere sia attestata dalla fine del secolo e soprattutto in quello successivo – in epoche cioè in cui la cultura che ha prodotto questi testi era superata e la loro diffusione può essere stata, in alcuni contesti, una operazione di retroguardia – non toglie che al tempo della loro produzione esse potessero aver risposto in maniera innovativa a bisogni nuovi.

3. *Il caso Wauchier de Denain*

3.1. *L'ipotesi di Paul Meyer e gli studi successivi*

Nel 1903, ben diciotto anni dopo il suo primo studio dedicato all'*HAC* e ai *Faits*, Paul Meyer ha proposto di attribuire l'*HAC* a Wauchier de Denain, un autore della cui biografia nulla sappiamo e di cui conosciamo solo il nome, che compare in una serie di traduzioni agiografiche.[129] L'attribuzione di Meyer è stata largamente accettata e anche posta alla base di ipotesi ulteriori. Nel valutare questa tesi attributiva è importante fissare dei punti fermi. In primo luogo, non si tratta di un'attribuzione proposta con leggerezza: Meyer la avanza dopo molti anni dal suo primo studio dell'*HAC*, certamente sulla base di una forte impressione, tanto più significativa perché egli *non* era, per sua normale tendenza, un attribuzionista. Molta erudizione dedicata all'antico francese a lui precedente, spesso mossa da interessi locali, lo era stata molto (talvolta, per la nostra percezione, anche spericolatamente).[130] Il ritegno attributivo esercitato normalmente da Meyer non è neutro, ma è una presa di posizione implicita contro pratiche precedenti. La sua attribuzione dell'*HAC* è meritevole quindi di essere trattata con la più assoluta serietà. D'altra parte, nei lavori di Meyer la proposta non ha mai superato il livello dell'ipotesi di lavoro. In questo paragrafo ripercorrerò i suoi argomenti e con essi le nostre conoscenze sulla figura di Wauchier, discuterò gli sviluppi della questione nella bibliografia novecentesca e recente, e infine spiegherò il senso della mia posizione circa l'attribuzione. Anticipo fin da ora che a mio parere questa ipotesi è molto probabile; la sua promozione a fatto in sede argomentativa è però sconsigliabile allo stato attuale delle nostre conoscenze perché produce delle conseguenze molto negative sull'interpretazione di tutte le opere coinvolte.

La struttura dell'argomentazione di Meyer è la seguente: (a) attribuzione a Wauchier di un *corpus* agiografico contenuto nel codice Carpentras, Bibliothèque municipale "L'Inguimbertine", 473; in questa raccolta il nome di Wauchier si trova in una traduzione parziale dei *Dialogi* di Gregorio Magno; (b) attribuzione di opere ulteriori, non attestate nel codice di Carpentras, una delle quali (la traduzione dei *Dialogi* di Sulpicio Severo su san Martino) contiene il nome dell'autore; (c) verosimiglianza dell'attribuzione dell'*HAC*;[131] (d) identificazione del Wauchier agiografo con l'autore della seconda continuazione del *Conte du Graal* di Chrétien de Troyes.

Vediamo più da vicino quali sono gli argomenti e le deduzioni di Meyer e di chi ha ampliato le sue tesi per ognuno dei passaggi implicati:

(a) Il codice di Carpentras è composito; la prima parte (cc. 1r-138r) contiene una raccolta di testi brevi; la seconda (cc. 139r-201r) contiene la versione francese del *Barlaam et Josaphat*. Secondo Meyer le due sezioni vanno considerate come

129. P. Meyer, *Wauchier de Denain*, dans «Romania», 32 (1903), pp. 583-586, e Id., *Versions en prose des Vies des péres*, dans *Histoire littéraire de la France*, XXXIII, Paris, Imprimerie Nationale, 1906, pp. 254-328, in particolare pp. 289-292.

130. Una pratica normale era quella di attribuire all'unico nome di autore attestato (o a uno dei pochi) in miscellanee manoscritte tutte le opere che esse contenevano. Numerosi esempi di questo e altri modi per estendere i *corpora* autoriali e fissare delle geografie letterarie si trovano per esempio in G. de La Rue, *Essais historiques sur les bardes, les jongleurs et les trouvères normands et anglonormands*, 3 voll., Caen, Mancle, 1834, e A. Dinaux, *Trouvères, jongleurs et ménestrels du nord de la France et du midi de la Belgique*, 5 voll., Paris, Techener, 1836-1863.

131. «Il est vraisemblable aussi que c'est lui qui a rédigé pour un châtelain de Lille appelé Roger, la compilation d'histoire ancienne que j'ai analysée dans un précédent mémoire» (Meyer, *Wauchier de Denain*, p. 585).

due volumi separati legati insieme in un secondo momento.[132] La prima parte contiene nove opere, di cui otto sono traduzioni agiografiche in prosa francese: (1) la *Vie de saint Paul l'ermite*, tratta dalla versione di Girolamo (BHL 6596); (2) la *Vie de saint Antoine, abbé*, tratta dalla traduzione latina di Evagrio della versione greca di Atanasio, mutila alla fine (BHL 609); (3) la *Vie de saint Hilarion, abbé*, tratta dalla versione di Girolamo, mutila al principio (BHL 3879); (4) la *Vie de saint Malchus, le moine captif*, tratta dalla versione di Girolamo (BHL 5190); (5) la *Vie de Paul le simple, ermite*, tratta *dell'Historia monachorum* di Rufino di Aquileia (BHL 6594); (6) la traduzione dei libri I e III dei *Dialogi* di Gregorio Magno; (7) una traduzione quasi completa dell'*Historia Monachorum* di Rufino di Aquileia (BHL 6524); (8) i *Verba seniorum* dello pseudo-Rufino di Aquileia (BHL 6525).[133] L'ultima opera contenuta nella prima parte è la *Conception Nostre Dame* di Wace, in ottosillabi, copiata da una mano differente rispetto ai testi in prosa e quindi da considerarsi un'aggiunta successiva estranea al progetto codicologico originale.

Il testo (1) è preceduto da un prologo generale che informa su come la traduzione sia stata condotta su richiesta di Filippo di Namur, «qui fu fil Baudoïn, le bon conte de Flandres et de Haino, [et] la bonne contesse Margarite».[134] Un secondo intervento autoriale, che funge da raccordo tra le vite degli eremiti egiziani e quelle degli eremiti italiani, si legge all'inizio del testo (6); un terzo marca il ritorno all'argomento egiziano all'inizio del testo (7).[135] Wauchier si nomina in una sezione in versi dei *Dialogi*:

Lor [*id est* degli avari] ovre amere est plus que suie,
Por ce le parler m'en annuie;
Mais ensivir me convient l'estoire,
Si con je le trus en saint Grigoire.

132. Dello stesso parere anche E. Burgio, *Schede bibliografiche sulla tradizione delle versioni anticofrancesi dei* Dialogi *di Gregorio Magno*, in *Dialogi di Gregorio Magno. Tradizione del testo e antiche traduzioni*, Atti del II incontro di studi del Comitato per le celebrazioni del XIV centenario della morte di Gregorio Magno [...] (Firenze, 21-22 novembre 2003), a cura di P. Chiesa, Firenze-Impruneta, SISMEL - Edizioni del Galluzzo, 2006, pp. 82-125, cui si rimanda anche per la descrizione della prima parte e lo studio della raccolta alle pp. 91-93. Per la descrizione della seconda parte del volume si veda *Le roman de Barlaam et Josaphat*, éd. par J. Sonet, 2 voll., Namur-Paris, Bibliothèque de la Faculté de Philosophie et Lettres-Vrin, 1949-1950, I, pp. 178-179.

133. Di queste traduzioni, (5) e (7) sono edite in *L'Histoire des moines d'Égypte, suivie de la Vie de saint Paul le Simple*, éd. M. Szkilnik, Genève, Droz, 1993; (1)-(5) in E. Aujard-Catot, *Wauchier de Denain, Vies des pères du désert (édition du manuscrit 473 de la Bibliothèque Inguimbertine de Carpentras)*, thèse de doctorat, Université de Provence 1981. Tranne l'ottava, tutte sono attestate anche in altri codici; per una lista dei testimoni aggiornata si veda DEAFBibl*él* (alla voce PèresPr11/2...).

134. Meyer, *Versions en prose*, p. 261. Secondo Meyer, la morte di Filippo nel 1212 rappresenterebbe il *terminus ad quem* della raccolta; ma B. Woledge, *Un emploi du verbe être en ancien français:* fustes fiz Boeve *'vous êtes fils de Beuve'*, dans *Mélanges de linguistique romane et de philologie médiévale offerts à Maurice Delbouille*, sous la dir. de J. Renson, M. Tyssens, 2 voll., Gembloux, Duculot, 1964, II, pp. 749-756, ha dimostrato che l'uso del passato in questa formula non implica che il personaggio di cui si parla sia morto (p. 754, per la discussione del passo di Wauchier).

135. I tre interventi autoriali sono editi in Meyer, *Versions en prose*, pp. 260-262, 270 e 272.

Et je sui Wauchiers de Denaing,
Qui voldroie que un tel baing
Lor donast Diex que l'avarice
laissassent, et [a] genteilisce
se tornassent et a largesce;
Ce seroit droiture et proesce. (vv. 19-28)[136]

La presenza dei tre raccordi, che segnano l'integrazione della materia italiana in quella egiziana e marcano il cambio di fonte, è la prova della coesione del *corpus* del codice di Carpentras. La raccolta presenta poi delle uniformità importanti nel modo in cui i testi latini sono tradotti – senza interpolazioni significative, ma con tutti gli adattamenti necessari a una comprensione più immediata (tra cui compendi, tagli, e "livellamento" dell'alterità culturale). Tutto il complesso di testi (che, lo ricordiamo, anticamente formavano anche un'unità-libro isolata) può essere attribuito senz'altro a Wauchier de Denain.[137] I paragrafi in versi si trovano solo nei testi (7)-(8), e forse segnano un'evoluzione nello stile di Wauchier. Questo naturalmente se si ammette che l'ordine in cui le traduzioni sono state eseguite sia quello nel quale le troviamo nel codice di Carpentras, cosa probabile vista la discontinuità dei contenuti (prima vite egiziane, poi vite italiane, poi di nuovo vite egiziane) che suggeriscono una composizione condotta aumentando la traduzione di una prima fonte (le vite egiziane) con l'interpolazione di una seconda (le vite italiane). Questa raccolta è nota agli studi anche con il titolo di *Vies des sainz peres* (tratta dal prologo del manoscritto di Carprentras).

(b) Meyer aggiunge al *corpus* agiografico di Wauchier altri cinque testi: (9) la *Vie de saint Jérome* (BHL 3871); (10) la *Vie de saint Benoit*, tratta dal libro II dei *Dialogi* di Gregorio Magno (BHL 1102); (11) la *Vie de saint Martin* tratta da Sulpicio Severo (BHL 5610, 5611 e 5613) e aumentata con materiali tratti da Gregorio di Tours (BHL 5619-5623); (12) la *Vie de saint Brice* tratta dall'*Historia Francorum* di Grerorio di Tours (BHL 1452); (13) la traduzione dei *Dialogi* su san Martino di Sulpicio Severo (BHL 5614-5616). I testi (9)-(12) sono attestati insieme, e spesso secondo il medesimo ordine, in numerosi codici.[138] Nei testi (9) e (10) si leggono paragrafi in versi del tutto simili a quelli dei testi del codice di Carpentras. In uno di questi, nel testo (9), ci si rivolge a un *cuens* non meglio specificato.[139] In tre codici la sequenza dei testi (11)-(12) è interrotta dal testo

136. Ivi, p. 271. Recepisco la correzione al v. 25 di *quen* del codice in *que un*. Meyer suggerisce inoltre i seguenti emendamenti: 21 soppressione di *me*; 22 *je le*] *jel*. Il brano è edito anche in M. Szkilnik, *Écrire en vers, écrire en prose. Le choix de Wauchier de Denain*, dans «Romania», 107 (1986), pp. 209-230, pp. 221-222, che diverge su alcune letture del codice.

137. Meyer, *Versions en prose*, pp. 258-278.

138. Ivi, pp. 279-280. Per una lista dei testimoni aggiornata si veda DEAFBibl*él* e JONAS.

139. «En moine a plus de larrecins / Qu'en usurier de fauseté. / Et se li cuens la verité / Savoit de lor cuers les felons, / Ja ne seroit li ans si lons / Que por eus feist nule rien...» (Meyer, *Versions en prose*, p. 281).

(13).[140] Un paragrafo in versi contenuto in quest'ultimo testo contiene la firma di Wauchier, un riferimento esplicito al signore di Namur e la rivendicazione dell'autorialità dei testi (11) e (12).[141]

Per riassumere, quindi, la serie di testi (1)-(8) da un lato, attestata nel codice di Carpentras, e la serie (11)-(13) dall'altro formano due gruppi coesi (il primo grazie ai tre prologhi, il secondo grazie al passaggio in versi appena menzionato). In entrambe le serie è attestato il nome di Wauchier, e in esse una fonte di primo piano, i *Dialogi* di Gregorio Magno, è utilizzata secondo modalità complementari (libri I e III nella serie di Carpentras, libro II nella seconda serie). Si tratta di argomenti solidissimi a favore della comune autorialità di (1)-(8) e (11)-(13). I testi (9) e (10) sono aggregati al *corpus* in base alla frequenza dell'attestazione congiunta a (11)-(13) e alla presenza in essi di inserti in versi.[142] Il *cuens* nominato nel testo (9) è molto probabilmente da identificare con Filippo di Namur, in questo caso sicuramente vivente.[143]

(b^{i}) In seguito, John J. Thompson ha proposto di allargare ulteriormente il *corpus* di Wauchier attribuendogli quattro altre vite che, insieme alla serie (9)-(13), costituiscono il primo blocco di vite che compare nel *Légendier C*, un'ampia compilazione agiografica identificata da Paul Meyer.[144] Le vite aggiunte al *corpus* sono: (14) la *Vie seint Gilles* (BHL 93); (15) la *Vie seint Marciau de Lymoges* (BHL 5552);[145] (16) la *Vie seint Nicholas* (BHL 6014-6106) seguita da racconti di vari miracoli e da quello

140. London, BL, Royal 20. D. VI; Paris, BnF, fr. 411; Paris, BnF, fr. 412.

141. Il testo è corrotto, ma comprensibile per quello che ci interessa qui: «Or vos ai l'uevre consommee / Des miracles de saint Martin, / Si com jes trovai en latin, / Que Severus fist et treta. / Mès Gauchiers, qi les translata / En romanz, avant nos raconte / .... / De Namur son signor / Avant la vie de seint Brice sans sejor / Qui fu esleüz .... / A archevesque del païs / Après la mort de ce seint home / Dont contée vous ai la some» (ivi, p. 286).

142. Ivi, pp. 278-288.

143. Ivi, p. 291. Per il *corpus* stabilito da Meyer si veda anche Woledge, Clive, *Répertoire*, pp. 125-129.

144. J. J. Thompson, *The Recent Discovery of a Collection in Early French Prose: Wauchier de Denain's* Li seint confessor, in «Romance Notes», 38 (1998), pp. 121-132, e Wauchier de Denain, *La vie mon seigneur seint Nicholas le beneoit confessor*, éd. par J. J. Thompson, Genève, Droz, 1999, pp. 18-39. Le ricerche da cui derivano queste conclusioni sono esposte integralmente in J. J. Thompson, *From the Translator's Worktable to the Predicator's Lectern. The Work of a Thirteenth-Century Author, Wauchier de Denain*, PhD dissertation, Yale University, 1993. Sulla classificazione dei leggendarî francesi si veda Meyer, *Légendes hagiographiques en français*, dans *Histoire littéraire de la France*, XXXIII, pp. 328-458. Per l'impostazione di una revisione della ricostruzione di Meyer si veda F. Zinelli, *Au carrefour des traditions italiennes et méditerranéennes. Un légendier français et ses rapports avec l'Histoire ancienne jusqu'à César et les Faits des romains*, dans *L'agiografia volgare. Tradizioni di testi, motivi e linguaggi*, sous la dir. de E. de Roberto, R. Wilhelm, Heidelberg, Winter, pp. 63-131, in particolare pp. 67-72, e, su prospettive diverse (stilometria a fini attributivi) A. Pinche, J.-B. Camps, T. Clérice, *Stylometry for Noisy Medieval Data: Evaluating Paul Meyer's Hagiographic Hypothesis*, in *Digital Humanities Conference 2019 - DH2019, ADHO*, Utrecht, July 2019.

145. Edita in Wauchier de Denain, *La vie seint Marcel de Lymoges*, éd. par M. Lynde-Recchia, Genève, Droz, 2005.

della traslazione (BHL 6183-6185);[146] (17) la *Vie seint Alexis* (BHL 288).[147] L'argomento per l'inclusione dei testi (15) e (16) è la presenza, in essi, di inserzioni in versi. Nel caso di (15), Thompson individua il nome di Wauchier all'interno di una di esse.[148] In (17) si legge un proverbio in rima all'interno di una divagazione morale contro l'avarizia rivolta (secondo uno stilema ben familiare a Wauchier) al destinatario dell'opera; questo testo si chiude con un epilogo autoriale che richiama l'esemplarità delle vite.[149] Nel caso di (14) le somiglianze stilistiche riguardano soprattutto la prosa. L'argomento principale per l'attribuzione a Wauchier dell'intero gruppo concerne però il rapporto tra i testi francesi e le fonti. Lo studioso americano valorizza la testimonianza dei codici che contengono la serie (11)-(13)-(12), nei quali cioè la vita di Martino di Tours è seguita dalla traduzione dei *Dialogi* su Martino di Sulpicio Severo e dalla *Vie de seint Brice* (il successero di Martino sulla cattedra di Tours), ovvero: London, BL, Royal 20.D.VI; Paris, BnF, fr. 411 e fr. 412. Si tratta dei tre testimoni del *Légendier C*, che sono anche gli unici manoscritti a trasmettere i *Dialogi*. Non solo in questi codici il *dossier* martiniano è il più completo, ma l'ordinamento delle opere che lo compongono rispecchia quello attestato in almeno un codice latino contenente il *corpus* agiografico dedicato al vescovo di Tours.[150] Inoltre, il *Légendier C* è l'unica grande raccolta agiografica a contenere tutte le vite firmate e attribuite a Wauchier in forma non abbreviata. A dispetto della relativa recenziorità dei tre testimoni che trasmettono questo leggendario, gli argomenti addotti da Thompson sono molto solidi e permettono di attribuire a Wauchier una serie formata e ordinata come segue: *Martin* (11) + *Dialogi* (13), *Brice* (12), *Gilles* (14), *Marciau* (15), *Nicholas* (16), *Jérome* (9), *Benoit* (10), *Alexis* (17). Questa raccolta viene denominata da Thompson *Les seint confessor*. La validità dell'ipotesi relativa all'antichità della lezione del *Légendier C* è stata confermata anche dall'esame della tradizione di *Marciau* (15), intessuto di inserti latini che in questi codici risultano molto meglio conservati che negli altri testimoni, al pari dei paragrafi in versi.[151]

(b[ii]) Un altro testo, (18) la *Vie de sainte Marthe* (BHL 5546), la cui attestazione nei manoscritti non coincide con quella delle altre vite, era stato aggiunto al *corpus* da Meyer sulla base della presenza di un lungo prologo in versi ottosillabi del tutto simile alle inserzioni che troviamo nelle opere firmate e attribuite. Sem-

146. Edita in Wauchier de Denain, *La vie mon seigneur seint Nicholas*, éd. Thompson.

147. Edita in *Die Altfranzösische Prosaversion des Alexiuslegende*, hrsg. von E. Lutsch, Berlin, Trenkel, 1913.

148. «Ce dist Gauchiers, par seint Ylaire, / Que ja n'avront por lor amis / Noient plus c'autres avront mis», cfr. Wauchier de Denain, *La vie seint Marcel*, éd. Lynde-Recchia, p. 74.

149. Id., *La vie mon seigneur seint Nicholas*, éd. Thompson, p. 31, n. 43. L'epilogo è edito in Thompson, *The Recent Discovery of a Collection*, pp. 135-136.

150. Detto *Martinellus*, attestato sia isolato sia in leggendari latini più ampi. Il codice latino, proveniente da Saint-Hubert nelle Ardenne, che attesta lo stesso ordinamento del *Légendier C* è segnalato in: *Catalogus codicum hagiographicorum in bibliothecis publicis Namurci, Gandae, Leodii et Montibus asservatorum, ampla documentorum appendice instructus*, Bruxelles, Société des Bollandistes, 1948, p. 19; Wauchier de Denain, *La vie mon seigneur seint Nicholas* , éd. Thompson, p. 26, n. 32; e Thompson, *The Recent Discovery of a Collection*, p. 125, n. 13.

151. Wauchier de Denain, *La vie seint Marcel*, éd. Lynde-Recchia, p. 29.

pre nel prologo, la vita viene dedicata a una *dame* figlia di un conte e imperatore di Costantinopoli. Baldovino, VI conte di Hainaut e IX conte delle Fiandre, primo del suo nome come imperatore, morto nel 1206, aveva lasciato il titolo alla figlia Giovanna, che lo manterrà fino alla morte nel 1244, quando le succederà la sorella minore Margherita. Meyer riteneva che la vita di Marta dovesse essere dedicata a una *dame* che deteneva beni e funzioni, e la identificava con Giovanna dopo il 1211, anno nel quale ella si emancipò dalla tutela di Filippo Augusto.[152] Baldovino, non è inutile precisarlo, era fratello di Filippo di Namur, al cui nome insieme a quello dei genitori è legata la raccolta di Carpentras nel primo prologo.

(c) L'attribuzione dell'*HAC* all'autore delle vite di santi è proposta sulla base delle somiglianze tra gli inserti in versi di queste e quelli della compilazione storica. È utile, su questo specifico punto, riportare per esteso la valutazione di Meyer:

> L'auteur anonyme de cette composition aime, comme Wauchier, à joindre à certains de ses récits des réflexions morales rédigées en vers octosyllabiques. Ces vers ne présentent rien de bien caractéristique et la valeur poétique en est médiocre, en quoi ils ne se distinguent guère de ceux que nous avons rapportés dans les pages précédents [*id est* quelli tratti dalle opere agiografiche]. On y trouve aussi, comme chez Wauchier, des exhortations à fuir le péché et à vivre saintement, fondées sur la pensée de la mort, et en même temps une tendance à blâmer la vie des nobles et notamment leur vanité et leur avarice. Ce sont là des lieux communs, qui, en l'absence de preuves positives, ne nous permettent pas d'aller au delà d'une hypothèse.[153]

Negli studi successivi sono stati reperiti ulteriori argomenti – sempre indiziari – che indicano analogie tra il mondo di Wauchier e quello dell'autore dell'*HAC*. Sono state rilevate numerose somiglianze di temi e toni tra i paragrafi in versi contenuti nelle diverse opere agiografiche – somiglianze che esistono, ma di cui gli interpreti più recenti hanno a volte trascurato di sottolineare il carattere topico, a differenza di quanto faceva Meyer.[154] Inoltre, sono state valorizzate possibili allusioni agli stessi personaggi contemporanei (o semi-contemporanei): è il caso del riferimento, nel contesto dello sviluppo del tema classico circa l'oblio in cui i potenti cadono dopo la morte che si legge in *HAC*, § 850 (GB § 93), alle figure di Baldovino I imperatore di Costantinopoli, fratello di Filippo di Namur (e padre della dedicataria della *Vie de sainte Marthe*), e soprattutto alla di lui madre Margherita di Fiandra, che era menzionata accanto a Filippo nel prologo della *Vie de saint Paul l'ermite* insieme al marito Baldovino V di Hainaut.[155]

152. Meyer, *Versions en prose*, pp. 288-289 e 291.

153. Ivi, pp. 289-290.

154. Per esempio quelle tra le due invettive contro i cistercensi che si leggono rispettivamente nella traduzione dei *Verba seniorum* e in *HAC*, § 1007, per cui si veda Szkilnik, *Écrire en vers*, pp. 215-221. Numerosi altri paralleli (questa volta tra *HAC* e *corpus* esteso da Thompson) sono segnalati in M. Lynde-Recchia, *The* Histoire ancienne jusqu'à César, *the* Vie de seint Marciau, *and Wauchier de Denain*, in «Romania», 116 (1998), pp. 431-480.

155. Si veda Szkilnik, *Écrire en vers*, p. 217. Per una sintesi degli argomenti posteriori a Meyer, si veda *Histoire ancienne jusqu'à César (Estoires Rogier)*, éd. M. de Visser-van Terwisga, II, pp. 217-220.

(d) Infine, l'attribuzione a Wauchier della seconda continuazione del *Conte du Graal* di Chrétien de Troyes passa dall'equivalenza onomastica con chi ha firmato questo testo: il nome è spesso deformato nei testimoni, ma la lezione più accreditata da Meyer, *Gauchier de Donaing*, corrisponde al nome dell'autore agiografico (con *Donaing* forma arcaica per *Denain* da *Donicum*). Meyer nota anche che questa continuazione, rimasta incompiuta, venne a sua volta proseguita su richiesta della contessa Giovanna di Fiandra, la stessa probabilmente implicata nella *Vie de sainte Marthe*.[156]

3.2. *Per la ricostruzione di un autore*

Una volta riesaminate le ricostruzioni di Meyer e Thompson emerge con chiarezza che quello che manca per attribuire l'*HAC* a Wauchier è la "pistola fumante": nel caso dei racconti agiografici, essa era rappresentata dalla presenza del nome dell'autore, dall'attestazione delle vite nei medesimi codici e dalla congruenza di genere e nello stile. Uno solo di questi argomenti, il nome dell'autore, è presente nella seconda continuazione del *Conte du Graal*, tipologicamente il testo più distante dagli altri, eppure legato al *corpus* dal più forte degli argomenti possibili. Nulla di tutto ciò è presente nell'*HAC*. Ciò non vuol dire che la proposta di Meyer non sia valida: più pesante ancora degli argomenti indiziari citati sopra è il fatto che esistono evidenti somiglianze nel tipo di cultura catechetica che emerge dalle vite come dai paragrafi morali dell'*HAC*, nel modo di rivolgersi all'uditorio e nei contenuti di queste allocuzioni, nella libertà di trattare le fonti e nell'abitudine a comporre e compilare i materiali innovando anche sensibilmente dal punto di vista della macro-struttura dei testi latini di riferimento, combinandoli e riorganizzando i materiali. Chiunque conosca, per averle lette, le vite di Wauchier e l'*HAC* non può evitare di sottrarsi all'idea che le somiglianze ci siano e siano fortissime.[157] Altri elementi, di tipo ideologico e strutturale, emergeranno nel corso dei prossimi capitoli.

D'altra parte, è anche consigliabile trattare con cautela questa attribuzione, ovvero non affidarsi eccessivamente a essa come se potesse rappresentare un

156. Meyer, *Versions en prose*, p. 290. Successivamente alla proposta di Meyer l'attribuzione della seconda continuazione è stata messa in discussione; è stata poi ristabilita (senza nuovi argomenti, ma sottolineando la forza di quello di Meyer) da C. Corley, *Wauchier de Denain et la deuxième continuation de Perceval*, dans «Romania», 105 (1984), pp. 351-359. Per un punto di vista e una bibliografia aggiornata sulla continuazione si veda M. Gaggero, *La place de la Deuxième Continuation dans le cycle en vers du Conte du Graal et dans l'œuvre de Wauchier de Denain*, in *Wauchier de Denain, polygraphe du XIIIe siècle*, sous la dir. de S. Douchet, Aix-Marseille, Presses Universitaires de Provence, 2015, pp. 135-153. Per una coincidenza lessicale interessante tra l'*HAC* e la *Deuxième Continuation* (*maminot* di § 958, vv. 2, 16 e 17, glossato come "i cavalieri che non hanno ancora mostrato il loro valore") si veda G. Roques, rec. *Histoire ancienne jusqu'à César (Estoires Rogier)*, éd. par M. de Visser-van Terwisga, dans «Revue de linguistique romane», 65 (2001), pp. 285-286, in particolare p. 258.

157. Di questa opinione è anche A. Varvaro, *Le corti anglo-normanne e francesi*, in *Lo spazio letterario del Medioevo, Il Medioevo volgare, La produzione del testo*, II, a cura di P. Boitani, M. Mancini, A. Varvaro, Roma, Salerno, 2001, pp. 253-301, in particolare pp. 294-297.

punto fermo. Questo non solo perché si tratta di un'ipotesi, ma anche perché le deduzioni che se ne possono trarre comportano delle conseguenze operative di non poco peso e che sarebbe meglio evitare. Allo stato attuale delle nostre conoscenze, Wauchier è un puro nome: di lui non possediamo una biografia, e quindi ogni supposizione circa la cronologia delle opere e un loro disegno complessivo è destinata a rimanere inverificabile.[158] A seguito dell'attribuzione dell'*HAC* a Wauchier si è assistito a una tendenza a circoscrivere il mondo intellettuale dell'autore dell'*HAC* (ma anche di quello delle vite di santi) nel campo ristretto delimitato dagli elementi che sono alla base dell'identificazione: il moralismo e soprattutto i rapporti con la nobiltà fiamminga del primo XIII secolo. Il fatto che la figura di Wauchier sia stata costruita su questi elementi ha fatto sì che le sue opere (certe e attribuite) venissero lette principalmente come veicoli per una catechesi o per una propaganda di corte: una chiave che, escludendo dal discorso storico la dimensione intellettuale del suo lavoro a favore della dimensione pragmatica, impedisce di trattarle come delle fonti per la storia culturale. Al contrario, la lettura dei testi permette di presentare un quadro molto più mosso e ampio, la cui geografia ha ben altre dimensioni e i cui legami con la cultura delle generazioni precedenti a quella di Wauchier sono solidi e significativi. Lo studio dell'*HAC* mostrerà come la sua composizione sia stata il prodotto di impulsi che provenivano da tradizioni anche molto diverse e che hanno agito sul medio periodo e su una dimensione geografica ampia. L'autore della grande narrativa storica, che sia Wauchier oppure un anonimo che con Wauchier aveva tanto in comune, è stato un attore integrato in un processo culturale e intellettuale complesso; se questo processo non viene indagato, il suo rimane un puro nome o un puro non-nome, che non apporta nessun elemento significativo alla comprensione della sua epoca.

Dal nostro punto di vista, uno degli elementi più interessanti che accomuna l'*HAC* e l'opera di Wauchier de Denain è il degrado che caratterizza i testi per come ci sono giunti. Il primo a notarlo è stato Paul Meyer, e i lavori di Thompson e di Lynde-Recchia, incentrati su vite di santi per le quali non disponiamo di testimonianze antiche come quella del codice di Carpentras, hanno confermato questo stato di cose. Sia nel caso dell'*HAC* che in quello delle vite, si tratta di opere mal recepite dalla tradizione manoscritta conservata, caratterizzate da tratti percepiti come desueti al tempo in cui sono stati copiati gli archetipi dei nostri testimoni. Se nel caso delle legende agiografiche è chiaro che la loro conservazione e diffusione è stata facilitata dall'inclusione in raccolte più ampie, in quello dell'*HAC* questo tipo di spiegazione è impossibile, e siamo obbligati a interrogarci su come un testo di vecchia concezione stilistica abbia potuto continuare a interessare così tanto e così a lungo.

158. Sulla cronologia relativa si veda F. Lot, rec. J. Frappier, *Étude sur la Mort le roi Artu*, p. 121. Più recentemente è stata avanzata l'ipotesi che le raccolte agiografiche potrebbero rappresentare una continuazione ideale dell'*HAC*, nel cui prologo si annuncia una storia dei martiri; si veda Szkilnik, *Écrire en vers*, p. 217 e F. Laurent, *Wauchier de Denain. De l'historiographie à l'hagiographie, l'histoire d'une continuation*, dans *Wauchier de Denain, polygraphe du XIIIe siècle*, sous la dir. de S. Douchet, Aix-Marseille, Presses Universitaires de Provence, 2015, pp. 15-28, a p. 15.

La risposta a questi interrogativi si trova nei testi stessi, cioè nel divario informativo e formale tra l'*HAC* e la produzione francese a essa precedente o contemporanea. L'analisi di questo testo e della sua tradizione che condurrò nei prossimi capitoli serve ad andare oltre le etichette classificatorie correnti, che la ingabbiano in un contesto cortigiano e in finalità moralistiche, e a provare ad attingere l'elemento di libertà intellettuale che ha giocato un ruolo nella sua concezione e produzione. Se il suo autore deve essere identificato con Wauchier de Denain – cosa, questa, che a me pare molto probabile – lo studio in questa chiave dell'*HAC* sarà solo il primo mattone per la ricostruzione di una figura autoriale complessa e integrata nella cultura della sua epoca.

2. Strutture, genesi e contesto

> If non-literary factors could indeed dictate the form of works of literature, why should these necessarily be political rather than, for example, intellectual?
>
> Ian Short (1997)

1. *L'*Histoire ancienne jusqu'à César *come discorso*

La critica moderna che si è esercitata sull'*HAC* ha sottolineato le particolarità del suo stile, una prosa narrativa non soltanto inframezzata di passi morali in versi ma anche ricca al suo interno di tratti discorsivi che mimano ed evocano la *performance* orale: gli interventi del narratore alla prima persona singolare, le numerose allocuzioni agli ascoltatori, le ripetizioni formulari. Paul Meyer, che è stato il primo a sottolineare questi aspetti, li aveva interpretati come tracce testuali della destinazione del testo a essere letto ad alta voce e aveva notato come queste tendessero a diradarsi nella maggior parte dei manoscritti conservati. Considerando i tratti oralistici anche alla luce della loro assenza nei *Faits*, Meyer non li interpretava necessariamente come arcaici o arcaizzanti; al contrario, li riconduceva ai modi di diffusione (appunto, la lettura ad alta voce) e al pubblico di riferimento (laico, abituato a fruire delle canzoni di gesta e dei romanzi in versi). Implicitamente, quindi, Meyer distingueva nelle due più antiche compilazioni due diversi modi dell'antica prosa francese: quello dei *Faits* in cui probabilmente il giudizio di maggiore letterarietà va letto nel senso di una vocazione più spiccata a vivere nella trasmissione scritta e nella lettura solitaria; e quello dell'*HAC*, pensata per essere fruita pubblicamente e collettivamente.[1] Negli studi successivi una tipologia specifica di tratto oralistico, i paragrafi in versi, hanno attirato un'attenzione particolare: i loro contenuti morali e catechetici sono stati considerati la chiave di volta per intendere i fini dell'autore dell'*HAC* e la sua concezione della materia;

1. Meyer, *Les premières compilations*, pp. 36 e 58. Sulla prosa nell'*HAC* e nei *Faits* si veda anche C. Croizy-Naquet, *Écrire l'histoire romaine au début du XIIIe siècle. L'Histoire ancienne jusqu'à César et les Faits des Romains*, Paris, Champion, 1999.

in alcuni casi, questo ha portato a interpretare anche l'*HAC* nel suo complesso come una storia moralizzata.[2]

Le moralizzazioni (quelle in versi e anche qualcuna, sporadica, in prosa) rappresentano una porzione molto limitata dell'estensione dell'opera (i paragrafi in versi sono solo 20 su 1252). Il loro contributo all'interpretazione dell'*HAC* è però prezioso: esse contengono una auto-rappresentazione del narratore, alcune delle dichiarazioni autoriali più rilevanti e una serie di riferimenti alla realtà contemporanea e all'attualità che permettono di collocare l'opera dentro un contesto sociale abbastanza preciso. Ma la valutazione di tutti questi elementi deve passare necessariamente dallo studio dell'*HAC* come un'opera organica ed esplorare le funzioni di *tutte* le forme discorsive impiegate dall'autore, al fine di individuare la gerarchia argomentativa che regola i rapporti tra la narrazione e le moralizzazioni, comprendere la logica del discorso morale, definire meglio il rapporto etica e storia nella concezione dell'autore dell'*HAC*.[3]

La maggior parte dei copisti dell'*HAC* ha giudicato superflui i paragrafi in versi e li ha eliminati. Questa dinamica, diffusa nella tradizione anche su rami indipendenti, è il riflesso non tanto di fatti pratici legati alle competenze degli scribi – qualcuno poteva non avere familiarità con gli ottosillabi, ma questa non doveva essere la norma – ma piuttosto di valutazioni: già all'altezza della più antica diffusione manoscritta del testo i contenuti di questi paragrafi dovevano essere ritenuti privi di interesse e di reale funzione e la prosa era fruibile del tutto indipendentemente da essi. La prosa corrisponde a un livello discorsivo che potremmo definire "primario": quello in cui vengono veicolati i contenuti informativi che costituiscono l'insegnamento dell'autore e quello entro il quale egli realizza il suo progetto intellettuale. È su questo piano che egli compie un'operazione innovativa divulgando in modi accessibili il sapere storico latino ed è questa la parte della sua opera che avrà una ampia fortuna. I versi invece corrispondono a un livello "secondario" che compone una cornice, una sorta di prefazione diffusa. In questa cornice l'autore fornisce informazioni concrete sulle sue concezioni e i suoi intenti; inoltre, ha modo di enunciare la sua visione etica e di descrivere i comportamenti che egli reputa utili al mantenimento dell'ordine e della pace. La cornice in versi permetteva inoltre ai primi lettori e ascoltatori (quelli per i quali il testo era stato originariamente pensato dall'autore) un accesso graduale e morbido alla prosa storica di argomento veterotestamentario e pagano; per questo primo pubblico non solo alcuni aspetti della materia, ma anche la taglia del testo e la sua fedeltà alle fonti potevano essere elementi nuovi e disorientanti. Il rapporto tra discorso storico e moralizzazioni nell'*HAC* era dunque ambivalente:

2. Per esempio da R. Blumenfeld-Kosinski, *Moralization and History: Verse and Prose in the* Histoire ancienne jusqu'à César *(in B.N.f. fr. 20125)*, in «Zeitschrift für Romanische Philologie», 97 (1981), pp. 41-46.

3. Alcune riflessioni preliminari sui temi che affronterò qui sono state anticipate in M. T. Rachetta, *Storia universale e retorica volgare nell'*Histoire ancienne jusqu'à César, in *Les chroniques et l'histoire universelle. France et Italie (XIIIe-XIVe siècles)*, sous la dir. de F. Montorsi, F. Maillet, M. Albertini, S. Ferrilli, Paris, Classiques Garnier, 2021, pp. 37-61.

se da un lato le seconde veicolano contenuti più alti e generali (come le verità di fede e i dettami di un'etica religiosa per i laici), dall'altro ricoprono un ruolo ancillare. L'*HAC* non è una storia moralizzata, ma una storia erudita introdotta da un discorso catechetico.

I paragrafi in versi contengono le dichiarazioni dell'autore più genuinamente personali e i riferimenti più precisi alla realtà contemporanea, ma sono anche le parti del testo più intrise di *topoi* e luoghi comuni (come è normale nel discorso esemplare e morale). I paragrafi in prosa contengono i materiali allo stesso tempo più asettici e meno personali, ma anche più originali nel quadro della cultura francese del tempo. L'*HAC* è un organismo argomentativo-testuale che comunica insieme un approccio erudito alla storia e l'idea che esso abbia *per se* un valore etico, senza che occorrano interpretazioni moralistiche o allegorizzanti per renderlo accettabile. Questo organismo viveva, originariamente, del dialogo tra prosa e versi. Per comprenderlo pienamente è utile prima di tutto concentrarsi non tanto sulle specificità dei due stili, ma sugli elementi discorsivi a essi trasversali, e in particolare sul sistema costituito dal narratore, dalla meta-narrazione e dal destinatario interno. Come vedremo, è qui che l'autore dell'*HAC* fornisce un profilo intellettuale e morale di sé, descrive il suo pubblico ideale, e mostra dei forti debiti nei confronti dagli autori di narrativa in versi del Cento per quanto riguarda i modi di mediazione dei contenuti latini in contesto volgare.

1.1. *Forme del narratore e meta-narrazione*

La prosa dell'*HAC* presenta prevalentemente, nelle parti narrative, una combinazione di "narratore a focalizzazione esterna" e "narratore a focalizzazione esterna dell'interiorità".[4] Il narratore a focalizzazione esterna è tipico della narrazione distanziata della storia e ha come perno della *consecutio* il *passé simple*:

> Aprés ce que Romulus fu mors, tindrent li senator la cité et la segnorie par quinsaines, chascuns par lui ne mie ensamble. Ensi regnerent li senator ·I· ans plenierement aprés la mort Romulus qui oir n'avoit qui peust ne seust guovernier la cité ne la terre. Aprés cel an, eslirent il par comun esguart roi et seignor qui sor aus eust poesté et seignorie, et qui presist de la cité guoverner devant toz les autres la poesté et la cure. (§ 657.1-3)

Il narratore a focalizzazione esterna dell'interiorità è invece contraddistinto dall'enunciazione, da parte dell'io-narrante, dei pensieri, delle percezioni e delle reazioni emotive dei personaggi: «Quant li rois Peleus vit que Jason estoit si vaillans et si amés plus que nus hom par sa proece, il le douta et cremi qu'il tort ne li feist et qu'il encore ne li tolist son regne» (§ 519.4; J, § 3); «Eneas ne dormi guaires, ains fu la nuit en grant paine de penser qu'il poroit faire, quar il

4. Salvo dove diversamente precisato, le categorie linguistiche e narratologiche qui impiegate e i dati relativi alla loro diffusione in testi diversi dall'*HAC* derivano da S. Marnette, *Narrateur et points de vue dans la littérature française médiévale. Une approche linguistique*, Bern, Peter Lang, 1998, pp. 161-200.

li tornoit mout a grant grevance de sa gent qu'il cuidoit avoir perdue» (§ 594.3); «Li Egyptiein, aprés la mort le roi Pharaon et sa grant chivalerie, douterent mout ses gens que il tant ne creussent et efforsassent, que il sor aus vousissent avoir la poesté et la segnorie» (§ 665.13). Questi tre esempi derivano rispettivamente dal *De excidio Troiae* di Darete Frigio, dall'*Eneide* e dal *Liber Floridus* di Lamberto di Saint-Omer, e ci permettono di osservare come nell'*HAC* il narratore a focalizzazione esterna ricorra sia in sezioni che derivano da fonti pienamente letterarie (che prevedono già la focalizzazione esterna dell'interiorità) che in sezioni dipendenti da fonti enciclopediche (dove essa è più rara, ma può comparire nelle rappresentazioni di sentimenti collettivi).

La combinazione di focalizzazione esterna e focalizzazione esterna dell'interiorità è largamente diffusa in tutta la testualità francese medievale dedicata alla narrazione di fatti distanziati (perché remoti o perché fiabesco-romanzeschi). A essa si affiancava un'altra tipologia, che potremmo definire "mimetica" e che prevedeva l'adozione di una combinazione tra focalizzazione esterna dell'interiorità e focalizzazione interna. Questo diverso tipo di narrazione, entro cui ricadono le *chanson de geste* arcaiche e alcune forme di narrativa romanzesca, proponeva agli ascoltatori delle esperienze sensoriali o emotive, in una sorta di messa in scena a una sola voce che aveva come obiettivo di favorire l'inclusione del pubblico nelle esperienze narrate. La narrazione distanziata e quella mimetica, distribuite nei testi secondo modi che trascendono le tradizioni tematiche o formali, corrispono nel sistema francese medievale rispettivamente alla letteratura a maggior gradiente di scrittura e a quella più oralistica. Nell'adottare di preferenza la narrazione distanziata, l'*HAC* si inserisce in una evoluzione nel senso di emancipazione (graduale, e comunque mai totale) dal *medium* orale che inizia alla metà del XII secolo con il romanzo in ottosillabi e che include nel suo sviluppo anche quello in prosa.

Entro il *corpus* rappresentato dalla narrativa in ottosillabi e da quella in prosa, tuttavia, l'*HAC* si distingue per la presenza insistente di un narratore esplicito, nella forma di un *je* testuale che ricorre in tutto l'arco del testo. Questo elemento è assente negli adattamenti biblici più antichi (quelli confluiti nella *Bible d'Acre*) e nei *Faits des Romains*. Nelle traduzioni dello Pseudo-Turpino è poco frequente e assume forme pienamente formulari.[5] Nei romanzi in prosa e nelle cronache di argomento contemporaneo, il *je* testuale è normalmente raro.[6] Nell'*HAC*, al contra-

5. Per esempio, nel Turpin I e nell'Anonimo di Béthune che lo ingloba: «Que voz en diroie je plus?» Si tratta di un adattamento della formula di preterizione latina che nella lingua medievale assumeva la forma «Quid magis dicam?».

6. Si veda Marnette, *Narrateur et points de vue*, pp. 33-51. L'etichetta "*je* testuale", come anche quella di "*vos* testuale" che impiego *infra*, indica una funzione discorsiva individuata da mercatori pronominali o verbali espliciti. È utile perché, a differenza del "narratore" della narratologia e della linguistica del testo non esclude una potenziale identificazione occasionale con l'autore; si veda A. Schiesaro, *Il destinatario discreto. Funzioni didascaliche e progetto culturale nelle Georgiche*, in *Mega nepios: Il destinatario nell'epos didascalico*, a cura di A. Schiesaro, P. Mitsis, J. Strauss Clay, Pisa, Giardini, 1993, pp. 129-147.

rio, esso ricorre in tutte le sezioni e ricopre funzioni molto varie. Nell'analizzarlo impiegheremo la categoria mista del "narratore-autore", che è utile per individuare tutti gli elementi testuali per i quali piano diegetico e piano extra-diegetico coincidono nei fatti. Sul piano degli elementi discorsivi discreti, per esempio, il lessico tecnico o metapoetico impiegato dal narratore è naturalmente anche scelto e approvato dall'autore. Su quello dei contenuti informativi sono autoriali tutti quelli che, veicolati dalla voce narrante, si rivelano corrispondere a verità fattuali dopo verifiche esterne e indipendenti (per esempio la descrizione accurata del processo compilatorio e l'evocazione veridica di una fonte effettiva).

Molto di frequente, il *je* testuale dell'*HAC* riprende contenuti precedenti e annuncia quelli che seguiranno, fungendo da articolatore della narrazione:

> Et de ces que je vos ai només vindrent ansi li non as regions et as contrees et as cités qu'il funderent, et si vos dirai coment s'il ne vos enuie et vos le volez entendre. Mes primes vos dirai quels gens ce furent et descrirai lor manieres. (§ 41.19; CJ, p. 105)

> Et por ce envoierent li senator en Cartage lor messages qui lor blasmerent l'outrage et la felonie qu'il avoient faite. Mais riens ne valu li blasmers, quar encor lor estoit es cors la felonie de ce qu'il avoient esté desconfit a la premeraine fois. Mais tot ce lairai ore ester et si vos conterai de lor manieres ansois que je plus des Romains vos die. Vos avés bien oï ariere coment la cités fu premerainement fundee et bien sachés que ·lxxii· ans l'estora Helissa – ce fu Dido – ansois que Rome fust comencee a faire. (§ 886.4-5)

Occasionalmente, il narratore può anticipare le conseguenze di una scelta dei personaggi, trascendendo dal piano diegetico. È il caso di un passo, nella sezione V (*Troie*), nel quale egli spiega come Troia non sarebbe caduta se le profezie di Cassandra, Eleno e Panto fossero state ascoltate da Priamo: «Segnor et dames, por ce vos di je se Cassandra et Helenus en fussent creu et Panthus, encor n'eust Troies nul mal ne ne fust destruite, mes li rois Prians nes en crei mie» (§ 529.1; J § 13).

Questi impieghi del *je* testuale si ritrovano, al di fuori dell'*HAC*, nei romanzi in versi e nelle parole dei loro narratori-artefici, come Marie de France e Chrétien de Troyes.[7] Tra i testi in prosa inclusi nel *corpus* sul quale Sophie Marnette ha basato la sua seminale indagine sul narratore nei testi antico-francesi solo il *Roman de Tristan en prose* presenta un *je* testuale comparabile, per frequenza e duttilità, a quello dell'*HAC*. Secondo Marnette, il narratore del *Tristan* recupera e quasi esaspera i moduli del romanzo in ottosillabi per distanziarsi dal racconto, anche in termini ironici o polemici rispetto ai valori cortesi. Le somiglianze tra *HAC* e *Tristan* corrispondono a un'analogia funzionale altrettanto forte: come l'autore dell'*HAC* costruisce un rapporto di fiducia tra narratore e pubblico su cui basare una didattica storica caratterizzata da una precisione e una scoperta erudizione che contrastano con l'approccio più attualizzante e narrativo adottato nel XII se-

7. Per tutta la discussione sulle occorrenze della prima persona si veda Marnette, *Narrateur et points de vue*, pp. 33-51.

colo per la materia antica, così quello del *Tristan* costruisce una complicità entro la quale la tradizione letteraria profana precedente è trattata con ironia e distacco. Entrambi i testi in prosa sfruttano il narratore esplicito del romanzo in versi (tanto quello d'antichità che quello arturiano) per correggere e rileggere l'eredità di questa tradizione narrativa; in entrambi i casi la scelta di elementi discorsivi che possono essere interpretati come arcaici non dipende da arretratezza o continuità, ma da un approccio dialettico con la letteratura del Cento.

Nell'*HAC* anche i modi in cui il *je* testuale si riferisce alla sua attività e agli oggetti in essa implicati, cioè la meta-narrazione, sono costruiti in dialogo con la letteratura francese più antica. Il narratore-autore dell'*HAC* impiega il lemma *estoire*: nel prologo in versi: «Aprés l'estoire porsivrai / e tot en ordre vos dirai...» (§ 1, vv. 145-146; CJ, p. 77); «Aprés l'estoire porsivra / Tot si com France fu puplee / E de quel gent fu abitee» (§ 1, vv. 182-184; CJ, p. 77-78); e nella diffusa formula prolettica «com vos orés ains que l'estoire faille» (§§ 17.3, 41.19, 57.1, etc; CJ, pp. 93, 105, 115). Peter Damian-Grint ha dimostrato come il lemma *estoire* fosse utilizzato nella narrativa storica del XII secolo tanto per indicare i racconti storici volgari medesimi, tanto (più frequentemente) le fonti.[8] Che l'autore dell'*HAC* conosca questo uso non è solo probabile ma direi certo nel momento in cui, nel prologo, utilizza *estoire* in opposizione a *fable*:

L'uevre iert mout bone et delitable
E d'estoire sans nulle fable,
Por ce iert plaisans et creue
Que de verité iert creue. (§ 1, vv. 251-254; CJ, p. 79)

L'opposizione tra *estoire* e *fable* 'fola; notizia falsa o supposizione gratuita' risale almento all'epoca di Gaimar, e il discredito per le *fables* era stato diffuso da Wace.[9] Entro questa antinomia, i due termini assumono delle sfumature tecniche. Ma al di fuori di essa sembra che il referente di *estoire* non sia definito né da una particolare forma di trasmissione (per esempio, lo scritto) né da una certa tipologia di contenuti (ipoteticamente, la preferenza per fatti verosimili e il rifiuto degli elementi meravigliosi – che invece sono parte integrante della storia cristiana). Nella sezione I (*Genèse*), per esempio, *estoire* compare in una frase interpolata alla traduzione delle genealogie di Sem tratte dallo *Josephus Latinus* e assume il significato di 'sequenza di vicende': «Segnor, ici commence la premeraine estorie veraie de ceaus qui Deu servirent et douterent, et si comensa a celui tans que cist

8. P. Damian-Grint, *Vernacular History in the Making. Anglo-Norman Verse Historiography in the Twelfth Century*, PhD dissertation, Birkbeck College, University of London, 1994, pp. 232-255; Id., *Truth, Trust and Evidence in the Anglo-Norman* estoire, in «Anglo-Norman Studies», 18 (1996), pp. 63-78; Id., Estoire *as Word and Genre: Meaning and Literary Usage in the Twelfth Century*, in «Medium Ævum», 66 (1997), pp. 189-206.

9. «N'est pas cest livre ne fable ne sunge, / ainz est de veire estoire estrait / des anciens reis e de els fait / qui guvernoent Engleterre...», cfr. Geffrei Gaimar, *L'estoire des Engleis*, ed. by A. Bell, Oxford, Blackwell, 1960, vv. 16-19. Su Wace e sul rapporto tra storia volgare del Cento e meraviglioso celtico si veda G. Paradisi, *Le passioni della storia. Scrittura e memoria nell'opera di Wace*, Roma, Bagatto, 2002, alle pp. 265-269.

furent li tiers aage dou munde» (§ 84.1; CJ, p. 128); o ancora, nella sezione IV (*Grecs et Amazones*): «Mes de Sanson ne vos parlerai plus ore jusques a tant que par droiture viendra a lui li contes de l'estorie» (§ 508.5; VT § 138).[10] In un caso *estoire* è usato, in congiunzione al verbo *tesmoigner*, per alludere a una fonte scritta (che – se davvero esiste – non è stata ancora individuata): «Li solaus, ce tesmoigne l'estoire, en perdi les ·vi· parties de sa lumiere et la lune autant et autant les estoilles» (§ 3.18; CJ, p. 86). Il veicolo normale per la fruizione delle *estoires* è l'oralità: «Si [Adamo] fu plus fors que ne fu Sansons dont vos avez oï maintes fois l'estoire» (§ 4.2; CJ, pp. 86-87). Nell'*HAC* il sostantivo specializzato per indicare un testo scritto è *livre*, impiegato per designare anche l'opera stessa: «Ces gens, dont il i ot mout grant lignee, estorerent en Asie une cité qu'il de lor non Galatian apelerent. De ces issirent li Troien, si com je vos ai conté ariere ou comencement dou livre» (§ 591.3). L'unico termine meta-testuale che nell'*HAC* designa un prodotto verbale fissato nello scritto astraendo dal supporto è *escriture*, che indica significativamente sempre la Bibbia e la tradizione storiografica patristica (Eusebio nella traduzione di Girolamo).[11]

Nel sistema di cui l'autore dell'*HAC* è parte e nel quale egli agisce, dunque, perché la dimensione scritta diventi un elemento determinante alla concettualizzazione di un discorso occorre non tanto che si sia perduta l'abitudine alla fruizione orale, quanto che la versione scritta – come accadeva solo per la Bibbia e i Padri – sia stabile e diventi oggetto di interpretazione, piuttosto che di aggiornamento. Questi usi lessicali mostrano come nonostante l'*HAC* sia già un testo a vocazione nettamente scritta e ben delimitato nei suoi confini, nella mentalità del suo autore il discorso volgare era concepito ancora come fluido al pari di quello in versi delle generazioni precedenti. L'adattamento aveva ragione di esistere perché rispondeva alle necessità pragmatiche di un pubblico e non poteva avere ragionevoli ambizioni di fissità. Coerentemente, *estoire* non indica una categoria di enti, ma i risultati della *performance* intellettuale e/o verbale, racconti il cui carattere di storicità è dato dai modi sociali della loro produzione. Anche altri termini utilizzati dal narratore-autore dell'*HAC* per descrivere il suo atto espressivo erano già diffusi nella tradizione storica, romanzesca ed epica del Cento: per esempio *traitier, deviser, retraire*. *S'entremetre*, meno diffuso, compare tuttavia nel senso di 'cimentarsi' già in Wace e in

10. Per la fonte del primo passo si veda *The Latin Josephus*, I, *Introduction and Text. The Antiquities: Books I-V*, ed. by F. Blatt, Kobenhavn, Universitetsforlaget i Aarhus, 1958, I, VI.v.151; per quella del secondo *Die Chronik des Hieronymus/Hieronymi Chronicon*, hrsg. von R. Helm, Berlin, Akademie Verlag, 1956, p. 61.

11. Per esempio: «Et fu puis la citez apelee Ninive en pluisors lenguages et encores est, mes ele est destruite. Le non en retient l'escriture ausi com ele fait de Troie» (§ 76.4; CJ, p. 124); «E tot ausi tres le premier an que Prochas comensa a regner et a avoir sa grande segnorie ot trosques al an que Romulus comensa a funder Rome ·lxxiii· ans ne plus ne mains tesmoignant l'escriture» (§ 378.4; VT § 8). Il significato primario di *escriture* è 'scritta, sequenza di lettere vergate'; così anche probabilmente in *HAC*: «Li siecles avoit ja duré plus de ·ii· mil ans, si com vos orés en l'escriture avant, ne ne voloit hom ne feme entendre a bien faire fors seul Noé et sa mainee» (§ 18.6; CJ, p. 94), anche se la materia allusa è biblica, e quindi anche il significato di "Scritture" possa aver agito come interferenza semantica.

Marie de France.[12] Decisamente raro è invece *esclairir* nel senso di 'rendere chiare delle parole oscure o lo svolgimento complesso dei fatti'.[13]

Come abbiamo già detto, il fatto che l'autore dell'*HAC* riprenda il modello di narratore e le categorie meta-narrative delle narrazioni in ottosillabi non è un indice di arcaismo o un indizio dell'adozione di uno stile attardato, ma il segno del fatto che egli si poneva nei confronti dei suoi predecessori in una posizione di continuità dialettica, animando un contrasto interno alla tradizione espressiva propria dei testi vocati a una diffusione anche orale. Questo contrasto è riflesso anche nei modi in cui egli mette il pubblico a parte del suo rapporto – profondo e privilegiato – con le fonti, esibendo elementi di cultura classica ignoti ai suoi predecessori: a lui si deve la prima occorrenza francese di "storiografo". In P, il lemma si presenta nella forma nella forma *historiographiein*, che eredita dal latino di Orosio con tratti grafici e morfologici greci (§ 371.2; VT § 1).[14] Allo stesso modo, l'autore dell'*HAC* fa intravedere i suoi ferri del mestiere molto più volentieri di quanto facessero i suoi predecessori del Cento: rivendica spesso la fedeltà della sua resa delle fonti latine e quando deve ricorrere a intermediari volgari (o sa che versioni volgari degli stessi materiali più libere della sua erano in circolazione) censura le rielaborazioni operate dai suoi predecessori. Accade con il *Roman de Thèbes*, che è usato come fonte principale per la sezione IV ma del quale è tralasciato l'episodio – effettivamente apocrifo – dedicato a Daire le Roux:

> *Que dou jugement de Daire, si com li romans le conte, n'est mie l'actorités veraie ne en auctorité certaine.* Segnor, et bien sachés ausi que ne me veull antremetre de raconter le jugement de Daire le Rous, qui sa tor rendi a Pollinicet, par quoi la vile dut estre perdue, quar trop en seroit longe la parole, et lonc d'auctorité seue. Mais por beau parler est mainte choze contee et dite que n'est mie voire en tote traitié d'estorie. Por ce le lairai ester et maintes chozes a retraire, qui as pluisors poroient par aventure plaire. (§ 485; VT § 115).

In generale, però, l'autore dell'*HAC* usa il *Roman de Thèbes* come una fonte derivata ma di valore attraverso la quale, grazie anche probabilmente al confronto con la *Tebaide* latina – scomodo da tradurre e riadattare *ex novo*, ma comunque disponibile – egli poteva accedere alla genuina testimonianza degli autori:

> Segnor, aprés ce se departi Edippus de Phoces, et si se mist a la voie por aler a Thebes por ce qu'Apollo li avoit dit que la oroit il noveles de son pere et qui fu sa

12. «E que vos iroie je contant quantes nes cil de Crete mistrent sor mer por envair ceaus d'Athenes? Tost i porroie faillir, si je m'en entremetoie» (§ 496.4; VT 126). Si veda Damian-Grint, Estoire *as Word and Genre*, p. 192 e n. 27.

13. Per esempio: «De cestui Fabricius parla li rois Pirrus et dist que nient plus c'om porroit le soleill destorner de sa voie qu'il doit aler et corre, ne porroit on Fabricius oster d'onesté ne de droiture. Et a une autre fois vos sera meaus ceste choze esclairie» (§ 661.4); «E si firent en Jerusalem celui jor grant feste, et si nomerent Cambissem le roi de Perse, second Nabugodonosor, por ce que il les vout destruire, ausi com Nabugodonosor les destruist premerement par Nabizardan, le prince de sa chivalerie, dont la choze vos sera encore plus apertement dite et esclarie» (§ 726.5-6; R § 27).

14. Corrisponde a Orosio, *Le storie contro i pagani*, ed. Lippold, I, I, 5.

mere. Il n'ala mie le droiturer chemin, ains ala par devers la mer dejoste une montaigne ou uns monstres habitoit de merveillouse maniere. Ne puis laissier que je ne le vos devise selonc ce que li auctor en racontent. (§ 404.1-2; VT § 34).

I *romans d'antiquité* sono sì oggetto di critica, ma di una critica rispettosa e motivata che in un caso arriva ad accomunare la versione francese in ottosillabi all'*auctor* latino – e l'*auctor* per eccellenza, Virgilio. L'autore dell'*HAC* mette in guardia sul fatto che il viaggio di Enea negli inferi, raccontato tanto nell'*Eneide* che nell'*Eneas*, è una menzogna:

> En celui temples prist respons Eneas qu'il alast a Sebile, qui en cele forest manoit vielle et decrepie, et cele l'enmenroit a infer por veir l'arme d'Anchisés son pere et de tote sa lignee qui de cest siecle trespassé estoient. Mais tot ce est mesonge, quar onques Eneas en infer ne fu tant com il fust en vie, s'il n'i fust par songes, et aprés sa mort li sambla qu'il i venist trop tost, quar il a sa volenté ne s'en repaira mie ariere. Et qui oïr veut coment il i ala et coment l'i mena Sebile, si le quiere ou romans d'Eneas et de Laivine o de Virgile. (§ 610.2)

Il giudizio di falsità emesso verso questo episodio non è un atto di censura medievale, ma discende direttamente dal commento di Servio, che interpretava i versi finali del libro VI – oggettivamente enigmatici, perché sembrano liquidare come sogno una visione nella quale Enea riceve delle profezie che si riveleranno fededegne – come una scoperta dichiarazione di menzogna: «Et poetice apertus est sensus: vult autem intellegi falsa esse omnia quae dixit».[15] Questo approccio ai *romans d'antiquité* racchiude insieme, in pochi cenni, il rispetto che l'autore dell'*HAC* nutre per i suoi predecessori ma anche la distanza culturale tra lui e loro, che non è solo generazionale ma riflette anche l'opposizione tra due modi di recepire i racconti del passato: la propagazione di una memoria poetica da un lato, una forma di approccio storico-critico dall'altro.

Come abbiamo visto in questi ultimi passi, quando il *je* testuale entra nel merito della gestione delle fonti il processo compositivo è descritto in genere in modo fattualmente accurato. Tuttavia, il *je* testuale non è analitico nel designare i suoi materiali e nel descrivere il modo in cui esse sono trascelti o combinati. Un processo di elaborazione complesso – che coinvolge sia materiali che giungono attraverso vie maestre, ampie e per noi individuabili quali sono le fonti scritte, sia apporti occasionali che possono provenire da glosse ai testi antichi o dalla memoria dell'autore

15. Si veda Servius, *Commentaire sur l'Éneide de Virgile, Livre VI, Commentarius*, éd. par E. Jeunet-Mancy, Paris, Les Belles Lettres, pp. 200, 268, n. 872. Il passo rilevante è Virgilio, *Eneide*, a cura di E. Paratore, L. Canali, 6 voll., Milano, Fondazione Lorenzo Valla-Arnoldo Mondadori Editore, 1978-1984, VI, vv. 893-898: «sunt geminae Somni portae; quarum altera fertur / cornea, qua veris facilis datur exitus umbris, / altera candenti perfecta nitens elephanto, / sed falsa ad caelum mittunt insomnia Manes, / his ibi tum natum Anchises unaque Sibyllam / prosequitur dictis portaque emittit eburna». Nel *Roman d'Eneas* i versi sono tradotti fedelmente, e non glossati: «Deus granz portes a en anfer, / Nen a en nule fust ne fer: / L'une portë est eborine / Et l'altre enprés si est cornine. / Par ces portes issent li songe, / Et cil ki torment a mençonge / Vienent par la porte eborine, / Li veir vienent par la cornine. / Par l'eborine les en meine / Anchisés fors, a molt grant peine…», cfr. *Eneas*, éd. par J. Salverda de Grave, Halle, Niemeyer, 1891, vv. 2996-3006.

– è restituito al pubblico mediante una terminologia non tecnica e non univoca, che non deve rendere il processo controllabile ma solo aprire alla complessità delle tradizioni in gioco.[16] La formula ricorrente *dient li pluisor*, per esempio, serve genericamente a introdurre una notizia assente dalla fonte principale, indipendentemente dalla qualità della fonte da cui proviene e dal giudizio che l'autore poteva formulare circa la sua verità, secondo un uso che era già proprio della narrativa in ottosillabi: «Et encore dient li pluisor et content, mais je de verité ne le sai mie, qu'encore ore maintenant n'uevre on de nul autre ivoire c'on tiegne por fin ne por loiau que de celui que li rois Alixandres et sa gent conquistrent adonques» (§ 823.5; GB, § 66); «Segnor, de cele Cartage, qui adonc clamoient novele, si come Orosius conte, dient li pluisor que ce fu la cités qui or est Marros apelee» (§ 974.5).[17] Anche questo è un tratto di continuità tra la cultura dell'autore dell'*HAC* e quella degli autori del Cento: l'*HAC* è composta per essere copiata in un libro, ma non un libro da biblioteca di servizio nel quale abbia senso indicare con precisione delle fonti che possono essere reperite, consultate e confrontate. La discussione storiografica è rappresentata come orale, non come libraria. In questo l'*HAC* non prosegue alcuni esperimenti di prosa del Cento, testimonianza dei quali ci è giunta attraverso i *Quatre livre des Reis* del codice Mazarine: compilazioni storiche pluri-fonte dove queste, pur amalgamate nel racconto in maniera continua, sono indicate nel paratesto dei manoscritti e quindi controllabili.

Ancora con gli autori della narrativa in ottosillabi, piuttosto che con quelli del *Quatre livre des Reis* e dal *Livre des Juges*, l'autore dell'*HAC* condivide l'idea che nel momento in cui una materia latina accede alla tradizione volgare di essa debba essere colta la *some*, cioè 'l'essenziale, la parte principale'. Il sostantivo compare nel prologo in versi quando il narratore, che qui coincide in tutto con l'autore, spiega il suo metodo di adattamento della storia romana:

Aprés vos redirai la some
De la veraie estoire de Rome
Qui les murs en funda et fist
E les lois premerains i mist,
Des haus barons, des jugeors,
Des conceles et des senators.
Vos sera toute l'uevre dite. (§ 1, vv. 167-173; CJ, p. 77)

Lo ritroviamo poi contesti idiomatici e formulari, come il verso che introduce la fine di alcune moralizzazioni, «de ma parole est ce la some» (§ 121,

16. Per una trattazione ad ampio raggio di questo tipo di comunicazione tra autore e pubblico, che assume generalmente caratteri formulari, si veda J. M. A. Beer, *Narrative Conventions of Truth in the Middle Ages*, Genève, Droz, 1981.

17. Per il primo passo cfr. l'*Epistola Alexandri ad Aristotelem*, ed. W. W. Boer, Meisenheim am Glan, Hain, 1973, p. 30. Nel secondo – in cui si parla della città di *Nova Cartagho* (oggi Cartagena) in Spagna – il toponimo *Marros* indica probabilmente Mazarrón, a ovest di Cartagena (si veda il commento in TVOF). Per l'impiego della formula nel Cento si veda Rachetta, *Sulla sezione storica del* Tresor, pp. 304-307.

vv. 14 e 47; § 176, v. 34; § 673, v. 4 – CJ, pp. 152 e 180). Anche questa parola e il concetto che veicola hanno una storia radicata nel XII secolo: li usano Chrétien de Troyes, Marie de France, Thomas autore del *Tristan* e Benoît de Sainte-Maure per indicare il rapporto tra il narrato e i fatti trasmessi dalle fonti (reali o fittizie).[18] Per gli autori più antichi l'essenziale di una materia era costituito nell'interpretazione complessiva, ed è in questo senso che *some* è usato anche nei paragrafi in versi dell'*HAC*, dove introduce una massima riassuntiva dell'insegnamento morale.

Ma nei paragrafi in prosa l'idea di adattamento in volgare come strumento per veicolare un senso è arricchita da un altro concetto chiave: quello di *mesure*, 'moderazione', che non va però inteso nel senso di 'continenza' o 'sobrietà' ma piuttosto di 'regolatezza, capacità di dominare la materia'. Nella sezione I (*Genèse*) esso è evocato e glossato con *raison* 'ragionevolezza' e *drois* 'rettitudine':

> Et bien vos en iert la veritez dite et contee si vos i volez entendre, mes tot premerement vos nomerai les nons de ceaus qui furent fill et hoir droiturer a ces ·iiii· fiz Cham, car ce me semble raisons et mesure. Mes je ai maintes fois oït dire: «ce que ne samble bon a l'un ce samble bon a l'autre». Et si veut li uns plus plenierement tot entendre que l'autres ne fait, si ne doit on mie tresmuer ne changier sa matere volentiers. (§ 64.1; CJ, p. 118)

> Or vos ai dit et conté d'Israel quel vie il mena auques solonc l'escriture. Or est raisons et mesure que je ansois que je d'autrui parole vos die de ses fiz qui demoré furent en Egypte et coment il cruirent et mouteplierent et puplerent la terre par la volenté Nostre Segnor de cui toz biens habunde. (§ 368.6; CJ, p. 276)

> Or seroit drois et mesure que je avant des fiz Israël, c'est de la lignee les fiz Jacob, vos deisse et contasse avant, et continuasse l'estorie coment et par quele ochoison il issirent d'Egypte, et comant et par quel grant paine il conquisterent la terre de Chananee. (§ 370.1; CJ, pp. 277-278)

Moderazione, ragionevolezza e rettitudine, unite alla svalutazione della soggettività nella valutazione autoriale, diventano criteri oggettivi e condivisibili per stabilire i modi in cui un adattamento di fonti latine deve essere realizzato. Come già i traduttori della Bibbia in prosa del Cento, l'autore dell'*HAC* cerca la chiarezza; come loro avevano già fatto, si affida alle fonti – che adatta fedelmente – per l'organizzazione e la selezione di gran parte della materia. Ma egli segue gli autori di narrativa in versi nel manifestarsi come responsabile completo dell'atto di mediazione e dichiara che esso è orientato a rendere il senso ultimo dei fatti – anche se per lui questo senso risiede soprattutto nei fatti medesimi, nella loro completezza, e nel loro ordine.

L'autore dell'*HAC* era certamente, sul piano etico, un erudito: i suoi obiettivi erano la conservazione e la diffusione di storia autentica e garantita da fonti

18. *TL*, *some2*. Nel senso di '*summa*, libro contente tutta una materia' è in francese un latinismo duecentesco che indica le fonti letterarie o documentarie latine e solo secondariamente si estende a designare gli adattamenti.

affidabili interpretate in modo congruo, senza amplificazioni menzognere. Egli è tra i pionieri assoluti dell'estensione alla materia pagana di questo approccio, che nel XII secolo francese era stato circoscritto a tradizioni bibliche e religiose. Sul piano pratico, però, il suo atteggiamento è quello di un mediatore che non teme di prendersi delle responsabilità anche importanti, come avevano fatto gli autori del Cento. Questa apparente contraddizione si può risolvere pensando all'autore dell'*HAC* come qualcuno che, ponendosi il più possibile all'interno di una tradizione secolare (quella dell'erudizione cristiana a tema antico), voleva far proseguire la sua esistenza in un contesto inedito e governato da logiche proprie come era quello della testualità volgare rivolta ai laici.

1.2. *Forme del destinatario interno*

Le allocuzioni al pubblico, del tipo fisso *segnors et dames* oppure individuate dall'impiego di pronomi e/o forme verbali alla seconda persona plurale, sono comunissime tanto nella prosa che nei versi dell'*HAC*. Queste strutture configurano un destinatario interno al testo che deve in una certa misura coincidere con i destinatari storici primari, vale a dire un pubblico laico, misto e dallo stile di vita aristocratico. Ma la presenza e la forma di queste strutture è utile per noi anche a collocare alcune scelte dell'autore dell'*HAC* nel panorama della letteratura coeva.

La funzione più frequente delle allocuzioni ai lettori nella prosa dell'*HAC* è quella di stabilire il contatto con l'uditorio prima di introdurre delle nuove informazioni, per esempio: «Or poez saver, segnors et dames, por quoi Adans et Eve furent fors mis de paradis ou il estoient en joie et en leece» (§ 3.15; CJ, p. 86); «Noé, si com vos avés oï beaus segnors et beles dames, fu fors de l'arche» (§ 32.1; CJ, p. 101); «La dame fu lonc tens ensamble avec Ysaac son baron que ne peut hoir avoir, si en estoit mout dolente et Ysaac n'en estoit mie liez, ce poés vos, beau segnor, mout bien croire» (§ 165.4; CJ, p. 175); «Ensi comencerent premerement et par ceste ochoison les dames en cele region a porter armes, qui puis devindrent mout chevalerouses, si com vos porés, s'il vos plaist, avant oïr et entendre» (§ 504.1; VT § 134); «Segnor, Heneas fu mout de haut lignage quar il fu de la lignee Dardanus: si vos dirai en quel maniere» (§ 590.2); «Segnor et dames, bien voill que vos sachés et entendés qu'Aufrican et Poenien et Cartaginentien et Libien estoient tuit une meisme gent et d'une segnorie» (§ 904.1). Queste allocuzioni di contatto, che non implicano una reazione attiva da parte dell'uditorio, sono del tipo largamente più comune nella prosa francese antica. La loro frequenza dipende anche dalla loro funzionalità sul piano sintagmatico: di fatto, fungono da segnalatori di partizioni interne al testo. Nello scritto, possono duplicare o integrare la paragrafatura e la rubricatura; nella lettura ad alta voce diventano l'articolatore principale della narrazione.

Sophie Marnette ha mostrato come l'allocuzione al pubblico che richiede una partecipazione responsiva da parte del destinatario sia una caratteristica della narrativa a carattere mimetico invece che di quella distanziata. La risposta attesa è di tipo testimoniale (per esempio, nella rievocazione celebrativa di un passato eroico) o estetica (quando il narratore chiede l'approvazione della sua creazione narrativa).[19] Diversamente dalla maggior parte dei testi in prosa, nell'*HAC* è presente anche questo tipo di allocuzione, sostanziata in un *vos* testuale che implica un'aspettativa di responsività elevata. Tale aspettativa è connotata in modo preciso e assai diverso da quelle testimoniali o estetiche: si riferisce al piano della conoscenza e della corretta comprensione, e individua un pubblico curioso, desideroso di sapere, apprendere e ricordare. I primi paragrafi della sezione I (*Genèse*) sono molto ricchi di questo tipo di allocuzioni, spesso in forma di domande retoriche rivolte al pubblico, del tipo 'volete che ve lo dica?', 'sapete perché?': «E quel lenguage parla Adans? Volés vos que je vos die? Tuit soiez certain qu'il parla premiers e tote sa vie en ebriu language» (§ 2.13-14; CJ, p. 82); «De celui [*id est* l'albero della conoscenza] lor defendi Nostre Sires qu'il n'en gostassent, mes le diables les decut par envie et par sa grant felonie. Si vos dirai por quoi et en quel maniere si vos i volez entendre» (§2. 34-35; CJ, p. 83); «Segnors et dames, et savez vos quels fu le signes que Nostre Sires mist en Chaim par quoi Nostre Sires li destorna sa grevance, c'est la mort par les sauvages bestes? Se vos ne le savés, je le vos ferai entendre» (§ 11.1-2; CJ, p. 89); «Deus soffre mout un mauvais home longement a mener sa malisse. Et savez vos por quoi? Je le vos dirai sans doutance» (§ 14.5-6; CJ, p. 91). In questa sezione la frequenza delle allocuzioni dipende anche dall'adozione, per i primissimi paragrafi, di uno stile connotato in maniera molto forte come orale, in cui il contatto con il pubblico è ricercato continuamente e spezza la narrazione in maniera che sarebbe stata insostenibile sulle lunghe distanze. Il diradarsi di questi stilemi è quasi immediato e

19. Marnette, *Narrateur et points de vue*, pp. 58-73. Tra le funzioni tipiche delle allocuzioni nella letteratura in versi, quella testimoniale (diffusa soprattutto nella canzone di gesta, ma non solo, si veda N. Andrieux-Reix, *"Lors veïssiez": histoire d'une marque de diction*, dans «Linx», 32 [1995], pp. 133-145, e per il *Roman de Troie* e i romanzi di Alessandro, D. Syrovy, *Translation, Transmission, Irony: Benoît de Sainte-Maure and the Trope of the Fictional Source Text in Western Literature before Cervantes*, in *Taking Stock – Twenty-Five Years of Comparative Literary Research*, ed. by N. Bachleitner, A. Hölter, J. A. McCarthy, Leiden-Boston, Brill-Rodopi, 2020, pp. 447-492, p. 464) è l'unica che sembra essere stata davvero capace di filtrare nella prosa, segnatamente nel racconto di battaglia: si tratta di quella marcata da forme presentative come *Ez vos*, 'ecco a voi', o forme verbali al congiuntivo imperfetto del tipo *oïssiez*, *veïssiez* per narrare ciò che il destinatario, se fosse stato presente, avrebbe potuto vedere e udire. Nel *corpus* di Marnette è massicciamente presente nella *Mort Artu*. Nella prosa successiva la formula evolve ulteriormente in nuove forme, per esempio quelle ricorrenti nel *Devisement du monde* franco-italiano, dove è impiegato con il pronome indefinito; si veda Marco Polo, *Le devisement dou monde, secondo la lezione del codice fr. 1116 della Bibliothèque Nationale de France*, a cura di M. Eusebi, glossario a cura di E. Burgio, Venezia, Edizioni Ca' Foscari, 2018, CXXII, 9: «Il se donoient grandisme coux: hor peust l'en veoir doner et recevoir de spee et de maqes; or poit l'en veoir occire chevalers et chevalz; or poit l'en veoir couper main et bras, bus et test‹e›s, car sachiés qe maint en cheoient a la tere mors et navrés a mort». Questa evoluzione mostra come, mentre la strategia narrativa non cambia (si tratta sempre di descrivere un'esperienza sensoriale potenziale di qualcosa di vero), con il consolidarsi di forme di trasmissione librarie (segnalato, in questo caso, anche dall'impiego del francese come lingua di cultura letteraria) il destinatario si allontana ulteriormente ed esce, di fatto, dalle strutture dell'enunciazione.

può dipendere da un aggiustamento stilistico.[20] Ma è anche possibile che lo scarto sia voluto e calcolato: le fitte domande della sezione incipitaria possono aver avuto la funzione di posizionare il testo, nella percezione dei lettori, nel campo del discorso didattico.

In tutto il corso dell'opera il narratore-autore si rivolge ai lettori direttamente nel momento in cui vuole spiegare la rilevanza di un determinato fatto o una materia con argomenti esegetici o catechetici. La comunicazione esplicita con il pubblico segnala l'allontanamento dallo stretto piano diegetico e dal dettato delle fonti: «Et si veull que vos bien sachez com Adans fu fais et de quel maniere, quar des Adam dusques a la fin dou siecle ne nasqui hom ne ne fera fors Jhesucrist qui eust si en soi meismes totes bontés terrienes com Adans ot» (§ 4.1; CJ, p. 86; CJ, p. 86); «Segnors, vos que m'entendés et oés, savez vos por quoi cis hom Enoch en fu ravis et portez de la terre? Por ce que en tote la generation qui ci devant tres Adam vos est nomee n'avoit si loial ne si droiturier home» (§ 17.1-2; CJ, p. 93); «Or vos samble merveille ce que je vos ai dit et conté que toute la terre soit ensi sor les aigues asise? Mes ne vos en devez mie merveillier, car cil qui fist les aigues et la terre et toutes autres creatures a bien le pooir de tenir la terre droite a son voloir sans nule sostenance» (§ 37.2-4; CJ, p. 101). La funzione di queste allocuzioni è di ricordare al lettore come la materia aliena e nuova che stanno affrontando sia vera e debba essere appresa; senza di esse, nulla impedirebbe di leggere l'*HAC* come un testo pensato semplicemente per dilettare il pubblico. In un passo particolare, il narratore-autore afferma esplicitamente che le nozioni che egli fornisce devono essere ricordate, e giustifica le sue strategie compositive con l'applicazione di tecniche che facilitano la memorizzazione (l'individuazione di tappe e punti fermi e l'orientamento della narrazione sulla base di questi, di volta in volta ricordati o anticipati):

> Segnors et dames qui avés discretions et entendances, parlé vos ai et conté des aages dou siecle si com il sunt venu et trespassé dusques a ore, par ce que, quant vos orrés et entendrés les fais et les ovres ancieines, que vos sachez plus legierement les affaires, et les porrés metre en memoire a mains de paine, s'il vos plait, par les tempories. Quar de pesant istorie et de grande qui trop n'est usee ne puet on mie savoir segurement en ordene les passages bons a oïr s'on n'i a ses poins por quoi on se recorde plus legierement de la matiere, et por ce se covient il a la fiee dire avant et tochier ce qu'a venir en est por avoir plus legiere entendance. (§ 53.1; CJ, p. 114)

Nel corso del racconto, il narratore-autore dell'*HAC* ritorna spesso a rivolgersi al destinatario interno per precisare alcune scelte relative ai modi in cui la materia sta venendo trattata. Nella sezione VII (*Rome I*), per esempio, egli anticipa ai lettori la funzione delle liste consolari, che si distinguono dalle genea-

20. Le domande retoriche si diradano ma non spariscono: «Et savés vos qu'il en faisoient, quant il les jovenceaus pris avoient?» (496.6; VT § 126); «E savés vos por quoi il li rouva ce faire?» (§ 728.3; R § 29); «Et savés vos qu'en avint a ceaus de Cartage?» (§ 893.7); «Et savés vos de quel monoie il usoient adonques?» (§ 1006.9).

logie – di cui molte erano già comparse nelle sezioni precedenti – perché i nomi dei governanti procedono a coppie. Un'altra ragione per presentare le liste è la struttura dei nomi latini, che essendo bimembri differiscono strutturalmente da quelli a cui i lettori medievali erano abituati e possono essere facilmente confusi per il ripresentarsi dei medesimi *prenomina* o *cognonina* (non a caso, i copisti di molti codici dell'*HAC* deformano, equivocano e fondono i nomi romani). Il narratore-autore specifica che le liste sono utili a far sì che il pubblico riconosca e distingua i nomi quando, nella narrazione che seguirà, i consoli entreranno in scena e verranno menzionati:

> Or vos conterai les nons des conceles et dirai qui justicierent Rome ·v^{c}· ans et ·xii· – c'est jusques a la naissence Jhesucrist et dusques a Auguste Cesar qui le regne en maintint, si com vos porés oïr, toz seus en cel temporie. Et bien sachés que je les nons de ceaus vos voill nomer a presence si com il la cité governerent por ce que vos meaus entendés lor nons quant vos en orés parler et com li un vindrent aprés les autres. (§ 661.1-2)

In seguito, quando si presenta la necessità di distinguere tra i diversi Scipioni, l'autore-narratore ricorda la lista consolare ai lettori e li invita a riferirsi a essa per distinguere tra i personaggi:

> Et bien sachés que por ce vos ramentois je ce que vos ne cuidiés mie qu'il n'eust en Rome c'un soul Scipio, quar encore en i ot il ·ii· autres, si com je vos di et ai reconté ariere la o je vos nomai les conceles qui la cité governerent tot en ordene tres le tans Brutus jusques al tans Julius Cesar qui par lui seul tint la segnorie. (§ 946.5)

Ancora, alla fine della sezione VII, l'autore-narratore si rivolge ai lettori e agli uditori per accompagnarli nel transito tra la materia romana e quelle persiana prima e alessandrina poi. Come vedremo a breve, questo è uno snodo compilativo importante perché l'autore sta riorganizzando in maniera radicale i materiali delle *Historiae adversos paganos* di Orosio. Egli spiega come sia opportuno soffermarsi sulle vicende di Medi, dei Persiani e dei Macedoni antecedenti Alessandro – sebbene, si deduce, il suo pubblico possa essere meno interessato a questi temi rispetto alla storia romana. Il motivo è che ometterli implicherebbe una transizione troppo dura, e del resto è ragionevole che il pubblico sappia come i regni si sono succeduti, e i più antichi si sono sottomessi a quelli seguenti; è qui evocata e impiegata – ma non enunciata o spiegata – la struttura antica della *translatio imperii*, che all'autore dell'*HAC* giunge da Orosio.[21] L'autore prosegue poi spiegando come il Pirro con cui i romani si scontreranno quando il racconto tornerà a loro non è Pirro figlio di Achille, perché anche se la stirpe è la medesima molto tempo è trascorso tra le vicende della guerra di Troia e quelle romane che saranno narrate:

> Des Medieins et des Persans et des Macedonieins seroit bien raisons ce me samble que je mention vos en feisse, ansois que je le tans que il furent trop durement trespassasse. Quar ce ne seroit mie raisons que je de lor fais merveillous aucune choze

21. Per la storia antica del concetto si veda ora F. Landucci, *La* translatio imperii *dal mondo greco al mondo romano*, in «Erga-Logoi. Rivista di storia, letteratura, diritto e culture dell'antichità», 6 (2018), pp. 7-28.

> ne vos desisse et desous quels rois li regne perdirent lor nons et as autres regnes furent aclin et obeirent. De ce vos voill je ore conter ains que plus die des Romains, ne de Pirrus le roi de Pire qui fu de la lignee le bon roi Achillés si com les estories racontent. Mais bien sachés vos qui oés et entendés que ce ne fu mie cil Pyrrus qui fu fills Achillés dont l'estorie de Troies raconte. Quar mout ot de tens entre l'un et l'autre. Mais cis Pyrrus fu de cele lignee, et si se combati as Romains, dont je vos dirai bien l'ochoison certaine quant je revenrai avant a l'estorie des Romains. (§ 699.2-4)

Nel momento in cui inserisce una lunga parentesi nel racconto di storia romana, quindi, l'autore-narratore dell'*HAC* spiega le ragioni compositive di questa scelta, l'utilità della materia narrata, e disambigua i due Pirro omonimi dando il senso del tempo trascorso rispetto a uno dei suoi punti fermi narrativo-cronologici, la guerra di Troia (una pietra miliare dello scorrere della storia umana ereditata dal *Chronicon* di Eusebio/Girolamo, dove questa data segna il convergere delle storie parallele di Assiri, Ebrei, Greci ed Egizi).[22] In questo tipo di interventi egli non solo rimarca la finalità didattica della sua opera, ma giustifica le sue scelte compositive in maniera scoperta. Il narratore-autore è preciso nell'indicare un modello di lettore-apprendente e nel mostrare come le sue scelte compositive siano a esso funzionali.

Come vedremo presto, gli stessi contenuti e la struttura dell'*HAC* derivano in parte da una reale negoziazione con il pubblico immediato di riferimento, e in particolare con un *segnor* che deve essere identificato con Roger di Lille. Queste circostanze storiche trovano un riflesso nella struttura discorsiva del testo, dove il destinatario interno è il vero luogo della riflessione metapoetica del narratore-autore. Attraverso di esso, l'autore descrive un pubblico curioso, che vuole distinguere, sapere e ricordare. Il destinatario interno della prosa dell'*HAC* ha un interesse liberale per la storia sacra e in quella degli imperi, un atteggiamento conoscitivo disinteressato che gli permetterà di non perdersi (né intellettualmente né moralmente) nel racconto intricato e alieno delle vicende e dei costumi del mondo dai suoi albori.

1.3. Cil que le livre fait*: ritratto di un autore interno*

In alcuni codici dell'*HAC* tra cui P – il testimone più autorevole della versione lunga, cioè quella originale, nonché il codice su cui si basano tutte le edizioni esistenti – compaiono delle rubriche che segnalano alcuni paragrafi come interventi del narratore. Il carattere metadiscorsivo di queste rubriche rende già probabile di per sé che esse non siano d'autore, ma siano state aggiunte da un copista-editore per esplicitare qualcosa che all'epoca e nel contesto di produzione dell'*HAC* era evidente di per sé: l'appartenenza delle moralizzazioni a un piano dell'enunciazione più autoriale e personale, diverso da quello della narrazione. Come vedremo più avanti, lo studio della tradizione suggerisce che le rubriche

22. *Die Chronik des Hieronymus*, hrsg. Helm, pp. 200a-200b.

dell'*HAC* nel loro complesso non siano d'autore, ma risalgano all'archetipo della tradizione.[23] È probabile che nell'ambiente in cui questo è stato confezionato l'avvicendarsi tra la narrazione e il discorso morale fosse qualcosa di poco familiare. Inoltre, nel caso specifico delle rubriche che esamineremo qui, la *varia lectio* fa supporre che il dettato delle rubriche di P non risalga neanche all'archetipo, ma a una riscrittura successiva.[24]

La prima rubrica che ci interessa introduce il § 31, una moralizzazione in versi preceduta da poche righe di prosa, e legge: «Ci parole cil que le livre fait et doctrine laisser mal a faire ·xxix·» (CJ, p. 99).[25] Questa prima introduzione del narratore lo identifica esplicitamente come un moralista, che 'insegna a cessare di fare il male'. Poco dopo, una breve divagazione dal tono morale (nell'occasione del racconto dell'ebbrezza di Noè) è introdotta in P identificando il narratore come *maistre*:

> *Doctrine dou maistre qui fait l'uevre ·xxxii·* Segnors, por ceste aventure de Noé qui ensi se descovri par trop boire s'agenoillent encore li escuier et li sergant a la table dou riche home, et quant il boit si metent et tienent lor mains a la nape. Et c'est senefiance que au riche home soviegne de Noè et qu'il tant ne boive qu'il en ait blasme ne vergoigne. (§ 34; CJ, p. 102)

Il fatto che *maistre* manchi nella lezione di P10 (l'unico codice, tra quelli di diversa tradizione, a trasmettere la rubrica) e che al suo posto compaia il pronome *cil* sono argomenti forti per attribuirne l'introduzione a un modello comune a P, V1, Re e Ph.[26] L'ipotesi contraria (la soppressione di un termine forte come *maistre* da parte della tradizione di P10) sembra molto meno probabile. Nel testo di P, *maistre* ritorna al § 49 («Ci parole le maistres qui traite l'estorie ·xl·vii·»; CJ, p. 109) e al § 85 («Les paroles dou maistre qui l'estorie traite ·lxxxii·»; CJ, p. 129), in entrambi i casi per introdurre delle moralizzazioni in versi.[27] Questi due paragrafi e le relative rubriche sono tràditi solo da P e collaterali, e dunque non ci

23. Si veda *infra*, § 3.2.2.

24. Per le articolazioni della tradizione si veda *infra*, capitolo 3.

25. La rubrica è attestata solo in P e nei suoi stretti collaterali: «Cil que le livre fait et doctrine de laiss[...] m[..] [...]ire» in V1 (7r); «Cy parle celuy qui le livre a fait de laissier le mal et faire bien» in Ph (8r); «Cy parle cellui qui fist ce livre et enseigne de laissier le mal a faire» in Re (8r). Nella versione abbreviata il paragrafo e la rubrica mancano, e lo stesso accade nella tradizione di Acri.

26. Nei collaterali di P: «Doctrine dou maistre que trait l'istore» in V1 (8r); «Doctrine du maistre qui ce livre a fait» in Ph (9r); «Doctrine du maistre qui fist le livre» in Re (9r). La rubrica e il paragrafo mancano nella versione abbreviata. Nella seconda tradizione, si legge «La doctrine de cil qi le livre traite» in P10 (11v) mentre la rubrica manca in L, D e B.

27. Per § 49: «Ci parole li maistre que l'istore traite» in V1 (10r); «Cy parle le maistre qui traite l'istoire» in Ph (12r); «Cy parle le maistre qui fist l'istoire» in Re (12v). Nella versione abbreviata il paragrafo e la rubrica mancano. Anche per quanto riguarda la seconda tradizione, il paragrafo e la rubrica mancano. Per § 85: «Des paroles dou maistre que l'istore traite» in V1 (14r); «Les paroles du maistre qui traite l'istoyre» in Ph (20r); «Les paroles du maistre qui l'istoire traite» in Re (20v). Nella versione abbreviata il paragrafo e la rubrica mancano, come anche nella seconda tradizione.

è possibile chiarire ulteriormente la collocazione della lezione *maistre* nella tradizione. Più avanti, P si riferisce al narratore nelle rubriche altre due volte, prima con la formula tautologica 'quello che redige il libro':

> *Des paroles celui qui le livre traite ·lxxxviii·* Por Deu, segnors riche home, ici devons nos ecouter et essample prendre: se nos meisme ne nos faisons bien dou nostre meisme tant com nos en avons la baillie, a cui et por quoi nos en plaindrons nos se cil qui aprés nos avront le nostre ne volent por nos nulle riens doner ne nul bien faire? Certes dou plaidier n'i avroit raison ni mesure. Si dou nostre meisme somes a nostre profit eschars et aver, je ne sai por quoi cil qui aprés nos vendront en facent por nos largece. De ce ne vos dirai plus ore. Chascuns qui sage iert le fera si com por lui meismes (§ 91; CJ, p. 133)[28]

e poi con quella, equivalente, 'colui che racconta la storia' nell'introdurre la moralizzazione in versi del § 96: «Les paroles de celui qui l'estoire traite ·xciii·» (CJ, p. 136).[29] Anche queste formulazioni perifrastiche sono attestate sporadicamente, perché i paragrafi che esse introducono sono stati soppressi integralmente e indipendentemente in diversi momenti della tradizione antica.

Tutte queste rubriche sono molto interessanti perché identificano il narratore con un moralista; nel caso di P e dei suoi collaterali, con un vero e proprio maestro di morale. *Maistre*, è un termine radicato nel Cento per designare i narratori e gli autori di letteratura volgare francese: è attributo di Gaimar e di Wace, che lo usa anche per riferirsi a Benoît de Sainte-Maure.[30] Secondo Peter Damian-Grint a questa altezza il termine si sarebbe specializzato per indicare un autore volgare legittimato da una seria erudizione latina.[31] Se l'uso di *maistre* nelle rubriche dell'antigrafo di P corrisponde a questa accezione, è possibile che il copista-editore che lo ha aggiunto intendesse introdurre nel ritratto autoriale fornito dalle rubriche un elemento che richiamava anche l'erudizione dispiegata nella sezione in prosa.

Il discorso erudito e quello morale non sono tra di loro incompatibili e in effetti nella costruzione dell'*HAC* essi convivono. Non sono, però, commisti; al contrario, sono chiaramente specializzati. Il racconto storico della prosa è caratterizzato da un intento educativo di tipo liberale; la storia non è moralizzata, non è esemplare e non è oggetto di giudizio. Il narratore della prosa non è condizionato da intenti morali; l'autore che lo ha modellato è convinto che conoscere la vera storia del mondo con accuratezza e precisione sia una cosa intrinsecamente buona e che la materia non richieda, per essere utile, né di essere allegorizzata

28. «Des paroles celuy que le livre traite» in V1 (15r); «Les paroles de celuy qui le livre traite» in Ph (21v); in «Des paroles de cellui qui le livre fait» in Re (22r). Nella versione abbreviata: «Des paroles celui qui le livre traita» in Ch (11v); «Des paroles celui qui le livre treite» in H (11v). Nella seconda tradizione il paragrafo e la rubrica mancano.

29. «Les paroles de celuy que traite l'istoyre» in Ph (22v); «La parole de cellui qui l'istoire fist» in Re (23v). Rubrica e paragrafo mancano in V1, nella versione abbreviata e nella seconda tradizione.

30. Nel caso di Wace il titolo di *maistre* corrispondeva alla carica di *clerc lisant*, cioè l'omologo in contesto secolare del *lector* monastico; si veda Paradisi, *Le passioni della storia*, pp. 79-86.

31. Damian-Grint, *Vernacular History*, pp. 101-107 e 129-130.

né di essere censurata. Il discorso morale ed etico è confinato quasi totalmente ai versi e solo in questi paragrafi assume i toni della catechesi. La voce che emerge da questi passi non corrisponde del tutto a quella dell'autore storico, ma neppure a quella di una figura fittizia. Da un lato, le opinioni espresse nei versi sono effettivamente quelle dell'autore dell'*HAC*; dall'altro, la loro espressione è costruita con gli strumenti formali e i *topoi* del discorso morale cristiano, che naturalmente avevano una lunga tradizione precedente anche in volgare (a partire dalla predicazione) e che proprio da questa tradizione traevano la loro efficacia. Nei paragrafi in versi l'autore esprime le posizioni più specifiche e personali, che risultano da un equilibrio complesso che coinvolge il suo rapporto con il pubblico, la sua formazione clericale erudita, e la posizione sociale che egli occupava nel momento in cui sta componendo l'*HAC* – una collocazione che rimane sempre implicita, ma che non può che permeare la rappresentazione del mondo contemporaneo data dai paragrafi di argomento morale. Ma, paradossalmente, proprio queste posizioni tanto individuali sono espresse in un linguaggio estremamente topico, largamente condiviso, e che doveva essere familiarissimo al pubblico.

Dal punto di vista formale, i passaggi in versi si agganciano alla prosa esibendo gli attributi delle glosse: sono introdotti da connettivi causali (come *por ce* o *car*) o esplicativi (le formule *ci poés entendre*, *ci poés savoir*).[32] Si concentrano su due grandi temi tra loro connessi: la caducità della vita e la follia dell'attaccamento ai beni terreni.[33] Il primo è preponderante in relazione alle storie dei patriarchi; il secondo ricorre a partire dal racconto delle vicende dei grandi regni orientali. I due temi riflettono la dicotomia tra storia dei giusti e storia del mondo corrotto dal potere, che corrispondono a due componenti distinte della vicenda mondiale narrata dall'*HAC*: la storia biblica (che corrisponde alla sezione I, *Genèse*) e la storia degli imperi, che con varie interpolazioni occupa tutte le altre sezioni. Questo spostamento del focus argomentativo dipende dalla materia sulla quale le glosse si innestano, ma rimane interno a un unico intento discorsivo: l'ammaestramento dei potenti e di coloro i quali gestiscono le risorse e hanno il compito di mantenere coesi i gruppi umani.

Alcune delle affermazioni del narratore-autore nei paragrafi in versi sono fondamentali per comprendere gli intenti autoriali. Nella sezione I (*Genèse*), Abramo, dopo la condanna di Sodoma e Gomorra, chiede a Dio la misericordia per gli iniqui a fronte della fedeltà dei pochi giusti. La glossa in versi aggiunge:

> Proudom l'ire de Deu rapaie,
> Par ses proieres fait la paie
> Dou pecheor et de ses fais

32. Per esempio «Por ce se doit on bien retraire / De malisse et de peché faire» (§ 31, vv. 1-2; CJ, p. 99); «Quar c'est pechez contre nature / E c'est pechez contre droiture» (§ 115, vv. 1-2; CJ, p. 147); «Quar ele fu si bien plantee / Tresdonc, et si enracinee / Qu'encor i pert et i parra / Tant com la cités durera» (§ 910, vv. 1-4); «Quar je vos di que la merite / De maint home est mout petite» (§ 1061, vv. 1-2).

33. Un prospetto completo dei contenuti delle sezioni in versi si legge *infra*, Appendice II.

Dont envers Deu est trop mesfais.
Prodom ne fors conseille mie
Celui qui vers Deu se gramie,
Ains le met tost fors de l'errance
Si le retorne a amendance.
Por un prodome est uns païs
Deslivrés de ses anemis.
Qui de prodome fait memorie
Tostans en est bone l'estorie,
Soit a vie, soit a la mort
Toz jors i prent on bon confort. (§ 121, vv. 23-36; CJ, p. 152)

La storia che mantiene viva la memoria dei giusti è buona ed è ragione di conforto per gli uomini. Questo passo assume un significato tanto più pregnante se si considera che segue il racconto durissimo della punizione dei sodomiti, il cui peccato è tanto osceno che l'autore dell'*HAC*, nei versi che seguono l'episodio e nei quali ci si aspetterebbe una condanna articolata della sodomia e del disordine sessuale, è invece del tutto reticente: non nomina mai il peccato, non lo descrive, evoca solo gli effetti tossici che si scatenano alla sua sola menzione (§ 115; CJ, pp. 147-148). La storia dei giusti, quindi, consola anche – e forse soprattutto – quando contiene il racconto di sofferenze e iniquità.

Le ragioni delle moralizzazioni in versi sono spiegate per la prima volta in un passo della sezione IV (*Grecs et Amazones*). I contenuti morali sono paragonati ai colori con i quali un pittore ricopre i volti che ha disegnato:

De ce le m'estuet laissier ore,
Quar j'ai a faire mout encore
Davant l'uevre continuer.
Mais on doit bien son dit nuer
De raison, s'il est qui le face,
Ausi com on nue la face
D'une ymage quant on la paint.
Ausi est droit qui cil se paint
Qui reconte bone matere:
Qu'il n'i oblit Deu Nostre Pere,
Quar li exemple de tot bien
Vienent de lui, ce seit on bien,
E a lui tuit li buen riront
Qui mout se esleeceront. (§ 515, vv. 7-20; VT § 145)

Secondo l'autore, il senso delle moralizzazioni è duplice: da un lato, il racconto deve essere 'tinto di ragionamenti, discorsi assennati', così come i volti dipinti devono essere coperti di colore;[34] dall'altro, chi racconta una materia utile deve

34. Traduco il sostantivo *raison* anche con 'discorsi assennati' per rendere la combinazione dei due dignificati antico-francesi: 'Vernunft' e 'Rede' (cfr. TL, *ad vocem*, 1 e 2). Questo passo dell'*HAC* è stato discusso in chiave strettamente poetologica da J. Stoll, *Imagining Troy. Fictions of Translation in Medieval French Culture*, PhD dissertation, King's College London, 2014, pp.

moderare il suo orgoglio, ricordando che ogni esempio di bene viene da Dio, il solo che possa dare gioia ai buoni. Queste indicazioni vanno a completare quanto detto circa la prosa: la storia dei buoni è buona di per sé, ma dimenticare che il bene proviene da Dio sarebbe un atto di orgoglio. Il collegamento tra l'immagine del pittore e le moralizzazioni è istituito non per via concettuale, ma fonica, attraverso la rima identica tra *paint* 'dipingere' e *paint* 'penare'. La similitudine per la quale i 'ragionamenti' sono paragonati ai colori della pittura richiama alla mente l'oraziano *ut pictura poesis*, che naturalmente aveva una diffusione medievale sia come precetto dell'*Ars poetica* sia, decontestualizzato, come aforisma.[35] Inoltre, l'evocazione della pittura in un contesto didattico ricorda il complesso di dottrine e riflessioni connesse alle funzioni memoriali delle immagini, che in ambito latino risale alla *Rhetorica ad Herennium*, approda al pensiero cristiano con Agostino (che considera le immagini pagane un veicolo per conoscere i modi del traviamento spirituale) e riemerge a più riprese nella tradizione medievale.[36] Ma le analogie tra il discorso del narratore dell'*HAC* e questi modi di pensare la creazione poetica sono solo superficiali: i 'ragionamenti' sono sporadici e non funzionali alla vicenda narrata; soprattutto, non sono poesia e non sono rappresentazione, ma appunto 'ragionamenti', cioè esposizioni e perorazioni di dottrine. L'evocazione delle arti figurative serve all'autore dell'*HAC* per suggerire un'unione organica tra narrazione e interpretazione che non esiste a livello discorsivo, ma che dovrebbe esistere a livello morale.

Nella sezione VII (*Rome I*), il narratore-autore ritorna sulla funzione degli inserti in versi in un passo che segue il racconto di una carestia e un'epidemia occorse a Roma secondo il racconto di Orosio. Dopo aver detto delle calamità e del disordine sociale che affliggeva i pagani, spiega che questi flagelli sono stati debellati con l'avvento del cristianesimo. E aggiunge:

> Ceste parole vos ai dite
> Por ce que de Deu vos soviegne,
> Qui a sa loi toz nos maintiegne.

122-126. La lettura di Stoll implica la ricostruzione di una teoria della traduzione che orienta coerentemente la pratica dell'autore dell'*HAC* e attribuisce alle dichiarazioni reperite nelle sezioni in versi il ruolo di chiave di volta dell'intera opera.

35. Sulla circolazione medievale dell'*Ars poetica* oraziana si veda B. Munk Olsen, *La popularité des textes classiques entre le IX*^{e} *et le XII*^{e} *siècle*, dans «Revue d'histoire des textes», 14-15 (1984-1985), pp. 169-181; R. Copeland, *Horace's* Ars poetica *in the Medieval Classroom and Beyond. The Horizons of Ancient Precept*, in *Answerable Style: The Idea of the Literary in Medieval England*, ed. by F. Grady, A. Galloway, Columbus, Ohio State University Press, 2013, pp. 15-33; K. M. Fredborg, *The* Ars poetica *in the Eleventh and Twelfth Centuries: From the* Vienna scholia *to the* Materia *commentary*, in «Aevum», 88 (2014), pp. 339-442.

36. Si veda A. Minnis, *Medieval Imagination and Memory*, in *The Cambridge History of Literary Criticism*, II, *The Middle Ages*, ed. by A. Minnis, I. Johnson, Cambridge, Cambridge University Press, 2005, pp. 239-271, in particolare pp. 262-263. Per le funzioni culturali delle immagini, anche pagane, nella tradizione cristiana medievale si veda E. Burgio, *Racconti di immagini. Trentotto capitoli sui poteri della rappresentazione nel Medioevo occidentale*, Alessandria, Edizioni dell'Orso, 2001, pp. 5-57.

Ne dirai plus, ains voill retraire
As Romains dont mout ai a faire.
Mais ce di je, sachés le bien,
Entre ·xx· maus un poi de bien. (§ 673, vv. 54-60)

Si tratta, semplicemente, di inframezzare con qualcosa di buono un racconto che di per sé non ha nulla di esemplare. Il discorso morale dell'*HAC* non mostra tratti originali o virtuosistici, ma semplicemente aggiunge al racconto delle esortazioni etiche che traggono spunto dalla narrazione in prosa, ma non la allegorizzano e non la interpretano moralmente.[37] L'integrità delle fonti è conservata anche sul piano interpretativo: la sequenza delle vicende storiche non è un catalogo di simboli né tantomeno di esempi ma un susseguirsi di fatti storici realmente accaduti. La sua storia ha la funzione di consolare ricordando i giusti in modo accurato, e da questo punto di vista essa ha un taglio liberale e laico: se certamente ogni bene viene da Dio, non per questo tutti i discorsi tornano a Dio.

Esistono delle analogie importanti tra i paragrafi in versi dell'*HAC* e quelli dei testi di Wauchier de Denain compresi nelle due raccolte agiografiche da lui firmate.[38] Anche in questi è ricorrente l'introduzione degli inserti versificati mediante un nesso causale-esplicativo, e, come nell'*HAC*, molti versi possono essere dedicati a raccordare il testo in ottosillabi con la prosa che segue, cioè a riportare il lettore alla *matiere*, la dimensione narrativa.[39] Cosa ancora più importante, anche nei paragrafi in versi della compilazione agiografica esiste una coerenza argomentativa, che si esercita su nuclei spesso molto simili e talvolta identici a quelli dell'*HAC*: le ricchezze sono possessi illusori e portano alla perdizione.[40] Se davvero l'*HAC* è

37. Come invece accede in due opere in ottosillabi di tema analogo composte nel primo XIII sull'asse *champenoise*-lorenese in anni non lontani dal nostro autore: quella di Calendre e la *Genèse* di Évrat. Si veda Rachetta, Lignage *e* nacïon, in particolare pp. 82-84.

38. Ampie selezioni di questi passi in versi si leggono in Szkilnik, *Écrire en vers, écrire en prose*, pp. 221-227, e Thompson, *The Recent Discovery of a Collection*, pp. 133-136. È a queste edizioni che rimandano i riferimenti nelle note che seguono.

39. Per i nessi causali si veda, nel primo verso: «Quar eschar hom qui a avoir / Ne doit nulle loange avoir» (E, vv. 1-2), «Quar lons sermons trop fort annuie / Plus que laiz tens ne longues plu-ies» (Szkilnik, G, vv. 1-2); nel secondo o nel terzo, usando quelli precedenti come raccordo: «Molt est povres hon a segur / Quant Dieus li done tel eür. / Quar sa poverte a pacience. / Li riches n'a onques science / S'a garder non tot ce qu'il pert» (Szkilnik, E, vv. 1-5); «Cex qui mal font n'agaite il mie / Quar il sunt tuit a sa partie» (Szkilnik, F, vv. 1-2); «Car qi bon signor sert / Bone merite atent» (Thompson, Appendix 4, vv. 1-2). Per i raccordi verso la prosa si compari, per esempio: «Or creim je que ne vos anuit / Por ce que ne sui ma matiere / De Nembroth et de Chus son pere / Qui fu fills Cham le fill Noé. / Si n'ai mie encor oblié / Des lignages parler ne doie / Car mes cuers mout bien s'i apoie. / Ci en dirai selonc droiture / Si come le truis en l'escriture» (§ 49, vv. 66-74; CJ, p. 111); «Mais Diex en fera son voloir, / Qui que s'en doie aprés doloir. / Quar il est rois et emperere / Sor tote rien. A la matere / Voil revenir si con suel[t] estre. / Si vos dirai avant del prestre / Qui les deniers ot de fin or / Et les ot mis en son trésor, / Si con vos orendroit oïtes, / Se vos de cuer i entendites» (Szkilnik, D, vv. 29-38); «A ma matere revendrai, / Si dirai del duc et de s'uevre, / Qi or a primes se descuevre» (Thompson, Appendix 1, v. 40-42).

40. La cupidigia provoca l'avarizia, che è odiatissima da Dio (Szkilnik, C); chi è legato ai propri averi crede di sedurre, tramite essi, Dio e il mondo, ma costui perderà tutto ciò che ha, tanto

stata scritta da Wauchier de Denain – e questi sono argomenti a favore di una simile ipotesi – è possibile che sia nelle opere agiografiche che egli ha sperimentato per la prima volta l'inserimento della sua voce autoriale mediante la forma versificata. Naturalmente, le inserzioni in versi delle raccolte agiografiche si innestano su una materia che è già intrinsecamente morale ed esemplare e quindi il rapporto tra i contenuti del testo e della prosa si configura come una consonanza, non una polarizzazione. Nelle vite dei santi l'opposizione prosa-verso implica quella tra "parole della tradizione cristiana" e "voce del mediatore"; nell'*HAC*, invece, l'opposizione è tra quest'ultima e le "parole della tradizione pagana" (tanto attinta direttamente che mediata da Orosio e Paolo Diacono).[41]

2. *L'autore e la genesi del testo*

2.1. *L'unicità dell'autore e la struttura della compilazione*

Il fatto che l'*HAC* sia il frutto di un atto compositivo unico e non, invece, di una compilazione progressiva redatta in più momenti è un dato che non può essere considerato acquisito *a priori*. In mancanza di argomenti extratestuali, l'unità dell'opera è inoltre l'argomento principale in favore dell'unicità dell'autore. Naturalmente, ogni conclusione circa questo punto è destinata a lasciare margini di incertezza abbastanza ampi su aspetti che possono anche essere molto rilevanti: non possiamo escludere né che una o più sezioni siano state radicalmente riscritte anteriormente all'archetipo, né che l'autore della maggior parte del testo si sia servito, per una o più sezioni, di testi francesi già esistenti ma oggi non attestati indipendentemente. Allo stesso modo, ovviamente, non si può assumere che tutto ciò che era nell'archetipo provenisse dalla penna dell'autore: le rubriche, per esempio, sono certamente in gran parte opera di un copista-editore.

in Dio come nel mondo (Szkilnik, D); il povero è al sicuro perché la povertà dona la pazienza, mentre il ricco sa soltanto proteggere quello che sta perdendo, perché Dio non rinuncerà mai alla sua proprietà e il ricco perderà i suoi beni nell'ora del trapasso, nell'eterna sventura tra tormenti senza fine e nella morte del corpo e dell'anima (Szkilnik, E); il diavolo inganna i giusti per recuperarli ai ranghi dei molti che operano male (Szkilnik, F); le parole dei padri infastidiscono chi poco ama Dio, e in particolare i ricchi che preferiscono parlare di ricchezze piuttosto che ascoltare sermoni divini e dimenticano le pene che le loro anime soffriranno, contro le quali non avranno forza i re e i duchi, né conti o nobili principi, né serviranno le eredità né il pregio della cavalleria (Szkilnik, G); oggi nessuno pratica il digiuno e l'osservanza: non i cistercensi, non il clero, non i cavalieri o i villani (Szkilnik, I); le elemosine vengono trascurate perché i ricchi credono che la loro ricchezza gli appartenga, ma così non sarà poiché viene da altri e altri l'avranno, e folle è chi non teme la morte che colpisce tutti (Thompson, Appendix 1); i ricchi non sono mai sazi perché chi più ha più desidera, ma tutto ciò può essere rubato dai ladri o dalla morte che arriva nottetempo (Thompson, Appendix 2).

41. Sulla continuità discorsiva tra prosa e verso nell'agiografia di Wauchier de Denain si veda E. Campbell, *The Time of Translation in Wauchier de Denain's* Histoire des moines d'Égypte, in «Florilegium», 31 (2014), pp. 1-29.

Prima di affrontare la questione dal punto di vista dell'analisi strutturale occorre discutere un elemento fino a ora del tutto trascurato che potrebbe suggerire l'idea di un'autorialità multipla del testo come noi lo conosciamo. In P il prologo è introdotto da una rubrica che recita «Ci comence li prologues ou livre des estories Rogier et la porsivance» (CJ, p. 74), dove Rogier è il nome del dedicatario dell'opera, Roger castellano di Lille, menzionato più avanti: «Por qu'il plaise le chastelain / De Lisle, Rogier mon segnor» (§ 1, vv. 262-263; CJ, p. 80). P è, in generale, un codice la cui lezione è molto competente e spesso conservativa. Il prologo, che è contenuto solo in P e nel codice italiano V1 (privo di rubrica), è sicuramente autentico. La condizione per attribuire autorità storica alla rubrica di P è che essa risalga all'archetipo o che sia più antica; si tratta di una eventualità del tutto possibile, nonostante l'unicità dell'attestazione. D'altra parte, è anche possibile che il *porsivance* della rubrica di P dipenda dallo stesso prologo, dove *porsivre* compare tre volte.[42] Nella prima occorrenza l'azione è attribuita al pubblico, e il verbo vuol dire semplicemente 'seguire':

Qui la matiere porsivra
E de cuer i entendera
Oïr porra la plus haute ovre
Qui encor pas ne si descuevre
C'onques fust en nos lengue traite. (§ 1, vv. 105-109; CJ, p. 76)

Le altre occorrenze compaiono nel piano dell'opera. La seconda fa parte dell'elenco delle materie effettivamente contenute nell'*HAC*. L'azione di 'proseguire' è attribuita all'autore, e indica il procedere del lavoro compilatorio allo snodo tra la materia biblica e quella storica – un punto che, come vedremo presto, ha una notevole importanza strutturale perché l'autore smette di affidarsi alle fonti bibliche e inizia a sfruttare sistematicamente Orosio:

Aprés l'estoire porsivrai
E tot en en ordre vos dirai:
Coment Ninive fu fondee
E Babilonie restoree… (§ 1, vv. 145-148; CJ, p. 77)

La terza occorrenza, al v. 183, compare nella parte del piano dell'opera relativa alla continuazione progettata ma mai realizzata. L'azione è attribuita all'*estoire*, cioè alla sequenza delle vicende. *Porsivre* serve anche qui a marcare una discontinuità compilatoria, anche se solo prevista: il passaggio dalla materia romana imperiale e una nuova sezione di argomento francese, probabilmente contenente la leggenda della popolazione della Francia da parte di esuli troiani:

Aprés n'iert pas l'uevre petite
Quant vendra as empereors
Qui conquisent les grans honors
Par quoi la cités fu cremue

42. Ringrazio molto Luca Barbieri per avere attirato la mia attenzione su questa possibilità e sui versi che la suggeriscono.

E en grant orgoill embatue;
Car ce tesmoine le latins:
Toz li mons fu a Rome aclins
Quant Cesar Augustus regna.
Aprés l'estoire porsivra
Tot si com France fu puplee
E de quel gent fu abitee. (§ 1, vv. 174-184; CJ, p. 77)

Il fatto che nel prologo *porsivre* compaia due volte in corrispondenza di snodi compilatori induce a interpretare *porsivance* del prologo nel senso di 'svolgimento', applicabile sia a quello dell'*HAC* nella versione esistente che a quello previsto dalla continuazione autoriale. La rubrica andrebbe quindi intesa come: 'Qui comincia il prologo alle storie di Roger e il (loro) svolgimento (attuale e progettato)'. Secondo questa interpretazione la rubrica che introduce il prologo di P sarebbe estremamente accurata; la sua formulazione aderirebbe al testo – anche dal punto di vista degli usi linguistici – in modo inusitato rispetto alle rubriche che normalmente introducono, anche nello stesso P, la prosa. In teoria, sarebbe compatibile anche con l'autografo.

Rispetto alla questione dell'unità dell'opera, la rubrica sarebbe coerente con tutti gli altri elementi di cui disponiamo: l'estensione regolare del testo in tutti i testimoni, senza attestazioni parziali antiche; l'assenza di divergenze stilistiche nelle varie sezioni tali da suggerire autorialità diverse; soprattutto, la dipendenza dell'intera opera dalle stesse tecniche compilative. Tutti questi argomenti suggeriscono che l'*HAC* sia opera di un solo autore e che sia stata messa in circolazione nella forma in cui la conosciamo, in un determinato e unico momento storico, come un'unità coesa.

L'argomento più importante tra quelli che ho elencato sopra dipende dallo studio delle fonti, che rivela un'architettura generale solida, coerente e basata su poche tecniche ricorrenti. Dal punto di vista del sostrato testuale l'*HAC* si lascia dividere in due parti. La prima coincide con la sezione I (*Genèse*), la seconda con le sezioni II-XI (da *Orient I* a *Jules César*). La prima parte si basa su fonti che non ritorneranno se non sporadicamente nelle sezioni successive: la Vulgata, l'*Historia scholastica* di Pietro Comestore e lo *Josephus latinus*, vale a dire la traduzione latina delle *Antiquitates Judaicae* di Flavio Giuseppe. La fonte sovraordinata dal punto di vista dell'ordine della materia è l'*Historia scholastica*, mentre la Vulgata e lo *Josephus latinus* vengono utilizzate episodicamente, anche se a volte per lunghi tratti, per dialoghi tra i personaggi o scene portatrici di una carica drammatica o di una funzione narrativa particolari. La seconda parte, ben più ampia e varia sia in termini di contenuti che di fonti utilizzate, trova una coesione nell'utilizzo, come canovaccio narrativo, delle *Historiae adversos paganos* di Orosio. L'autore può anche abbandonare le *Historiae* per ampie sezioni, esse non sono mai l'unica fonte, e spesso non sono neppure la fonte principale. Ma sono sempre la fonte strutturante dalla quale viene tratta la sequenza degli eventi e sulla quale si basa la logica che governa l'integrazione dei materiali di provenienza diversa.

La sezione II (*Orient I*), contiene la traduzione dei capitoli 1-12 del libro I delle *Historiae adversos paganos*. L'autore ha preso in mano Orosio appena terminata la narrazione della Genesi e, dopo aver deciso di trascurarne il prologo, ha iniziato a tradurre l'opera dello storico latino con ordine e metodo integrandone il racconto con le cronologie tratte dal *Chronicon* di Eusebio/Girolamo. Al capitolo 12, egli si è imbattuto in una serie di allusioni alle vicende dei greci, ovvero il materiale mitologico che Orosio dichiara di lasciare da parte perché universalmente noto, «facta turpia» e «fabulas turpiores» che non necessitavano di argomentazione ulteriore per essere classificati come prove della follia e delle sventure dei pagani. Quella di Orosio è una *praeteritio*, il *topos* classico in cui si dichiara di tralasciare degli argomenti per poi indulgere, nei fatti, nella loro enumerazione:

> Praesertim cum et Graecorum praetereunda non sunt et Romanorum vel maxime recensenda sint. Nec mihi nunc enumerare opus est Tantali et Pelopis facta turpia, fabulas turpiores. Quorum Tantalus rex Frygiorum Ganymedem, Troi Dardaniorum regis filium, cum flagitiosissime rapuisset, maiore conserti certaminis foeditate detinuit, sicut Fanocles poeta confirmat, qui maximum bellum excitatum ob hoc fuisse commemorat: sive quia hunc ipsum Tantalum utpote adseculam deorum videri vult raptum puerum ad libidinem Iovis familiari lenocinio praeparasse, qui ipsum quoque filium Pelopem epulis eius non dubitaret inpendere. Taedet etiam ipsius Pelopis contra Dardanum atque Troianos quamlibet magna referre certamina: quae quia in fabulis celebrari solita sunt, neglegentius audiuntur. Illa quoque praetereo, quae de Perseo Cadmo Thebanis Spartanisque per inextricabiles alternantium malorum recursus Palefato scribente referuntur. Taceo flagitia Lemniadum, praetermitto Pandionis Atheniensium regis flebilem fugam, Atrei et Thyestis odia stupra et parricidia caelo quoque inuisa dissimulo. *Omitto Oedipum interfectorem patris, matris maritum, filiorum fratrem, vitricum suum. Sileri malo Eteoclen atque Polynicen mutuis laborasse concursibus, ne quis eorum parricida non esset.* (I, 12, 3-9)

Ecco la traduzione di questo paragrafo nell'*HAC*:

> Or le lairai de ce ester et dou reconter de ceaus dont li auctor racontent et dient lor fables, quar se je de trestout voloie raconter et dire trop avroie a faire. *Si me prendrai a raconter de la destruction de Thebes, que fu ausi en celui tans. Et si dirai aprés coment et por quoi li regnes de Femenie fu puplés de damoiseles, et de la grant bataille qu'eles orent vers lor voisins qu'eles toz conquistrent, et coment Herculés les desconfi por ce qu'il les ot souprises. Et puis aprés vendra de Troies li grans afaires, dont les batailles furent grans et desmesurees.* Mais ci en dedens vos lairai a dire coment Tantalus ravi Ganimedem qui fu fiz le roi Tros, qui sires estoit des Dardanieins, et le grant bataille que puis en fu meue si com Phanocles li poetes le dist et raconte. Et si lairai ausi les grans estris et les grans meslees des Dardanieins envers le roi Pelopem a raconter, quar de ce n'avons nos mes que faire. E si trespasserai ce que Palefatus li poetes raconte des Thebainieins et des Spartanieins, coment Cadinus et Perseus s'en entrevairent et les maus et les paines grevouses en sofrirent. Et si lairai a raconter coment Pandion, li rois d'Athenes s'en fui et fu chaciés de son regne, et coment Atreus et Thiestes s'entrehairent de grant haine, et les luxures et les murtres qui si malaventurous furent entr'eaus adonques, m'estuet trespasser et laissier a dire. (§ 391, 2-4; VT § 21)

Per lunghi tratti, il paragrafo delle *Historiae adversos paganos* è reso dall'autore dell'*HAC* in maniera fedele. Il narratore della prosa si appropria qui di riferimenti a fonti (Fanocle e Palefato) alle quali l'autore non ha accesso o cognizione indipendente da Orosio. Allo stesso modo, il narratore-autore fa sua anche la *praeteritio* per quanto riguarda la materia mitica precedente le vicende delle guerre tebana e troiana (quindi i racconti relativi a Tantalo e Ganimede, a Cadmo e Perseo e ad Atreo e Tieste). Ma in alcuni punti il passo orosiano viene modificato significativamente. I «facta turpia» e «fabulas turpiores» sono resi semplicemente con *fables*. Con questa traduzione l'autore dell'*HAC* sottolinea il carattere non fededegno di questi materiali (laddove Orosio, parlando di *facta*, fa riferimento anche agli eventi – veri o falsi che fossero) ma elimina anche la condanna morale emessa dall'autore latino. Inoltre, l'autore francese innesta nella traduzione alcune frasi – in corsivo, mio, nella citazione del testo francese – che costituiscono l'anticipazione delle sezioni di materia pagana tratte da fonti diverse da Orosio. Infine, la chiusa del paragrafo orosiano – in corsivo, sempre mio, nel testo latino – non viene tradotta, e al suo posto l'autore dell'*HAC* introduce la sezione III (*Thèbes*).

Questa sezione si apre con un paragrafo che funge da introduzione a tutta la materia pagana e che contiene una formulazione, assente nelle fonti e dunque pienamente autoriale, nella quale i fatti antecedenti l'avvento di Cristo sono definiti come la storia del mondo al tempo in cui la fedeltà a Dio era praticata solo da pochi:

> Segnor, nus n'estoit en Deu creans adonques fors un poi de gent de la lignee des Hebrius, et ne mie tuit cil encore qui de la lignee des fiz Israel venu estoient. E por ce estoit li siecles toz en tribulation et en meslees qu'il en Deu n'avoient fiance ne creance (§ 392. 2-3; VT § 22).

La sezione III è un riassunto in prosa del *Roman de Thèbes* nella cosiddetta *version courtoise*.[43]

Una volta terminato il racconto tebano, l'autore riprende il testo di Orosio esattamente dove lo aveva lasciato e traduce i capitoli 13-15 del libro I delle *Historiae*. Questa porzione testuale, che copre i §§ 496-512, è la sezione IV (*Grecs et Amazones*). Continuando a leggere Orosio, dopo un capitolo interlocutorio che contiene una moralizzazione (il capitolo 16, che non è tradotto nell'*HAC*), l'autore incontra il capitolo 17, dedicato a dare conto della caduta di Troia. È a questo punto che egli interpola, sullo scheletro orosiano, la sezione V (*Troie*), ovvero una traduzione del *De excidio Troiae* di Darete Frigio. Una volta terminato il rac-

43. Questa denominazione risale ad A. Petit, *Naissances du roman. Les techniques littéraires dans les romans antiques du XIIe siècle*, Paris-Genève, Champion-Slatkine, 1985, p. 1183, e designa quella che era indicata come «version picarde» in *Le roman de Thèbes*, éd. par L. Constans, 2 voll., Paris, Firmin Didot, 1890, in particolare II, pp. LVII-LX, sulla base della provenienza dei due codici che la contengono (Paris, BnF, fr. 375, e Cologny [Genève], Fondation Martin Bodmer, 18). Si tratta di una versione che contiene amplificazioni e interpolazioni prodotte – a differenza della versione detta da Petit *savante* – senza l'ausilio e il controllo del testo latino. La *version courtoise* è stata studiata e descritta in *Le roman de Thèbes. Manuscrit A (BnF, fr. 375)*, éd. par L. Di Sabatino, Paris, Classiques Garnier, 2016.

conto, l'autore francese torna sul libro I di Orosio e incontra il capitolo 18, che dà notizia dell'arrivo di Enea in Italia. Continuando il suo lavoro compilatorio, egli aggiunge alla sua opera la sezione VI (*Eneas*), che è un adattamento dell'*Eneide* di Virgilio redatto con il sussidio del commento di Servio.

La sezione VI si chiude con una serie di paragrafi, §§ 645-649, che sono tradizionalmente aggregati alla vicenda di Enea pur rappresentando in realtà una breve sezione indipendente sui re assiri successori di Nino che contiene soprattutto genealogie tratte del *Chronicon* di Eusebio/Girolamo; questa assegnazione si basa sul paratesto di P, dove l'inizio della sezione successiva, dedicata alla storia romana, è indicato mediante una iniziale filigranata maggiore e una rubrica che recita «Ci comence l'estorement de la cité de Rome» al § 650. Nei §§ 645-649 l'autore dell'*HAC* adotta in realtà una tecnica che aveva già utilizzato all'inizio della sezione V, nel cui primo paragrafo i materiali del *Chronicon* sono riportati per le genealogie dei Sicioni fino a Laomedonte (quindi fino alla generazione protagonista degli antefatti della guerra di Troia, che verranno narrati subito dopo). Lo stesso avviene qui, dove il *Chronicon* viene utilizzato per connettere Nino a Proca, padre di Amulio e Numitore, nonno di Rea Silvia e bisnonno di Romolo. I §§ 645-649 sono quindi, da un punto di vista compilatorio, introduzione e parte integrante della sezione VII (*Rome I*). L'autore dell'*HAC* utilizza questi materiali tratti dal *Chronicon* per fornire un raccordo genealogico perché anche qui, come era avvenuto all'inizio della sezione V, si trovava di fronte a una discontinuità compilatoria: egli aveva infatti deciso di lasciare da parte i capitoli finali del libro I delle *Historiae*, 19-21, e passare al libro II, dove del lasso di tempo intercorso tra Nino e Proca si parla al capitolo 2.

La sezione VII (*Rome I*) contiene poi i materiali sulla storia romana tratti dai libri II e III delle *Historiae*, quindi i capitoli 1-5 e 12-19 del libro II, tralasciando quelli dedicati alle vicende dei persiani, e i capitoli 1-10 e 22-23 del libro III, tralasciando quelli che riguardano le vicende di Alessandro Magno. Giunto nella traduzione alla fine del libro terzo, l'autore dell'*HAC* riprende il libro II e traduce i capitoli 6-11 che aveva lasciato da parte, sempre introducendoli con materiali genealogici tratti dal *Chronicon*. Così facendo dà luogo alla sezione VIII (*Orient II*), nella quale riprende le fonti che aveva già sfruttato per la I (*Genèse*), vale a dire la Bibbia, Pietro Comestore e Flavio Giuseppe, per interpolare estesamente le storie di Giuditta ed Esther e in genere arricchire la narrazione. Al termine di questa sezione, l'autore riprende la materia alessandrina che aveva lasciato da parte mentre traduceva il libro III e compone la sezione IX (*Alexandre*), integrando i materiali orosiani con altre vite e pseudo-documenti latini quali il riassunto dell'opera di Giulio Valerio nota come *Zacher Epitome* e l'*Epistola Alexandri ad Aristotelem* (con occasionali prelievi dal *Roman d'Alexandre* di Alexandre de Paris).[44] Al termine di questa operazione, egli riprende in mano Orosio e ne traduce e riassume i libri IV, V e VI fino al capitolo 7. Questi materiali formano

44. La *Zacher Epitome* si legge in *Julii Valerii Epitome*, ed. J. Zacher, Halle, Verlag des Buchhandlung des Waisenhauses, 1867. L'epitome è il riassunto dell'opera latina di Giulio Valerio, a sua volta una traduzione del romanzo greco dello Pseudo-Callistene.

la sezione X (*Rome II*) e la sezione XI (*Jules César*). La sezione XI non contiene discontinuità dal punto di vista delle fonti, è autentica e come vedremo presto è conclusa da un paragrafo di grande importanza per capire storia e scopo dell'*HAC*. Questo avvicendarsi delle fonti è anche la prova più importante del fatto che le sezioni in cui l'*HAC* è ripartita negli studi moderni sulla base dei paratesti e dell'ornamentazione dei codici antichi non sono dovute all'iniziativa dei copisti; in quanto sub-unità della compilazione, risalgono all'autore.[45]

Nella tabella che segue fornisco una sintesi di questa ricostruzione, indicando la sezione, la fonte strutturante (cioè quella da cui dipende l'ordine della materia), le fonti principali (cioè – senza pretese di esaustività – quelle da cui deriva la maggior parte del testo tradotto) e la tecnica compilatoria.[46] Nella sezione I le fonti strutturanti sono multiple perché qui l'autore dell'*HAC* è decisamente originale sul piano compilatorio: passa da una fonte all'altra e di ciascuna segue di volta in volta, per tratti più o meno lunghi, l'ordine e la struttura della narrazione. Nelle sezioni II-XI, invece, la fonte strutturante è sempre Orosio. Le tecniche compilatorie tramite le quali l'autore modifica significativamente la struttura del testo orosiano, dando luogo alle undici sezioni individuate dagli studiosi moderni, sono l'*interpolazione*, che si verifica quando egli inserisce in un punto specifico della sequenza della fonte strutturante la traduzione di altre opere, per poi riprenderla nel punto esatto in cui se ne era distaccato; oppure la *posposizione*, quando l'autore lascia momentaneamente da parte una materia contenuta nella fonte strutturante per reinserirla in un punto più avanzato del racconto. I materiali effettivamente tradotti nella sezione posposta possono derivare dalla fonte strutturante stessa (e in quel caso si tratta di una semplice riorganizzazione della materia) oppure da fonti diverse relative agli stessi personaggi ed eventi.

Sezione	Fonti strutturanti	Fonti principali	Tecnica compilatoria
I. *Genèse*	Vulgata; Pietro Comestore, *HS*; *Josephus latinus*	Vulgata; Pietro Comestore, *HS;* *Josephus latinus*	-
II. *Orient I*	Orosio, *HAP*, I, 2-12	Orosio, *HAP*	-
III. *Thèbes*	Orosio, *HAP*, I, 12	*Roman de Thèbes*	interpolazione
IV. *Grecs et Amazones*	Orosio, *HAP*, I, 13-15	Orosio, *HAP*	-
V. *Troie*	Orosio, *HAP*, I, 17	Darete Frigio, *De excidio Troiae*	interpolazione
VI. *Eneas*	Orosio, *HAP*, I, 18	Virgilio, *Eneide*	interpolazione

45. Per lo studio delle marcature discorsive ai confini delle sezioni, e in particolare le "sincronie", si veda N. Morato, *Sincronia e totalità. La compagine cronografica dell'*Histoire ancienne jusqu'à César, in corso di pubblicazione.

46. Impiego le seguenti abbreviazioni per i titoli di opere latine: *HS* = *Historia scholastica*; *HAP* = *Historia adversos paganos*; HR = *Historia romana*.

VII. *Rome I*	Orosio, *HAP*, II, 1-5 e 12-19; III, 1-10 e 22-23	Orosio, *HAP*; Paolo Diacono, *HR*	-
VIII. *Orient II*	Orosio, *HAP*, II, 6-11	Orosio, *HAP;* Vulgata; Pietro Comestore, *HS*; *Josephus latinus.*	posposizione
IX. *Alexandre*	Orosio, *HAP*, III, 11-21	Orosio, *HAP*; epitome a Giulio Valerio; *Epistola Alexandri ad Aristotelem*, e occarionalmente il *Roman d'Alexandre* di Alexandre de Paris	posposizione e interpolazione
X. *Rome II*	Orosio, *HAP*, IV, V, e VI (fino al capitolo 6)	Orosio, *HAP*; Paolo Diacono, *HR*	-
XI. *Jules César*	Orosio, *HAP*, VI, 7	Orosio, *HAP*; Cesare, *Commentarii de bello gallico*	-

La tabella dà conto delle fonti maggiori e "ultime" per la composizione delle singole sezioni – che non sono *esattamente* e *tutte* quelle che l'autore dell'*HAC* ha utilizzato. Sappiamo che alcune di queste fonti, come il *De excidio Troiae* e l'epitome a Giulio Valerio, non sono giunte all'autore dell'*HAC* in una versione indipendente ma mediante una compilazione più antica, il *Liber Floridus* di Lamberto di Saint-Omer, dal quale sono tratti episodicamente anche materiali genealogici e glosse.[47] In generale, è possibile che anche in altri casi egli abbia usato versioni rimaneggiate dei testi latini summenzionati, alcune delle quali potranno essere individuate in futuro. Inoltre, manca in questa sintesi la fonte che costituisce il connettivo tra le sezioni orosiane e quelle interpolate o posposte/interpolate: il *Chronicon* di Eusebio/Girolamo. Come abbiamo già visto il *Chronicon* è utilizzato come raccordo genealogico all'inizio della sezione V e alla fine della sezione VI (in alcuni paragrafi che però, da un punto di vista compilatorio, fanno parte della sezione VII). Lo stesso avviene all'inizio della sezione IX, ai §§ 757-758. Oltre a compiere questa funzione di raccordo, il *Chronicon* emerge come fonte episodica in tutte le sezioni dell'*HAC*. Cosa ancora più importante, è l'unica fonte comune a entrambe le due macro-sezioni identificate sopra, la prima (sezione I) e la seconda (sezioni II-XI).

La saldatura tra le due macrosezioni (quella biblica e quella dedicata alla storia pagana) ha richiesto all'autore dell'*HAC* uno sforzo compositivo particolare: è il luogo di alcune innovazioni importanti rispetto alle fonti, che non solo danno unità al testo ma forniscono anche una chiave interpretativa per un tema importante

47. Si veda F. Montorsi, *Les origines des Francs dans l'Histoire ancienne jusqu'à César. Sur une source inconnue de la première chronique universelle en français*, dans «Medioevo romanzo», 40 (2016), pp. 415-426, e H. Morcos, *Compilation as Palimpsest: Tracing Origins of the* Histoire ancienne jusqu'à César *in the* Liber Floridus, in «Queeste», 28 (2021), pp. 277-311.

e ricorrente: la moralità della guerra. Nella sezione I (*Genèse*), subito prima del racconto della vita di Abramo, si trova un gruppo di paragrafi, §§ 76-81, in cui vengono narrati due episodi collocati durante il regno del re assiro Nino: la fondazione di Ninive (§§ 76-77; CJ, pp. 123-124), che deriva dal *Chronicon*, e la conquista di Babilonia (§§ 78-81; CJ, pp. 124-127), che sembra assente dalle fonti latine. La vita di Nino, appunto contemporaneo di Abramo secondo il *Chronicon*, è il punto di partenza della tradizione storica e cronografica greco-latina. Con il suo regno si aprono infatti, oltre al *Chronicon*, anche le *Historiae adversos paganos* e l'epitome di Giustino a Trogo.[48] Dal regno di Nino inizierà la sezione II (*Orient I*) e a Nino si richiameranno le genealogie tratte dal *Chronicon* dei §§ 645-649 citate sopra. Nino non è solo il punto di inizio della tradizione storiografica a tema pagano, ma è anche il re con il quale nascono gli imperi e la civiltà secolare, segnata dall'apostasia, dei conflitti e dal sorgere di una società pensata per la guerra. I paragrafi dedicati a Nino in *Genèse* sono singolari soprattutto per l'estensione e il carattere innovativo della storia della conquista di Babilonia, che non si ritrova in nessuna fonte latina nota. Questa vistosa innovazione deriva molto probabilmente da una serie di considerazioni contestuali da parte dell'autore dell'*HAC*: da un lato, dal racconto biblico si deve dedurre che Babilonia sia stata senza dubbio fondata da Nembrod al tempo della costruzione della Torre e della confusione delle lingue; dall'altro, secondo sia Eusebio/Girolamo che Orosio dopo la morte di Nino la sua vedova Semiramide regnerà su Babilonia e ne aumenterà la potenza.[49] È quindi logico pensare, dal punto di vista di un compilatore, che a un certo punto Nino debba essersi impadronito della città. L'interpolazione dell'*HAC* che racconta questa conquista è molto estesa – include una descrizione della battaglia tra gli assiri e i giganti discendenti da Nembrod – e assume una funzione determinante: saldare, in un momento abbastanza precoce della narrativa biblica, la storia della Genesi con le storie orientali, greche e romane che seguiranno introducendone i temi guerrieri, le ampie geografie e la dimensione dello scontro tra popoli.

Ai paragrafi su Nino in *Genèse* fanno da contraltare, poco dopo, i §§102-112 (CJ, pp. 139-146). In questa sezione della vita di Abramo l'autore dell'*HAC* amplifica una materia che nel *Josephus latinus* era trattata sinteticamente, ovvero il ruolo di Abramo nella riscossa dei Sodomiti contro gli Assiri (in particolare §§ 107-112; CJ, pp. 143-146).[50] La nostra conoscenza della tradizione manoscritta del *Josephus latinus* è limitata e quindi non possiamo escludere del tutto che l'adattamento dell'*HAC* derivi da una qualche versione latina perduta. Questa eventualità sembra però improbabile. Le innovazioni che troviamo nel testo francese rispondono a una logica intrinsecamente narrativa: servono a chiarificare o

48. Si veda Orosio, *Le storie contro i pagani*, ed. Lippold, I, p. 366, n. I, 1.

49. *Die Chronik des Hieronymus*, hrsg. Helm, p. 20b: «Assyriis imperavit uxor Nini Semiramis, de qua innumerabilia narrantur, quae et Asiam tenuit et propter inundationem aggeres construxit plurima Babyloniae urbis instaurans»; Orosio, *Le storie contro i pagani*, ed. Lippold, II, 2, 1: «Occiso Nino Samiramis uxor eius, totius Asiae regina, Babylonam urbem instaurauit caputque regni Assyriis ut esset instituit».

50. Una versione della fonte si legge in *The Latin Josephus*, ed. Blatt, I, IX.i.171-X.ii.181.

rendere più vividi dei passaggi che nella fonte hanno un tono cronachistico e non aggiungono informazioni fattuali. Essi non hanno i caratteri della glossa, quanto piuttosto della parafrasi. L'ipotesi di una parafrasi latina intermedia tra *Josephus latinus* e *HAC* è onerosa e in generale sembra improbabile; in questo e in altri casi simili possiamo ritenere che dove il testo francese si discosta da quello della fonte le modifiche siano da ascrivere all'autore dell'*HAC*.

Nei paragrafi in questione Abramo è ritratto come un condottiero esperto ed efficiente, capace di sovvertire una situazione disperata, di mettere in salvo il nipote Lot e di restituire la libertà alla città di Sodoma. Con questa rielaborazione, l'autore dell'*HAC* ha modo di trattare il tema della guerra in relazione alla stessa materia biblica e saldarla ulteriormente con quella pagana. I modi di questa saldatura sono molto significativi se li si legge tenendo a mente i contenuti delle moralizzazioni in versi. La storia degli imperi è la storia della guerra e della nascita dei rapporti socio-economici a essa orientati e da essa determinati, prima di tutto quello tra signore e masnada. Il ritratto di Abramo condottiero, contrapposto a quello di Nino, serve a trattare il tema del giusto guerriero: Abramo – secondo lo *Josephus latinus* e quindi l'*HAC* – è mosso dalla pietà verso il nipote Lot e i suoi vicini sodomiti:

> Entre les autres prisoniers en menoit on Loth, le neveu Abraham, qui avoit aidié a son pooir en la bataille ceaus de la cité de Sodome. Segnors, Loth esteit mout prodom et plains de grant proece. Quant Abrahans le sot, et ce fu a la matinee, mout en fu dolans en son corage. Les Sodomites plainst mout quar c'erent les gens plus pres de lui prochaines et mout estoit li rois ses amis et li haut baron de la contree. Devant totes les autres dolors li estoit la prisons et la misere de Loth son neveu au cuer plus grevouse. (§ 107.1-3; CJ, p. 143)

Egli attacca gli assiri a sorpresa: «Assés burent li Assiriein et mangierent, puis se coucherent tot a segur quar mout estoient lassé, ne avoient poor nule ne doutance. Abrahans, qui pres d'eaus esteit a la vespree logiés et enbuschiez, lor corru sore» (§ 108.4-5; CJ, pp. 143-144), e non risparmia loro un trattamento deciso e definitivo: «la ot grant occision faite et cruouse, quar cil qui erent en lor lis endormi quant il s'esveilloient ne pooient avoir lor armes, et lors erent detrenchié et livré a martire» (§ 109.1; CJ, p. 144). Diversamente che nello *Josephus latinus*, però, nell'*HAC* ci si sofferma sull'impostazione etica di Abramo e sul suo atteggiamento religioso nel momento di affrontare la battaglia. Inoltre, i suoi alleati sono chiamati per nome:

> Abrahans se porpensa de grant proece et de tres grant vassalage, et dist en lui meismes qu'il les Assirieins sivroit a l'aïe de Deu en cui il avoit tote sa fiance et a tot ce qu'il avroit de gent en sa maisnee, et si socorroit Loth a son pooir et ceaus de Sodome. Et si dist que mout i voloit il plus morir qu'il ne deslivrast, si a Deu venoit a plaisir, Loth son neveu de chaitiveson et de servage. Lors assembla sa gent, si en ot ·ccc· et ·xviii·, quant tuit furent ensamble. Et avec ceaus li vindrent troi sien ami, Elchol et Né et Mambre. Cist erent mout vaillant de cors et prodome. (§ 107.4; CJ, p. 143)

Nel rendere conto della battaglia, l'autore dell'*HAC* si sofferma sulla percezione della crudeltà dello scontro dal punto di vista dei nemici di Abramo, gli assiri:

«Segnors et dames, bien sachés qu'en mout petit d'ore i ot grans noises et grans cris. Cil qui les noises oïrent et navré n'estoient, quant il entendoient les dolourous plains que li navré faisoient, si s'enfuoient nu et deschaus, ne lor chaloit en quelcunques partie» (§ 110.1-2; CJ, p. 144). Infine, al termine del racconto, nello stesso luogo in cui lo *Josephus latinus* si limita a dare le cifre che rendono conto dell'inferiorità numerica degli uomini di Abramo (solo trecentodiciotto servi e tre amici) rispetto al grande esercito assiro, l'*HAC* include un ringraziamento rivolto al Signore, l'unico ad aver reso possibile la vittoria:

> Segnor, Abrahans rendi graces et loenges a Nostre Segnor de cele victorie si com raisons fu et droiture, quar bien disoit a ses homes que par l'aïe de Deu avoit il si grans os et si fortes gens vencues. Et bien lor mostroit qu'en tant de gent com il avoit n'avoit mie eue sa fiance encontre tant de gent come il avoit la eu ensemble, mes en la vertu de Deu qui les orguells et les grans forces abat a son voloir et chastie et dunte. (§ 111.1; CJ, p. 145).

Se da un punto di vista solamente formale si potrebbe essere tentati di leggere questa riscrittura come una "cristianizzazione" di Flavio Giuseppe (magari invocando l'influenza sull'autore dell'*HAC* dell'oratoria cristiana), dal punto di vista fattuale sarebbe un'analisi infruttuosa. Flavio Giuseppe non era cristiano e, a livello di cultura espressiva, era del tutto greco; però i suoi materiali giungono all'autore dell'*HAC* da una trafila di tradizione che è tutta cristiana e che su questi testi ha modellato la sua idea di storiografia. Il fattore che determina la riscrittura non ha una matrice ideologica, ma dipende da considerazioni stilistiche determinate dalla nuova destinazione della materia (non più gli eruditi lettori dello *Josephus latinus*, ma un pubblico volgare) che suggeriscono il cambio di focalizzazione e l'adozione del discorso indiretto.

Dal punto di vista del contenuto, questi stilemi sono funzionali anche a una rilettura della fonte che riguarda la dimensione etica del racconto, ma sia l'interpretazione di partenza che quella di arrivo sono cristiane. Secondo l'autore dell'*HAC*, la guerra può essere buona se condotta da giusti. Con questa amplificazione egli spezza l'apparente equazione tra paganesimo/apostasia e società belliche che era uno dei concetti base della visione della storia in Orosio, per il quale la guerra (allo stesso modo delle sciagure e delle calamità naturali) era una punizione divina e un segno di abiezione delle società. Mentre nel racconto del regno di Nino e con l'interpolazione relativa alla conquista di Babilonia l'autore dell'*HAC* aveva seguito l'impostazione data dalle *Historiae adversos paganos*, con l'amplificazione delle gesta di Abramo la pratica della guerra trova la sua redenzione. Nell'*HAC* la guerra diventa un mezzo in sé neutro attraverso il quale i giusti possono trionfare.

2.2. *Le fonti erudite e i modi della critica storica*

Il testo dell'*HAC* che è giunto fino a noi è accompagnato da un prologo in versi che descrive un piano dell'opera più ampio di quello effettivamente realizzato ed esteso fino alle vicende recenti delle Fiandre. Non abbiamo notizie che questo progetto abbia avuto effettivamente seguito e anzi tutto fa pensare che l'autore dell'*HAC* – che nella continuazione doveva pur riporre le sue aspettative e speranze di rilevanza intellettuale e sociale – non sia stato in condizione di proseguire la sua opera.[51] Il prologo costituisce quindi soprattutto il tentativo di perorare di fronte al pubblico la causa dell'autore e della sua proposta culturale, promettendo che la continuazione conterrà materiali interessanti perché già noti e apprezzati o perché rilevanti per le vicende contemporanee.

Il prologo promette che la continuazione dell'*HAC* tratterà: del popolamento della Francia, cioè la leggenda della migrazione di Francio e delle stirpi troiane (§ 1, vv. 182-184; CJ, pp. 77-78); della vita di Cristo (§ 1, vv. 185-192; CJ, p. 78); delle peregrinazioni degli apostoli (§ 1, vv. 193-204; CJ, p. 78); delle vite dei santi e dei martiri (§ 1, vv. 205-214; CJ, p. 78); degli imperatori romani, particolarmente il primo cristiano, cioè Costantino, e quelli subito successivi (§ 1, vv. 215-224; CJ, pp. 78-79); del primo re cristiano di Francia, cioè Clodoveo, dei suoi successori e delle loro fondazioni ecclesiastiche (§ 1, vv. 225-230; CJ, p. 79); delle invasioni di Vandali, Goti e Unni in Francia (§ 1, vv. 231-234; CJ, p. 79); e infine dell'espansione dei Normanni e delle antiche genti delle Fiandre e delle gesta di questi ultimi:

E des Normans vos iert retrait
E lor conqueste et lor fait,
Coment destruirent Germanie,
Couloigne et France la guarnie,
Angou, Poitou, Borgoigne tote.
De ce ne rest il nule doute
Que Flandres, Waucres n'envaiscent
E mout de maus ne lor feissent.
Des quels gens Flandres fu puplee
Vos iert l'estoire bien contee:
Com se proverent, quel il furent,
Com il firent que fere durent,
Ce vos sera trestout retrait,
Tot si a point et tot a trait
Que qui voudra raison entendre
Petit i avra a reprendre. (§1, vv. 235-250; CJ, p. 79)

L'aggancio per la storia fiamminga è l'evocazione delle vicende normanne, che non è basata su nozioni generiche ma su una fonte precisa, la *Historia Nor-*

51. Un progetto simile a quello del proseguimento dell'*HAC* sarà eseguito alla fine del XIII dall'autore di un'altra cronaca in prosa, ancora poco nota, la *Chronique dite de Baudouin d'Avesnes* (che per le età recenti si basa sulle dinastie comitali fiamminghe). Sul rapporto tra l'*HAC* e questo testo si veda ora F. Noirfalise, *Context-Based Compilation? The Use of the* Histoire ancienne jusqu'à César *and the Function of the* Matière d'Alexandre *in the* Chronique de Baudoin d'Avesnes, in *Medieval Francophone Literary Culture Outside France. Studies in the Moving Word*, ed. by N. Morato, D. Schoenaers, Turnhout, Brepols, 2018, pp. 289-219.

mannorum di Dudone di Saint-Quentin. Lo dimostra il riferimento alla regione denominata *Waucres*, cioè la penisola (in passato isola) zelandese di Walcheren, alla cui invasione lo storico latino dedica un ampio capitolo. Una vasta sezione delle *Historia Normannorum* è inoltre dedicata al conte delle Fiandre Arnolfo, che si oppone ai normanni militarmente e politicamente, alleandosi alla dinastia franca nel corso del X secolo, e che con l'inganno tenderà una trappola e assassinerà Guglielmo Lungaspada.[52] Quando l'autore dell'*HAC* prevede che la continuazione della sua opera sarà basata su quella di Dudone lo fa essendo molto probabilmente consapevole dell'esistenza di tre adattamenti di essa in francese: il *Roman de Rou* di Wace, la *Chroniques des ducs se Normandie* di Benoît de Sainte-Maure e la compilazione anonima in prosa che stava confluendo nella *Chroniques des ducs de Normandie* dell'Anonimo di Béthune. In tutti e tre sono narrate sia l'invasione del Walcheren che le vicende legate ad Arnolfo.[53] Tramite questi testi il pubblico fiammingo poteva già avere familiarità con la figura del duca e sapere della sua irriducibile inimicizia verso i normanni. Non si può escludere, inoltre, che l'autore dell'*HAC* intendesse semplicemente incorporare una di queste opere volgari o un suo adattamento nella compilazione (come aveva fatto con il *Roman de Thèbes*).

Nel complesso, le sezioni dell'*HAC* progettate per seguire dopo la sezione XI e promesse nel prologo mostrano un piano di lavoro determinato anche, se non soprattutto, dalla disponibilità di fonti (in cui la Bibbia e Orosio continuano a giocare un ruolo fondamentale) e dalla presenza di precedenti testuali in volgare (è il caso della materia normanna, ma anche di quella agiografica).

Il fatto che il programma esposto nel prologo culmini con le vicende fiamminghe è stato uno degli argomenti principali per sostenere che l'*HAC* nel suo complesso debba essere interpretata come un'opera finalizzata alla celebrazione della gloria delle Fiandre. In realtà, l'emersione di un elemento locale nelle opere storiografiche a vocazione ampia e universale è una eventualità frequente, che può rispondere anche a logiche che con la celebrazione non hanno nulla a che fare. Dei riferimenti ricorrenti alla storia locale oppure delle vere e proprie continuazioni "regionali" possono essere inserite nelle grandi compilazioni semplicemente perché erano disponibili e valeva la pena di conservarle.[54] Alcune sto-

52. Si veda *De moribus et actis primorum Normanniae ducum auctore Dudone Sancti Quintini*, éd. par J. Lair, Caen, Le Blanch-Hardel, 1865, pp. 149-151 (per l'invasione del Walcheren) e *passim*, alle pp. 83-285 (per Arnolfo I di Fiandra).

53. Si veda *Le roman de Rou de Wace*, éd. par A. J. Holden, 3 voll., Paris, Picard, 1970-1973, ai vv. 301-359 e 1791-1986, e Benoît de Sainte-Maure, *Chronique des Ducs de Normandie*, éd. par C. Fahlin, 4 voll., Uppsala, Almqvist & Wiksell, 1951-1979, vv. 4337-4632 e 13872-14636; per la cronaca in prosa, *Histoire des ducs de Normandie et des rois d'Angleterre*, éd. par F. Michel, Paris, Renouard, 1840, pp. 7-8 e *passim*, alle pp. 23-44.

54. Per lo studio di questo aspetto in cronache latine coeve all'*HAC*, si veda B. Weiler, *How Unusual was Matthew Paris? The Writing of Universal History in Angevin England*, in *Universal Chronicles in the High Middle Ages*, ed. by M. Campopiano, Henry Bainton, York, York Medieval Press, 2017, pp. 199-222, e S. Vanderputten, *Universal Historiography as Process? Shaping Monastic Memories in the Eleventh-Century Chronicle Of Saint-Vaast*, ivi, pp. 43-64.

rie "regionali" o etniche, pur non perdendo il loro carattere particolare, avevano goduto di circolazione vasta sia sulle direttrici create dalle nuove entità politiche (si pensi all'opera normanna di Benoît de Sainte-Maure, composta con ogni probabilità in un contesto angioino continentale) che al di fuori dello spazio politico apparentemente loro naturale (è il caso delle cronache dell'Anonimo di Béthune). L'elemento locale ha sempre una funzione di raccordo con un pubblico specifico, ma esso può essere ideologicamente neutro e interessante in sé, senza che sia finalizzato a un'agenda politico-culturale. Per stabilire se questo è il caso dell'*HAC* occorre osservare questo elemento più da vicino.

Nell'ultima sezione, XI (*Jules César*), il testo dell'*HAC* vede infittirsi i riferimenti alle Fiandre e a specifiche realtà locali. Dal momento che questa è l'ultima sezione composta, l'autore deve averla messa insieme in vista della circolazione manoscritta della prima parte del suo progetto storiografico e quindi con un'attenzione particolare nell'interessare il pubblico intorno a Roger di Lille. È per questo che la sezione XI presenta un adattamento delle fonti latine particolarmente libero e innovativo, che sfrutta anche i materiali tratti dai *Commentarii de bello gallico* di Cesare.[55] Di dimensioni ridottissime (si estende solo per i §§ 1234-1252), la sezione cesariana non è tanto un racconto disteso delle vicende antiche locali (cioè quello che, lecitamente, ci si aspetterebbe da una storia "regionale" o "nazionale"), ma una breve composizione originale finalizzata a promuovere l'*HAC* – e la sua progettata continuazione – presso il pubblico di riferimento e a dare un assaggio dei contenuti successivi promessi nel prologo.

Come già nelle sezioni precedenti, la fonte strutturante della sezione XI sono le *Historiae adversos paganos*: il racconto delle guerre galliche si innesta nel punto in cui Orosio introduce il consolato di Cesare e l'inizio delle ostilità con i galli.[56] Che l'invasione cesariana delle Gallie avesse un interesse particolare per il pubblico dell'*HAC* è di per sé ovvio, come è probabile che le amplificazioni che si trovano in questi capitoli dipendano in primo luogo dalle conoscenze sicure della geografia umana e della storia della Francia del Nord di cui l'autore dell'*HAC* era in possesso. In questo senso si deve interpretare, per esempio, l'aggiornamento e la spiegazione della delimitazione geografica delle Gallie:

55. Per un commento complessivo e un confronto con il racconto degli stessi avvenimenti nei *Faits des Romains* si veda Raynaud de Lage, *L'Histoire ancienne jusqu'à César*.

56. I materiali orosiani della sezione XI provengono dai capitoli 7 e 13 del libro VI. La ragione di questa fusione tra materiali non contigui risiede nella decisione dell'autore dell'*HAC* di datare al consolato di Cesare e L. Bibulo (il cui nome manca nell'*HAC*) l'istituzione della magistratura ternaria del triumvirato, che è l'oggetto del capitolo 13. Nel testo di Orosio il passaggio politico-istituzionale non è esplicitato e la carica dei triumviri non è menzionata; di conseguenza, nell'*HAC* Cesare, Pompeo e Crasso sono qualificati come consoli («Esguarderent li senator par le comun assens de la cité que Pompeius et Gaius Julius Cesar et Crassus Litinius seroient concele», §1234.1). Uno studio completo delle fonti delle sezioni di storia romana dell'*HAC* è contenuto in C. Pavlidès, *L'Histoire ancienne jusqu'à César (première rédaction): étude de la tradition manuscrite, étude et édition partielle de la section d'histoire romaine*, thèse de doctorat, École des chartes, Paris, 1989.

Entretant que je vos di que ces batailles orent esté si grandes entre les Romains et ces pueples, qui sor les Galois amenoient lor forces et qui venut estoient en la terre de Gale que nos ore apelomes Borgoigne, vint la novele des Romains et dou concele Jule Cesar as pueples qui habitoient en la Belgiene Gale – c'est entre la riviere de Saine et la mer dont Flandres est assainte. (§ 1244.3)

Altri passi sono però più rivelatori dell'approccio dell'autore alla materia "regionale". L'ultimo paragrafo dell'*HAC* è composto interamente di materiali estranei alle fonti consuete ed è particolarmente interessante perché esprime chiaramente un intento promozionale e allo stesso tempo mostra quale tipologia di materiali locali l'autore dell'*HAC* aveva a disposizione:

Adonc conquist Julius Cesar grans avoirs et grans proies et la cité d'Arras, qui li fu tantost rendue, quar ele n'estoit mie encore adonques ne si fermee ne si grande ne si puplee com ele est ore, ne de si grant poissance. Et lors s'en repaira Julius Cesar vers la cité de Vernans por la ivernier, quar les basses terres devers l'Occean, que nos ore apelomes Flandres, erent adonques si moles et si aiguiees, et si desvoiables par les forés, qu'il ne si faisoit bon enbatre a nulle creature humaine. Segnor, Vermans estoit adonc noble cités et riche, et del non de la cité fu la contree environ Vermendois apelee. Ne adonques n'estoit encore mie la vile de Saint Quintin estoree, qui premerainement devant ce que sains Quentins i venist, li glorious martirs, fu Aoste nomee, si come vos porrés avant, s'il vos plaist, oïr et entendre. A la cité de Vermans vint Julius Cesar o ses grans os por la forterece conquerre. Mais cil de la cité, qui en la grant desconfiture avoient le plus de lor gens perdues, ne li sofrirent mie gaires a lancier ne a traire. Ains li rendirent la cité par tel convenance qu'il por le sauvament de lor cors et de lor vies li rendroient chascun an grant treuage, et si li seroit la cités et cil qui i habiteroient tosjors tant com il vivroient a socors et aïe. Ensi receu la cité Julius Cesar, qui mout la fist enforcier de riches murs et de riches fortereces et enbelir de riches temples a l'onor de ses deus en cui il avoit sa fiance. Quar en l'une partie jouste le maistre chasteau qui fundés estoit et fors et de grant noblece, fist Julius Cesar faire et establir le temple Jupiter, le pere de toz lor deus, en cui il avoit grant fiance. (§ 1252)

L'autore menziona la conquista da parte di Cesare delle città di Arras e di Vermand: mentre la prima era poco più che un villaggio (in contrasto con la sua prosperità medievale), la seconda era il nobile e ricco insediamento in quella terra di foreste e paludi che sarebbe stata in seguito identificata con le Fiandre. E ancora, precisa l'autore, non esisteva la città di Saint-Quentin, che prima dell'arrivo del santo e martire Quintino portava il nome di *Aoste*. Cesare attaccò e soggiogò Vermand, che da allora rimase sempre legata ai romani e fu da essi favorita; questo legame fu suggellato dalla fondazione di un tempo di Giove.[57]

Questo paragrafo contiene dei materiali eruditi che provengono da una tradizione interessata specificamente all'archeologia ecclesiastica: l'autore dell'*HAC* si preoccupa soprattutto di precisare che la capitale del Vermandois, ai tempi di

57. La tradizione non presenta dati che facciano sospettare circa l'autenticità del paragrafo: i codici che non lo trasmettono sono sempre affetti da lacune più ampie nella parte finale del testo.

Cesare, era Vermand, e non quella *Aoste* che sarebbe poi diventata Saint-Quentin. Questa nozione storico-topografica deriva da quella della tradizione agiografica relativa a Quintino, che distingue una *Viromandis civitate*, dove sarebbe avvenuto il martirio, da «quoddam municipium, quod Augusta Viromanduorum noncupatur», dove il martire viene seppellito per iniziativa della matrona Eusebia e dove poi naturalmente sorgerà la chiesa cattedrale.[58] Il toponimo *Aoste*, attribuito nell'*HAC* all'antica Saint-Quentin, è il derivato francese di *Augusta Viromanduorum*, il nome del capoluogo imperiale; ma è per la città di Vermand che l'autore dell'*HAC* descrive uno status di capitale. In una fonte non locale di primissimo piano come Gregorio di Tours la distinzione tra le due città manca e questo spiega l'acribia delle vite di Quintino nel mantenerla.[59] L'autore dell'*HAC* non equipara *Aoste* ad *Augusta* o non riconosce nel toponimo latino la denominazione di un capoluogo, ma segue fedelmente la vita del santo nel collocarvi il sepolcro.[60] Né l'antica *Augusta Viromanduorum* né *Nemetacum* (poi *Atrebatum*, insediamento celto nel luogo del quale sorgerà nel medioevo Arras) sono menzionate nelle fonti dell'*HAC*; l'autore ricorre a fonti complementari per concludere la prima parte della sua opera in modo coerente con le promesse di continuazione espresse nel prologo.

La geografia del martirio di Quintino doveva dunque avere una rilevanza particolare per il primo pubblico dell'*HAC*. Il riferimento a Saint-Quentin, che era una delle collegiate più importanti e ricche del tempo, non autorizza di per sé a pensare una connessione diretta tra di essa e l'autore (per esempio, la sua identificazione con uno dei suoi canonici). D'altra parte, sono documentati dei rapporti molto stretti tra Saint-Quentin e l'élite laica locale del tempo: le notizie inerenti all'architettura della cattedrale nel periodo posteriore al 1205 (data della ristrutturazione voluta da Eleonora di Vermandois) riferiscono anche di un'insolita raffigurazione della donazione ricevuta da parte di una famiglia nobile nelle vetrate istoriate. I canonici di Saint-Quentin provenivano dall'aristocrazia locale e la loro carriera (come le attività collettive della comunità) era spesso legata a donazioni provenienti da essa.[61] Questi riferimenti, che si trovano in una posizione di rilievo al termine dell'opera e che costituiscono delle innovazioni rispetto alle fonti, con-

58. AASS, 10 octobris tomus 13, pp. 731-732, e 732-737 per la discussione erudita moderna.

59. PL 71, coll. 769B: «Apud Viromandense vero oppidum Galliarum, Quintinus martyr quiescit».

60. Oltre che nell'agiografia, la denominazione di *Augusta Viromanduorum* si trova anche nella tradizione testuale relativa alla geografia imperiale, che nel medioevo era conservata e trasmessa; si veda, come introduzione, L. Bieler, *The Text Tradition of Dicuil's* Liber de mensura orbis terrae, in «Proceedings of the Royal Irish Academy: Archeology, Culture, History, Literature», 64 (1965-1966), pp. 1-31. Sulla localizzazione moderna di *Augusta Viromanduorum* su base archeologica (a testimonianza che il problema erudito ha appassionato anche recentemente) si veda J.-L. Collart, *Le déplacement du chef-lieu des* Viromandui *au Bas-Empire, de Saint-Quentin a Vermand*, dans «Revue archéologique de Picardie», 3-4 (1984), pp. 245-258, e J.-C. Collart, M. Gaillard, *Vermand* / Augusta Viromanduorum *(Aisne)*, dans *Capitales éphémères. Des Capitales de cité perdent leur statut dans l'Antiquité tardive*, Actes du colloque (Tours, 6-8 mars 2003), sous la dir. de A. Ferdière, Tours, Fédération pour l'édition de la Revue archéologique du Centre de la France, 2004, pp. 493-496.

61. Si veda E. M. Shortell, *"The Widows' Money" and Artistic Integration in the Axial Chapel of Saint-Quentin*, in *The Four Modes of Seeint: Approaches to Medievale Imagery in Honor of*

sentono in ogni caso di triangolare la geografia della prima circolazione del testo su due nuovi punti, oltre a Lille: Arras da un lato e Saint-Quentin dall'altro. I toni e i modi con cui l'autore evoca la storia locale non sono quelli dell'orgoglioso panegirista, ma quelli quasi asettici dell'erudito: i materiali su cui queste notizie si fondano derivano da fonti antiche e affidabili, nelle quali l'elemento locale è inquadrato nella storia ecclesiastica.

Questo tipo di fonti non compare solo nell'ultimo paragrafo dell'*HAC* ma ricorre anche altrove nelle sezioni di storia romana. È anzi a questa tipologia di glossa storico-agiografica che si possono ricondurre la maggior parte delle deviazioni autoriali dal dettato delle fonti principali. Sempre nella sezione XI, per esempio, compare una digressione sulla presunta fondazione della sede arcivescovile di Reims da parte di Remo:

> Adonc fist li conceles Julius Cesar un riche temple faire en samblance de tor en l'onor Mart le deu de bataille. Et si charga la cité a guarder et la forterece a un vaillant prince, Remus estoit apelés, preus et hardis et de noble chevalerie. Cis Remus enforsa mout la cité de riches murs fors et espés, et si tint la forterece que Julius Cesar i avoit faite faire, qui encor est porte Mart a presence nomee et apelee. Segnor et dames, de cestui Remus content li plusior et dient que Duricorne fu Rains apelee, qui encor est Rains nomee. Et tels i a qui volent afermer et dire que Remus, li freres Romulus, la funda premerainement et si li mist nom Rains quant Romulus ses freres funda premerainement la cité de Rome. Mais je n'ai mie trové encore l'ochoison bien certaine por quoi Remus fust partis premerainement de Romulus por venir en Galle. Ne si n'ai mie oïe deviser la voie par o il venist, o par mer o par terre, quant il et ses freres Romulus, qui li ainsnés estoit en force et en segnorie, n'avoient mie trop gens por pupler la cité qu'il avoient comencee, ne por tenir la terre d'Itale qui or est nomee Lombardie. De ceste chose me covient laissier a parler ore a presence por ce que je n'en ai mie bien la verité entendue autrement que je le vos ai despondue. (§1248.1-7)

In questo paragrafo l'autore dell'*HAC* rifiuta l'idea che il fondatore di Reims fosse Remo e attribuisce la guarnigione e l'espansione della città, con il conseguente abbandono della denominazione *Durocortum*, all'opera di un suo presunto omonimo che avrebbe militato sotto Giulio Cesare.

La leggenda sulla fondazione di Reims da parte del fratello di Romolo compare, insieme a una sua radicale critica, nei primi paragrafi delle *Historiae Remensis ecclesiae* di Flodoardo di Reims, il grande storico ecclesiastico locale attivo nella prima metà del X secolo. Flodoardo è il primo a dubitare della leggenda e, citando Livio, a mostrarne l'implausibilità. Ma egli non sminuisce del tutto l'antichità e la nobiltà dei natali di Reims: ipotizza infatti che la fondazione si deva a dei seguaci di Remo allontanatisi da Roma dopo la sua morte e che prova ne sia proprio l'imponente tempio di Marte, padre della stirpe romana.[62] La trattazione

Madeline Harrison Caviness, ed. by E. Staudinger Lane, E. Carson Pastan, E. M. Shortell, Abingdon-New York, Routledge, 2016, pp. 217-238.

62. PL 135, coll. 28-29: «Probabilis ergo videtur, quod a militibus Remi patria profugis urbs nostra condita, vel Remorum gens instituta putatur, cum et moenia Romanis auspiciis insignita, et editior porta Martis Romanae stirpis, veterum opinione, propagatoris ex nomine vocitata, priscum

della fondazione di Reims nell'*Historia Remensis ecclesiae* si conclude con un invito alla prudenza, perché se anche la questione della fondazione di Roma è controversa, a maggior ragione è lecito che lo sia quella di Reims.[63]

L'autore dell'*HAC* si distanzia da Flodoardo – che è probabile sia la fonte, diretta o indiretta, di questo passo – su due punti di metodo. In primo luogo, non lascia la questione aperta ma propone una nuova versione che tiene conto del fatto che *Durocortum* era un centro gallo e che la città deve aver preso nome da un Remo *dopo* le campagne cesariane perché nei *Commentarii* la città è designata con il nome più antico. Questa versione viene presentata all'inizio del paragrafo come semplicemente vera e la discussione erudita è evocata solo successivamente (per altro in modo parziale, dato che manca l'opinione di Flodoardo) come basata su ipotesi infondate in quanto prive di riscontri testuali. L'autore dell'*HAC* opera un tipo di critica interna alle fonti molto più spregiudicata rispetto a quella di Flodoardo: da un lato, il loro silenzio su un determinato fatto (in questo caso, le circostanze del presunto viaggio in Francia del Remo arcaico) è un argomento che può essere citato come prova a carico della sua falsità; dall'altro, le medesime fonti sono trattate come un *corpus* chiuso entro il quale è possibile formulare deduzioni stringenti postulando nuovi fatti. Questo modo di procedere è radicato, come vedremo presto, in una concezione particolare della scrittura storica che ha precedenti anche latini; ma è sicuramente anche molto adatto alla necessità di costruire un racconto coerente e scorrevole che sia gradito a un pubblico volgare. La seconda differenza tra l'approccio dell'autore dell'*HAC* e quello di Flodoardo è di tipo ideologico e risiede nella facilità con cui il primo liquida l'idea di una fondazione romana di Reims. Da un lato, questo può essere dovuto al fatto che lo scrittore latino era lo storico ufficiale dell'episcopato di Reims, mentre l'autore dell'*HAC*, libero da ogni ruolo istituzionale, poteva guardare con maggiore distacco all'orgoglio locale. Dall'altro, l'autore dell'*HAC* riflette una cultura storica volgare – esemplificata anche dai *Faits des Romains* – che ha dimestichezza con le fonti rilevanti per la geografia delle Gallie preromane (in primo luogo, Cesare) e che tratta le tribù galle come antenati familiari e tutto sommato ben noti. Questo lo motiva a restituire a Reims un passato preromano nonostante le esitazioni di Flodoardo.

Il ragionamento che nell'*HAC* ha prodotto il Remo di età cesariana è basato su considerazioni legate ai cambi di denominazione delle città, che evidentemente l'autore considera un criterio privilegiato per mettere ordine nelle notizie storiche discontinue di cui dispone. Lo dimostra un paragrafo della sezione X (*Rome II*), dove in occasione dell'arrivo delle truppe romane a Colonia è inserita una

ad haec quoque nostra cognomen reservaverit tempora». Su questi passi in Flodoardo si veda E. Beddoe, *Memory and Identity in Flodoard of Reims: His Use of the Roman Past*, in *Texts and Identities in the Early Middle Ages*, ed. by R. Corradini, R. Meens, C. U. Pössel, P. Shaw, Wien, Österreichischen Akademie der Wissenschaften, 2006, pp. 61-69.

63. PL 135, col. 29: «Nec mirum tamen, urbis nostrae conditionem vel originem non in propatulo dari, cum de ipsius gentium, vel orbis dominae Romae conditionem, Isidoro teste, oriatur plerumque dissensio, et ejus diligenter agnosci non possit origo».

digressione abbastanza ampia sulla questione delle denominazioni urbane e delle leggende di fondazione:

> Segnor, adonques en celui tans estoit la grans cités de Coloigne nomee Agripine. Et la cité de Rains estoit nomee et clamee Duricorne, et la cités de Tornai Nervia et Nervien li pueple. Mais li pluisor cuident et dient que Remus li freres Romulus fundast et estorast premerainement Rains, et que dou non Remus fust ele Rains apelee. Mais non fu sains doutance, quar onques Remus ne mist pierre sor autre, ne n'i fist metre, ains fu premerainement Duricorne nomee. Ne onques Turnus, qui a Eneas se combati, ne fu a Tornai, ne ne funda la vile. Ains fu premerainement, si come je vos di, Nervia apelee et puis aprés Tornais, dont la raisons vos sera aprés en l'estorie trestout veraiement racontee et dite. Quar devant ce qu'Eneas fust grant tens et que Troies ne Thebes fussent estorees, fu la cité de Treis sor Mueze, si come les estories ancienes racontent, fundee et puplee par Terber le fill le roi Ninus, qui s'en fui dou regne d'Assire quant ses peres fu ocis por la paor qu'il ot de sa marastre la roine Semiramis qu'ele ne li tolist la vie. Avec cestui Terber s'en alerent pluisors gens por fuir la cruauté de la mala roine, et si alerent tant et par mer et par terre qu'il entrerent ou Rin, et dou Rin en Mueze, si estorent la cité de Treis sor Mueze ou liu la o ele est encore assise, et dou nom Terber fu ele Treis nomee. Ces gens cruirent et esforcierent, si i estorerent pluisors autres cités par la lointaineté dou tans, si come Tongres et autres pluisors cités, dont li nom sunt changiét et remuét par les remuances des segnories, dont vos orés encore aprés plus plenierement les verités se les estories en sunt bien porsuies. (§ 1138.5-10)

Il ricordo dell'antico nome romano di Colonia, *Agripine*, costituisce per l'autore l'occasione di menzionare i nomi antichi di Reims e Tournai (rispettivamente, *Duricorne* e *Nervia*) e di confutare per la prima volta la leggenda sulla fondazione di Reims da parte di Remo e anche, con le stesse motivazioni, quella di Tournai da parte di Turno. Egli riporta poi la leggenda della fondazione di Treviri da parte di Trebeta, figlio di Nino, che giudica invece fededegna.[64]

La leggenda di Trebeta viene accettata perché, con ogni evidenza, l'autore dell'*HAC* non ha informazioni circa una discontinuità del toponimo (egli identifica la forma volgare *Treis* con quella latina *Treveris*). Accogliendola, egli può specificare che l'Europa era popolata dai tempi di Semiramide e che i discendenti degli assiri fondarono numerose città (tra cui *Tongres*, oggi Tongeren in Limburgo), e quindi dare corpo alla storia remota delle popolazioni della Francia del Nord e della Germania facendole discendere da stirpi non solo preromane, ma preclassiche.

La leggenda di fondazione di Tournai da parte del re dei Getuli Turno non è attestata, in quanto tale, in nessun testo latino. Questa leggenda deve però essere esistita, perché è riflessa dal racconto della fondazione contenuto nel *Liber de antiquitate urbis Tornacensis*, redatto a partire dagli anni Quaranta del XII secolo, dove si

64. La leggenda deriva dei *Gesta Treverorum*, composte all'inizio del XII secolo, ed è poi ripresa da numerose altre compilazioni a partire da Goffredo da Viterbo; si veda W. Hammer, *The Concept of the New or Second Rome in the Middle Ages*, in «Speculum», 19 (1944), pp. 50-62, alla p. 58.

racconta che la città era stata fondata dai romani sotto Tarquinio Prisco con il nome di *minor Roma*, rinominata poi *Hostilis* dopo una ribellione a Roma sotto Servio Tullio e rinominata ancora, sempre sotto lo stesso re, *Nervius*; distrutta da Giulio Cesare, la città sarebbe stata ricostruita sotto Nerone e avrebbe preso nome *Tornacus* in onore di un *Turnus*, eletto re della città all'epoca dello scontro contro Cesare e autonominatosi così in onore del re dei Getuli.[65] Come farà l'autore dell'*HAC*, già quello del *Liber de antiquitate* considera le mutazioni nelle denominazioni delle città come degli indici primari per determinare i cambi di dominazione e anche i mutamenti di fedeltà e alleanze; allo stesso modo, anche lo storico di Tournai parla di un condottiero di età cesariana il cui nome giustifica l'ultima denominazione, e tutto fa pensare che il suo Turno sia un'innovazione recentissima tanto quanto il Remo dell'*HAC*. Nel caso del *Liber de antiquitate* siamo certi che il racconto storico aveva una precisa finalità pratica: il suo primo nucleo fu messo insieme in circostanze para-miracolistiche nel quadro dei lavori funzionali alla separazione della diocesi di Tournai da quella di Noyon, sancita nel 1146. È indubbio che questa ricostruzione servisse a rivendicare un rapporto diretto tra Tournai e Roma. Il trattamento delle fonti del *Liber de antiquitate* – il cui autore avrebbe avuto tutto l'interesse ad agire con spregiudicatezza – riflette una attenta negoziazione con i racconti e le interpretazioni antichi, che già avevano alimentato leggende a partire da ipotesi onomastiche. Da questo punto di vista, la storiografia prodotta al servizio della rifondazione della diocesi di Tournai è molto più vicina all'*HAC* di quanto non sia a Flodoardo; anche qui, la critica interna porta a costruire un racconto lineare nel quale le lacune sono colmate da deduzioni e le deduzioni sono presentate come verità. L'autore dell'*HAC* erediterà da questa storiografia ecclesiastica dal taglio militante non solo le fonti, ma anche i metodi.

L'interesse per la storia ecclesiastica nell'*HAC* non è limitato a quella locale. Nelle sezioni romane, l'autore àncora per due volte la geografia italiana a quella ecclesiastica. In un caso, in corrispondenza del racconto di un'eruzione dell'Etna viene ricordato il sepolcro della vergine Agata: «En celui tans ausi meismement isci si durement grans fus et si grans flame de la montaigne d'Enne que la cités de Catinence, o li cors sainte Agate la virgene gist ore et repose, et tote li contree environ en fu mout agrevee et mout enpiree» (§ 1104.2). Il secondo caso è più interessante, perché è costituito da una notizia che può essere tanto errata quanto, forse, estremamente precisa. Nel narrare dell'espansione delle mura di Roma sotto Servio Tullio, l'autore dell'*HAC* aggiunge: «Aprés ce, acriut il molt la cité, c'est qu'il l'eslargi des murs et des fossés si qu'il enclost dedens la forterece le mont de Celyon o li ·vii· dormant reposent» (§ 658.6). La forma grecizzante *Celyon* con cui è designato il luogo della sepoltura dei Sette Dormienti fa pensare che la fonte dell'*HAC* lo identificasse corretta-

65. Si veda P. Oldfield, *Urban Panegyric and the Transformation of the Medieval City, 1100-1300*, Oxford, Oxford University Press, 2019, pp. 177-178, e P. Rolland, *Les origines légendaires de Tournai (étude critique)*, dans «Revue belge de philologie et d'histoire», 25 (1946), pp. 555-581.

mente con il monte nei pressi di Efeso di cui parla concordemente tutta la vasta tradizione agiografica.[66] La strana collocazione romana del sepolcro deriva con tutta probabilità da una confusione – forse voluta – tra il *Celyon* efesino e il *Caelius* romano. Nel XII secolo, tuttavia, doveva già esistere a Roma, sul Celio, la chiesa nota come Oratorio dei Sette Dormienti (ma propriamente consacrata al culto dell'Arcangelo Gabriele) ricavata da alcune rovine antiche e assegnata da una voce popolare raccolta nel XIX secolo al culto e alla conservazione del sepolcro dei sette martiri.[67] Non ci sono prove, tuttavia, che tale reinterpretazione popolare del culto a cui questa chiesa era dedicata esistesse già nel medioevo. È probabile, al contrario, che la ricollocazione dei Sette Dormienti a Roma sia avvenuta solo sulla base di una confusione tra *Celyon* e *Caelius*, in potenza anche a più riprese e poligeneticamente nel corso dei secoli. Tuttavia, non è impossibile che la notizia dell'*HAC* derivi da una fonte romana: la sola tipologia di testo a cui si possa attribuire un interesse a spostare su Roma il teatro di una vicenda agiografica notissima e caratterizzata sempre come efesina.

Il possesso da parte dell'autore dell'*HAC* di tecniche proprie dell'erudizione ecclesiastica e l'importanza che egli attribuisce alla geografia della Chiesa trovano un contesto più dettagliato grazie a uno degli ultimi paragrafi in versi. Dopo aver raccontato della cupidigia della Curia romana e dei cistercensi, il narratore-autore aggiunge:

De tel affaire n'orent cure
Cil qui menerent vie dure
Jadis au tans sa en ariere.
Segnor, je vos di de saint Pierre,
De saint Pol et de saint Andriu,
Qui tant ot le cuer dous et piu,
Des apostres et des martirs,
Cui tant ama li Sains Espirs,
Des saintes virgenes, des confés,
Qui d'autre rien n'erent engrés
Que de sofrir travaill et paine
Por avoir la joie lointaine
Qu'il ont et qu'il avront tosdis
Laissus ou ciel en paradis.
Por sofrir dolor et poverte,
Por Deu, n'ont il or nulle perte,
Ains en ont richece et honor
A Deu, au siecle, chascun jor,
Et glises richement fundees,
Bien servies et honorees.

66. Si veda B. Merrilees, *La vie des Sept Dormants en ancien français*, dans «Romania», 95 (1974), pp. 362-380.

67. M. Armellini, *Le chiese di Roma dal secolo IV al XIX*, Roma, Tipografia Vaticana, 1891, p. 597.

Cist n'amerent or ni argent,
S'il nel donerent povre gent,
Ainc ne presterent a usures
Ne de tort faire n'orent cures,
Ne onques ne voudrent entendre
Al pechié faire ne aprendre
Tant com il se porent guarder.
Veir poés et esguarder
Que tot ce lor torna a glorie,
Se nos l'avions en memorie
Lor fais, lor dis, lor saintes vies,
Totes lairions les envies
Dou povre siecle ou nos somes,
Ou a grant misere vivomes.
Ja tant n'avrons argent ni or
Ensamble ne mis en tresor,
C'un jor en peussons plus vivre,
Ne de la mort estre delivre.
Mais cil qui jadis bien faisoient
Par bien faire mout plus vivoient,
Et si suscitoient les mors,
Quant al bien faire erent amors.
Ci devroit on exemple prendre,
Laissier le mal et al bien tendre.
Qui ce ne fera, par saint Cosme,
C'on reclaime et crient a Vendosme,
Mal iert baillis ens en la fin,
Si com nos trovons ou latin. (§ 1007, vv. 99-146)

Nella prosa dell'*HAC* vengono raccontate numerose vicende causate e determinate dalla cupidigia, la stessa che mette in moto gli eventi nel mondo in cui l'autore e il suo pubblico vivono. I santi rappresentano l'alternativa non solo giusta, ma razionale, e le chiese fondate in loro onore sono i monumenti viventi del bene. Le chiese locali sono eredi della giustizia insegnata al mondo dai santi; di fronte alla corruzione tanto della Curia romana che di alcuni ordini monastici (come vedremo presto, bersaglio di dure critiche da parte dell'autore dell'*HAC*), solo a loro è affidato il perseguimento della giustizia e della pace. Il possesso di tecniche da storico ecclesiastico e l'adesione a un tipo di etica sociale attribuito alla Chiesa secolare da parte dell'autore dell'*HAC* ci portano a individuare le specificità della sua formazione clericale. Presto vedremo come questi elementi non pertengono però solo alla sua formazione, ma qualificano la sua appartenenza attiva e consapevole a uno specifico gruppo sociale formato da religiosi, i canonici regolari, che poteva coltivare – e in casi come quello del nostro autore, coltivavano – un'agenda culturale che era pensata per essere ugualmente valida per chierici e laici.

A dispetto delle condanne espresse nelle sezioni in versi, la storia pagana raccontata nell'*HAC* include degli elementi, non funzionali allo sviluppo della narrazione, la cui presenza è motivata semplicemente dal piacere di conoscere alcuni usi e i costumi degli antichi che, nella cultura volgare del tempo, erano decisamente peregrini: per esempio, la descrizione del teatro al § 870, quella del tempio di Giano al § 927, e la spiegazione dell'uso di *toga* e *saga* ai §§ 1156 e 1160. Ma gli accenni alla storia ecclesiastica costituiscono, soprattutto nella parte finale dell'opera, i punti di aggancio non solo con il mondo contemporaneo ma anche con la visione etica che vuole che la conoscenza della storia sia giusta e buona *per se* e che alimenta un interesse per la classicità critico ma non antagonista.

L'autore dell'*HAC* non tenta di acquisire la storia pagana entro una visione cristiana. Egli legge e rinarra la storia della Roma repubblicana come il semplice antefatto istituzionale della storia del cristianesimo latino – una sorta di preistoria ecclesiastica. Delle vicende precristiane tematizza e valorizza prima di tutto l'alterità. La sua versione della storia romana non è provvidenziale e non è moralmente esemplare, neanche in chiave laica: è storia senza aggettivi. Questa indipendenza della ricezione della storia romana da ogni tipo di deformazione ideologica non è un portato delle fonti, ma il risultato di alcune operazioni condotte dall'autore francese. Si tratta, in primo luogo, dell'epurazione sistematica degli elementi più violentemente apologetici dal testo di Orosio. L'idea che le guerre e i disastri naturali fossero una punizione divina verso i romani e il loro impero, che è al centro dell'interpretazione orosiana, pur essendo talvolta ripetuta in luoghi puntuali dell'*HAC*, ha perso ogni centralità nella lettura delle vicende antiche.[68] Una volta eliminata questa concezione, rimangono appunto la storia e l'alterità culturale, che possono essere conosciute in quanto tali.

Tutte queste considerazioni ci portano a concludere che la struttura testuale e l'impostazione etica dell'*HAC* sono il prodotto di una rilettura sottile e sistematica dei materiali pagani entro il quadro della storia ecclesiastica, operata con il supporto di Eusebio e Girolamo da un lato e dell'Orosio "emendato" dall'altro. Questa interpretazione, coniugata con la constatazione che alla storia ecclesiastica pertengono gli elementi di storia locale nell'*HAC*, soprattutto quando toccano la contemporaneità dell'autore, acquisterà un significato particolare alla luce degli elementi contestuali che analizzeremo a breve.

2.3. *Materia e stile: la storia della salvezza e la storia del mondo*

Il disegno complessivo dell'*HAC* descritto nel prologo non è il solo che l'autore deve aver avuto in mente. Come è naturale nel caso di un'opera innovativa nella concezione e che deve per forza di cose aver avuto una lunga gestazione, egli può aver preso in considerazione opzioni diverse in momenti diversi. Questo lavorio progettuale ha lasciato delle tracce: in vari luoghi dell'*HAC* vengono annunciati contenuti – e soprattutto logiche macrostoriche – non immediatamente compatibili con quello che sarà l'assetto finale dell'opera. Cosa ancora più si-

68. Si veda *infra*, pp. 142-144, il commento al § 673, dove questo elemento è rifunzionalizzato all'interno del discorso morale che l'autore dell'*HAC* rivolge ai suoi contemporanei.

gnificativa, alla varietà dei progetti corrisponde anche una diversità di opzioni stilistiche, che documentano gli esperimenti a cui l'autore ha sottoposto la sua prosa.

Nella sezione I (*Genèse*), poco dopo aver narrato del rapimento di Enoch dal mondo, l'autore dell'*HAC* aggiunge quanto segue: «Nostre Sires si l'eslist et mist en Paradis ou il est encore en vie, et i ssera jusqu'a la venue d'Antecrist dont la veritez vos ert bien contee et dite ainz que l'estoire faille» (§ 17.3; CJ, p. 93). All'altezza dei primi capitoli dell'opera, quindi, l'autore intendeva comporre una storia della salvezza dotata di una completa architettura escatologica, che doveva comprendere un racconto dell'Apocalisse e della fine dei tempi.

In seguito, l'autore racconta che l'inserzione della storia della caduta di Troia dipende da una richiesta esplicita del suo patrono Roger di Lille, e che nei suoi piani questa dovrebbe essere solo una parentesi, prima di tornare alla materia sacra con la liberazione dall'Egitto e con la genealogia della Vergine. Il primo passo rilevante si legge al confine tra le sezioni I (*Genèse*) e II (*Orient I*) e marca il passaggio dalle fonti bibliche a Orosio:

> Or seroit drois et mesure que je avant des fiz Israel, c'est de la lignee les fiz Jacob, vos deisse et contasse avant, et continuasse l'estorie coment et par quele ochoison il issirent d'Egypte, et comant et par quel grant paine il conquisterent la terre de Chananee. Mes non ferai ore: ains dirai premerement des paiens qui adonques regnerent et comencerai au meaus que je porrai des rois et des regnes trosques a la destruction de Troies, quar si le veut, ce me samble, et comande mes sires. Et lores aprés ce, revendrai et repairerai as Ebrius coment il issirent d'Egypte, quar d'aus est et doit estre plus droiturere et plus amee l'estorie quar il en nasqui et issi la Dame gloriouse qui porta et alaita en terre le Sauveor dou munde. (§ 370; CJ, pp. 277-278)

Questo paragrafo ci informa di come alla fine del racconto della Genesi e al momento di passare alla storia pagana il progetto complessivo dell'*HAC* preveda ancora una storia della salvezza. Il prosieguo dell'opera doveva contenere almeno un adattamento dell'Esodo e dei Libri dei Re; da questi ultimi dipende infatti la connessione genealogica tra i patriarchi e la Vergine. Questa intenzione verrà ribadita anche verso la fine dell'*HAC* come la conosciamo, nella sezione X (*Rome II*): «Et bien sachés qu'en l'estorie des Hebrius, qui avant vos sera dite et contee, porés vos oïr et entendre molt miaus des pluisors coment il esploitierent et coment il perdirent et coment il guaaignerent, mout miaus que vos ne faites ore» (§ 1009.2). Il § 370 è ambiguo circa l'effettiva estensione delle amplificazioni richieste da Roger: la formulazione esatta, 'comincerò a dire dei re e dei regni fino alla distruzione di Troia, perché così vuole e comanda il mio signore', fa pensare che egli avesse richiesto non solo l'inclusione di una sezione troiana, ma della storia pagana in generale. Il dubbio viene fugato da due interventi autoriali successivi. Il primo compare all'inizio della sezione V (*Troie*) e la designa esplicitamente come quella richiesta dal castellano di Lille: «Or vos conterai de la destruction de Troies et l'ochoison mout brefment, quar ensi le me proie mes sires por ce que l'estorie est tant oïe, mais n'avenroit mie que de si grant fait com la ot ne feist on entre les autres remenbrance, la ou ele devroit estre» (§ 518; J § 2). Il secondo, ancora più esplicito, compare alla fine della stessa sezione: «De ce ne vos voil or plus dire ains voil revenir a la matere por cui tote ceste choze et ceste hystorie fu comencee, c'est de Rome et des Romains et de lor ovres, et coment la cités fu primes comencee» (§ 587.13; J § 71). La storia romana viene in effetti a costituire lo sviluppo naturale della narrazione nel momento in cui la fonte strutturante era diventata Orosio, ma la saldatura tra storia biblica e storia pagana era iniziata molto prima, con i §§ 75-81 (CJ, pp. 123-127), che contengono il primo estratto dal *Chronicon* di Eusebio/Girolamo e l'amplificazione sulla conquista di Babilonia, ed era continuata con l'inclusione delle parti dell'*Historia scholastica* di Pietro Comestore dedicate alle civiltà orientali e classiche, tra cui i capitoli dedicati interamente alle vicende pagane e detti *incidentia*.[69] È possibile – e direi probabile – che l'*HAC* non sia stata composta "linearmente" e che l'autore sia potuto ritornare sulle prime sezioni anche in una fase avanzata della composizione, ma è comunque certo che già la sezione biblica nella sua versione finale è perfettamente integrata nel processo compositivo sincretico che l'autore dell'*HAC* porta avanti con il supporto del *Chronicon* di Eusebio/Girolamo e dell'opera di Comestore.

La decisione di accontentare Roger per quanto riguarda la storia troiana può aver determinato anche la decisione di includere le altre due sezioni storico-mitologiche, cioè III (*Thèbes*) e VI (*Eneas*), interpolandole nella struttura delle *Historiae adversos paganos*, cogliendo l'occasione per rettificare le versioni divulgate dai *romans d'antiquité*. Al netto di queste deviazioni, però, l'elaborazione del progetto autoriale avviene all'interno della dialettica tra due tipologie di storia e di racconto storico: la storia della salvezza raccontata nella Bibbia e la preistoria e protostoria ecclesiastica di Orosio ed Eusebio/Girolamo. Questi due modelli storiografici, che corrispondono a materie diverse, sono perfettamente consonanti dal punto di vista ideologico e da quello dell'interpretazione delle vicende terrene. Tuttavia, essi derivano da tradizioni diverse, cioè rispettivamente la Bibbia e le sue rielaborazioni da un lato e la cronachistica dall'altro, e producevano forme testuali distinte. È proprio sul piano formale, in virtù della mancanza di sovrapponibilità tra questi due modelli, che vengono determinate le più forti discontinuità entro il testo dell'*HAC*.

La storia della salvezza era una materia ben nota al pubblico francofono del primo Duecento. I modelli disponibili all'autore dell'*HAC* per la Genesi – l'unica sezione di materia biblica effettivamente redatta e quindi l'unica comparabile con i precedenti francesi – erano di due tipi. Il primo, di impostazione marcatamente escatologica, era stato promosso nei primi anni del XIII secolo da Évrat, che aveva dedicato alla contessa Maria di Champagne una riscrittura della Genesi in ottosillabi nella quale gli eventi della storia dei patriarchi erano interpretati

69. Si vedano, per esempio, i §§ 181-182 (CJ, pp. 182-184; corrispondente al *quartum incidens*, cap. LXX, PL 198, coll. 1112) e 245-246 (CJ, pp. 216-217; corrispondente al *sextum incidens*, cap. LXXXVI, PL 198, coll. 1124).

sistematicamente come significanti profetici.[70] Questo tipo di parafrasi biblica – la cui posizione nella storia dell'allegoria volgare è ancora tutta da studiare – era quanto di più lontano dai precetti di moderazione che il nostro autore praticava, nonché incompatibile con la sua visione dell'escatologia, che le sezioni in versi dell'*HAC* mostrano essere del tutto storica: eventi storici concreti sono *causa* di eventi salvifici successivi, senza rapporti di significazione extrastorici (neanche figurali). Anche questa seconda visione della storia sacra non era inedita per il pubblico volgare: aveva dei precedenti nella letteratura (nella *Bible* di Herman de Valenciennes) e circolava ampiamente nell'iconografia (nel motivo dell'albero di Iesse).[71] Era basata sulla struttura biografica desunta dalla Genesi biblica: una genealogia di giusti che sarebbe proseguita con quella di Cristo e che connetteva i fatti veterotestamentari con quelli evangelici in una continuità storica, senza preoccuparsi di armonizzare le caratterizzazioni morali dei diversi personaggi che componevano questo lignaggio. Alla fine del § 370 , quando menziona l'ascendenza della Vergine, l'autore dell'*HAC* allude proprio a questa visione genealogica.

Dei residui importanti di un progetto fortemente influenzato da modelli provenienti dalla testualità biblica e marcati da una visione escatologica di tipo storico sono contenuti nella seconda parte della sezione I (*Genèse*) e in particolare nella vita di Giuseppe (§§ 248-361; CJ, pp. 217-273). Questa – come in parte era già avvenuto per la vita di Giacobbe – viene raccontata con una ampiezza di dettagli ignota alle sezioni precedenti. Tale scelta dipende anche certamente dal fascino e dalla qualità narrativa della materia, che le ha assicurato una popolarità notevole nell'ambito delle parafrasi bibliche di tutte le epoche, comprese quelle volgari del medioevo.[72] Nel comporre questa vita l'autore dell'*HAC* non si sottrae alla sfida che essa comporta sul piano letterario, ma decide di affrontarla in un modo non scontato: affidandosi a Flavio Giuseppe, o meglio alla traduzione latina delle *Antiquitates Judaicae* nota come *Josephus latinus*, già fonte accessoria nella prima parte (di solito tramite la mediazione dell'*Historia scholastica*), ora diventata quella principale. Dallo *Josephus Latinus* sono tradotti con fedeltà notevole anche i numerosi discorsi diretti, che con la loro frequenza ed estensione innalzano stilisticamente i paragrafi dedicati alla vita di Giuseppe in un modo che non ha paralleli nell'*HAC*.[73] Questa procedimento riflette un'idea ben precisa di stile alto, che si modella in parte sulla prosa di stampo classico dello *Josephus*

70. Su Évrat si veda W. Boers, *La Genèse d'Évrat*, 4 voll., Brive-la-Gaillarde, Ver Luisant, 2002; Id., *La Genèse d'Évrat*, dans «Scriptorium», 61 (2007), pp. 74-149; A. M. Raugei, *La Genesi di Évrat: un problema di doppia redazione*, in «Studi mediolatini e volgari», 54 (2008), pp. 179-210.

71. Sul quale si veda A. Watson, *The Early Iconography of the Tree of Jesse*, London, Oxford University Press-Humphrey Milford, 1934.

72. Si veda B. Murdoch, *The Medieval Popular Bible: The Expansion of Genesis in the Middle Ages*, Cambridge, D. S. Brewer, 2003, pp. 149-174.

73. Il caso più evidente è costituito dai §§ 330-336 (CJ, pp. 258-262), integralmente dedicati al discorso di Giuda pronunciato per perorare la causa di Beniamino, corrispondente a *The Latin Josephus,* ed. Blatt, II, VI. Viii. 139-159.

Latinus e che prende forma attraverso la voce ragionante ed emotiva che viene attribuita ai personaggi.

A questa innovazione nella selezione delle fonti si accompagna, sempre nella seconda parte della sezione I, un altro elemento peculiare: un gusto a tratti ostentato per l'omoteleuto che produce delle lunghe serie di ripetizioni foniche. Eccone alcuni esempi, con enfasi mia sulle parole interessate:

> Segnor, et ce fu fait por oster les sospoissons et les *doutances* qu'eles n'alassent as masles d'autres *semblances*, qu'eles n'estoient de quoi peust venir entr'aus aucune *discordance*. (§ 205; CJ, p. 196)

> Il prist verges verdes de poupelier et d'amandelier et de plasne, si les pela par lués et osta l'escorche. Et puis les estacha et mist ou tans que les bestes *aloient* au masle la ou eles *abevroient*, si que quant eles *venoient* a l'aigue por boivre qu'eles ses verges vaires *veoient*. Et quant eles *bevoient*, l'ombre de ces verges en l'aigue ausi *esguardoient*. Et quant eles *arestoient* et li masle as femeles *aloient* entre ces verges tostans *estoient*. (§ 206.8; CJ, p. 197)

> Quant Jacob oï ces noveles il fu un petit en *doutance*, ne mie por ce qu'il n'eust bone *fiance* es angeles qui li avoient fait *semblance* de socors et d'aïe, mes totes voies li cuers, qui charneaus estoit, fu un petit en *effreance*. (§ 220.3; CJ, p. 204)

> Establirent et deviserent qu'il *esgarderoient* que cil de la cité *feroient* et *celeberroient* lor festes qu'il de lor deus *faisoient*. Il *seroient* en porveance et garni de lor armes. E quant cil de la vile *avroient* beu et mangié, et il por lor grant lasté endormi *seroient*, il lor *corroient* sus et *ocirroient* et le roi ausi et son fiz et toz les autres que ja un seul n'en *espargneroient*. (§ 230.2-4; CJ, p. 209)

> «Je m'esveillai adonques por l'*effreance* ne ne me rendormi mie. Ains me levai a la jornee, si mandai et assamblai les sages homes de tot mon roiaume qu'il de ces visions me feissent entendre *esclairance*. Ne me seurent rien dire ne n'en puis avoir par eaus *conoissance*. Or te pri je, Joseph, que tu le m'esclaires et si en met fors mon cuer de tristor et d'*errance*». (§ 298.5-6; CJ, p. 244)

L'omoteleuto si presenta in posizioni sintattiche varie, ma la fine di un sintagma è sempre una posizione coperta. Negli esempi che abbiamo appena visto i membri dell'omoteleuto compaiono solo nelle sedi finali di sintagma nel primo e nel secondo caso; nel terzo, nel quarto e nel quinto occorrono sia in fine di sintagma che al centro. La distribuzione del primo tipo si ritrova anche in brevi sequenze che compaiono sporadicamente nelle sezioni successive:

> Mes a tot ce deviser et descrire, ne me voill mie arester ne faire *demorance*, ains passerai auques outre briement, quar ensi le convient a faire. Mes, por l'estorie meaus continuer, m'en convient faire *ramenbrance*. (§ 496.11; VT, § 125)

> Les orisons et les jeunes et les larmes des sains *homes*, qui petit cessent onques ne jor ne nuit de chanter et de lire en Sainte Iglise, rapaient Nostre Segnor des grans mesfais dont nos le *corosomes* (§ 514.9; VT § 144)

> Segnor et dames, sachés que entre ces princes ot mout ocis d'autres gens sans nulle *doutance*, mais mout plus i perdi Sertorius que Pompeius ains la *definance*. (§ 1191.1)

> Et si vos ai *recontees* les batailles de pluisors autres gens qui adonques ausi as romains se combatoient, dont les batailles ne furent *consommees*. Si se furent ces batailles que nos clamons citeaines *definees*. (§ 1196.3-4).

La percezione di questi omoteleuti da parte dei lettori medievali è confermata dalla reazione dei copisti più interventisti, che tendono spesso a semplificarli modificando la topologia della frase e ricollocando in posizione non finale i rimanti che nella versione trasmessa da P compaiono in fine di frase.[74]

La tendenza a ricercare la rima nel testo in prosa della sezione I è evidente anche dalla forma che assumono le dittologie sinonimiche contenute nelle allocuzioni al lettore, che sono elementi particolarmente interessanti dal punto di vista formale perché vuoti da quello contenutistico. Le forme *oés* e *entendés*, per esempio, sono utilizzate in *Genèse* solo insieme, nella dittologia rimante *oés et entendés*. Nelle sezioni successive questa e altre dittologie rimanti contenenti le stesse forme si alternano a loro varianti modificate al fine di attenuare o eliminare l'omoteleuto (per esempio *oés et poés entendre* e *poés oïr et entendre*) o a dittologie non rimanti (per esempio *poés entendre et savoir*). *Dire et descrire* è esclusiva della sezione I; nelle altre sezioni si alterna a dittologie non rimanti sul tipo di *conter et descrire*.[75]

74. Si vedano, come campione della versione abbreviata, le lezioni dei codici L5 e Ch: § 205: Segnor, et ce fu fait por oster les sospoissons et les doutances] Por ce le fist Laban qu'il doutoit L5 (33v) Ch (21r); § 206: que les bestes aloient au masle la ou eles abevroient, si que quant eles venoient a l'aigue por boivre qu'eles ses verges vaires veoient. Et quant eles bevoient, l'ombre de ces verges en l'aigue ausi esguardoient. Et quant eles arestoient et li masle as femeles aloient entre ces verges tostans estoient] que les bestes aloient a male la ou ele bevoient si que quant ele venoient a l'aigue et elles bevoient et elles veoient l'umbre de ces verges vaires et quant elles concevoient eles estoient toz jorz entre ces verges Ch (21v) L5 (34r); § 220: fait semblance de socors et d'aïe, mes totes voies li cuers, qui charneaus estoit, fu un petit en effreance] fait samblant de secors mais totes voies fu il .i. petit en doutance L5 (35v) fet senblant de secors mes toutes voies fu il .i. petit esfraez Ch (22v); § 230: qu'il esgarderoient que cil de la cité feroient et celeberroient lor festes qu'il de lor deus faisoient. Il seroient en porveance et garni de lor armes. E quant cil de la vile avroient beu et mangié, et il por lor grant lasté endormi seroient, il lor corroient sus et ocirroient et le roi ausi et son fiz et toz les autres que ja un seul n'en espargneroient] qu'il esgarderoient lor feste de lor diex et il i seroient garni de lor armes et quant cil de la vile avroient beu et mengié et il seroient endormi par lor grant lasté il lor sorroient sus et les occirroient et le roi et son fil ja un seus n'en eschaperoient L5 (36v) Ch (23v); § 298: Je m'esveillai adonques por l'effreance ne ne me rendormi mie. Ains me levai a l'ajornee, si mandai et assamblai les sages homes de tot mon roiaume qu'il de ces visions me feissent entendre esclairance. Ne me seurent rien dire ne n'en puis avoir par eaus conoissance] Je m'esvillai adonques si ne me randormi mie einz me levai a l'enjornee si mandai et assamblai toz les saiges homes dou roiaume qui de ces visions me deissent esclairance. Il ne m'en sorent rien dire ne n'en puis par aus avoir connoissance L5 (45v) manca in Ch; § 496: Mes a tot ce deviser et descrire, ne me voill mie arester ne faire demorance] mes au deviser ne me voil demorer L5 (74r) Ch (40r); § 514 manca nella versione abbreviata; § 1191 ot mout ocis d'autres gens sans nulle doutance] ot molt occis d'autres genz L5 (230v) Ch (167v); § 1196 Ch (168v-169r) legge come P; manca in L5.

75. Riporto qui i dati relativi allo spoglio completo, precisando che non ritengo si possano trarre da essi altre conclusioni oltre a quelle da me formulate sopra (soprattutto non circa la frequenza, visto che le sezioni sono di estensione molto variabile). Per *oés et entendés*, *Genèse*: *oés et*

Nella maggior parte delle sezioni, l'autore dell'*HAC* tende a evitare l'omoteleuto, come è consueto nella prosa anticofrancese.[76] Nella sezione finale di *Genèse*, invece, sperimenta un'insistenza sugli stessi suoni, producendo lunghe serie di omoteleuti che compaiono alla fine come al centro dei sintagmi. Nelle sezioni successive egli recupera occasionalmente questo elemento stilistico, ma in maniera più controllata, con brevi serie di ripetizioni che occorrono solo in posizione terminale di sintagma. Questo tipo di configurazione accresce in maniera naturale l'enfasi posta sulla ripetizione, evidenziata dalla pausa sintattica successiva ai singoli elementi dell'omoteleuto.

In un'epoca non lontana dalla redazione dell'*HAC* la prosa rimata era stata codificata da Giovanni di Garlandia nella sua *Parisiana poetria*. Le rime sono caratteristiche dello stile isidoriano, particolarmente adatto a muovere a pietà o a letizia: «In stilo Ysydoriano, quo utitur Augustinus in libro Soliloquirus, distinguuntur clausulae similem habentes finem secundum leoninitatem et

entendés (6 volte); *Orient I*, nessuna occorrenza; *Thèbes*: *oés et poés entendre*; *Grecs et Amazones*: *poés oïr et entendre*, *poés entendre et savoir*; *Troie*: nessuna occorrenza; *Eneas*: *entendés et oés*; *Rome I*: *oés et entendés* (3 volte), *n'entendés ne ne cuidés*, *sachés bien et entendés*, *esguardés et entendés*; *Orient II*: *oés et entendés* (3 volte); *Alexandre*: *oés et entendés* (2 volte), *com vos oés et com vos poés entendre*, *com vos oés et poés entendre*, *poés oïr et entendre* (3 volte), *poés avoir oï et entendu*; *Rome II*: *vos ci oés et poés entendre*, *sachés et entendés* (2 volte); *Jules César: vos poés oïr et entendre* (2 volte). Per *dire et descrire*, *Genèse*: *dire et descrire* (3 volte); *Orient I*: *descrire et dire*; *Thèbes*: *descrire et dire*, *au reconter et au descrire*; *Grecs et Amazones*: *deviser et descrire*; *Troie*: nessuna occorrenza; *Eneas*: *conter ne descrire*; *Rome I*: *conter et dire*; *Orient II*: *conter et dire*; *Alexandre*: *a descrire ne de dire*, *conter ne descrire*; *Rome II*: *descrire ne dire*, *conter ne descrire*, *dire et conter*, *raconter ne dire* (7 volte), *dire ne deviser*; *Jules César*: *afermer et dire*, *conter ne dire*, *raconter ne dire*.

76. Diverso è il caso dei brevi passaggi gnomici in ottosillabi che punteggiano la prosa in tutte le sezioni dell'*HAC*, per esempio: «Segnors, vos qui oés et entendés, ce ne fu mie des cors qui sunt ore que li roi et li conte et haut home tienent as Noëls et as Pasques et as Pentecostes, Quar on n'i a mais c'un soul jor, / Tot soulement de bon sojor. / Lendemain samble tot bruine. / Ensi trespasse tost et fine, / E qui ne seit donques o traire, / Assés a a plaindre et a faire». (§ 744.5-6; R § 45); «La li coru il sore a bataille qui asses tost fu *definee*, car li conceles Carbo n'avoit pas tant gent com Pompeius avoit, ne de combatre si *entalentee*. Quar gens qui fuit quant est ratainte, / Est assés tost morte et estainte. / Et si n'i a fors que l'escorce / Quant perdut a et cuer et force» (§ 1183.6-7). Questo tipo di inserzioni è caratteristica dell'omiletica (tanto latina che volgare). Un riscontro pertinente è costituito, entro il *corpus* studiato da Michel Zink, dalla traduzione dell'omelia 57 di Aimone d'Auxerre che si legge nel codice Paris, Bibliothèque de l'Arsenal 2083. I versi francesi traducono un passo in prosa rimata nell'originale latino: a «Sed audierunt docentem, qui venerunt apprehendere innocentem», corrisponde «Mais cil oïrent ensaignant / Ki estoient venu penre l'innocent»; a «Implere debeo dispensationem meam, et sic pervenire at passionem meam» corrisponde «Ju doi remplir ma dispensation / et ensi venir a ma passion». Come nell'*HAC*, queste inserzioni si concentrano in sezioni topiche del sermone come la chiusura, nella quale l'insegnamento viene riassunto e confermato; si veda M. Zink, *La prédication en langue romane avant 1300*, Paris, Champion, 1976, pp. 271-276 (per le citazioni p. 275). Per la resa di queste inserzioni nei codici dell'*HAC* si veda H. Morcos, S. Ventura, *Chorégraphies de la parole écrite entre vers et prose dans la tradition de l'Histoire ancienne jusqu'à César*, dans *Belles lettres: Les figures de l'écrit au Moyen Âge / Figurationen des Schreibens in Mittelalter*, Colloque fribourgeois 2017, sous la dir. de M. Uhlig, M. Rohde, L. Barbieri, P. Quarroz, Wiesbaden, Reichert, 2019, pp. 215-238, alle pp. 230-232.

consonantiam: et videntur esse clausulae pares in sillabis quamvis non sint».[77] Nelle parole di Giovanni la definizione di stile isidoriano prevede quindi che la rima o l'assonanza ricadano alla fine dei sintagmi, creando l'impressione che questi siano parisillabi sebbene non lo siano effettivamente. Se si tiene in conto che nella versificazione ritmica medievale unità sintattica e di verso in genere coincidono, se ne deduce che lo stile isidoriano si distingue dalla composizione in versi per l'assenza del parametro dell'isosillabismo (mentre con la versificazione narrativa e argomentativa condivide gli altri due parametri definitori: l'omoteleuto e la coincidenza tra le unità definite da questo e le unità sintattiche). A partire da queste definizioni è chiaro che anche una ripetizione con soli due elementi si può definire come prosa rimata, a patto che questi si trovino alla fine dei rispettivi sintagmi. Giovanni di Garlandia fornisce anche un esempio concreto:

> Quidam prius trascendunt logicam quam per praeviam serpant gramaticam; prius montes scandunt quadrivii quam per valles incedant trivii. Volant ad astra nec pennas possident, implumes adhuc casum non praevident. In pilleo Minervam sacram qui iactitat, in anulo claro Galienum praedicat.[78]

Confrontando questo esempio con i passi dell'*HAC* sopra citati si nota che le rime desinenziali (tipologia nella quale ricadono la maggior parte degli esempi del testo francese) sono ammesse da Giovanni, ma anche che il modello concreto da lui fornito prevede solo rime accoppiate a formare distici e non le lunghe serie che troviamo in *Genèse*. Entro la casistica dell'*HAC*, gli esempi tratti dalle altre sezioni sono quelli che più si avvicinano agli esempi della *Parisiana poetria*.

Quando non evita l'omoteleuto, quindi, l'autore dell'*HAC* adotta una tecnica che condivide i principi base con la prosa latina isidoriana. In *Genèse* la sua realizzazione è poco controllata e distante dalla codificazione, e questo si spiega bene con il fatto che la prosa aperta alla ripetizione fonica è una possibilità che in forme diverse è esistita durante tutta la storia del latino. L'autore dell'*HAC* può aver trovato i suoi modelli in fonti differenti da Giovanni di Garlandia, non necessariamente normative. La teorizzazione contemporanea di ambiente universitario ci informa però del fatto che la prosa rimata era considerata una tipologia di stile retoricamente controllato e particolarmente adatta a ottenere effetti emotivi, i quali sicuramente dovevano essere ricercati da un autore volgare che indirizzava la sua opera a un pubblico ampio di non letterati.

Le nostre conoscenze circa l'uso di una prosa rimata coerente con la definizione di Giovanni di Garlandia – in cui le rime delimitano sintagmi di estensione sillabica *non* uniforme – non ci offrono riscontri esterni all'*HAC* in francese anti-

77. John of Garland, *Parisiana Poetria*, ed. by T. Lawler, Cambridge (MA)-London, Harvard University Press, 2020, p. 178. Sullo stile isidoriano si veda K. Polheim, *Die Lateinische Reimprosa*, Berlin, Weidmannsche, 1925, pp. 432-435.

78. John of Garland, *Parisiana Poetria*, p. 180.

co. Un parallelo parziale è offerto dai *Quatre livre des Reis*, composti durante la seconda metà del XIII secolo, la cui prosa è ricca di rime. Eccone un estratto:

> Cil respundi: "Uns huem Deu est en *cite*, huem est de grant *nobilite*. Saciez que quanque il *dirrad* senz faillance *avendrad*. Pur çó en alum jesque *la*, par aventure il nus *aveiera*". Saül respundid: "Ore seit, al prudume en *irrum*. Íço que ert que nus li *porterum*? Nus n'avum ne pain ne el que á honur li poïssum presenter". Respundi li altres: "Jo ái ící alques *d'argent*. De çó li frum nostre *present*, e frad nus alcun *adrecement*". Respundi Saül: "Mult as bien dit". Cume il munterent le munt ú fud la cite, meschines *truverent* ki pur ewe *alerent*.[79]

Le rime si ripetono a coppie, formando per lo più dei distici, in maniera del tutto comparabile con l'esempio della *Parisiana poetria* e come accade nella prosa rimata dell'*HAC* al di fuori della sezione I. I sintagmi delimitati dai membri dell'omoteleuto sono però qui isosillabici. Evidentemente, il contesto di produzione e copia dei *Quatre livre* doveva essere tale da produrre e soprattutto trasmettere versi metricamente corretti. Questa è una capacità non scontata nell'ambito insulare da cui provengono sia il testo che il manoscritto di base del testo edito, e dice molto sull'ambizione di questa traduzione e sulla cura esercitata da coloro che l'hanno trasmessa. Nell'ultima frase dell'estratto, la rima ravvicinata tra *truverent* e *alerent* ricorda l'accumulazione tipica della prosa rimata nella sezione I dell'*HAC*.

I *Quatre livre des reis*, ammesso che fossero noti all'autore dell'*HAC*, potrebbero aver rappresentato un modello di prosa con omoteleuto che egli può aver tentato di imitare nella sezione finale di *Genèse*, ma senza avere la perizia necessaria. I *Quatre livre des Reis* e la *Genèse* dell'*HAC* possono aver rappresentato da questo punto di vista un filone minoritario nella produzione in prosa antico francese. È anche possibile, d'altra parte, che questo tipo di elementi stilistici fosse presente in altri testi e tradizioni e sia stato obliterato del tutto dall'intervento di copisti attivi all'altezza dell'archetipo. In ogni caso, questo uso corrisponde a uno stile elevato ed elaborato che il *mainstream* della prosa francese duecentesca non ha accolto. Il fatto che la prosa rimata fosse un'opzione stilistica ben definita e dotata di uno statuto indipendente è dimostrato dalla parallela teorizzazione latina. La ricercatezza di questa scelta è segnalata anche dal contesto compositivo in cui compare: nell'*HAC* occorre, in sezione che dipendono da Flavio Giuseppe, una fonte che era retoricamente molto più elaborata rispetto alle altre impiegate e che rappresentava un modello di stile. La tensione verso lo sperimentalismo nelle scelte stilistiche è un elemento vistosamente più marcato nella parte finale di *Genèse* rispetto al resto dell'opera. Qui, la pertinenza della storia della salvezza a una tradizione discorsiva che aveva alle spalle una tradizione volgare di intonazione solenne spinge l'autore a cercare un oltranzismo stilistico che non avrà paragoni nelle sezioni dedicate alla storia del mondo, e che corrisponde a una rilettura medievale – isidoriana, nel lessico di Giovanni di Garlandia – della prosa d'arte.

79. *Li quatre Livre des Reis*, hrsg. Curtius, p. 17.

3. *L'autore e il suo mondo*

Nella parte finale dell'*HAC*, quando il racconto si avvicina al punto in cui l'autore deciderà di consegnarlo alla tradizione manoscritta, nelle sezioni in versi compaiono alcuni riferimenti, talvolta polemici, alla realtà contemporanea: in particolare, vengono ricordati positivamente Baldovino I di Costantinopoli, sua madre Margherita di Fiandra e un re di Francia (§ 850; GB § 93); viene mossa una critica esplicita e dura alla cupidigia della Curia romana (§§ 910 e 1007); vengono duramente criticati i templari (§ 958) e i cistercensi (§ 1007); infine, troviamo un riferimento esplicito alla caducità del successo e della benevolenza che può arridere a chi frequenta le corti (§ 1061). Questi passi trasmettono certamente, in una qualche misura, idee e orientamenti dell'autore. Per interpretarli correttamente è però necessario tenere conto del fatto che i riferimenti alla contemporaneità occorrono nel contesto di un discorso morale dai tratti molto topici, in cui il tema della caducità dei beni terreni e la pericolosità del denaro è trattato spesso secondo modi argomentativi che sono propri delle sentenze generali piuttosto che della lode o della condanna di realtà particolari. E infatti, come vedremo subito, non è come panegirici o invettive che questi passi vanno letti, ma come momenti in cui la visione del mondo propria dell'autore viene espressa tra le righe di luoghi comuni morali tramite allusioni a dinamiche umane e sociali complesse e in movimento.

3.1. *Il re di Francia e le chiese del Nord*

In un articolo recente Francesco Montorsi ha fatto giustizia dell'idea, a lungo corrente negli studi, che l'*HAC* dovesse essere letta come un'opera celebrativa della grandezza delle Fiandre.[80] Prima di tutto, Montorsi propone una lettura della figura di Roger IV di Lille aderente a quella restituita dai documenti. Questi indicano inequivocabilmente che nel 1213-1214, durante l'invasione delle Fiandre da parte di Filippo Augusto, Roger ha tenuto sempre una posizione pro-francese. In secondo luogo, lo studioso valorizza tutti gli elementi interni che indicano un'attenzione e un riconoscimento, da parte dell'autore dell'*HAC*, di realtà e comunità che erano parte, ideale o concreta, dello schieramento francese (dall'ascendenza troiana della dinastia capetingia alla lode degli abitanti di Soissons per il valore dimostrato combattendo contro lo schieramento *flamand* a Bouvines). I rilievi di Montorsi permettono una lettura dell'opera scevra da presunte concezioni protonazionalistiche, le quali mal si attagliano, in generale, alla struttura delle fedeltà politiche medievali (basate su relazioni personali e istituzionali piuttosto che su solidarietà ideologiche di qualunque tipo) e a un panorama politico mosso e a tratti caotico come quello delle Fiandre francesi del primo XIII secolo.

Il passo dell'*HAC* nel quale sono contenuti i riferimenti più stringenti allo scenario politico degli anni immediatamente precedenti alla redazione dell'opera

80. Montorsi, *Sur l'*intentio auctoris.

è una delle moralizzazioni intorno all'incertezza delle eredità, che è utile citare nella sua interezza:

> Segnor, ensi fait on encore:
> On puet veir maintenant ore
> Que ja tant riches ne sera
> Li hom ni tant de bien n'avra
> Fait en tos les jors de sa vie,
> Qu'aprés sa mort ait nus envie
> De trop grant dolor entreprendre
> Faire por lui, quar a entendre
> A chascuns tant a son afaire
> Que ne puet on tant dolor faire.
> Obliés fu tost Alixandres,
> Ausi est li bons cuens de Flandres,
> Bauduins, qui fu emperere
> De Costantinoble, et sa mere,
> Qui nomee fu Marguarite
> E tant fu bone dame eslite,
> De ce raconter est enfance.
> Obliés est li rois de France
> Qui mout honora Sainte Iglise,
> E Deus, qui les bons loe et prise
> En sa plus haute mansion,
> L'en rende si haut gueredon
> Com il fist a la Magdelene,
> Qui de pechés est monde et saine.
> E tos ceaus ausi qui honorent
> Sainte Glise et qui la socorrent
> Quant ele est en perversité,
> Deus les destort d'aversité
> Au jor qu'il mestier en avront,
> C'iert quant li angle trambleront,
> Que chascuns avra sa merite
> Quar donc n'iert mie cuite quite
> Des tors, des maus que fais avons
> Ne des vils pechiés o nos sons,
> Par fais, par dis et par pensees
> Qui ne seront mie celees.
> Por ce le di que bien doit faire
> Chascuns qui pense a son afaire,
> Voire des biens que Deus li preste,
> Quar graindre n'est nulle conqueste
> Qu'estre avec Deus ens en la vie
> Dont diables nos porte envie,
> C'est lassus ou saint paradis.
> Obliés somes a tozdis
> Puis que nos cors sunt mis en terre.

De nos avoirs entrent en guerre
E nos ami et nos parent.
Bien seroit drois mon essient,
En tant com nos avons pooirs,
De les armes feissons oirs
De tant por Deu del iretage,
Qu'eles n'i eussent domage,
E que ne fussent obliees
La ou eles sunt alivees
Au voloir Deu, quar mout tost sunt
Cors, armes, oblié ou mont
Des oirs ki'n doint la grant richece.
Mal est moilliés qui ne se seche.
N'en dirai plus, mais tot a fait
Est obliés qui bien ne fait. (§ 850; GB § 93)

L'autore dell'*HAC* ha appena raccontato del cordoglio seguito alla morte di Alessandro Magno, ma anche di come, poco dopo la sepoltura, quelli che erano stati i suoi generali si affrettino a tornare ciascuno nelle terre che gli erano state assegnate in eredità. I vv. 1-10 attribuiscono lo stesso comportamento agli uomini del tempo dell'autore: non importa quanto il defunto sia stato ricco e di quanti beni abbia goduto; dopo la sua morte, tutti coloro che lo hanno circondato lo piangeranno brevemente e torneranno subito alle loro occupazioni. Ai vv. 11-17 l'autore aggiunge che così come è stato dimenticato Alessandro dai suoi uomini, sono stati dimenticati Baldovino imperatore di Costantinopoli e la sua nobilissima madre Margherita, dei quali solo gli ingenui non conoscono i nomi e le qualità. È chiaro che quando l'autore dell'*HAC* afferma che costoro sono stati dimenticati non intende dire che si sia perso il ricordo dei nomi e delle loro gesta. In effetti, di Baldovino e Margherita dice proprio il contrario: tutti sanno chi erano costoro; e di Alessandro Magno tutto si può dire tranne che il suo ricordo si sia perduto. A dimenticare Alessandro, Baldovino e Margherita sono stati i loro immediati successori, coloro i quali a loro devono posizioni e ricchezze. Ai vv. 18-43, l'autore parla di un altro potente, anche lui dimenticato da coloro che da lui erano stati beneficiati: un re di Francia che ha molto onorato la Chiesa. L'autore si augura che Dio, che sempre loda e premia i buoni, renda merito a questo re come ha fatto con la Maddalena, che è stata mondata dai suoi peccati ed è ora ricompensata in Paradiso, come accadrà nel giorno del giudizio – quando nessun peccato potrà essere celato – a coloro che avranno soccorso la Chiesa nelle difficoltà. Ai vv. 44-47 l'autore prosegue l'analogia tra la vicenda dei diadochi e la sua esperienza concreta: dopo la morte dei potenti e il loro oblio inizia la discordia tra gli eredi. Nella sezione conclusiva, ai vv. 49-60, suggerisce di fare eredi dei propri beni le anime degli uomini 'là dove sono allevate secondo il volere di Dio' (vv. 54-55), vale a dire nella Chiesa. In questa moralizzazione il narratore-autore si rivolge direttamente ai potenti (inclusi nel pronome *nos* al v. 46) e l'oblio che viene loro paventato non è quello della fama, ma quello dell'amore e della pietà cristiana:

una volta morti, verranno pianti solo il giorno dei loro funerali. L'unico amore durevole è quello per Dio e di Dio, che si conquista soccorrendo la Chiesa nelle avversità.

Gli studiosi hanno emesso nel corso del tempo pareri discordanti circa l'identità del re di Francia alluso in questo passo. Secondo Paul Meyer egli doveva essere identificato con Filippo Augusto o con suo figlio Luigi VIII, implicando per l'*HAC* una datazione successiva almeno al 1223 (data della morte di Filippo) o al 1226 (data della morte di Luigi).[81] La questione venne ripresa poco dopo da Ferdinand Lot, nel quadro di una sistemazione cronologica delle opere attribuite a Wauchier de Denain.[82] Lot era interessato soprattutto alla collocazione della continuazione del *Conte du Graal* (la quale, a sua volta, aveva un impatto sulla datazione del *Lancelot-Graal* in prosa). A suo parere, il re di Francia qui alluso dovrebbe essere necessariamente Luigi VII. Le motivazioni addotte sono due: da un lato, se si trattasse di Filippo o di Luigi VIII, il loro oblio sarebbe davvero troppo subitaneo considerato che in nessun caso l'*HAC* si può datare oltre il 1230 (data della morte di Roger VI di Lille); dall'altro, l'elenco di potenti risponderebbe a una logica ascendente, dal più recente Baldovino a un remoto re di Francia, passando per Margherita. La prima obiezione viene meno se si considera il significato reale del passo, che – come abbiamo appena mostrato – paventa un oblio dell'amore e dalle preghiere, non della dissoluzione della fama. La seconda rivela la sua fragilità quando si osserva che il trittico di potenti non è una genealogia, ma il riferimento a Baldovino e alla madre seguito da quello a un re francese che può essere tanto precedente quanto successivo. Meyer lo aveva identificato con uno dei due che, negli anni della redazione dell'*HAC* o in quelli immediatamente precedenti, avevano dettato la politica, tanto in pace quanto in guerra, della nobiltà e delle città del Nord. Nonostante il suo carattere artificioso, la lettura di Lot è stata accettata da Guy Raynaud de Lage, che l'ha integrata nella sua ipotesi secondo la quale la ragione dell'incompiutezza dell'*HAC* sarebbe da ricercarsi nell'abbandono dell'opera da parte dell'autore a seguito dell'inizio della redazione, da parte di un altro chierico anonimo, dei *Faits des Romains*.[83] Nel commento alla sua edizione della sezione IX (*Alexandre*), Catherine Gaullier-Bougassas ha proposto una lettura del passo che è orientata sia dall'ipotesi di Lot che dalla lettura protonazionalistica dell'*HAC*.[84] Il re di Francia evocato sarebbe Luigi VII e il suo ricordo una esortazione alla crociata. Allo stesso tempo, il riferimento all'oblio dei defunti alluderebbe e delle precise vicende di discordia ereditaria; l'autore dell'*HAC* starebbe mettendo in guardia la nobiltà fiamminga contro il rischio che queste discordie portino alla dissoluzione delle Fiandre, come era accaduto all'impero di Alessandro Magno dopo la sua morte. Secondo Gaullier-Bougassas l'obiettivo polemico dell'autore dell'*HAC* sarebbe da identificare nei protagoni-

81. Meyer, *Les premières compilations*, p. 56.
82. Lot, rec. Frappier, *Étude sur la Mort le roi Artu*, p. 121.
83. Raynaud de Lage, *L'Histoire ancienne jusqu'à César*, pp. 12-13 e n. 23.
84. *L'Histoire ancienne jusqu'à César*, éd. Gaullier-Bougassas, pp. 16-19.

sti dei conflitti dinastici successivi alla morte di Baldovino nel 1205: Filippo di Namur, fratello di Baldovino che aveva conteso l'eredità alle nipoti; Filippo Augusto, che nel 1208 aveva ricevuto da Filippo di Namur la tutela delle due eredi; e naturalmente le due figlie di Baldovino, Giovanna e Margherita – quest'ultima sposata nel 1213 a Bouchard d'Avesnes, il quale aveva portato avanti le rivendicazioni della moglie in modo deciso e violento.

È certamente molto probabile che il riferimento alle discordie ereditarie in questo e in altri passi dell'*HAC* evocasse nei lettori e negli ascoltatori vicini all'autore il ricordo delle vicende della casa comitale fiamminga, e anche che ricorra tanto spesso perché era un tema di recente attualità. Non bisogna però dimenticare che, come qualunque altro tema morale, poteva essere utilizzato sia per discutere una realtà contingente che come argomento topico entro una argomentazione più ampia. La questione delle eredità è anche, del resto, un motivo particolare del discorso sulla follia dell'attaccamento ai beni terreni che abbiamo visto dominare le parti morali della storia pagana.

Per discernere i modi in cui il tema compare nell'*HAC* in relazione a vicende antiche possiamo servirci di due passi. Il primo occorre nella sezione III (*Thèbes*), all'inizio del racconto di una discordia ereditaria antica, quella tra Eteocle e Polinice:

> Segnor et dames, quant Edippus li rois de Thebes fu mors, si com vos poés entendre, si dui fill Ethioclés et Pollincés tencierent tost entre aus ·ii· por avoir le regne. A autre choze n'entendent li oir encore meisment ore que a avoir l'avoir et l'onor de lor ancessors et la segnorie. Quar sovent avient qu'ansois que li cors soit mis en la fosse, dient li enfant o li parent: «Partons, partons, que atendons nos ore?». Segnor, cil que s'en va en la terre dont nus ne repaire, en aporte avec lui sa partie. Et bien sachés qu'assés est petite. A ses oirs remaint li avoirs et li heritages dont il por lui ravoir donroient mout petite partie. Ausi fesissent Ethioclés et Pollinicés por ravoir lor pere. (§ 416.1-6; VT § 46)

Anche in questo paragrafo, come avverrà al § 850, il difetto morale degli eredi è di amare i beni più che il benefattore; in questo caso, Eteocle e Polinice non sarebbero disposti a cedere che una parte molto piccola dell'eredità di Edipo per riaverlo indietro. Come nel passo relativo a Baldovino, a Margherita e al re di Francia, anche qui il discorso del narratore-autore non è rivolto agli eredi ma ai potenti che si illudono di essere amati anche dopo la morte da chi succederà loro, come se l'amore che costoro mostrano in vita fosse vero e non opportunistico.

Il secondo passo fa parte della sezione VI (*Rome I*), dove la violenza familiare motivata dalla cupidigia è considerata, seguendo Orosio, una caratteristica delle società pagane. Dio, che i pagani non riconoscevano e al quale non ubbedivano, non permetteva che gli eredi gioissero dei beni dei loro predecessori e la discordia ereditaria era normale e inevitabile:

> Segnor, or poés ci entendre,
> Savoir, retenir et aprendre
> Que mout avoit de paine Rome.

De la parole est ce la some.
Qu'ausi certainement avoient
Cil qui par le mont habitoient,
Quar en chascune region
Avoit mala destruction,
De batailles o de famines.
Quar les gens n'erent pas aclines
A Deu servir ne aorer,
Ne ne se voloient pener
En null endroit de null bien faire.
E Deus lor sofroit lor afaire
Si fort dou tot anientir,
Qu'il ne lor voloit consentir,
Qu'il de lor biens en bien usassent,
Ne qu'en la fin s'en essaussassent,
Ni que lor oir ja en joissent,
Ne les honors aprés tenissent.
Ains le perdoient si li pere,
Que ja fill ni parent ni frere
Ni clamassent part ni droiture,
Se ce ne fust par aventure
Que li uns l'autre oceist
O a force tot li tolist.
Tels estoit li siecles en celui tans,
Por ce qu'en Deu n'ert nus creans,
N'a lor besoins ne le huchoient,
Ne en sains fons lavé n'estoient.
Mais puis qu'il vindrent a creance,
Les mist toz Deus a delivrance
Des grandes persecutions,
Dont vos oés les mensions.
Por ce est fous qui ne l'aore,
E qui ses grans pechiés ne plore,
E qui vers lui ne s'umelie.
Quar qui sovent merci li crie
De verai cuer, ou repentance
De ce qu'il fait par ignorance,
Ne puet faillir qu'il ne s'acorde
Au Segnor de misericorde. (§ 673, vv. 1-42)

L'inizio del paragrafo in versi (vv. 1-9) è una resa, adattata e amplificata ma fedele nella sostanza, di un passo delle *Historiae adversos paganos* di Orosio: «[…] T. Gesoni et P. Minucio consulibus duo vel maxima omnium malorum abominamenta, fames et pestilentia fessam Urbem corripuere. Cessatum est paulisper a proelii, cessatum tamen a mortibus non est» (II, 5, 6). Subito dopo l'autore ricorda l'eziologia delle calamità secondo Orosio e l'apologetica cristiana: il paganesimo, l'infedeltà a Dio, e il rifiuto di agire moralmente (vv. 10-13). A partire dal v. 14 gli argomenti addotti sono originali rispetto alle fonti. L'autore dell'*HAC* non ragiona qui in termini di punizione divina, ma spiega come la lontananza da Dio determini la mancanza di ogni presupposto legale alla vita civile: dal momento che i romani erano pagani, Dio non volle accordare loro la possibilità di ereditare i beni terreni dei loro predecessori (vv. 14-20); inevitabilmente, ogni eredità passava attraverso la discordia e l'omicidio – e questo perché gli uomini erano pagani (vv. 21-30); gli uomini sono stati liberati da queste sofferenze mediante la fede in Dio (vv. 31-34), ed è folle chi non lo prega e non si umilia davanti a lui, perché chi si pente di vero cuore per gli errori che ha commesso a causa della sua ignoranza non può mancare di accordarsi al Signore misericordioso (vv. 35-42). Per meglio sottolineare come l'unico possibile antidoto alla *discorde* sia l'*acordement* con Dio, il passo prosegue con dei versi che giocano insistentemente sulla radice dei due lemmi e sull'etimologia poetica derivata da *corde* e *cordon* 'corda':

Quar il est si misericors
Que tot adés est ses acors
A ceaus qui ne se desacordent
A ses dis et qui s'i acordent.
Drois est que nos i acordons
Et si traions a tels cordons
Qui ne faillent la droite corde,
Quar tost i avroit grant discorde
E qui de droit va descordant.
En bien nel va nus descordant,
Ne Deus nel claime mie quite.
Ceste parole vos ai dite
Por ce que de Deu vos soviegne,
Qui a sa loi toz nos maintiegne. (§ 673; vv. 43-56).[85]

In questi ultimi versi si ribadisce come l'unico antidoto alla violenza delle dispute ereditarie è l'obbedienza alla legge divina. Se lo si leggesse senza avere in mente il § 850, questo passo risulterebbe molto vago e l'autore sembrerebbe rifugiarsi nel gioco verbale. Nel § 850, invece, aveva indicato chiaramente la soluzione al problema che era indisponibile ai pagani: le donazioni dei patrimoni alla Chiesa, indicata attraverso la perifrasi che allude al luogo dove le anime vengono allevate secondo il volere di Dio (§ 850, vv. 54-55; GB § 93).

85. Sullo stesso gioco etimologico è costruito *Dou cierge qui descendi au jougleour* di Gautier de Coinci, in cui la corda da cui trae spunto l'amplificazione retorica è quella di una viella. Il testo è edito in *Les miracles de Nostre Dame par Gautier de Coinci*, éd. par V. F. Koening, 4 voll., Genève-Lille, Droz-Giard, 1955-1970, IV, pp. 175-189, e in R. Hakamies, *Deux miracles de Gautier de Coinci. D'un vilain qui fut sauvé pour ce qu'il ne faisoit uevre le samedi et Du cierge que Nostre Dame de Rochemafour envoia seur la vïele au jougleour qui vïeloit et chantoit devant s'ymage publiés par cinq manuscrits*, Helsinki, Suomalaisen Tiedeakatemia, 1958, pp. 60-73. Un framento dello stesso testo è pubblicato in G. Santini, *Un nuovo frammento manoscritto di un miracolo di Gautier de Coinci*, in «Studj Romanzi. Nuova serie», 1 (2005), pp. 89-104. Ringrazio Henry Ravenhall per avermi segnalato questo parallelo.

Ritornando all'interpretazione complessiva del § 850, due sono gli elementi da tenere a mente: il primo è che l'autore dell'*HAC* si rivolge apertamente, attraverso il *nos* testuale ivi impiegato e attraverso l'argomento della mancanza di amore degli eredi, ai potenti che lo ascoltano, che devono decidere cosa fare dei loro beni e che si illudono di comprare con essi l'amore duraturo degli eredi. La struttura argomentativa del passo è bimembre: prima si elencano esempi di oblio, cioè di disamore, nei confronti dei potenti defunti (Alessandro, Baldovino, Margherita, il re di Francia); poi si sottolinea però come a dispetto di tale oblio il buon re di Francia, che ha amato e difeso la Chiesa nelle difficoltà, ha visto i suoi peccati mondati come quelli della Maddalena ed è stato accolto in paradiso. È evidente, a questo punto, che il re di Francia diventa una figura chiave nel modello etico che l'autore dell'*HAC* vuole proporre: il suo nome viene taciuto forse per pudore rispetto a un personaggio che – sia si tratti di Filippo Augusto, sia che si tratti di Luigi VIII – aveva messo a ferro e a fuoco le Fiandre. Egli infatti non viene paragonato a un individuo che ha condotto una vita santa, ma a una peccatrice perdonata da Dio, la Maddalena. *A priori*, il modello morale che l'autore dell'*HAC* sta promuovendo come meritevole del paradiso ha molte più possibilità di dover essere individuato in Filippo Augusto piuttosto che in Luigi VIII, il quale regnò solo tre anni. La crisi dinastica che interessò il regno di Francia dopo la morte di Luigi VIII non è un elemento cogente a favore dell'identificazione in costui del re alluso nel testo; l'autore dell'*HAC* non sta ricordando i mali dovuti a delle guerre di successione concrete, ma stigmatizzando le successioni come occasioni intrinsecamente portatrici di male e sofferenze. Un elemento permette di togliere, credo, ogni dubbio: il paragone non privo di violenza tra il re e una peccatrice sessuale come la Maddalena si spiega facilmente con un'allusione – che doveva essere scopertissima per i contemporanei – alla condizione di bigamia che interessò Filippo Augusto a partire dal 1198.

Nell'agosto del 1193 il re di Francia – per ragioni la cui logica politica non è evidente e sulle quali gli studiosi moderni si interrogano ancora – aveva sposato Ingeburge di Danimarca, sorella del re Canuto VI; il giorno dopo le nozze, però, aveva allontanato la sposa, ne aveva imposto la reclusione in un monastero e aveva reso pubblica la sua intenzione di chiedere l'annullamento del matrimonio. Nel novembre dello stesso anno si tenne a Compiègne un concilio presieduto dall'arcivescovo di Reims dove fu sancita la nullità del matrimonio sulla base di una presunta prossimità parentale tra Ingeburge e la prima moglie defunta di Filippo, Isabella di Hainaut (la madre del futuro Luigi VIII). Le genealogie impiegate a Compiègne furono in seguito dichiarate false dalla stessa cancelleria reale.[86] La corte danese si rivolse al papa per contestare la decisione e nel maggio 1196 Celestino III convocò un secondo concilio, questa volta a Parigi, per discutere la questione. Appena un mese dopo il re, incurante della precarietà del suo *status* familiare, prese in moglie Agnese di Merania. La fiducia che Filippo Augusto sembrava riporre nella risoluzione rapida della questione di Ingeburge

86. Si veda Baldwin, *The Government of Philip Augustus*, p. 83, n. 17.

poteva non essere del tutto infondata, perché nelle vicende delle famiglie reali del tempo lo scioglimento di un matrimonio non era una pratica inusuale (ne avevano beneficiato, tra gli altri, Luigi VII e Federico Barbarossa). Ma nel 1198 il nuovo papa, Innocenzo III, decise di prendere una risoluzione che rifletteva la sua volontà di sancire l'autorità ecclesiastica sul diritto matrimoniale e intimò al re di Francia di separarsi da Agnese e di restituire a Ingeburge la posizione di moglie e la carica di regina. Filippo Augusto si mostrò indifferente all'esortazione papale e nel gennaio del 1200 Innocenzo III annunciò un interdetto generale sul regno di Francia (cioè una condizione che avrebbe portato alla chiusura delle chiese e alla sospensione dei servizi religiosi). Secondo la versione dei fatti data in seguito dal re, sarebbe stato solo in questo momento che egli sarebbe venuto a conoscenza della malafede dietro le deliberazioni del concilio di Compiègne e della loro illiceità. Nell'estate dello stesso anno, egli fece mostra di allontanare Agnese e inscenò una riconciliazione pubblica con Ingeburge, promettendo che in futuro il loro matrimonio si sarebbe potuto interrompere solo con il consenso ecclesiastico; questi atti determinarono l'annullamento dell'interdetto. Nel marzo del 1201 si riunì a Soissons un tribunale presieduto da legati papali che aveva come obiettivo quello di decidere la questione matrimoniale una volta per tutte. Filippo Augusto si accostò a questo tribunale presumendo di avere giudici favorevoli che gli avrebbero assicurato un verdetto soddisfacente e veloce; di fronte ai primi segni che così non sarebbe stato, decise di abbandonare il processo e sottrarsi alla decisione. Nel luglio 1201, quando la situazione era ancora del tutto incerta, Agnese di Merania morì dando alla luce il secondo figlio suo e del re. La disputa con il papa rimase però aperta, perché il re desiderava che fosse riconosciuta la legittimità di questa discendenza, composta da Maria e soprattutto dal secondo erede maschio Filippo. Per ottenere ciò, fece leva nuovamente sulla sua presunta buona fede al tempo del concilio di Compiègne. Innocenzo III, che in quel momento ambiva a far guadagnare a Ottone di Brunswick il sostegno della corona francese per l'elezione al soglio imperiale, decise di favorire un compromesso che non minava la sua autorità in fatto di diritto matrimoniale: con una bolla del novembre 1201 riconobbe la legittimità dei figli di Agnese motivandola con la sua utilità per il bene del regno capetingio, ma precisò che questa decisione non influiva sui diritti e le rivendicazioni di Ingeburge. Con questo atto la questione matrimoniale di Filippo divenne una faccenda del tutto privata; Ingeburge rimase reclusa lontana dalla corte fino alla fine della sua vita e nessuna sentenza decise mai se i diritti di moglie e di regina le fossero stati sottratti legittimamente o no.[87]

Se da un lato credo ci sia poco spazio a dubbi circa il fatto che il re di Francia paragonato alla Maddalena sia Filippo, dall'altro viene naturale domandarsi, alla luce dei fatti, cosa intenda l'autore dell'*HAC* quando dice che egli 'onorò molto la santa Chiesa' (§ 850, v. 19). Filippo non compì mai nessun atto di contrizione specifico in relazione al suo peccato – e certo non si possono considerate tali le

87. Ivi, pp. 82-87.

pubbliche ma parziali concessioni fatte per scongiurare l'interdetto. In effetti, l'autore dell'*HAC* dipinge il re di Francia come un sostenitore e un soccorritore della Chiesa, non come un personaggio obbediente al papa. Questa valutazione si spiega perfettamente se si tiene conto di chi fossero i prelati della Francia del Nord in quei decenni e quale fosse il rapporto tra le loro diocesi e la corona francese.

Durante il regno di Filippo venticinque sedi arcivescovili e vescovili francesi erano soggette a *iura regalia*: non solo il re di Francia deteneva diritti fiscali e amministrativi sulle diocesi, ma era anche potenzialmente responsabile dell'elezione dei vescovi. Tra queste figurano l'arcidiocesi di Reims e le diocesi di Tournai, da cui dipendeva Lille, di Noyon, cui faceva capo il capitolo di Saint-Quentin, e di Arras. La geografia locale che abbiamo visto dispiegarsi tra il prologo e l'ultimo paragrafo dell'*HAC* è quindi, dal punto di vista ecclesiastico, in stretti rapporti con la corona francese. E non si trattava di un'enclave: diocesi soggette a *iura regalia* erano anche Thérouanne, Amiens, Beauvais, Senlis, Soissons e Meaux.[88] Entro il territorio di queste, anche un numero importante di abbazie erano soggette agli *iura regalia* o avevano beneficiato di altre forme di protezione: tra queste, per citare solo due centri culturali importanti, Saint-Pierre di Corbie nei pressi di Amiens e Saint-Vaast di Arras.[89]

Il possesso di diritti ecclesiastici da parte di un signore laico non implicava necessariamente che le sedi ecclesiastiche gli si assoggettassero: anzi, gli interessi della corona e quelli dei capitoli potevano divergere in molte occasioni e alimentare situazioni turbolente. Tuttavia, nel caso di Filippo Augusto e delle diocesi di *ius regale*, il rapporto non solo non era conflittuale ma configurava anche relazioni politiche ed economiche strategiche. Al cuore di queste relazioni vi erano stati talvolta uomini direttamente legati a Filippo o alla corte: fino al 1202, per esempio, la sede arciepiscopale di Reims era stata occupata da Guglielmo, lo zio di Filippo che aveva anche presieduto il concilio di Compiègne; dal 1188 al 1221 il vescovo di Noyon fu Stefano, figlio di Gautier, cancelliere prima di Luigi VII e poi di Filippo.[90] Più frequentemente, però, tanto nella Francia del Nord quanto nelle altre sedi soggette del regno, i vescovi erano espressione delle chiese locali. Già sotto Luigi VII e poi con Filippo, la prassi della corona francese nei confronti delle elezioni episcopali delle sedi soggette era la *licentia elegendi*, cioè l'autorizzazione a procedere a una elezione autonoma del nuovo vescovo da parte del capitolo che doveva essere richiesta dopo la morte del titolare e che veniva normalmente concessa con la raccomandazione di eleggere un individuo gradito a Dio e utile al regno.[91]

Nel 1190, prima di partire per la terza crociata, Filippo sancì la prassi della *licentia elegendi* con un'ordinanza generale. Questa sorta di testamento istituzionale riconobbe la lunga fedeltà delle diocesi regali alla causa della corona

88. Ivi, pp. 442-442.
89. Sulle abbazie regali si veda ivi, pp. 70-72 e 446-449
90. Su di lui e la sua famiglia si veda ivi, pp. 107-109.
91. Ivi, pp. 64-68 e 70.

e garantì, tramite la loro indipendenza, la libertà di tale fedeltà. Dopo questo atto la disponibilità dei capitoli a eleggere vescovi graditi al re e a collaborare con lui aumenterà, e i vescovi saranno sempre più spesso scelti tra uomini noti e apprezzati a Parigi. Queste alleanze fruttarono a Filippo il sostegno economico e militare da parte delle sedi episcopali e dei loro feudi, ma anche il loro supporto, spesso cruciale, per mezzo di prerogative ecclesiastiche. Nel 1196, per esempio, l'arcivescovo di Reims e i vescovi di Arras e Tournai (insieme a quello di Thérouanne) garantirono il rispetto dei giuramenti di fedeltà nei confronti di Filippo pronunciati dal futuro Baldovino di Costantinopoli e dal conte Rinaldo di Boulogne mediante la minaccia di sanzioni. Nel 1200, ancora, l'arcivescovo di Reims e i vescovi di Noyon e Tournai furono tra quelli che si rifiutarono di obbedire all'interdetto papale.[92] A partire da questi anni Filippo fece un passo ulteriore nel garantire la libertà delle sedi soggette alla corona: in occasioni diverse, egli rinunciò agli *iura regalia* per numerose diocesi, tra cui Arras nel 1203 e Tournai nel 1219. Già prima, con una carta del 1200, aveva sancito per i membri del clero il *privilegium canonis*, cioè il principio secondo il quale qualunque danno alla loro persona poteva essere considerato legalmente sacrilego e punito con la scomunica, e il *privilegium fori*, che individuava nei tribunali canonici gli unici competenti nel giudicare i chierici. Negli stessi anni, il sovrano mostrava una grandissima generosità nei confronti delle chiese dei territori di nuova acquisizione, come l'Artois e la Normandia, alle quali venne anche estesa la libertà nell'elezione dei vescovi.[93] Queste politiche trovarono immediata eco e complemento nella costruzione della biografia di Filippo, a partire dalle opere di Rigord e Guillaume le Breton, che lo ritraggono come il massimo difensore della Chiesa.[94]

Il consenso nei confronti di Filippo nelle chiese del regno non era tuttavia granitico come la produzione encomiastica voleva far credere e come il successo delle sue politiche può indurre a pensare: non solo esisteva una vivace dialettica di interessi e posizioni, ma quando la corona entrava in conflitto con la Curia romana anche prelati vicinissimi al re potevano voltargli le spalle: su tutti, valga l'esempio di Odo di Sully, vescovo di Parigi e cugino di Filippo, che obbedì all'interdetto del 1200. Nondimeno, esistevano delle sedi, concentrate soprattutto nel Nord-Est, per le quali Filippo Augusto non era stato un ingombrante patrono ma un alleato strategico e il responsabile di importanti progressi istituzionali anche, e forse soprattutto, nel momento in cui esse eleggevano vescovi espressione della chiesa locale.

Negli anni della redazione dell'*HAC*, tra il 1223 e il 1230, la storia delle diocesi del Nord-Est è determinata da una dialettica animata da rivendicazioni del clero locale e la protratta influenza dei chierici parigini legati alla corona, al fianco dei quali spesso si schiera il papato in qualità di controllore delle elezioni

92. Ivi, pp. 176-179.
93. Ivi, pp. 182-188.
94. Ivi, pp. 374-380.

e giudice delle contese. Tali contese – è bene precisarlo – erano endemiche nelle elezioni episcopali e derivavano dalla molteplicità degli interessi in gioco, tutti legittimi; dal punto di vista politico, non esisteva un'opposizione netta tra clero locale e clero parigino o curiale.

In molti casi l'elevazione al soglio episcopale di membri del clero più legato alla corona ha visto nell'azione del papa un fattore determinante, a volte anche a dispetto della volontà del capitolo. Il caso della diocesi di Noyon è esemplare. Nel 1228 viene eletto Nicola, nipote di Bartolomeo di Roye, che era stato fedelissimo consigliere di Filippo; all'elezione segue l'immediata conferma da parte di Gregorio IX. Nei mesi successivi all'elezione Nicola entra in contrasto con il capitolo a seguito di accuse di sottrazione da lui mosse verso alcuni canonici; questi si appellarono al papa, ma le discordie si risolsero pacificamente nel 1229 senza il suo l'intervento. Nel 1232 una bolla sempre di Gregorio IX assoggettò la collegiata di Saint-Quentin alla piena autorità del vescovo, ponendo fine a un conflitto che risaliva almeno al 1150, quando a contendersi la giurisdizione sulla basilica erano stati il vescovo Baldovino di Boulogne e Rodolfo di Vermandois, e i cui strascichi avevano determinato contrasti molto aspri anche durante l'episcopato di Nicola. Nel 1240, alla sua morte, il nuovo vescovo sarà Pierre Charlot, un figlio illegittimo di Filippo Augusto che aveva potuto intraprendere la carriera ecclesiastica grazie a una dispensa emessa da Onorio III nel 1217 che sanava i suoi natali illeciti. Pietro – il cui rilievo a corte è documentato anche dal fatto che fu il dedicatario della *Philippide* di Guillaume le Breton – non era riuscito a raggiungere una maggioranza elettiva nel capitolo; sarà solo Innocenzo IV, dopo un'indagine interna, a confermarlo nel 1243 sulla base non dell'elezione, ma dei suoi meriti, della memoria di Filippo e delle garanzie fornite da Luigi IX e da Bianca di Castiglia.[95]

In generale, la compagine episcopale della Francia del Nord negli anni Venti e Trenta del Duecento è varia e riflette la complessità degli equilibri in atto. Un altro esempio di vescovo legato alla corte è Enrico di Dreux, figlio di quel Roberto II che aveva affiancato Filippo Augusto a Bouvines e in numerosissime altre campagne militari, che dal 1227 al 1240 occupa il seggio arciepiscopale di Reims, legato alla corona anche dalla consuetudine che voleva che lì, nel luogo del battesimo di Clodoveo, fossero unti i re di Francia.[96] Arras e Tournai, due sedi per le quali Filippo Augusto aveva rinunciato agli *iura regalia*, rappresentano invece il caso di sedi animate e governate da individui di formazione e carriera tutta locale e interna al capitolo; negli anni che ci interessano, esse furono tenute rispettivamente da Ponce (dal 1221 al 1231), già

95. *Gallia Christiana in provincias ecclesiasticas distributa*, 16 voll., Parisiis-Roma, apud Victorem Palme-Libraria S. Congregationis de Propaganda Fide, 1715-1865, IX, coll. 1008-1010 e 1046-1048. Su Pierre Charlot si veda anche S. McDougall, *Royal Bastards: The Birth of Illegitimacy, 800-1230*, Oxford, Oxford University Press, 2017, pp. 229-230.

96. Su Roberto si veda Baldwin, *The Government of Philip Augustus*, p. 216 e *passim*; su Enrico, *Gallia Christiana*, IX, coll. 108-111.

arcidiacono della cattedrale, e da Gualtiero di Marevis (dal 1219 al 1251), un ex canonico, per giunta di umili natali.[97]

In questa dialettica la posizione dell'autore dell'*HAC* non può essere definita con precisione, ma è probabile che egli fosse espressione di un gruppo che conservava una sua indipendenza rispetto alla corona e al papa. Lo suggeriscono le due invettive contro la Curia romana che compaiono in due moralizzazioni in versi della sezione X (*Rome II*):

Segnor, qui auques porte a Rome
– De la parole est ce la some –
Qu'il i entre par bone porte.
Et qui petit, segnor, i porte,
Petit i fait de sa besoigne,
Rome nul grant fais ne resoigne.
Por quoi li argens voist avant?
Segnor i sunt petit et grant,
Fort et foible, s'il ont monoie,
Ne cuit que nus en i anoie
As cardonaus ens el pretorie.
Est honorés de la victorie
Cil qui plus beaus presens i maine,
E plus est et loiaus et saine
Sa querele et plus tost oïe
E miaus amee et miaus joïe. (§ 910, vv. 5-20)

Ce dient mais tote la gent
Que bon sunt li denier d'argent
A Rome o il furent premiers,
C'om les i a merveilles chiers.
Li Romain sunt cortois et sage,
Il les ont chiers dou viés usage,
Et il n'est nus s'assés en porte
Qu'il ne puist entrer en la porte
Et sa besoigne tres bien faire,
Ja tant n'avra grant aversaire.
De ce n'i a ne plus ne mains.
Tuit prendent mais guarde as Romains,
Arcevesque, vesque et abé,
Prestre et clerc sunt tuit en abé.
De quel part la monoie viegne
N'en chaut chascun, mes qu'il la tiegne.
Ne mie tuit, quar tort avroie
Se je de trestos le disoie,
Ains en est mout qui n'en ont cure,
Ains font lor vie aspre et dure,
Por avoir parmenable joie

97. *Gallia Christiana*, III, coll. 330-331 e 217-219.

O Deus nos maint la droite voie
Par sa tres grant misericorde.
Mais li plus, je cuic, se racorde
Al denier d'argent bon et fin,
Dont on puet avoir pain et vin. (§ 1007, vv. 7-32)

All'autore dell'*HAC* sono care le libertà che Filippo Augusto aveva concesso alle chiese del regno; egli considera gli interventi esterni come altrettante occasioni di corruzione e oppressione. Addita le ingerenze che provengono da Roma e le motiva con la cupidigia dei curiali. Simili sentimenti dovevano probabilmente suscitare in lui le ingerenze esterne di ogni tipo – ingerenze che Filippo Augusto si era sempre rifiutato di esercitare sulle sedi e sui capitoli. La lode del sovrano è una lode rivolta alla persona e alle sue politiche, non un'adesione a una fazione identificabile con i sostenitori della corona francese durante i primi anni del regno di Luigi IX.

Le categorie di pensiero che derivano dalla concettualizzazione dei diritti giuridici sono al centro del sistema di rappresentazione del mondo morale che l'autore dell'*HAC* dispiega all'interno delle sezioni in versi. Il loro impiego serve a esprimere secondo concetti terreni – e prevalentemente economici – un ideale non privo di componenti ascetiche; tale ideale, con le debite correzioni, poteva essere effettivamente praticato nella vita civile. Dio è rappresentato come il detentore di diritti di possesso sul mondo, quindi sui beni terreni e anche sulla vita, ai quali non rinuncia. Uno dei termini chiave è l'aggettivo *quite*, 'libero da pretesa o da diritti': «Que chascuns avra sa merite / Quar donc n'iert mie cuite quite» (§ 850, vv. 31-32); «En bien nel va nus descordant, / Ne Deus nel claime mie quite» (§ 673, vv. 52-53).[98] I diritti di Dio devono essere pagati con il bene, l'allontanamento dal mondo e il sacrificio dell'orgoglio.[99] L'autore dell'*HAC* impiega anche *usage* nel senso di 'usufrutto, concessione a disporre di beni che non si posseggono', applicato per descrivere il modo, molto limitato, in cui gli uomini possono disporre delle ricchezze e anche della vita stessa:

Faisons donc bien, si soions sage,
Tant com dou nostre avons l'usage,
Car sovent laisson son avoir
Si m'ait Deus a mauvais hoir. (§ 85, vv. 31-34; CJ, p. 130)

98. Per l'espressione *cuite quite*, si veda TL, *quite*, VII, col. 112, 'abgedan', e FEW, *quietus*, p. 1472, 'à compre balancé, se dit quand deux personnes ne se doivent plus rien l'une à l'autre'; per *clamer quite* si veda AND, *quiteclamer*, 'formally renounce a claim or right'.

99. In un contesto argomentativo molto simile l'espressione *clamer quite* compare anche in una sezione in versi della compilazione agiografica del manoscritto di Carpentras, dove il tema è quello del pesante debito che i ricchi contraggono con Dio: «Molt est povres hon a segur / Quant Dieus li done tel eür. / Quar sa poverté a pacience. / Li riches n'a onques science / S'a garder non tot ce qu'il pert. / Or esgardez qu'il en desert / Quant il pert lui et son avoir / Je vos faz tot bien asavoir / Que Dieu et lui pert et lo suen; / Cel a tenu sor tote rien. / Tex est de l'avoir la mérite; / Diex ne lo claime mie quite, / Encor puist il son avoir perdre; / Quar quant la mort lo puet aerdre, / Dont vient sa grant malaventure / Qui parmenablement li dure» (Szkilnik, E, vv. 1-16).

Et por ce pardoutent la mort
Li pluisor mout qu'il ont confort
Des biens qu'il ot por lor usages,
Dont nus nes doit tenir por sages. (§ 942, vv. 51-54)

Al v. 33 del § 85 la proprietà dei beni terreni è esplicitamente attribuita a Dio. Questo uso fa sistema con l'argomento dell'impossibilità di garantire le successioni agli eredi: un bene non posseduto non può essere trasmesso in eredità da chi ne gode i frutti, ma deve essere restituito al suo legittimo proprietario. Nello stesso passaggio in versi, poco prima, il ricorso al linguaggio del diritto privato per descrivere il giudizio finale come una chiusura di conti è denso e articolato:

Qui ne l'en sert forment forfait,
Soumons en sera a tel plait
Que raison li coviendra rendre,
O voille o non de droit entendre,
Qui de cel plait avroit recort. (§ 942, vv. 35-39)

Non solo l'autore dell'*HAC* impiega *plait* in luogo di *jugement*, più comune in contesto religioso, ma utilizza anche *recort*, 'ricorso'. Ai vv. 37-38, significativamente, egli precisa che ogni individuo che non si sottomette a Dio dovrà testimoniare circa le sue azioni, 'voglia o non voglia capirne di diritto'.

Anche se la sua proposta è radicale nei toni, l'autore dell'*HAC* si confronta talvolta con le dinamiche sociali concrete che determinavano le relazioni tra i membri del suo pubblico e nelle quali era probabilmente coinvolto in prima persona. La rinuncia ai beni deve avvenire nel momento della successione; prima, i signori hanno dei mezzi per contribuire con le loro risorse a rinsaldare i legami sociali in atto. Un passaggio in versi è dedicato alla generosità verso la masnada; l'autore dell'*HAC* la incoraggia e la considera un modo, per quanto palliativo, di fare il bene:

E ce avient assés encore
Qu'il sunt maint haut home ou tans d'ore
Qui tant prometent sans doner
Ja Deus ne lor puist pardoner,
Qu'il n'en pergent lor segnories
Et lor honors et baillies
Et les cuers ausi de lor homes!
Mais sachent bien, sor totes somes,
Que quanque il vont faunoiant
Lor reviendra es nes devant.
Ne dirai plus, chascuns se guart,
Et de soi pregne tel reguart
Qu'i, se grant terre a a baillir,
Qu'il ne promete sans faillir.
(§ 652, vv. 23-36)

Ma nell'ultimo dei passaggi in versi dell'*HAC*, il narratore-autore ricorda anche come il venir meno della benevolenza e della generosità dei signori sia una costante della vita di corte:

Et de ce nos dist li vilains,
Qui de grant science fu plains,
Que li amors dou segnorage
N'aloit mie par iretage.
Et ce puet on sovent veir
A ceaus c'on a veu servir,
Et sel puet on veir sovent
Qui cours ante a mon essient. (§ 1061, vv. 15-22)

L'idea di bene dell'autore dell'*HAC* non è terrena. La sua proposta di redenzione della società – cioè la rinuncia da parte dei singoli a ogni possesso privato in favore delle chiese nel momento della successione – non ha come obiettivo quello di redimere il mondo, ma di rafforzare la resistenza nei confronti del male, combattuta dalle chiese con forze impari. Egli considera le strutture sociali costruite sui rapporti tra laici come precarie e caduche perché non sopravvivono agli uomini che le hanno create e alimentate, e spesso neanche ai mutamenti dei loro affetti. Questi rapporti di fedeltà – familiari, feudali, di patronato – sono solo falsi fattori di ordine, incapaci di reggere all'urto della cupidigia e dell'egoismo. La sola speranza di permanenza del bene, di protezione e conservazione della pace civile è nella Chiesa intesa come custode della memoria e dell'etica dei santi. Naturalmente, si tratta di una visione unilaterale e in una certa misura anche propagandistica. E tuttavia l'appartenenza dell'autore dell'*HAC* al clero secolare e la sua profonda adesione intellettuale alla visione del mondo che contraddistingue questi gruppi nella Francia del Nord, dove erano uniti anche dall'orgogliosa difesa dell'indipendenza istituzionale delle chiese, sono quelle di un uomo libero di riconoscersi, a titolo personale, in un gruppo unito da un'idea di bene piuttosto che da vincoli di gratitudine o di parte.

3.2. *Le polemiche contro i cistercensi e i templari*

Il § 1007 si apre, come abbiamo visto, con un'invettiva contro la corruzione della Curia romana. Subito dopo, il narratore-autore prosegue con un altrettanto esplicito attacco all'ordine cistercense:

Nes cil de l'ordre de Cisteaus
En aiment mout les plains sacheaus,
Il n'en ont cure de petit,
Quar en poi a povre petit
Por bien emplir sa grande borse.
Il n'a abé trosqu'a Caorse,
Ne prior qui maison i tiegne,
Cui de deniers mout ne soviegne
Et qui ne porpens la maniere

Coment lor fera bone chiere.
C'est coment il en averont
Auques ensamble en un mont.
Ci prendent guarde et roi et conte,
Cist ne tienent ne plait ne conte
Des mons des diniers assambler.
Il nes ont mie por embler
Ne prince, ausi ne chastelain,
Ains les font tolir tot a plain
As ahaniers, as mercheans,
Qui de l'aquerre ont grans ahans.
Et chevalier et vavassor
Repoilent lor gent chascun jor
Por les deniers a aus atraire,
Dont il voloient joie faire,
Qui mout lor a corte duree,
Quar ja n'avront tel assamblee
Faite en un mont de lor deniers
Qui ne revoist as usuriers. (§ 1007, vv. 33-60)

Secondo l'autore dell'*HAC* i cistercensi praticavano l'usura. Anche se il termine *usurier* compare solo al v. 60, un'allusione molto chiara al prestito a interesse si trova già al v. 35: la città di Cahors, qui menzionata, aveva dato in francese antico nome ai banchieri e, appunto, agli usurai.[100] Segue il ritratto di un ordine accumulatore e rapace. Ai vv. 48-52 il narratore-autore chiarisce che le vere vittime dell'usura dei cistercensi non sono i nobili e i principi, ma i contadini e i mercanti, che guadagnano il denaro con fatica. Nei versi che seguono questo estratto, che abbiamo già esaminato in questo capitolo e che contengono la lode dei santi e soprattutto l'idea che le chiese cattedrali siano le istituzioni eredi del loro ascetismo e della loro indifferenza alle seduzioni del mondo, si dirà esplicitamente che i santi, a differenza dei cistercensi, 'mai prestarono a usura, né fecero dei torti' (§ 1007, vv. 121-122).[101] La condanna dei monaci bianchi è mossa da un punto di vista non aristocratico, ma da quello della collettività agricola e cittadina.

La comparazione con le politiche economiche delle sedi episcopali, che oltre a vivere di donazioni esigevano normalmente e naturalmente anche dei tributi, indica che l'attacco mosso dall'autore dell'*HAC* ai membri dell'ordine monastico concerneva più il metodo delle acquisizioni che le acquisizioni in sé. Su questo ultimo piano, in effetti, sostenere che le chiese cattedrali non pesassero sulle tasche di coltivatori e borghesi non era semplice: l'esercizio del potere comitale da parte dei vescovi si esercitava in gran parte grazie all'esazione di tributi dalla popolazione dei centri urbani.[102] Questo passo ha, nell'ottica dell'autore, la duplice

100. TL *caorsin*, DEAFpré, *caorsin*.

101. Si veda *supra*, pp. 127-128.

102. A Reims, nel corso del XII secolo, il contrasto tra la comunità urbana e la cattedrale – scatenato da concessioni fatte ai borghesi dalla corona nel 1139, quando la diocesi era *sede*

funzione di fare apologia delle politiche delle sedi episcopali – affermando che i tributi e le donazioni a loro indirizzate fossero spesi bene e a vantaggio della collettività – e allo stesso tempo di circoscrivere la gestione degenerata del denaro alle attività di usura attribuite ai cistercensi.

Le fonti documentarie confermano che i cistercensi avevano portato avanti attività di prestito onerose per il debitore sin dai primi anni dalla fondazione dell'ordine e che avevano continuato anche dopo che metà del XII secolo alcune di queste (in particolare il cosiddetto *mortgage*, che destinava al prestatore anche i redditi dei beni fondiari dati in pegno senza diminuzione del debito) erano state condannate dalla Chiesa.[103] Tra la fine del Cento e l'inizio del Duecento la disciplina ecclesiastica contro l'usura si era allentata in maniera significativa; alla vigilia della crociata contro gli albigesi, per esempio, Innocenzo III aveva emesso delle ordinanze che sollevavano i debitori dal pagamento degli interessi per i capitali di guerra fino al termine del conflitto, ma riconoscevano i diritti dei creditori quando questo fosse terminato.[104] I veloci cambiamenti sociali e i bisogni degli sforzi bellici contro le eresie e gli infedeli determinarono un'evoluzione della disciplina canonica che troverà un riflesso nelle deliberazioni del Quarto Concilio Laterano.[105] Sui cistercensi però continuava a pesare il pubblico stigma legato a comportamenti al limite, se non francamente al di fuori, della liceità: prima Alessandro III nel 1169 e poi Innocenzo III, quest'ultimo alla vigilia del concilio, avevano emesso delle dure reprimende contro la cupidigia dell'ordine e le pratiche, peccaminose anche quando esercitate da laici, che esso portava avanti.[106] Le inchieste e i pronunciamenti papali rappresentano il versante ufficiale di un movimento di critica vasto e generalizzato, che coinvolgeva il clero secolare locale anche nella Francia del Nord: nelle sue epistole e soprattutto nella predicazione, il vescovo Stefano di Tournai (morto nel 1203) aveva accusato i cistercensi di cupidigia e aveva condannato la pratica del *desertum*, applicando la quale l'ordine procedeva allo sfratto di intere comunità

vacante – era sfociato nel 1167 in una rivolta violenta contro l'arcivescovo Enrico di Francia. Si veda P. Demouy, *Henri de France et Louis VII. L'évêque cistercien et son frère le roi*, dans *Les serviteurs de l'État au Moyen Âge*, XXIXe Congrès de la Société des historiens médiévistes de l'enseignement supérieur public (Pau, 1998), Paris, Publications de la Sorbonne, 1999, pp. 47-61, alle pp. 56-59.

103. Si veda C. Hoffman Berman, *Land Acquisition and the Use of the Mortgage Contract by the Cistercians of Berdoues*, in «Speculum», 57 (1982), pp. 250-266, e C. Brittain Bouchard, *Holy Entrepreneurs. Cistercians, Knights, and Economic Exchange in Twelfth-Century Burgundy*, Ithaca-London, Cornell University Press, 1991.

104. J. C. Moore, *Pope Innocent III and Usury*, in *Pope, Church and City. Essays in Honour of Brenda M. Bolton*, ed. by F. Andrews, C. Egger, C.M. Rousseau, Leiden-Boston, Brill, 2004, pp. 59-75, in particolare p. 67.

105. M. E. Parker, *"Papa et pecunia": Innocent III's Combination of Reform and Fiscal Policy to Finance Crusades*, in «Mediterranean Historical Review», 32 (2017), pp. 1-23.

106. G. Constable, *Monastic Tithes from their Origins to The Twelfth Century*, Cambridge, Cambridge University Press, 1964, pp. 190-197; C. R. Cheney, *A Letter of Pope Innocent III and the Lateran Decree on Cistercian Tithe-paying*, in Id., *Medieval Texts and Studies*, Oxford, Oxford University Press, 1973, pp. 277-284.

e villaggi per isolare le tenute agricole di proprietà delle abbazie.[107] L'accusa di usura che l'autore dell'*HAC* rivolge ai cistercensi è – a parte un *surplus* di intransigenza nei toni – esattamente quella che era al centro delle critiche istituzionali e canoniche; in questo, ben più specifica di quelle generiche di ipocrisia e cupidigia – più satiriche che concretamente polemiche – ricorrenti per esempio nella letteratura latina insulare del XII secolo.[108]

Il fatto che le condanne istituzionali contro l'ordine venissero ripetute da molti decenni, insieme al graduale avvicinamento della disciplina canonica alle loro pratiche, indica che il conflitto tra cistercensi e clero secolare in materia finanziaria aveva raggiunto, nell'epoca di redazione dell'*HAC*, una sorta di equilibrio. Le due fazioni erano portatrici di una dialettica interna alla Chiesa. Nel momento in cui l'autore dell'*HAC* accusa i monaci bianchi di usura di fronte a un pubblico laico non lo fa sperando in una loro condanna – che il pubblico laico, del resto, non aveva l'autorità di emettere – ma per raccogliere consensi e convogliare le risorse verso le istituzioni secolari.

Nella Francia del Nord, in effetti, i cistercensi erano dei concorrenti molto forti e pericolosi. Per tutta la prima metà del Duecento l'ordine godrà del generoso sostegno del potere comitale, nelle persone della contessa Giovanna e della sorella Margherita. Tra le numerose fondazioni delle due figlie di Baldovino di Costantinopoli spicca quella, nel 1224, del monastero femminile di Marquette, alle porte da Lille, che è l'avamposto di questo tipo di fondazione nella zona. È lì che nel 1244 sarà sepolta Giovanna, accanto al marito Ferdinando di Portogallo che vi giaceva dal 1233. Nel corso degli anni Trenta la collaborazione tra la contessa e i cistercensi si allenterà, e il posto di questi ultimi sarà preso dagli ordini mendicanti – in particolare da beghine e begardi. Ma per tutti gli anni Venti – nel periodo, quindi, in cui l'*HAC* veniva redatta – la politica della contessa era ancora saldamente favorevole ai monaci bianchi. Nello stesso periodo, inoltre, i cistercensi godevano di protezione anche presso la corte parigina: nel 1228, quando Luigi IX aveva quattordici anni, è all'iniziativa di Bianca di Castiglia che si deve la fondazione di Royaumont, a nord della capitale. La fedeltà di Bianca non venne meno neanche quando gli ordini mendicanti guadagnarono

107. G. Constable, *The Reformation in the Twelfth Century*, Cambridge, Cambridge University Press, 1996, pp. 32-34 (anche sulle polemiche anti-cistercensi in generale). Sul *desertum* si veda C. Higounet, *Essai sur les granges cisterciennes*, dans *L'économie cistercienne. Géographie. Mutations du Moyen Âge aux temps modernes*, Troisièmes journées internationales d'histoire (Centre culturel de l'abbaye de Flaran, 16-18 septembre 1981), Toulouse, Presses universitaires du Midi-Comité départemental du tourisme de Gers, 1983, pp. 157-180.

108. Su Walter Map si veda M. Sinex, *Echoic Irony in Walter Map's Satire against the Cistercians*, in «Comparative Literature», 54 (2002), pp. 275-290; su Giraldo Cambrense, B. Golding, *Gerald of Wales and the Cistercians*, in «Reading Medieval Studies», 20 (1995), pp. 5-30. Sempre nel Cento, ma sul versante volgare, è rilevante la satira anti-cistercense nel *Roman de Renart*, per la quale si veda D. Buschinger, *La critique du clergé dans le roman animalier du Moyen Âge*, dans *Le clerc au Moyen Âge*, Aix-en-Provence, Presses universitaires de Provence, 1995, pp. 79-89.

il favore del figlio: nel 1236 la regina madre fonderà Maubisson nei pressi di Pontoise e la sceglierà come luogo della propria sepoltura.[109]

Negli anni che ci interessano la potenza dei cistercensi era dunque ancora in forte espansione, grazie in primo luogo all'ammirazione e alla fiducia che costoro riuscivano a suscitare.[110] Nelle Fiandre e in Hainaut, i monasteri dell'ordine erano anche alleati economici strategici della contessa Giovanna e di sua sorella Margherita per lo sfruttamento del territorio sia dal punto di vista produttivo che da quello commerciale.[111] L'accusa di usura rivolta all'ordine non poteva che gettare un'ombra morale anche su chiunque si associasse a esso in campo imprenditoriale ed è possibile che l'autore dell'*HAC*, nel ripetere gli argomenti dei canonisti, intendesse colpire anche i laici che dei cistercensi si facevano "complici" di imprese economiche. Inoltre, l'insinuazione circa il fatto che i monasteri cistercensi potessero non essere un buon ricovero per le anime non doveva lasciare gli ascoltatori del tutto indifferenti.

I cistercensi non sono l'unico ordine preso di mira dall'autore dell'*HAC*: sempre nella sezione X (*Rome II*), solo qualche paragrafo prima, si trova un passaggio in versi che contiene una critica diretta ai templari:

Segnor, la n'eussent mestier
Cil blanc maminot chevalier,
Qui bien ne font, ne bien ne dient,
Et qui es mireors espient
Se bien seent lor paeletes,
Et qui lor lorains a clochetes
Font plus sovent terdre et forbir,
Qu'il ne voisent la messe oïr;
Et qui sunt hardi en maison
Quant il ont beut a foison
Et quant il ont les robes vaires.
Et, las! Dames as clers viaires,[112]
Certes cil ne fussent dont preu,
Et encor or valent il peu.
Dames, mout bien vos descresisse
Les maminos et si desisse
Por quoi maminot furent dit.

109. L. K. Little, *Saint Louis' Involvement with the Friars*, in «Church History», 33 (1963), pp. 125-148, in particolare p. 135; W. C. Jordan, *Louis IX and the Challenge of the Crusade. A Study in Rulership*, Princeton, Princeton University Press, 1979, p. 91, n. 185.

110. Ivi, pp. 91-92.

111. Si veda E. L. Jordan, *Women, Power, and Religious Patronage in the Middle Ages*, New York, Palgrave Macmillan, 2006, in particolare pp. 61-85, e Ead., *Gender Concerns: Monks, Nuns and Patronage of the Cistercian Order in Thirteenth-Century Flanders and Hainaut*, in «Speculum», 87 (2012), pp. 62-94.

112. Cito secondo l'edizione TVOF, che segue P ammettendo a testo «Et, las!»; P10 (331r), Re (288r) e Ph (279r) – gli unici altri testimoni a trasmettere questo paragrafo – danno una lezione più plausibile: leggono «et les» e connettono sintatticamente il verso a quello che lo precede.

Mais je n'ai pas tant de respit
Por la bataille dont je conte.
Mais Deus guart et destort de honte,
Et oste de voie esmarie,
Les chivaliers sainte Marie,
Qui mal ne dient, ne font bien,
Mes cuers a aus s'acorde bien. (§ 958)

Il contesto di questi versi è il racconto dell'estenuante battaglia di Canne. I templari, dice il narratore-autore, a nulla sarebbero serviti in uno scontro tanto duro e sfiancante; sono chiamati *maminot*, un termine di non facile comprensione sulla cui spiegazione egli è reticente (vv. 16-17). Proprio questa reticenza fa pensare che il pubblico immediato dell'*HAC* potesse conoscere il significato di questa parola.[113] In chiusura del passo, ai vv. 20-24, l'autore dichiara che il suo cuore si accorda alle azioni e alle parole senza macchia dei cavalieri di Santa Maria, cioè i cavalieri teutonici.

Dopo aver letto la critica contro i cistercensi, non stupisce di trovarne nell'*HAC* anche una contro i templari, visti i fortissimi legami ideologici e istituzionali tra i due ordini e quelli personali tra i loro componenti.[114] Anche se la fama dell'ordine militare nella letteratura e nella pubblicistica del Cento e del primo Duecento era in generale migliore di quella dell'ordine monastico, esso aveva un nemico influente: Guglielmo di Tiro, che nella sua *Chronica* dipingeva un quadro di complessiva decadenza morale e cupidigia ma anche singoli ritratti di uomini – è il caso del *magister* Odo di Saint-Amand, morto nel 1179 – arroganti e privi di timore verso Dio. Nel racconto di Guglielmo i templari sono giudicati colpevoli tanto di codardia (nel caso della resa di una fortezza alle truppe di Shirkuh nel 1165) che di slealtà verso il nemico e *laesa maiestas* (per l'omicidio di Adballah, inviato degli Assassini, nel 1173). Echi dei giudizi e delle versioni dei fatti date da Guglielmo si ritrovano in Guglielmo di Salisbury, Walter Map e Gui de Bazoches, oltre che nelle *Chroniques d'Outremer* in francese.[115] Comparate a queste accuse, quelle del narratore-autore dell'*HAC* risultano bonarie.

113. Roques, rec. *Histoire ancienne jusqu'à César*, éd. Visser-van Terwisga, accoglie la traduzione 'chevaliers frivoles' e segnala l'unica altra occorrenza nota dell'aggettivo, nelle varianti *maminos* e *mameloz* nella *Deuxième Continuation de Perceval* attribuita a Wauchier de Denain: 'chevaliers qui n'ont pas fait leurs preuves'. *Mamelo(u)c* è un arabismo che significa 'mamelouk, soldat d'origine servile; esclave'; si veda L. Minervini, *Les emprunts arabes et grecs dans le lexique français d'Orient (XIIIe-XIVe siècles)*, dans «Revue de linguistique romane», 76 (2012), pp. 99-197, alle pp. 141-142. In questo caso la forma *mameloz* può costituire una banalizzazione.

114. J. Schenk, *Templar Families: Landowning Families and the Order of the Temple in France, c. 1120-1307*, Cambridge, Cambridge University Press, 2012.

115. S. Menache, *The Templar Order: A Failed Ideal?*, in «The Catholic Historical Review», 79 (1993), pp. 1-21, in particolare pp. 7-8. Sul racconto dell'omicidio di Abdallah nelle *Chroniques d'Outremer* – dove il duro carattere anti-templare del resoconto di Guglielmo non è mitigato – si veda P. W. Edbury, *The Old French William of Tyre, the Templars and the Assassin Envoy*, in *The Hospitallers, the Mediterranean and Europe. Festschrift for Anthony Luttrell*, ed. by K. Borchardt, N. Jaspert, E. J. Nicholson, Aldershot-Burlington, Ashgate, 2007, pp. 25-37.

I cavalieri teutonici, che nel paragrafo in versi sono contrapposti ai templari come esempio di coraggio e integrità, avevano acquisito riconoscimento e rinomanza nell'ambito della quinta crociata (1216-1223) e potevano essere percepiti come un ordine nuovo e incorrotto. Al tempo erano assai meno facoltosi rispetto ai templari e agli ospedalieri, e quindi anche meno vulnerabili rispetto ad accuse di orgoglio e cupidigia. Le notizie circa l'attitudine e le gesta dei teutonici, nonché le perdite da loro subite, erano divulgate in Europa attraverso documenti papali e cronache; in queste ultime – e in particolare nelle *Chroniques d'Outremer* – il quarto gran maestro dell'ordine, Ermanno di Salza, acquisiva la statura di un *leader* cristiano di primo piano.[116] La simpatia verso di loro è un segnale che il pensiero dell'autore dell'*HAC* è rivolto non solo ai sacrifici che la riconquista di Gerusalemme stava imponendo alla società cristiana in Europa, ma anche proprio alla Terrasanta.

Nelle Fiandre francesi i templari erano anche una presenza vicina. Nel 1170, l'arcivescovo di Reims aveva ceduto all'ordine la chiesa collegiata della Trinità; in seguito a ciò, i templari ereditarono le relazioni e la cura delle anime che erano state prima dei canonici e crearono un fulcro per una vera e propria opera di cura delle anime, attraendo donazioni e risorse.[117] Questo episodio si inserisce in un contesto nel quale i rapporti tra i templari e i vescovi – che potevano essere e spesso erano improntati alla collaborazione – implicavano una tensione strisciante circa l'assegnazione dei privilegi ecclesiastici. A partire dai primi decenni del Cento e per tutto il Duecento, nonostante la discussione di questi problemi durante il terzo concilio lateranense nel 1179 e delle reprimende papali (per esempio quella del 1247, rivolta da Innocenzo IV ai templari e agli ordini mendicanti di Mondovì), in tutta Europa l'argine all'espansione istituzionale dell'ordine combattente erano i ripetuti divieti alla somministrazione di sacramenti ai laici; un argine generalmente efficace, perché i templari – tra i quali i sacerdoti erano un numero ristretto – spesso non aveva le capacità per mantenere funzionale una parrocchia e in tal caso doveva ricorrere al supporto dei preti secolari. Nonostante ciò, sembra che l'atteggiamento normale dell'ordine militare fosse orientato all'espansione in Europa e anche moderatamente aggressivo nei confronti delle diocesi quando se ne presentava l'occasione.[118] I templari non erano quindi solo gli obiettivi di parte delle critiche scaturite dalla frustrazione per la mancata riconquista di Gerusalemme e, in generale, gli esiti fallimentari della quinta crociata a dispetto della grande quantità di risorse impiegate; erano anche degli attori della vita ecclesiastica locale. È forse in questa duplice dimensione che deve essere letto il loro ritratto ironico e venato di senso di superiorità.

116. N. E. Morton, *The Teutonic Knights in the Holy Land, 1190-1291*, Woodbridge, Boydell, 2009, pp. 31-42.

117. M. Peixoto, *Maintaining the Past, Securing the Future in the Obituary od the Temple of Reims*, in «Viator», 45 (2014), pp. 211-236; Id., *The Possible Ties of Lord Baldwin, Called Akarins: An Exploration of Social Rank and the Expansion of Templar Patronage in Thirteenth-Century Reims*, in «Medieval Prosopography», 34 (2019), pp. 119-150.

118. J. Schenk, *Aspects and Problems of the Templars' Religious Presence in Medieval Europe from the Twelfth to the Early Fourteenth century*, in «Traditio», 71 (2016), pp. 273-302.

Tenendo ferme queste considerazioni generali, c'è però un'altra pista da considerare nel valutare questo passo, che se percorsa implica il considerare la condanna dei templari decisamente bonaria, ironica la preferenza per i teutonici, e forse *maminot* una sorta di "lessico familiare": Roger di Lille, il dedicatario dell'*HAC*, aveva un fratello minore, Roberto, che dal 1217 è attestato come membro dei templari e che nel 1234 diventerà gran maestro di Francia.[119] Le conseguenze di questo dato sulle circostanze di composizione dei versi che ci interessano non sono sicure – potrebbe non essercene alcuna. È interessante, però, connetterlo allo stemma templare modificato, forse appartenente a un gran maestro, che compare nella decorazione del codice P. Questo testimone potrebbe provenire da una tradizione di ambiente templare iniziata, forse, proprio con Roberto.[120] La critica ai templari contenuta nell'*HAC* potrebbe anche essere accostata, in via ipotetica, a quelle che si trovano in testi satirici in ottosillabi del primo Duecento e che forse provenivano addirittura da membri dei medesimi ordini che venivano criticati, o comunque da persone vicine e simpatizzanti: è il caso di quella ai cluniacensi nella *Bible* di Guiot de Provins e di quella ai templari che si trova nella *Bible* di Hugues de Berzé.[121] Le due *Bible* sono esempi di una tradizione clericale la cui influenza sull'autore dell'*HAC* rimane ancora da esplorare e accertare.

Questi due luoghi relativi a cistercensi e templari – nel caso del secondo, con qualche esitazione significativa – sono gli unici in cui nell'*HAC* si possa effettivamente rilevare una forma di spirito di parte; di nuovo, ci conducono a vedere nel suo autore un membro orgoglioso del clero secolare. A dispetto delle riforme ecclesiastiche che si erano succedute nel secolo precedente e che continuavano a produrre nuovi frutti, tra evangelismo e pauperismo, egli ritiene che la Chiesa dei santi prima e la sua erede poi – quella territoriale dei vescovi – fossero le istituzioni capaci di perseguire il riscatto dell'umanità dalla barbarie etica. Una barbarie che poteva annidarsi nella ricchezza e nel successo, che anzi in queste trovava il suo habitat naturale, e che si identificava con l'egoismo e la trascuratezza verso il prossimo. In questo quadro, la rappresentazione delle relazioni sociali data dall'autore dell'*HAC* e nella quale esso agiva trascende sia la dimensione etnica che quella feudale.

L'*HAC* non è un'opera a tesi o apologetica, finalizzata a propagandare una visione specifica (come evidentemente era quella di Orosio) e a servire una politica di parte. Al contrario, l'innovazione letteraria introdotta dall'autore e la sua opera di divulgazione sono il prodotto di un sistema culturale ampio e inclusivo, flessibile e organico, creato e animato sia da laici *illitterati* (o *modice litterati*)

119. E. Warlop, *The Flemish Nobility before 1300*, 4 voll., Kortijk, Desmet-Huysman, 1976, III, p. 937, n. 130, 22.

120. Sullo stemma si veda Zinelli, *Traditions manuscrites d'Outremer*, p. 89, n. 142.

121. Per le quali si veda *Les œuvres de Guiot de Provins, poète lyrique et satirique*, éd. par J. Orr, Manchester, Imprimerie de l'Université, 1915, pp. 61-62, vv. 1651-1694, e *La Bible au seigneur de Berzé*, éd. par F. Lecoy, Paris, Droz, 1938, vv. 268-274). Questi riscontri mi sono stati segnalati da Luca Barbieri, a cui sono molto grata.

come doveva essere Roger di Lille che da ecclesiastici bilingui e biculturali nella Francia del Nord del primo XIII secolo. Questo sistema è riflesso nelle parole stesse dell'autore dell'*HAC* quando, al § 514, ribadisce – forse più chiaramente che altrove – come la Chiesa sia l'unico presidio contro il caos:

> Mes ce nos dient et racontent li sage home, que ce que nos en donrons por Deu et que nos en despendrons en bon usage, ne trespassera mie en cest siecle que nos n'en aions le merite a cent dobles a nos Pere des Cels, qui done l'onor et la segnorie, qui onques ne perist ne ne trespasse. Donc le servons et aorons, si com nos devons faire, quar il rent mout bien a chascun son service. E bien sachés sans doutance que nos ne le poons servir ne aorer se dou sien non meismes, quar tuit somes si serf ou comencement, et roi et conte et tuit prince et clerc et lai, ne ne vit nus ou munde se par sa dousor non et par sa misericorde. E si sa misericorde n'estoit si grande et l'amors qu'il a envers ceaus qui de verai cuer le servent en cest munde, bien sachés qu'encor seroient batailles et pestilences en cest siecle ausi grandes com eles i furent onques, mes les orisons et les jeunes et les larmes des sains homes, qui petit cessent onques ne jor ne nuit de chanter et de lire en Sainte Iglise, rapaient Nostre Segnor des grans mesfais dont nos le corosomes. (§ 514.5-9; VT § 144).

Che questa non sia tutta retorica (e, se vogliamo, propaganda) è dimostrato dalla forza con cui sempre nella prosa egli sostiene la tesi complementare: che i principi e i nobili, anche quelli che ricompensano i loro sottoposti, non hanno nulla da donare che valga davvero:

> E! por Deu, segnor et dames, a quoi puet entendre li haus hom dendroit son sergant a merite rendre, quant il chascun an, s'il i voloit un poi d'entente metre, en poroit deus o trois o ·vi· o ·vii· o plus sans granment metre dou sien riches homes faire? N'en sai que dire plus, ne ne voill. Mais Deus maintiegne et consaut tos ceaus et totes celes qui mestier en avroient, et qui Deu aiment et qui le servent. Quar il sous est qui rent loial et droiturere merite et en cui on doit avoir la plus grande fiance, tesmoignant l'escriture qui dist: «melius est sperare in Domino deo quam sperare in principibus». C'est a dire que miaudre chose est a avoir esperance en Nostre Segnor que avoir esperance es princes terriens. Quar li prince et li haut home, qui talent et volenté ont de dons faire a ceaus qui les servent, ne poent doner nulle autre chose que muable et trespassable. Mais li don que Nostre Sires dona a ceaus qui le servent sunt tostans durable sans eslongance et parmenable. Por ce est sages qui le sert en droite foi tant com il dure en ceste povre vie. (§ 1062.1-4)

In questo quadro, viene da domandarsi quale sia la natura del rapporto che legava l'autore dell'*HAC* a Roger di Lille e al suo *entourage* – di cui poteva far parte anche il templare Roberto –, composto prevalentemente da laici la cui fortuna dipendeva dalle relazioni feudali e personali. Se da un lato questo rapporto doveva essere certamente costituito *anche* da forme di patronato o comunque di sostegno da parte del signore laico verso l'autore chierico, dall'altro doveva essere in una certa misura paritetico. L'autore ammonisce e consiglia al bene secondo le sue convinzioni profonde e gli interessi della sua parte, senza bisogno di ricorrere a toni encomiastici o celebrativi nei confronti dei suoi destinatari.

Nonostante egli si ponga come qualcuno che conosce cosa sia il bene e può indicarlo, non si colloca su un piano eticamente superiore rispetto agli ascoltatori. Le sue esortazioni sono rivolte a dei pari di fronte a Dio e a dei compagni nei travagli mondani. Tra l'autore e il suo pubblico sembra esserci vicinanza, lunga dimestichezza, e forse persino amicizia.[122]

3.3. *I canonici, i grammatici e la letteratura volgare*

Gli elementi interni al testo dell'*HAC* ci hanno permesso di individuare nel suo autore un membro del clero secolare attivo tra Lille, luogo della castellania di Roger, e l'asse che collega Arras a Saint-Quentin. Se, come è probabile, egli deve essere identificato con Wauchier de Denain, era originario dell'area di Valenciennes, in Hainaut.

Se l'autore dell'*HAC* era, come tutto fa pensare, un canonico (cioè un sacerdote membro di un capitolo cattedrale), faceva parte di un'istituzione tutt'altro che isolata rispetto alla società nel suo complesso: l'*ordo canonicorum* comprendeva infatti tutti quei religiosi il cui compito consisteva nel fornire alla società tutta i sacramenti, l'indirizzo religioso e morale, e l'istruzione. Geneviève Hasenohr, riferendosi al Trecento e al Quattrocento, ha delineato così le specificità sociali e culturali delle comunità canonicali:

> Le mode de vie spécifique des chanoines, uniment réglé par l'office, l'aisance matérielle que leur assuraient, au moins en temps normal, les revenus des prébendes souvent cumulées, une origine sociale et un univers intellectuel homogènes, faisaient des chapitres canoniaux des microcosmes préservés à l'intérieur de la cité, dont un habitat regroupé et des forts liens corporatistes, sinon familiaux, renforçaient la cohérence. Sans préjudice, toutefois, de disparités internes: les uns plutôt hommes d'étude, les autres plutôt hommes d'affaires et d'État. Une majorité tournée vers le droit, une minorité sensible aux belles-lettres et aux arts libéraux, une indifférence commune pour la spéculation théologique [...].[123]

La vocazione pastorale piuttosto che contemplativa, l'orientamento anche pratico della loro formazione, il commercio continuo con i laici e le responsabilità ricoperte in ambiti centrali nella costruzione della società avevano fatto sì che la cultura dei canonici fosse aperta a discipline extrateologiche in una misura ignota a quella monastica. Questa circostanza – e il suo valore – era da lungo tempo al

122. La qualifica di poligrafo, proposta ripetutamente per Wauchier de Denain (per esempio in M. Szkilnik, *Wauchier compilateur, traducteur, et auteur?*, in *Wauchier de Denain, polygraphe du XIII*[e] *siècle*, sous la dir. de S. Douchet, Aix-Marseille, Presses Universitaires de Provence, 2015, pp. 61-73), mi sembra poco adatta a descrivere il profilo intellettuale e umano dell'autore dell'*HAC*. Anche se i punti oscuri sulle sue motivazioni concrete e le sue condizioni di lavoro rimangono molti, "poligrafo" è un'etichetta (risalente al Rinascimento italiano) che mal gli si adatta: essa, infatti, non può prescindere dall'idea dell'esistenza di un mercato librario sviluppato e di una produzione libraria di tipo industriale.

123. G. Hasenohr, *L'essor des bibliothèques privées aux XIV*[e] *et XV*[e] *siècles*, in *Histoire des bibliothèques françaises*, I, *Les bibliothèques médiévales. Du VI*[e] *siècle à 1530*, sous la dir. de A. Vernet, Paris, Éditions du Cercle de la Librairie, 1989, pp. 251-263, alla p. 233.

centro della riflessione e dell'autorappresentazione che scaturiva dagli ambienti canonicali: l'esempio più elevato e noto di questa visione è il *Didascalicon* di Ugo di San Vittore (morto nel 1141), che considerava la conoscenza della storia anche profana come propedeutica a qualunque tipo di riflessione, compresa quella teologica; contestualmente, egli consigliava la conoscenza della storia a un pubblico ampio, composto da chiunque avesse le capacità di accedere ai testi che la trasmettevano.[124] L'impegno per la divulgazione del sapere e l'approccio inclusivo emergono anche in riflessioni che non raggiungevano le vette teoriche ed erudite toccate da quella di Ugo: qualche decennio dopo di lui, il canonico premostratense Filippo di Harvengt – cui si devono alcune delle più eloquenti dichiarazioni di superiorità della cultura canonicale rispetto a quella monastica[125] – perorerà la causa degli studi presso i laici in lettere rivolte a Filippo d'Alsazia e a Enrico il Liberale, conte di Champagne.[126] Le posizioni teoriche e pubblicistiche dei vittorini e di Filippo di Harvengt tengono insieme, nella loro complessità, sia la vocazione più contemplativa e identitaria che caratterizzava le comunità regolari, sia l'apertura al mondo degli individui che vivevano prevalentemente al di fuori di esse.[127]

A questo secondo gruppo doveva appartenere l'autore dell'*HAC*. La sua attività letteraria ha avuto luogo a stretto contatto con i laici e per i laici, ed egli ha avuto esperienza di vita di corte. Nonostante ciò, la sua poetica e la sua agenda culturale derivano – fatti salvi limitati episodi di compromesso – dalla formazione che egli aveva avuto e dall'attività che probabilmente continuava a condurre in qualità di ecclesiastico. L'attività letteraria del nostro autore doveva comportare per lui dei vantaggi di tipo materiale – solo così si spiega l'invidia altrui di cui egli parla nel prologo: «Por qu'envie m'en laist en pais / Qui a maint home kierche fais» (§ 1, vv. 269-270; CJ, p. 80) – e questi provenivano almeno in parte dalla benevolenza di membri dell'aristocrazia. D'altro canto, egli si pone nei confronti del pubblico laico come una guida intellettuale e non come un fornitore di letteratura su richiesta di un proto-mercato.

124. Sul significato di questa scelta nel contesto filosofico del tempo si veda M. L. Arduini, *Ugo di San Vittore e il problema della storia: il* Didascalicon. De studio legendi *ovvero i criterî per la metodologia della ricerca storica*, in «Aevum», 73 (1999), pp. 305-336.

125. Constable, *The Reformation in the Twelfth Century*, p. 290; J. Leclercq, *La spiritualité des chanoines réguliers, in La vita comune del clero nei secoli XI e XII*, Atti della settimana di studio (Mendola, settembre 1959), Milano, Vita e Pensiero, 1962, I, pp. 117-135, alle pp. 126-128.

126. Rispettivamente: l'*Epistola XVI* (PL 203, coll. 147-151), scritta in un momento non meglio precisato negli anni in cui Filippo ricopriva la carica di conte, tra il 1168 e il 1191; e l'*Epistola XVII* (ivi, coll. 151-156), scritta poco dopo la polemica tra Filippo di Harvengt e san Bernardo intorno al destino di un monaco fuggitivo che ebbe luogo nel 1146 – si veda G. P. Sijen, *Les œuvres de Philippe de Harveng, Abbé de Bonne-Espérance*, dans «Analecta Praemonstratensia», 15 (1939), pp. 129-166, a p. 137.

127. Sulla cultura delle comunità regolari si veda C. Guyon, *La formation intellectuelle des chanoines réguliers*, dans *Les chanoines réguliers. Émergence et expansion (XIe-XIIIe siècles)*, sous la dir. de M. Parisse, Saint-Étienne, Publications de l'Université de Saint-Étienne, 2009, pp. 297-317.

L'analisi della lingua della versione lunga dell'*HAC* ha portato alla luce elementi lessicali propri alle varietà del Nord-Est nella lingua dell'archetipo, e probabilmente in quella dell'originale, che sono del tutto coerenti con la committenza di Roger di Lille e la geografia indicata dall'ultimo paragrafo del testo.[128] L'affermazione di nuove forme letterarie volgari nella Francia del Nord era, come abbiamo visto, un fenomeno relativamente recente negli anni Venti del Duecento, che andava di pari passo con l'adozione del volgare per realizzazioni testuali destinate a durare nel tempo e a essere diffuse nello spazio. Nella coscienza dei parlanti e degli scriventi del tempo il volgare del Nord era chiaramente distinto da quello di Parigi: il primo era designato dai suoi utilizzatori con l'etichetta *langue romane*, opposta alla designazione *françois* che era in uso per il volgare dell'Ile-de-France.[129] Proprio negli anni che ci interessano, dalle varietà del Nord erano state tratte *scriptae* librarie che in poco tempo, viaggiando insieme ai copisti e ai codici di produzione piccarda o emergendo in filigrana nelle copie da essi derivate, circoleranno nel francese utilizzato in tutta Europa. Nei testi che le conservano, le *scriptae* librarie si presentano come molto meno marcate da elementi locali rispetto a quelle documentarie.[130] È possibile che questo loro carattere relativamente neutro sia il risultato dei processi di copia, attraverso neutralizzazioni spontanee o volontarie.[131] Ma è altrettanto possibile che la lingua letteraria a base piccarda avesse caratteri sovralocali già al livello delle realizzazioni degli autori. Questa ipotesi – che è tutta da verificare – sembra contrastare con la netta opposizione tra le due varietà nella coscienza dei parlanti; d'altra parte, è molto coerente con la ricostruzione più recente e convincente della genesi della cultura linguistica piccarda, quella di Serge Lusignan.

128. Roques, rec. *Histoire ancienne jusqu'à César*, éd. par Visser-van Terwisga; Zinelli, *Au carrefour des traditions*, p. 109, n. 152; Id., *Traditions manuscrites d'Outremer*, pp. 90-91; S. Ventura, *La grammatica delle frasi relative introdotte da o(u) ens e il rapporto tra anglo-normanno e varietà continentali (testo, sintassi, lessico)*, in corso di pubblicazione.

129. Lusignan, *Essai d'histoire sociolinguistique*, pp. 84-95.

130. Questa constatazione suggerisce di considerare le dinamiche sociolinguistiche relative alle realizzazioni letterarie come almeno in parte separate da quelle che influiscono sullo sviluppo delle *scriptae* documentarie. Questo non vuol dire, però, recuperare la vecchia idea di una *koinè franco-picarde*, che si basava su petizioni di principio molto radicate circa l'esistenza e l'influenza di una varietà scritta francese irradiante da Parigi in epoche molto antiche, anche pre-documentarie. Piuttosto, si tratta di provare a ricostruire il contesto geografico, sociale e ideologico di ogni singolo testo e singola tradizione. Per una critica precoce all'uso di *franco-picard* si veda in M. Delbouille, *La notion de "Bon usage" en ancien français*, dans «Cahiers de l'Association internationale des études francaises», 14 (1962), pp. 9-24, pp. 10-12, n. 3 e 3bis. Per una discussione sulla definizione e l'espansione della *scripta* parigina, si veda M.-D. Glessgen, *La genèse d'une norme en français au Moyen Âge: mythe et réalité du "francien"*, dans «Revue de linguistique romane», 81 (2017), pp. 313-398, e P. Videsott, *Le plus ancien document français de la prévôté de Paris. Édition et considérations historico-linguistiques*, dans «Medioevo Romanzo», 44 (2020), pp. 281-304.

131. Per le neutralizzazioni spontanee (che non implicano né una volontà modellizzante da parte dei copisti né l'esistenza storica di un modello di lingua di prestigio) si veda Y. Greub, *Sur un mécanisme de la préstandardisation de la langue d'oïl*, dans «Bulletin de la Société de linguistique de Paris», 102 (2007), pp. 429-434.

Lusignan ha individuato il contesto di affermazione delle varietà piccarde e di elaborazione delle relative *scriptae* in un *network* professionale e intellettuale che connetteva l'università di Parigi con le città del Nord. È nello *studium* parigino, infatti, che la riflessione sull'uso del volgare e la sperimentazione in questo campo aveva ricevuto un forte impulso nell'ambito della formazione alla predicazione e alla cura delle anime.[132] L'aggettivo *picard,* che nell'uso parigino indicava le genti del nord e le loro parlate, sembra essere entrato in uso originariamente per indicare la *natio* universitaria composta da coloro che provenivano dalle diocesi di Beauvais, Noyon, Amiens, Laon, Thérouanne, Arras, Cambrai, Tournai e di parte di quelle di Liegi e Utrecht. La *natio* comprendeva anche membri neerlandofoni, e dunque al suo interno si riproduceva il tipo di contatto linguistico da cui derivano molti dei caratteri differenziali delle parlate piccarde rispetto a quelle francesi centrali.[133] L'importanza dell'esperienza universitaria a Parigi per un gran numero di chierici del Nord è documentata dal sostegno economico che individui privati e istituzioni offrivano loro nel Duecento.[134] Una volta terminati gli studi, i chierici ritornavano nei luoghi di origine dove molti di loro lavoravano come maestri nelle scuole gestite da capitoli, collegiate e abbazie.[135]

Le scuole gestite dalle chiese del Nord erano di due ordini, che dispensavano insegnamenti di livelli diversi: le *parvae scholae* e le *magnae scholae*. Nel corso del basso medioevo emergono documenti che informano come in molti casi le *parvae scholae*, la cui azione poteva essere capillare nel tessuto cittadino, fossero *scholae sine latino*, orientate ad alfabetizzare la popolazione in volgare. Alle *magnae scholae* si accedeva dopo aver completato le *parvae*, dove si apprendeva la grammatica latina, la logica e il *quadrivium* secondo il modello delle facoltà di *artes* dell'università. Secondo i dati disponibili, frammentari ma comunque significativi, in ciascuna grande città del Nord (come Arras, Valenciennes o Ypres) le *magnae scholae* potevano formare intorno ai cinquecento studenti contemporaneamente.[136] Anche i laici potevano essere implicati nella gestione dell'istruzione: nella Francia del Nord lo *ius scholarum*, cioè il diritto di possedere e gestire delle scuole, era un diritto feudale alla pari dello *ius iudiciarum*, cioè quello di formare tribunali locali e decidere sulle controversie. Il controllo delle scuole – tanto quelle cittadine che quelle rurali – era uno degli ambiti in cui le chiese e i signori locali, che potevano acquisire diritti emessi sia dalle diocesi che dalla corona, competevano per ottenere dei monopoli. Anche all'interno della struttura ecclesiastica, la *governance* delle scuole poteva prevedere l'intervento dei laici: nel caso, per esempio, di scuole legate a prebende di origine privata, sulla cui assegnazione il donatore manteneva un'influenza.[137]

132. Lusignan, *Essai d'histoire sociolinguistique*, pp. 112-122.
133. Ivi, pp. 96-112.
134. Ivi, pp. 128-129.
135. Ivi, pp. 129-138.
136. Ivi, pp. 129-138.
137. Si veda T. Koaumé, *De l'office à la dignité: L'écolâtre cathédral en France septentrionale du XIe au XIIe siècle*, Leiden-Boston, Brill, 2021, pp. 181-190. Per i conflitti tra chiese, signorie

Le ricerche di Lusignan mirano a ricostruire la dimensione sociolinguistica, ma le connessioni da lui individuate sono importantissime anche per spiegare le caratteristiche della letteratura e, in senso più ampio, della cultura testuale. Come abbiamo visto nella discussione dei passi riguardanti le origini delle sedi vescovili, l'autore dell'*HAC* è padrone dei metodi di critica storica che erano tipici della storiografia ecclesiastica locale; inoltre, utilizza sicuramente Flodoardo di Reims e molto probabilmente anche uno storico della diocesi di Tournai ancora non identificato. Un altro legame testuale con la cultura locale del Nord è l'impiego esteso del *Liber Floridus* di Lamberto di Saint-Omer, la cui circolazione sembra essere stata geograficamente circoscritta.[138] Questi elementi si innestano però in un'opera pensata per avere una vocazione sovralocale: raccontava la storia del mondo e la protostoria di tutte le chiese e doveva continuare con importanti sezioni di storia francese e normanna. La portata della narrazione dell'*HAC* – sia quella effettivamente redatta che quella programmata – si spiega decisamente meglio riconoscendo al suo autore una cultura di stampo cosmopolita che poteva aver acquisito a Parigi, un luogo molto adatto anche a formare un coraggioso sperimentatore nel campo del volgare come egli era. Il denso tessuto scolastico del Nord, d'altra parte, costituiva una struttura entro la quale un professionista della scrittura poteva mantenere una sua indipendenza se non materiale, sicuramente intellettuale. La sola esistenza delle scuole, e in particolare delle *magnae scholae*, faceva sì che esistesse un riconoscimento delle professionalità legate alla produzione testuale e all'erudizione. Indipendentemente dal fatto che l'autore dell'*HAC* fosse effettivamente un *rector* (cioè un insegnante) o ricoprisse incarichi di insegnamento in contesti non scolastici, è l'esistenza di questa articolazione sociale che giustifica e inquadra la sua indipendenza intellettuale. Questo dato sociologico, che è connesso all'elevato grado di urbanizzazione delle Fiandre e dell'Hainaut e alle fiorenti attività commerciali, è la prima condizione necessaria per connettere la prosperità economica dell'area e il sorgere di una produzione libraria commerciale. I legami stretti e continui con l'ambiente universitario parigino sono invece alla base dello sperimentalismo della produzione piccarda; è grazie a questi legami che si sostanzia nel contesto che ci interessa la circostanza, più volte ripetutasi nella cultura medievale, che vede lo sperimentalismo nel campo del volgare andare di pari passo con la floridità della cultura latina.

I rapporti tra l'università di Parigi e le scuole del Nord potevano essere, in alcuni casi, continui e istituzionali in virtù dell'aspirazione di alcune *magnae scholae* a fornire insegnamenti analoghi a quello dello *studium*: a Noyon, della cui diocesi faceva parte Lille, un regolamento scolastico di probabile emanazione episcopale ed emesso prima del 1237 imponeva allo *scholasticus* – cioè l'ausi-

e città sul possesso delle scuole – che gradualmente porteranno quelle ecclesiastiche a specializzarsi nell'insegnamento superiore – si veda J. Nazet, *Les chapitres des chanoines séculiers en Hainaut du XII*[e] *au début du XV*[e] *siècle*, Bruxelles, Académie royale du Belgique, 1993, pp. 263-286.

138. Su questo punto e su altre osservazioni fondamentali circa il rapporto tra l'*HAC* e alcune fonti prossime (rielaborazioni e sistemazioni dei materiali antichi) in parte ancora da individuare e definire, si veda Morcos, *Compilation as Palimpsest*.

liario del vescovo in materia di educazione – di nominare ogni anno un *rector* di *artes* che avesse insegnato in precedenza a Parigi.[139] Se i chierici che vivevano e operavano del Nord potevano quindi accedere direttamente a *standard* di insegnamento molto alti, è plausibile però che l'impulso verso la produzione volgare sia loro venuto anche, se non soprattutto, dal fatto che non conducevano i loro studi in una bolla, ma erano implicati in attività amministrative e nella docenza anche nelle *scholae sine latino* e nei primi livelli delle *magnae scholae*. In particolare, la contiguità tra l'insegnamento e la produzione volgare spiega il carattere apparentemente arretrato – per esempio, nella preferenza per le fonti cristiane rispetto a quelle classiche – del retroterra latino dell'*HAC*. Mi sembra anche che questa contiguità possa spiegare il tipo di approccio ai testi portato avanti dal nostro autore volgare, che sembra coerente con quello proprio all'insegnamento di livello intermedio, superiore all'apprendimento delle lingue, concentrato sui testi, privo di caratteri speculativi. Facendo le dovute contestualizzazioni, credo che questa mentalità potrebbe essere definita "grammaticale".

Con mentalità grammaticale intendo un insieme di pratiche di interpretazione delle fonti che aveva come obiettivo quello di ricodificare i testi antichi per divulgarne nel modo più chiaro ed efficace possibile il contenuto informativo. Nel contesto specifico della cultura romanza medievale, "grammaticale" è una etichetta comoda perché consente di mettere l'accento, invece che su aspetti metodologici o astratti, sui mezzi concreti a disposizione di chi adottava queste pratiche: la padronanza delle lingue scritte (quelle di partenza e quella di arrivo, che potevano anche coincidere); il possesso di conoscenze storico-letterarie sicure anche se non necessariamente approfondite; l'abitudine a valutare la coerenza logica e quella discorsiva dei testi; la disponibilità di un armamentario stilistico e retorico consolidato da utilizzare in fase di ricodificazione. Partendo da questi strumenti, le singole realizzazioni possono divergere anche significativamente. Nel caso dell'*HAC*, la realizzazione della mentalità grammaticale si pone a metà, tipologicamente, tra la mentalità narrativo-rievocativa che aveva caratterizzato la letteratura francese di materia antica del Cento e quella propriamente erudita degli storici latini come Flodoardo di Reims o Pietro Comestore. Come vedremo subito, a metà non vuol dire alla stessa distanza: la mentalità grammaticale dell'*HAC* è decisamente più vicina a quella erudita che a quella narrativo-rievocativa. Sul piano del metodo, è caratterizzata da due elementi: la rilevanza ai fini dell'adattamento del *Sitz im Leben* originario della fonte e il ricorso prevalente, in caso di difficoltà, alla critica interna.

La consapevolezza del *Sitz im Leben* ha caratteri che a noi non possono che apparire rudimentali: è quella veicolata dagli *accessus ad auctorem*, con le loro

139. Lusignan, *Essai d'histoire sociolinguistique*, pp. 132-133, e É. Coüard-Luys, *L'écolâtre de Noyon et les écoles de cette ville jusqu'au milieu du XIIIe siècle*, dans «Mémoires de la Société des antiquaires de Picardie», 30 (1889), pp. 267-292, alla p. 278: «Debet eciam dictus scolasticus extra ecclesiam singulis annis scolis Noviomensibus de rectore sufficienti qui Parisius rexerit in artibus, ad annum futurum providere, et provisum in die Cene Domini Capitulo post sermonem presentare, quem sermonem dictus scolasticus debet per se vel per alium facere».

scarne notazioni sul contesto storico di ciascuna opera e sull'*intenctio auctoris*. Tuttavia, è il fatto che questa consapevolezza orienti l'interpretazione del testo e l'adattamento in volgare a distinguere la letteratura francese di matrice erudita e a vocazione *anche* didattica del Duecento dalla produzione del Cento, in cui la letteratura pagana era una fonte di storie cariche di un senso profondo da raccontare nuovamente, non un testo da interpretare.[140] Quella del Cento è prevalentemente una ricezione nel segno della ricreazione letteraria, quella del Duecento è una forma di interpretazione. La letteratura del Cento continuerà però a influenzare quella del Duecento come modello efficace di mediazione dei contenuti colti verso un pubblico volgare. La continuità tra queste due tradizioni era data da fattori conservativi (come le aspettative di un pubblico che si aspettava di essere *anche* intrattenuto ed emotivamente coinvolto, o la retorica di impostazione oralistica) che non erano però relitti, ma dispositivi comunicativi ancora pienamente funzionanti.

La critica interna esercitata dall'autore dell'*HAC* non può non apparirci spregiudicata. Normalmente la sua applicazione portava a modificare i materiali originari sulla base esclusivamente del principio della coerenza testuale interna. Certo operando a un livello più profondo di quello verbale, l'autore dell'*HAC* legge il proprio *corpus* di fonti in modo non dissimile da come la maggior parte dei copisti volgari del suo tempo leggevano i modelli: ricercando prima, e talvolta a qualunque prezzo, una coerenza. Così facendo, egli innova rispetto alla tradizione francese di materia pagana precedente e si avvicina alla mentalità degli eruditi latini; con loro condivide l'obiettivo di giungere a una interpretazione condivisibile e logica di un testo antico sulla base di argomenti testuali. Dal punto di vista concreto, il suo modo di lavorare è sensibilmente diverso da quello di Flodoardo e di Comestore: costoro contestualizzano le loro fonti principali, chiarivano i punti oscuri ricorrendo anche ad analogie con vicende simili ma distanti nel tempo e soprattutto si potevano permettere di mantenere l'incertezza su punti che giudicavano indecidibili. Ma quello che l'autore dell'*HAC* e gli autori latini hanno in comune costituisce il cuore metodologico dell'innovazione culturale portata avanti in ambito volgare dall'autore francese.

Nell'*HAC* l'approccio grammaticale non individua un genere letterario o discorsivo, ma un tipo di sensibilità che legge i testi con il fine di appianarne le difficoltà e produrre un racconto chiaro e coerente. Una delle fonti che fanno emergere meglio questo tipo di approccio, anche per via delle difficoltà che presenta, è l'*Eneide* di Virgilio. Nel commento di Servio, da cui deriva una vasta porzione della ricezione medievale del poema, è chiara la consapevolezza che l'*Eneide* fosse un'opera letteraria, ricchissima di elementi d'invenzione, composta da Virgilio per celebrare Augusto; inoltre, era chiaro che la figura dell'imperatore doveva trovarsi in filigrana dietro il ritratto poetico dell'esule troiano, secondo

140. Per uno studio della funzione rievocativa in materie diverse da quella antica (cioè nell'agiografia, nell'epica e nella materia celtica) si veda K. D. Uitti, *Story, Myth and Celebration in Old French Narrative Poetry, 1050-1200*, Princeton, Princeton University Press, 1973.

un semplice modello di allegoria storica.[141] Sin dall'antichità l'*Eneide* era stata anche oggetto di interpretazioni filosofiche di matrice platonica; e nel XII secolo questo approccio aveva trovato uno dei suoi picchi medievali nel commento attribuito a Bernardo Silvestre.[142] La tradizione volgare del Cento era rimasta impermeabile a questo tipo di letture: il *Roman d'Eneas* non ne presenta tracce e in generale anche gli altri *romans d'antiquité* non documentano influenze di approcci interpretativi di matrice allegorica. L'*Eneas*, d'altro canto, è un adattamento che sfida i suoi lettori e i suoi ascoltatori: il suo autore riproduce, senza glossarli, dei passaggi enigmatici dell'*Eneide* e include nel suo adattamento le divinità e le dottrine pagane.[143] È difficile credere che qualcuno abbia mai potuto godere del racconto dell'*Eneas* senza avere una qualche conoscenza, anche solo indiretta, della cultura classica e dell'opera di Virgilio. Dal punto di vista stilistico, si tratta un adattamento originale, a tratti segnato da caustica ironia, che include elementi meravigliosi e poetici sia direttamente derivati dal modello che di elaborazione originale.[144] Se per gli esegeti latini del Cento l'*Eneide* era una fonte allegorica di sapere teologico, per l'autore dell'*Eneas* era il modello di un racconto; per quello dell'*HAC*, sarà – come in parte era già per Servio – una fonte storica di dubbia qualità recepita in modi diversi a seconda del contesto e delle alternative.

Nella sezione VI (*Eneas*) l'*Eneide* è la fonte strutturante; quindi, quella che fornisce lo scheletro narrativo la cui coerenza può essere migliorata e le cui informazioni possono essere integrate, ma che in linea di principio non deve essere destrutturata. Anche se si tratta di una fonte poetica, essa è l'unica utile per connettere le vicende troiane a quelle romane. In un passo in particolare, quello relativo alla morte del re etrusco Mezenzio, la versione di Virgilio – che non a caso è esplicitamente menzionato – è difesa contro quella dei *pluisors*. Costoro vengono addirittura caratterizzati come oziosi e malevoli:

> Aprés ce ne demora mie grant tans que li rois Latinus trespassa de ceste vie, si tint Eneas tot le regne. Mais ansois en ot meslees et guerres assés a ses voisins eues,

141. J. W. Jones Jr., *Allegorical Interpretation in Servius*, in «The Classical Journal», 56 (1961), pp. 217-226, p. 218.

142. Sulle origini delle interpretazioni neoplatoniche della poesia epica latina si veda R. Lamberton, *Homer the Theologian. Neoplatonist Allegorical Reading and the Growth of the Epic Tradition*, Berkeley-Los Angeles-London, University of California Press, 1986. Sul commento attribuito a Bernardo Silvestre si veda K. Smolak, *Two 12th-century Commentaries on Martianus Capella and Virgil*, in «Wiener Studien», 126 (2013), pp. 249-260. Un altro commento di impostazione allegorico-teologica redatto nel XII secolo è quello dello Pseudo-Fulgenzio alla *Tebaide* di Stazio, sul quale si veda B. Stock, *A note on Thebaid Commentaries: Paris, B. N., lat 3012*, in «Traditio», 27 (1971), pp. 468-471.

143. Per una sintesi degli elementi pagani e delle loro interpretazioni si veda R. Tagliani, *"Et terre et fame tient por soe" (v. 1614). Considerazioni sul* Roman d'Eneas, in *Il Medioevo degli antichi. I romanzi francesi della "Triade classica"*, a cura di A. D'Agostino, Milano, Mimesis, 2013, pp. 139-166.

144. Sul ricco retroterra retorico dell'*Eneas* si veda ora P. A. Martina, *Il* Roman d'Eneas *e la tradizione grammaticale: ancora sulla sillabazione del nome di Enea e su qualche precedente*, in «Romania», 135 (2017), pp. 9-31.

quar li pluisor dient que Mezentius le guerroia qui tenot Sesile, et qu'Eneas ne le venqui mie por la mort qui trop li fu prochaine. Mais puis la mort de son pere, si combati cors a cors Ascanius, et si ocist Mezentius, et por ce ot a non Ascanius Julus, c'est de ce que adonc primes li venoit novele barbe quant il venqui Mezentius. Mais bien voill que vos sachés, que que li pluisor dient, qu'Eneas ocist Mezentius, ce dist Virgiles, quant il revint de Pallantee en la premeraine bataille, si com vos avés oï ariere. Et s'il l'ocist la, dont ne li pot faire guerre Mezentius, qui estoit ocis, ne a Ascanius combatre. Mais bien peut estre que ce fu li fiz Mezentius, qui ot a non ausi Mezentius com ot ses peres, et por ce vos di je ce que li pluisor demandent maintes chozes por ce qu'il voelent ce qu'il oent reprendre. (§ 643.8)

Questo passo è il risultato del tentativo da parte dell'autore dell'*HAC* di ricostruire la fine della vita di Enea dopo il matrimonio con Lavinia. L'unica fonte che gli viene in soccorso è una glossa serviana che riporta un racconto attribuito a Catone, probabilmente parte delle *Origines*. La versione catoniana differisce profondamente da quella virgiliana perché ad Ascanio, dopo la morte di Enea, si attribuisce una guerra contro Mezenzio, che nell'*Eneide* muore invece nel libro X.[145] La contraddizione era evidente sia dal punto di vista cronologico che da quello fattuale. La coerenza del racconto è il criterio principe nella composizione dell'*HAC* e tale coerenza può essere ottenuta solo a partire dal rispetto per la versione della fonte strutturante. In questo caso, quindi, l'unica opzione possibile è presentare la versione di Catone come quella dei *pluisor* e questi personaggi fittizi (a cui non viene attribuita una vera *communis opinio*, ma piuttosto la versione alternativa dei fatti scartata dall'autore) devono essere dipinti come 'i molti che chiedono molte cose perché vogliono criticare ciò che ascoltano'.

Questa valutazione è del tutto strumentale all'esecuzione della tecnica compilatoria e non costituisce una svalutazione sistematica dei frammenti di tradizioni alternative trasmessi da Servio. Lo dimostra un passo della sezione V, dove la fonte strutturante è Darete Frigio. L'autore dell'*HAC* usa il commento serviano per relativizzare un punto fondamentale della versione tardoantica, cioè il tradimento di Enea: «Mais Livinus li poestes dist qu'il dui la traïrent, Eneas et Anthenor, mais Sisenna est encontre, qui dist qu'Eneas ne la traï mie, mais Anthenor por ce qu'il herberga les messages de Gresse que Agamennon et li autre envoierent por dame Helaine au roi Priant requerre» (§ 586.2; J § 70).[146] L'inserimento di questa rela-

145. «CUI NUNC COGNOMEN IVLO ADDITUR secundum Catonem historiae hoc habet fides: Aeneam cum patre ad Italiam venisse et propter invasos agros contra Latinum Turnumque pugnasse, in quo proelio periit Latinus. Turnum postea ad Mezentium confugisse eiusque fretum auxilio bella renovasse, quibus Aeneas Turnusque pariter rapti sunt. migrasse postea in Ascanium et Mezentium bella, sed eos singulari certamine dimicasse. et occiso Mezentio Ascanium sicut I. Caesar scribit Iulum coeptum vocari» (I, 267; si veda *Servii Grammatici qui feruntur in Vergilii carmina commentarii*, ed. G. Thilo et H. Hagen, 3 voll., Lipsia, Teubner, 1881). L'analisi delle fonti si legge in J. Monfrin, *Les translations vernaculaires de Virgile au Moyen Âge*, dans Id., *Études de philologie romane*, Genève, Droz, 2001, pp. 859-917, p. 907, n. 56.

146. «ANTENOR POTVIT non sine causa Antenoris posuit exemplum, cum multi evaserint Troianorum periculum, ut Capys qui Campaniam tenuit, ut Helenus qui Macedoniam, ut alii qui Sardiniam secundum Sallustium; sed propter hoc, ne forte illud occurreret, iure hunc vexari tamquam

tivizzazione della versione di Darete è funzionale a creare una coerenza sul piano etico con la sezione VI, in cui Enea è eroico e integro secondo la versione virgiliana. Si tratta di una coerenza potenziale, che non mette in discussione davvero il racconto di Darete (del quale, tra l'altro, viene menzionata anche la conferma da parte di Livio Andronico). Inoltre, il fatto che la fonte citata contro la veridicità del tradimento di Enea sia Sisenna tramite Servio e non Virgilio è un'ulteriore conferma del carattere non autoritativo, dal punto di vista storico, del poema.

In un altro passo della sezione V l'autore dell'*HAC* subisce la pressione della tradizione precedente ed è portato a commettere un'infrazione rispetto al proprio metodo. Il prestigio e la notorietà della versione virgiliana lo inducono a promuovere nella sequenza narrativa il racconto dello stratagemma del cavallo, assente nella versione di Darete (nella quale Enea apre una delle porte della città) ma presente nell'*Eneide* e soprattutto nel *Roman de Troie*, che deve essere stato responsabile di un'aspettativa da parte del pubblico. Ecco il paragrafo rilevante, collocato alla fine della sezione V:

> E quant celui chivaus fu fais de fust et li chivalier furent ens mis, li Grigois le menerent tros qu'a la porte sor roieles tornoians, sor quoi l'uevre estoit bastie. E quant il orent ce fait il repairent as tentes, si boterent le fu ens es loges, ce fu senefiance qu'il s'en repairroient et lors entrerent es nes, si se tapirent. E li Troien qui le fu virent orent grant leece, si s'en issirent de la vile. E quant il virent cele merveille – c'est le chival de si grant estature – il se merveillerent que ce pooit estre. E tant firent qu'il a la porte la boterent, mais la porte fu estroite et basse. Si convint qu'il abatissent dou mur une grant partie, et il si firent. Ensi amenerent celui chivau trosques au temple Minerve. La le laisserent tot coi quar la nuis estoit ja venue, et l'endemain i devoient faire lor feste. Mais quant tuit furent repairé a lor osteus, dou chival issirent li chivalier qui laiens estoient, et li Grijois qui as nes estoient s'en repairerent au plus tost qu'il porent vers la cité, et quant il vindrent il troverent le mur frait et la porte overte, et si oïrent ja la gran noise de lor chivaliers, qui les Troiens assailloient et ocioient, et il ausi lor corurent sore. Par ceste maniere dient li pluisor que Troies fu souprise et destruite, et qu'Antenor et Eneas le consentirent por ce qu'il en fussent delivré, et lor avoir et lor maisnees, mais ensi ne le reconte mie Daires, la cui hystorie je vos ai devant dite, et je or plus ne vos en dirai, ains sivra l'estorie. (§ 583.10-17; J § 67).

Pur promuovendo la versione virgiliana a componente integrante del racconto, l'autore la attribuisce ai *pluisor*, cioè gli attori anonimi e fittizi responsabili, nel

proditorem patriae. elegit ergo similem personam; hi enim duo Troiam prodidisse dicuntur secundum Livium, quod et Vergilius per transitum tangit, ubi ait "se quoque principibus permixtum agnovit Achivis", et excusat Horatius dicens "ardentem sine fraude Troiam", hoc est sine proditione: quae quidem excusatio non vacat; nemo enim excusat nisi rem plenam suspicionis. Sisenna tamen dicit solum Antenorem prodidisse. quem si velimus sequi augemus exemplum: si regnat proditor, cur pius vagatur? ob hoc autem creditur Graecis Antenor patriam prodidisse, quia sicut superius dictum est, et auctor reddendae Helenae fuit et legatos qui propter Helenam venerant suscepit hospitio, et Ulixen in mendici habitu agnitum non prodidit» (I, 242; si veda *Servii Grammatici qui feruntur in Vergilii carmina commentarii*, ed. Thilo et Hagen).

sistema intra-discorsivo dell'*HAC*, delle versioni alternative a quella principale, subordinate e quindi presentate in modo implicito come meno probabili.[147] La peculiarità di questo passo non risiede nel fatto che l'autore dell'*HAC* abbia modificato la versione della fonte strutturante, cosa che accade molte volte, ma piuttosto nell'attribuzione ai *pluisor* dell'unica versione raccontata. Forse proprio per controbilanciare questa deroga al sistema l'autore mette in guardia, al termine del paragrafo, circa il fatto che Darete, la fonte che ha sotto gli occhi e che seguirà, non conferma questo svolgimento dei fatti.[148] La versione virgiliana è accolta con riluttanza: un atteggiamento che sembra in contrasto stridente con la difesa decisa del racconto dell'*Eneide* per quanto riguarda la morte di Mezenzio. Ma si tratta di una contraddizione apparente: in entrambi i casi, il criterio principale per la valutazione delle versioni concorrenti è la difesa della fonte strutturante, non la valutazione intrinseca della sua accuratezza sul punto specifico in discussione.

Tanto secondo gli standard moderni che secondo quelli medievali, l'autore dell'*HAC* non è uno storico. Il valore principale a cui si attiene, distinguendosi in questo sia dai poeti volgari del Cento che dagli eruditi latini, è la completezza e la coerenza del suo racconto. Nonostante ciò, sarebbe sbagliato ritenerlo del tutto privo di interesse per la veridicità dei fatti. In realtà, la nostra analisi mostra anche un processo compositivo che somiglia moltissimo, nelle sue prime fasi, a quello di uno storico erudito. L'autore dell'*HAC* si è posto il problema dell'attendibilità storica delle sue fonti in una fase precedente a quella compositiva, cioè nel momento della selezione. Le fonti impiegate sono spesso obbligate in quanto uniche, ma non per questo sono riprodotte in maniera acritica; al contrario, il loro livello di rielaborazione è una funzione della loro qualità percepita e le informazioni giudicate inverosimili sono sempre emendate. È solo nella fase più avanzata e complessa, quella della scelta tra versioni concorrenti di un medesimo fatto o tra fatti mutualmente incompatibili, che il nostro autore smette di comportarsi da erudito: non valuta sulla base delle logiche della critica storica, ma si affida del tutto alle tecniche compilatorie.

3.4. Historia *e* compilatio

Maria Colombo Timelli e Serge Lusignan hanno attirato l'attenzione su una particolare produzione grammaticale coltivata nella Francia del Nord a partire dal XIII secolo: quella di grammatiche latine tradotte in francese e concepite

147. Nonostante ciò, un dettaglio innovativo di questo "intermezzo" virgiliano anonimo – l'attribuzione del progetto del cavallo a Ulisse e a Nestore – filtrerà in *Prose 5*: si veda TVOF, § 442.8, e *Le roman de Troie en prose. Prose 5*, éd. Rochebouet, § 390. Il passo è commentato anche in L. Barbieri, *Qui a tué Ajax, fils de Télamon? De la double mort d'un héros et d'autres incohérences dans la tradition troyenne*, dans «Romania», 123 (2005), pp. 321-359, alle pp. 343-363.

148. Nell'ultima frase dell'estratto la sintassi molto sintetica dell'*HAC* sembra indicare che l'autore attribuisca ai *pluisor*, e non a Darete, anche la notizia del tradimento di Antenore ed Enea. Al contrario, il tradimento è raccontato in dettaglio nei paragrafi dell'*HAC* che precedono quello citato, seguendo proprio il *De excidio Troiae*.

non come strumenti per l'apprendimento del latino, ma come guide allo studio delle categorie grammaticali latine usando il francese come lingua di riferimento. Questi testi dovevano avere una finalità prima di tutto pratica: servivano probabilmente ai maestri per introdurre gli studenti alle definizioni delle parti del discorso tipiche del latino e alle loro funzioni prima che alla lingua.[149] Dal nostro punto di vista, sono una testimonianza di come nella cultura bilingue nelle scuole della Francia del Nord fosse possibile riflettere in volgare su entità astratte di tipo linguistico che potevano essere realizzate solo nella lingua "alta".

Non è impossibile che una continuità del genere tra rappresentazione astratta del sistema latino ed espressione in volgare potesse avvenire anche per quanto riguarda la poetica. La teoria e la catalogazione dei discorsi proprie della riflessione esercitata in campo latino potevano servire a orientare le scelte discorsive anche degli autori volgari, non come modelli da imitare organicamente ma come grammatiche che permettevano di analizzare le forme testuali. L'*HAC* è una testimonianza anche di questo tipo di interfaccia francese-latino, che non è un meccanismo di modellizzazione della lingua volgare su quella colta, ma il risultato di una osmosi quotidiana. Le *poetriae*, nella misura in cui le categorie che istituivano non erano pure tassonomie teoriche ma avevano un riscontro anche parziale nella realtà della creazione discorsiva contemporanea, possono essere delle fonti che ci informano sul pensiero anche degli autori volgari che avevano una formazione erudita.

L'autore dell'*HAC* definisce la sua opera *estoire* e abbiamo visto come questo termine fosse già radicato nella tradizione francese medievale e come il suo referente non fosse un genere letterario, ma un racconto che poteva anche non essere fissato nello scritto. Nella sistemazione poetologica del tempo, il lemma corrispondente *historia* era arrivato a designare tutte le composizioni che prevedessero un narratore.[150] La *Parisiana poetria* di Giovanni di Garlandia, in particolare, fornisce una definizione di questa categoria interamente formale:

> *De Historia.* Historia est res gesta ab aetatis nostrae memoria remota; hanc si quis tractverit, ut vitet vitium, premittat propositionem, invocationem, narrationem; et utatur illo colore rhetorico qui dicitur Transitio, et est color per quem animus auditoris per praemissam narrationem percipit futura.[151]

Questa definizione prevede la presenza di alcuni elementi fissi: la *propositio*, ovvero l'anticipazione della materia trattata; l'*invocatio*, ovvero la dedica a una divinità o a un patrono umano; la *narratio*, ovvero il racconto degli avvenimenti;

149. M. Colombo Timelli, *Traductions françaises de l'*Ars Minor *di Donat au Moyen Âge (XIII*^{e}*-XIV*^{e} *siècle)*, Firenze, La Nuova Italia, 1996; Lusignan, *Essai d'histoire sociolinguistique*, pp. 136-137.

150. Per lo studio del sistema dei generi mediolatini da un punto di vista di teoria poetologica si veda P. Mehtonen, *Old Concepts and New Poetics.* Historia, argumentum, *and* fabula *in the Twelfth- and Early Thirteenth-Century Latin Poetic of Fiction*, Helsinki, Societas Scientiarum Fennica, 1996.

151. John of Garland, *Parisiana Poetria*, p. 168.

infine, le *transitiones*, ovvero gli espliciti richiami a quanto è già stato narrato che permettono al pubblico di comprendere cosa verrà narrato in seguito.

Gli elementi elencati da Giovanni di Garlandia si ritrovano tutti nell'*HAC*. La *propositio* è naturalmente il prologo in versi nella sua interezza; l'*invocatio* è, nel prologo, la dedica a Roger di Lille:

> Qui verité aime et retient
> As comans Damedeu se tient,
> Je n'i veull fors verité dire.
> Longue en iert assés la matire
> Qu'en pensee ai contier a plain
> Por qu'il plaise le chastelain
> De Lisle, Rogier, mon segnor,
> Cui Deus doint santé et honor,
> Joie, paradis en la fin. (§ 1, v. 257-265; CJ, 79-80)

Di *transitiones* si trovano esempi innumerevoli nel corso della prosa e coincidono con le evocazioni del *vos* testuale, per esempio:

> Bien erent deceu et avule quant de Deu ne se reconoissoient qui avoit lor ancestres guaris et salvés, si com vos avés oï ariere, par le grant doloive ens en l'arche tres adonc, et devant ce assés comencierent les foles errances qui puis furent bien maintenues. (§ 83.2; CJ, p. 127)

La *narratio*, naturalmente, è costituita dal racconto in prosa nel suo complesso.

Questi elementi non provano che l'*HAC* sia stata composta secondo i precetti di Giovanni di Garlandia, in primo luogo perché costui è stato il sistematore e il critico di dottrine precedenti, e i suoi precetti intendevano codificare una *modernitas* letteraria cristiana che trova le sue radici nella tradizione patristica. Si può dire, però, e questo non è privo di importanza, che se esiste una narrativa storica francese del primo XIII che adotta stilemi comparabili a quelli prescritti dalla tradizione universitaria e fissati nella *Parisiana poetria* tra il 1218 e il 1249, quella è l'*HAC*. Se, come credo sia probabile, il suo autore ha conosciuto una qualche teorizzazione latina, ne ha utilizzato le indicazioni scientemente e selettivamente, adattandone i principi alle convenzioni espressive proprie alla tradizione volgare e alla situazione comunicativa nella quale si trovava a operare. Inoltre, gli elementi strutturali e stilistici che evocano la teorizzazione latina – che, tranne la *narratio*, sono tutti costituiti da interventi del narratore-autore – sono anche tutti compatibili con le manifestazioni della mediazione esplicita tra fonti e pubblico che abbiamo interpretato *supra* come un tratto di continuità tra la prosa dell'*HAC* e la tradizione in versi del Cento. Questo è un argomento forte per confermare che l'osmosi tra forme volgari e forme della *modernitas* latina sia stata un fenomeno che ha caratterizzato sia la cultura del XII che quella del XIII secolo, costituendo – pur nelle sue varie realizzazioni – un elemento di continuità. È possibile, ma si tratta di un'ipotesi tutta da verificare, che all'altezza del primo Duecento la classificazione delle forme latine risultasse anche influenzata, magari localmente ed episodicamente, dall'esperienza volgare.

Spostandoci di piano, e passando da quello relativo agli aspetti stilistici a quello della struttura del testo nel suo complesso, emerge un elemento che indica una consonanza ancora più profonda tra il modo di intendere la produzione letteraria dell'autore dell'*HAC* e una concezione che esisteva nella cultura latina a lui contemporanea e che era propria di quella più marcatamente grammaticale e retorica, tipica delle scuole di *artes*. Come abbiamo sottolineato più volte, l'*HAC* è una compilazione, e anche di un tipo abbastanza raffinato. Nell'uso degli studi dedicati alla testualità volgare del medioevo la parola "compilazione" può indicare qualunque opera che derivi da fonti multiple tra di loro combinate, indipendentemente dalla rielaborazione o non rielaborazione del loro dettato. È una designazione che mette l'accento sul piano delle fonti e come tale è molto utile ed è stata utilizzata anche in questo studio. In latino medievale, però, *compilatio* indica espressamente un'opera in cui gli estratti delle fonti sono riorganizzati in una nuova struttura ma il loro dettato rimane intatto; la componente più importante della definizione è proprio la seconda, quella che riguarda l'assenza di rielaborazione.[152] Questa definizione è alla base di tutti gli studi dedicati a comprendere la *compilatio* latina come fenomeno culturale. Alistair Minnis, per esempio, la considera un nuovo genere letterario, autocosciente e autogiustificato, che riflette un approccio più critico e consapevole alla materia antica e all'autorità testuale. Il cuore della novità sarebbe proprio la costruzione di un tipo di responsabilità intellettuale di tipo nuovo, quella del *compilator*, che non è in concorrenza con quelle degli *auctor*.[153] Ancora, da una prospettiva molto diversa e focalizzata sulla materia storica, Bernard Guenée ha individuato negli storici bassomedievali gli attori di una rivalutazione della pratica della *compilatio* che acquisisce prestigio, si emancipa e cessa di essere considerata una tipologia di plagio.[154] Sia Minnis che Guenée hanno individuato una discontinuità culturale nella fortuna delle *compilationes* a partire dal XII secolo. In seguito, Neil Hathaway ha convincentemente messo in discussione queste tesi mostrando come il termine *compilatio*, in quanto tecnicismo letterario, sia stato usato anche con connotazioni neutre praticamente in tutta la storia della latinità post-classica.[155]

152. La formulazione che concede di più all'originalità del *compilator* è quella di Isidoro di Siviglia: «Compilator, qui aliena dicta sui praemiscet, sicut solent pigmentarii in pila diversa mixta contundere» (*Isidori Hispalensis episcopi Etymologiarum*, ed. Lindsay, X, 44).

153. A. J. Minnis, *Late-Medieval Discussion of* compilatio *and the Role of the Compilator*, in «Beiträge zur Geschichte des deutschen Sprache und Literatur», 101 (1979), pp. 385-421, e Id., *Translations of Authority in Medieval English Literature: Valuing the Vernacular*, Cambridge, Cambridge University Press, 2009, pp. 190-210. Per l'impatto della compilazione sulla cultura libraria si veda M. B. Parkes, *The Influence of the Concepts of* ordinatio *and* compilatio *on the Development of the Book*, in *Medieval Learning and Literature: Essays presented to R. R. Hunt*, ed. by J. J. G. Alexander , M. T. Gibson, Oxford, Clarendon Press, 1976, pp. 115-141.

154. B. Guenée, *L'historien et la compilation au XIIIe siècle*, dans «Journal des savants», 1-3 (1985), pp. 119-135; Id., *L'historien par les mots*, dans *Le métier d'historien au Moyen Âge. Études sur l'historiographie médiévale*, sous la dir. de B. Guenée, Paris, Publications de la Sorbonne, 1977, pp. 1-17.

155. N. Hathaway, *Compilation: From Plagiarism to Compiling*, in «Viator», 20 (1989), pp. 19-44.

Prima di essere una tipologia testuale destinata ad ampia circolazione, la *compilatio* era infatti, innanzitutto, una procedura: la raccolta e l'organizzazione di materiali fededegni, riportati rispettando le *ipsissima verba* degli autori da cui provengono. Come tale, poteva rappresentare uno stadio intermedio della produzione testuale. Nel racconto storico concernente fatti remoti questo stadio intermedio era obbligatorio, perché si trattava di un genere basato sulla raccolta di testimonianze in forma testuale. Una volta messe insieme le testimonianze, però, compilatori diversi potevano procedere secondo modi divergenti: decidere di far circolare la raccolta di estratti così come era, oppure rielaborarne i contenuti – criticandoli e armonizzandoli – e/o la forma – adattandola alle aspettative del pubblico di riferimento. I testi medievali latini che si autodefiniscono *compilationes* non sono stati soggetti a critica dei contenuti e a elaborazione retorica, nella maggior parte dei casi perché essa non era stata ritenuta necessaria (nella storiografia in latino pragmatico a carattere documentario) o non era desiderabile (nelle compilazioni dottrinarie, per esempio quelle teologiche o giuridiche). In questi casi, quello che in altri processi di produzione sarebbe stato ritenuto un semilavorato testuale diventava il prodotto finale e veniva messo in circolazione.

La *compilatio* di materia storica era un procedimento complesso e oneroso ed è plausibile che i testi che ne risultavano fossero custoditi con cura anche quando non erano destinati a circolare ma erano strumenti di lavoro. Il caso più interessante da questo punto di vista è quello della *compilatio* storica latina di Saint-Denis, conservata in due codici copiati a distanza di una cinquantina d'anni l'uno dall'altro e tenuti in custodia nell'abbazia, il più recente dei quali costituisce una copia aggiornata che aveva sostituito il più antico come volume di referenza.[156] Sempre in ambito storico, la rielaborazione stilistica delle fonti poteva essere un passaggio necessario alla circolazione su ampia scala: in molti contesti la credibilità e la coerenza del racconto nel suo insieme, insieme alla sua efficacia nel suscitare reazioni emotive, erano più importanti della conservazione delle parole degli autori. La rielaborazione era un compito oneroso e specialistico tanto quanto la compilazione e richiedeva competenze specifiche che spesso saranno state in possesso di individui diversi da coloro che avevano operato la raccolta dei materiali grezzi. Per rimanere sul nostro esempio, i materiali raccolti nelle compilazioni di Saint-Denis hanno circolato presso un vasto pubblico in forma volgare, nelle *Grandes chroniques de France*.

All'armonizzazione delle fonti partecipavano in modi diversi tutti gli attori coinvolti: il compilatore imponeva il canone, il rielaboratore prendeva decisioni sui singoli punti. Un esempio di questa divisione del lavoro in ambito latino è costituito da un testo agiografico dell'XI secolo, la vita di san Gottardo composta – o meglio, compilata – da un giovane monaco di Hildesheim, Wolfherius. Egli si rivolge così all'utilizzatore, almeno potenziale, della prima stesura della

156. I codici sono oggi siglati Città del Vaticano, BAV, Reg. lat. 550 (fine XII o inizio XIII secolo) e Paris, BnF, lat. 5925 (circa 1250). Si veda *Les Chroniques latines de Saint-Denis*, sous la dir. de P. Bourgain, publication électronique, Paris, Éditions en ligne de l'École des chartes, 2006.

vita: «Sed et ego solito priscae obedientiae more, si quid forte vel aptum vel ineptum compilare quiverim, primo sagacitati[s] tuae merito offerendum decrevi, ut certe per te errata corrigantur, hiantia suppleantur, superflua diradantur, necessaria supponantur».[157] Wolfherius consegna la sua compilazione chiedendo al suo interlocutore, più dotto e abile di lui, di correggere gli errori, colmare i vuoti, eliminare le cose superflue e aggiungere quelle necessarie che manchino. Se il rielaboratore a cui Wolfherius si rivolge con deferenza aveva in programma di basarsi sul *dossier* messo insieme dal suo sottoposto, la critica che egli si apprestava a condurre doveva somigliare molto a quella praticata più di un secolo dopo dall'autore dell'*HAC*.

Tutto sembra indicare che l'autore dell'*HAC* si sia fatto carico sia della compilazione delle fonti che della loro rielaborazione. In entrambi questi momenti egli si colloca in un sistema di produzione testuale tradizionale e ben sperimentato in contesto latino. Quando attende alla rielaborazione, la sua posizione è quella di un professionista della cura stilistica e formale dei testi. E quindi, naturalmente, egli viene a posizionarsi nel contesto più ampio della retorica *moderna*, incline a trattare gli *ipsissima verba* degli autori come materiali grezzi, fiduciosa dei suoi mezzi, e infine capace di creare, oltre a forme latine adeguate ai pubblici del tempo, anche una cultura volgare variegata e dai plurimi registri, tra cui una prosa narrativa di matrice erudita.

157. PL 141, col. 1163, citato in Hathaway, *Compilation*, p. 37. Le parole di Wolfherius, che descrivono il tipo di elaborazione specifico dei testi storici narrativi, possono anche aver evocato nei lettori medievali il *topos* classico di ambito poetico che prevedeva la richiesta di perfezionare l'opera rivolta al mecenate; si veda L. Barbieri, *L'atelier du poète. Art poétique et métaphores "artisanales" dans la littérature médiévale*, dans *Fleur de clergie. Mélanges en l'honneur e Jean-Yves Tilliette*, éd. par O. Collet, Y. Foehr-Janssens, J.-C. Mühltehaler, Genève, Droz, 2019, pp. 197-218, alle pp. 199-200 e 202.

3. La storia della tradizione

Quello che deve accomunare tutti i filologi non è un metodo, ma un problema.
Alberto Varvaro (1999)

1. *Fasi della tradizione e ipotesi storiografiche*

La tradizione manoscritta superstite dell'*HAC* è composta da un centinaio tra codici e frammenti copiati tra la seconda metà del XIII e il XVI secolo.[1] Si tratta di manoscritti di dimensioni medio-grandi, miniati spesso riccamente. L'*HAC* è uno dei testi per la diffusione dei quali è stato adattato al volgare il modello del "libro gotico", un tipo di *medium* caratterizzato da dispositivi di organizzazione testuale che dividono e gerarchizzano i contenuti (per esempio, ordini diversi di *lettrines* e miniature) e da metodi di ordinamento e reperimento (le rubriche e, talvolta, gli indici).[2] La produzione di questi codici non si può definire seriale in senso assoluto: ogni copia, anche nei settori più compatti della tradizione, ha le sue specificità testuali e materiali. Tuttavia, esse sono sempre riproduzioni di un modello replicabile secondo gli standard di pratiche artigianali e di orientamenti intellettuali differenziati geograficamente, ma non locali o localistici. La vocazione di tali prodotti è sempre, infatti, translocale, e translocale è la loro storia.[3] Negli ultimi decenni studi molto accurati sono stati dedicati alla localizzazione della

1. Per il regesto dei codici della prima redazione si veda *infra*, Appendice I.

2. Sulla miniatura come elemento ordinatore del *continuum* testuale nell'*HAC* si veda A. Rochebouet, *Organiser une histoire universelle: effets de lecture et dispositifs visuels et textuels dans quelques manuscrits de l'Histoire ancienne jusqu'à César*, dans *Les chroniques et l'histoire universelle. France et Italie (XIII*e*-XIV*e *siècles)*, sous la dir. de F. Montorsi, F. Maillet, M. Albertini, S. Ferrilli, Paris, Classiques Garnier, 2021, pp. 63-84. Sul libro gotico, anche dal punto di vista di aspetti meramente materiali ed estetici, si veda la sintesi critica in M. Signorini, *Aspetti codicologici e paleografici della produzione di manoscritti in lingua provenzale (secc. XIII-XIV)*, in *I trovatori nel Veneto e a Venezia*, Atti del convegno internazionale (Venezia, 28-31 ottobre 2004), a cura di G. Lachin, Padova, Antenore, 2008, pp. 279-303, in particolare pp. 292-295.

3. "Translocale" è un termine che sta avendo al momento molto successo nel campo dei *social studies*, sia storici che contemporanei, senza però che di esso esista una definizione tecnica condivisa. Nel mio uso, indica le pratiche e i prodotti che pur essendo marcati come appartenenti

produzione di molti di questi manoscritti, alcuni dei quali – spesso tra i più antichi e testualmente preziosi – sono stati copiati fuori dalla Francia, in Terrasanta e in Italia. L'ampiezza e la differenziazione di questa tradizione dal punto di vista cronologico e la qualità del lavoro ricostruttivo condotto su di essa permettono di considerare i testimoni dal punto di vista di una storia della tradizione che sia pienamente tale: scritta cioè sulla base di un'ampia tipologia di fonti e nell'ottica di ricostruire, almeno in parte, i rapporti non evidenti tra i testimoni conservati e di determinare la precisa collocazione storica delle copie conservate, oltre a intravedere quella delle copie perdute.

Uno studio del genere deve basarsi necessariamente su ipotesi stemmatiche verificate – ipotesi, cioè, che pur rimanendo tali sono basate su una quantità e una qualità di dati e metodi tali da poter essere ritenute probabili o molto probabili. La natura di queste ipotesi non è però la medesima per tutti i periodi e le fasi della storia della trasmissione. Dal punto di vista della filologia basata sul metodo lachmanniano classico, in particolare, si possono individuare due fasi nelle storie delle tradizioni: quella "pre-documentaria", che va dalla consegna del testo alla tradizione manoscritta da parte dell'autore alla produzione dei subarchetipi più antichi esclusi (e comprende quindi l'archetipo), e quella "documentaria", che va dai subarchetipi più antichi inclusi alla produzione dei codici conservati. In termini strettamente formali, la fase pre-documentaria corrisponde a quella attingibile solo tramite gli errori e limitatamente a essi, mentre la fase documentaria è quella in cui la comparazione tra i testimoni permette di far risaltare, mediante confronto e critica, le innovazioni non erronee. Entrambe le fasi corrispondono a insiemi di vicende che sono ricostruibili solo ipoteticamente, ma sulla base di dati diversi per qualità, quantità e probabilità delle deduzioni che autorizzano. Per quanto riguarda la fase pre-documentaria, il metodo consente di rilevare solo l'esistenza e l'unicità degli oggetti; inoltre, l'impossibilità del loro rilevamento non implica la non esistenza o la pluralità.

Nella storia della tradizione dell'*HAC* la fase pre-documentaria individuata secondo la logica lachmanniana si estende dal 1230 circa, cioè il *terminus ad quem* per la redazione dell'opera, alla metà del Duecento circa, quando è plausibile che siano stati redatti i modelli revisionati da cui derivano le famiglie testuali più innovative. La fase documentaria si articola a sua volta in una prima porzione più nebulosa, popolata da versioni che non ci sono trasmesse dai codici ma che possiamo ricostruire con un certo livello di dettaglio per quanto riguarda il testo (così, per esempio, nel caso del modello della versione abbreviata), e una seconda, più avanzata e meglio conoscibile, che corrisponde alle versioni trasmesse dai codici conservati. Anche la fase documentaria avanzata non è testimoniata in modo esaustivo; sue vaste sezioni – e forse proprio quelle più importanti dal punto di vista redazionale, che possono aver avuto luogo in umili codici di servizio o in copie private – sono perdute. Ma l'esame della tradizione nel suo comples-

a una cultura locale possono essere efficaci anche al di fuori di questa, e soprattutto sono stati storicamente tali.

so ci permette di formulare ipotesi non solo, tramite gli errori, sull'esistenza di questi codici perduti, ma anche, tramite il confronto delle varianti, sulle revisioni testuali che essi trasmettevano. Per questo essi sono oggetti storico-ipotetici radicalmente diversi da quelli che pertengono alla tradizione pre-documentaria. Le ipotesi stemmatiche ben costruite, sia che riguardino la fase pre-documentaria che quella documentaria, permettono di intravedere entità che sono esistite e che come tali hanno uno statuto pienamente storico.

L'applicazione di metodi diversi da quello lachmanniano classico dà luogo a una selezione dei dati diversa e quindi anche a una distribuzione differente delle due fasi: per la metodologia filologico-linguistica neo-lachmanniana, originale e archetipo possono ricadere pienamente nella fase documentaria quando i dati lo consentono, cioè quando è osservabile l'interferenza tra sistemi linguistici nelle fasi antiche della tradizione (una eventualità molto probabile nelle tradizioni linguistiche non standardizzate come quelle romanze medievali).

Le nostre cognizioni circa la tradizione dell'*HAC* si sono limitate a lungo a una semplice bipartizione dei codici su base tipologica: conoscevamo l'esistenza di una versione lunga originale, che oggi sappiamo tràdita dai testimoni P, Ph, Re, V1 (solo per le sezioni I e II), LMa, P10, Pa, B, D, L e P3, e di una versione abbreviata, tràdita da tutti gli altri manoscritti. Il codice P occupa una posizione di assoluto rilievo nella tradizione: è l'unico codice completo e conserva, a livello sintattico e stilistico, un assetto connotato come antico e potenzialmente autoriale.[4]

Gli studi condotti negli ultimi anni hanno portato Fabio Zinelli a proporre un'ipotesi stemmatica basata sul metodo lachmanninano e neo-lachmanniano così articolata:

– un originale prodotto nella Francia del Nord;
– un archetipo prodotto in Terrasanta;
– due subarchetipi principali: la "tradizione di Acri", che comprende i codici latori della versione lunga P10, Pa, B, D, L e P3; la "prima tradizione", che comprende i testimoni della versione lunga P, Ph, Re, V1, LMa e il subarchetipo β, dal quale discendono i codici della versione abbreviata.[5]

4. Uno dei tratti strutturali più evidenti da questo punto di vista è la conservazione dell'ordine soggetto-oggetto-verbo nelle subordinate introdotte dal congiuntivo, su cui si veda *L'Histoire ancienne jusqu'à César*, éd. Rochebouet, Turnhout, Brepols 2015, pp. 32-33. Sulla sintassi di P si veda anche S. Ventura, *The Manuscripts of the First Redaction of the* Histoire ancienne jusqu'à César *(13th century): Textual Variation and Linguistic Coding*, in «Medioevo Romanzo», 41 (2017), pp. 316-363, e Id., *La grammatica delle frasi relative*. Per un'ampia analisi della lingua di P dal punto di vista dell'ordine delle parole – in prospettiva non genealogica – si veda ora A. Ledgeway, *V2 Beyond Borders: The* Histoire ancienne jusqu'à César, in «Journal of Historical Syntax», 5 (2021), pp. 1-65.

5. Zinelli, *Au carrefour des traditions*, pp. 109-115, e ora Id., *Traditions manuscrites d'Outremer*, pp. 74-97 e 107 (alle pp. 78-79, Zinelli segnala l'esistenza e l'appartenenza alla prima tradizione di LMa; non ho potuto consultare questo codice). Per i presupposti teorici della metodologia linguistica impiegata si veda Id., *Attrito, resistenza e fluidità*, pp. 67-104.

Nelle pagine che seguono presenterò alcune considerazioni circa la diffusione dell'*HAC* che hanno questa ricostruzione sullo sfondo. Oltre a quella di Zinelli, anche le ipotesi talvolta contrastanti emesse dagli storici dell'arte in merito ai manoscritti dell'*HAC* giocheranno un ruolo importante. Questa ricostruzione sarà basata su indagini centrate su dati differenti e condotte con metodi diversi; tali indagini, spesso, si ponevano anche domande solo apparentemente simili. È riconoscendo queste caratteristiche del campo di ricerca che ci proponiamo di esplorare, e delimitando il più precisamente possibile le zone d'ombra e di penombra, che credo si possa sfuggire all'eclettismo metodologico. Se i rischi sono alti, il guadagno è importante: una ricostruzione che, se su punti di dettaglio può accettare sfide difficili, per quanto riguarda il quadro generale si avvicina il più possibile alla complessità dei fatti.

2. *Dall'autore ai copisti: l'originale, l'archetipo e le revisioni antiche*

2.1. *Le immagini*

I codici antichi dell'*HAC* comprendono quasi sempre dei ricchi apparati illustrativi di tipo narrativo.[6] È naturale chiedersi se fosse lo stesso per l'archetipo. La presenza di illustrazioni nella grande maggioranza dei codici conservati non è, di per sé, un argomento a favore di una simile ipotesi. Esiste però un luogo testuale che ci conduce in quella direzione. Nel testo della sezione X (*Rome II*) troviamo un riferimento a una delle illustrazioni di corredo; esso compare nel contesto della spiegazione relativa alla funzione del tempio di Giano in età antica. Questa spiegazione costituisce un'interpolazione autoriale nel racconto della fonte principale per questa sezione, le *Historiae adversos paganos* di Orosio. Il corsivo è mio:

> Segnor, en celui temple Jani estoient totes les armes de Rome mises et assamblees. Et quant avenoit choze que li Romain devoient aler en aucun liu en bataille, la estoient les armes prises qui lor estoient delivrees bones et convenables a chascun

6. Le tradizioni illustrative antiche sono state esaminate nel loro complesso da D. Oltrogge, *Die Illustrationszyklen zur* Histoire ancienne jusqu'à César *(1250-1400)*, Frankfurt am Main-New York, Peter Lang, 1989. Nel recepire le classificazioni di Oltrogge, delle quali renderò conto a più riprese nelle pagine che seguono, è indispensabile tenere a mente che l'obiettivo della studiosa era individuare le relazioni genetiche tra i vari cicli e che a questo scopo mette a profitto sia elementi di tipo figurale-narrativo che caratteristiche relative alla *mise-en-page*. In alcuni casi, i raggruppamenti di Oltrogge sono basati su analogie parziali: è il caso del *Zyklus E*, che comprende i codici pisano-genovesi, che è unificato da un elemento formale come l'illustrazione a tutta pagina, e del *Zyklus F*, che comprende codici parigini trecenteschi, accomunati da episodiche convergenze su moduli narrativo-visuali. Sull'integrazione funzionale tra testo e immagini nell'*HAC* si veda M. Coker Joslin, rec. D. Oltrogge, *Die Illustrationszyklen zur* Histoire ancienne jusqu'à César *(1250-1400)*, in «Speculum», 68 (1993), pp. 544-547, e Ead. *The Illustrator as Reader: Influence of Text on Images in the* Histoire ancienne, in «Medievalia et humanistica. Studies in Medieval and Renaisssance Culture», 20 (1994), pp. 85-121. Tra i codici duecenteschi e primo-trecenteschi, F (prodotto probabilmente a Pisa) è completamente privo di illustrazioni; Li (prodotto nella Francia del Nord) ne contiene solo una, in apertura.

solonc sa vaillandise. En celui temple avoit ·ii· portes, et li deus Janus, qui i estoit aorés, avoit ·ii· visages *si com vos les poés veir a presence*. Et ce faisoient li Romain par mout grant senefiance. Quar tant com la cités estoit esmeue par diverses batailles a lontaines nassions ne a prouchaines, estoient les ·ii· portes overtes et jor et nuit: l'une por armes livrer a ceaus qui s'en aloient por l'onor de la cité essaucier et deffendre, et l'autre porte por les armes receivre de ceaus qui victorie avoient eue des batailles qu'il avoient vencues. Janus, lor deus, estoit sor le autel en haut posés. Ce estoit li ymagene a ·ii· visages: de l'un des visages esgardoit ceaus qui s'en aloient et lor looit ausi com par samblance, et de l'autre visage esgardoit ceaus qui revenoient o l'onor de victorie et qu'il lor avoit aidier, c'estoit la senefiance. (§ 972.2-6)

In corrispondenza di questo passo, codici antichi pertinenti sia alla prima tradizione che alla tradizione di Acri contengono una miniatura che raffigura una statua di Giano issata su un tempio. Si tratta, oltre che del codice ottimo della versione lunga, P, di tutti i codici prodotti in Terrasanta o derivati dalla tradizione ultramarina, cioè P10, Pa, B, D e L, e di alcuni tra i codici più antichi della versione abbreviata, cioé H, Ch, P18.[7] In tutti questi testimoni si trova anche la frase che nel testo rimanda alla miniatura. In tre codici antichi della versione abbreviata, Li, L5 e B4, la miniatura non compare ma il rimando interno al testo è stato copiato. Lo stesso avviene in B1, un testimone trecentesco parigino sempre latore della versione abbreviata. Nel codice pisano-genovese F, che non presenta nessuna miniatura, il richiamo è riscritto nella forma: «con vos poés oï a pressante». La frase è stata invece espunta in un codice parigino quattrocentesco della versione abbreviata, L6.[8]

La diffusione del richiamo testuale all'immagine di Giano e il fatto che esso si trovava con ogni probabilità anche nell'archetipo salda le due tradizioni potenzialmente indipendenti, quella testuale e quella figurativa, a livello dell'archetipo. Naturalmente, esse hanno poi avuto storie asincrone dal punto di vista dell'innovazione e delle contaminazioni, ma è lecito pensare che l'archetipo fosse un codice illustrato. Questo poteva forse essere molto simile, come concezione, ai testimoni più antichi conservati: P, i manoscritti prodotti in Terrasanta (testimoni, secondo Oltrogge, del *Zyklus D*) e i testimoni duecenteschi provenienti dalla Francia del Nord (tutti latori della versione abbreviata e del *Zyklus C* di Oltrogge, che secondo la studiosa tedesca deriverebbe dal *Zykuls D*).

L'interpolazione testuale dedicata a Giano e alle tradizioni legate al suo tempio corrisponde alla ricezione di un elemento di cultura romana che aveva una storia non oscura nella cultura pagana nota nel medioevo e in quella cristiana: Ovidio, Agostino e Isidoro di Siviglia trasmettevano memoria di Giano come divinità pagana dei confini e delle porte. Allo stesso tempo, l'inserimento della sua raffigurazione nel programma illustrativo, pur innescata dal testo, rispondeva a

7. P (279v); P10 (321r); L (242v); B (204v); D (254v); Pa (251v); H (143v); Ch (120r); P18 (161r). In P18 la statua di Giano ha, erroneamente, una sola faccia. Per la discussione dell'iconografia, si veda Oltrogge, *Die Illustrationszyklen*, pp. 105-106.

8. L5 (183v); Li (163r); B4 (168r) B1 (154v); F (171r); L6 (245v).

influenze specifiche della tradizione iconografica cristiana del medioevo centrale, nella quale è un soggetto ricorrente come personificazione del mese di gennaio – una qualifica trasmessa da Ovidio nei *Fasti*: per esempio nel salterio di Fécamp, prodotto intorno al 1180 (Den Haag, Koninklijke Bibliotheek, 76. F. 13), e nelle vetrate della cattedrale di Chartres, realizzate nei primi decenni del XIII secolo.[9]

La datazione dei codici duecenteschi dell'*HAC* è, senza eccezioni, ipotetica; quella più alta tra quelle proposte concerne uno dei codici prodotti in Terrasanta, D, che secondo Jaroslav Folda, sulla base di considerazioni relative alla genealogia dei cicli illustrativi, è ascrivibile al terzo quarto del Duecento.[10] Considerato che la datazione più probabile per la produzione dell'opera è tra il 1223 e il 1230 (dalla morte di Filippo Augusto a quella di Roger di Lille), l'archetipo illustrato deve datare circa alla metà del secolo. Questo torno di anni corrisponde a un momento cruciale non solo per la storia della tradizione dell'*HAC*, ma in generale per quella dei testi antico-francesi di materia antica: è in questo momento infatti che, in questo settore della produzione libraria, nasce il grande codice illustrato. Questa tipologia di libro con figure non è caratterizzata semplicemente dalla presenza di illustrazioni ma dal loro numero elevato, dalla loro aderenza al testo, dalla loro coerenza (relativa o totale) e dall'esistenza di una progressione narrativa al loro interno.

Che questo sviluppo avvenga negli anni centrali del Duecento è dimostrato dalle vicende che interessano i *romans d'antiquité*, cioè la tipologia testuale che comprende i principali interlocutori e "concorrenti" volgari dell'*HAC*. I dati raccolti da Piero Andrea Martina per quanto riguarda l'evolversi della produzione manoscritta che trasmette i romanzi in ottosillabi mostrano come l'ultimo quarto del XIII secolo costituisca il periodo di maggiore densità delle testimonianze conservate.[11] La storia del genere romanzesco così tracciata conferma il ruolo del secondo XII secolo come periodo fondativo di produzione dei modelli, ma individua nella fine del Duecento un momento, altrettanto cruciale, di vitalità creativa sebbene, per alcuni aspetti, manieristica. È questa l'epoca in cui la produzione francese precedente viene selezionata, riletta (anche tramite l'imitazione) e in molti casi filtrata verso la fortuna successiva – non ultima quella scientifica moderna.[12]

Per quanto riguarda la materia antica, la selezione e la rilettura passano anche attraverso l'elaborazione di cicli illustrativi. Dei nove testimoni del *Roman*

9. B. Kühnel, *The Perception of History in Thirteenth-Century Crusader Art*, in *France and the Holy Land: Frankish Culture at the End of the Crusades*, ed. by D. H. Weiss, L. Mahoney, Baltimore-London, John Hopkins University Press, 2004, pp. 161-186, alle pp. 164-172.

10. J. Folda, *Crusader Manuscript Illumination at Saint-Jean d'Acre, 1275-1291*, Princeton, Princeton University Press, 1976, pp. 95-102, e, per gli studi recenti, Minervini, *Les manuscrits français d'Outremer*, p. 163.

11. Martina, *Il romanzo francese in versi*, pp. 37-47. A questo lavoro faccio riferimento anche per le datazioni dei codici discussi *infra*.

12. Ivi, p. 18: «[Un] ruolo importante è da riconoscersi in Adenet le Roi e Girart d'Amiens, che permettono al romanzo di allungare la propria vita fino alle soglie del Trecento. La seconda metà del XIII secolo, dunque, non appare come un periodo di agonia del romanzo, caratterizzato da testi che sopravvivono a sé stessi e soprattutto agli illustri padri, ma come un periodo che esprime una produzione sì rivolta al passato, ma coscienti di questo, per incontrare un certo gusto (già educato da opere precedenti?) dei lettori».

de Troie databili entro la prima metà del XIII secolo, sei sono decorati ma non sono illustrati: Paris, BnF, fr. 794 (la *copie Guiot*; forse degli anni Trenta); Paris, Bibliothèque de l'Arsenal, 3342 (inizio secolo); Paris, BnF, fr. 2181 (inizio secolo); London, BL, Additional 30863 (inizio secolo); Napoli, Biblioteca Nazionale, XIII. C. 38 (pima metà del secolo), Paris, BnF, fr. 1450 (secondo terzo del secolo; alcune illustrazioni sono presenti in altri testi della raccolta). Il codice di Londra, acefalo, potrebbe aver avuto originariamente una miniatura d'apertura; lo suggeriscono i paralleli stilistici con gli altri testimoni *champenois* nello stile di Manerius.[13] In tre codici, invece, *Troie* presenta delle illustrazioni. Nel codice Paris, Bibliothèque de l'Arsenal, 3340, datato dal copista al giugno 1237, compaiono due *lettrines* a doppio compartimento riempite di figure, umane e non, ornamentali.[14] Il codice Milano, Biblioteca Ambrosiana, D. 55 sup., datato al 1200 circa e di localizzazione ancora molto incerta, contiene diciassette *lettrines* illustrate, talvolta comprendenti ritratti animali e umani, ma sempre decorative e mai narrative.[15] La datazione delle diverse parti che compongono il terzo codice, la raccolta Nottingham, University Library, WLC/LM/6, è stato a lungo controversa. È ora possibile accettare anche dal punto di vista testuale la datazione entro la prima metà del XIII secolo che Alison Stones ha sempre sostenuto sulla base delle miniature.[16] Delle trentatré miniature superstiti che illustrano il romanzo di Benoît de Sainte-Maure, quattro contengono elementi figurativi irrelati al testo e meramente decorativi; le altre sono ritratti stilizzati di personaggi, di fattura stereotipica e povere di dettagli. Marc-René Jung e Alison Stones divergono in parte sull'interpretazione generale di queste illustrazioni: mentre il primo enfatizza il loro carattere generico e il fatto che esse illustrino solo i pochi versi che seguono immediatamente il punto in cui sono collocate, la seconda valorizza la funzionalità di questi semplici ritratti nell'illustrare i personaggi che agiscono nelle varie sezioni del romanzo.[17] In ogni caso, l'illustrazione del codice di Nottingham è sostanzialmente diversa, per *Troie*, dal *mainstream* delle raffigurazioni librarie

13. P. Stirnemann, *Some Champenois Vernacular Manuscripts and the Manerius Style of Illumination*, in *Les Manuscrits de Chrétien de Troyes / The Manuscripts of Chrétien de Troyes*, éd. par K. Busby, T. Nixon, A. Stones, L. Walters, 2 voll., Amsterdam, Rodopi, 1993, I, pp. 195-226, p. 209.

14. Jung, *La légende de Troie*, p. 134.

15. Per la descrizione si veda ivi, pp. 115-116, che elenca il verso sul quale le *lettrines* compaiono, il contenuto figurativo quando presente, e riassume l'episodio introdotto – mai raffigurato – dalle miniature. G. Orobello, *Nuove ipotesi sulla produzione e circolazione del manoscritto ambrosiano del* Roman de Troie *(D 55 sup.)*, in «Carte Romanze», 3 (2015), pp. 189-214, adduce elementi per la localizzazione della produzione di questo codice ad Antiochia. In attesa di approfondimenti, esso non compare nell'ultima sintesi critica sulla produzione manoscritta ultramarina in Minervini, *Les manuscrits français d'Outremer*.

16. Si veda Martina, *Il romanzo francese in versi*, pp. 188-189, e H. Ravenhall, *The Date, Author, and Context of the Roman de Silence: A Reassessment*, in «Medium Ævum», 91 (2022), pp. 70-99, dove viene provata la datazione del *Roman de Silence* (il testo ritenuto più recente tra quelli contenuti nella raccolta e a lungo considerato un prodotto del tardo Duecento) entro il 1206.

17. Jung, *La légende de Troie*, pp. 115-132, e A. Stones, *Two French Manuscripts: WLC/LM/6 and WLC/LM/7*, in *The Wollaton Medieval Manuscripts: Texts, Owners and Readers*, ed. by R. Hannah, T. Turville-Petre, Woodbridge, York Medieval Press - Boydell and Brewer - Centre for Medieval Studies, University of York, 2010, pp. 41-56, alle pp. 49-52.

successive, che trovano il loro soggetto d'elezione nelle battaglie campali, negli assedi e nelle uccisioni. Configura quindi un primo esperimento antico, che se può non essere stato isolato come ci appare oggi, nondimeno è ben distinto dalle evoluzioni successive.[18] Dei venti testimoni di *Troie* databili dalla seconda metà del XIII alla fine del XIV, prodotti in Francia e in Italia, dodici presentano un ricco o ricchissimo corredo illustrativo di tipo narrativo.[19] Per quanto riguarda gli altri *romans d'antiquité*, l'unico codice antico, Firenze, Biblioteca Medicea Laurenziana, Pluteo 41. 44, datato tra la fine del XII e l'inizio del XIII secolo e latore del *Roman d'Eneas*, non è illustrato. L'*Eneas* e il *Roman de Thèbes* sono accompagnati da un corredo illustrativo di tipo narrativo nel solo codice trecentesco Paris, BnF, fr. 60, dove compaiono in trittico con *Troie*.[20] Le varie versioni della vita di Alessandro Magno in francese hanno una storia sincrona: l'unico codice antecedente la metà del Duecento, Paris, Bibliothèque de l'Arsenal, 3472, non è illustrato, mentre tutti gli altri testimoni prodotti dalla seconda metà del secolo in poi, tanto latori di testi in versi quanto in prosa, lo sono sempre riccamente.

In sostanza, almeno per quanto riguarda la materia antica, nella seconda metà del XIII secolo non si assiste solo a un incremento della produzione manoscritta ma anche alla nascita di quella illustrata. *Troie* e *HAC*, per i quali un corredo illustrativo di tipo narrativo era stato elaborato, sembrano essere stati molto più diffusi di testi che ne sono privi, come *Thèbes* ed *Eneas*, e i codici illustrati sono più numerosi di quelli che non lo sono. In questo quadro, è difficile individuare un fattore storicamente e logicamente prioritario: l'interesse di un pubblico ampio per un dato testo può aver determinato l'elaborazione dei cicli illustrativi, ma una volta esistenti essi devono certamente aver contribuito in maniera determinante ad allargare il pubblico dei testi relativi. Quello che è certo, però, è che la presenza di illustrazioni non può che aver costituito un vantaggio cruciale per i testimoni sul piano della conservazione: nate per supportare la fruizione da parte del pubblico contemporaneo, le illustrazioni devono aver reso i codici funzionali anche in epoche e luoghi nei quali la lingua e la scrittura risultavano poco comprensibili. Questo elemento (insieme, ovviamente, al valore economico dei codici illustrati) deve aver agito come importante fattore di distorsione per quanto riguarda non solo la quantità, ma anche la tipologia dei testimoni conservati. In tal

18. Il tipo di decorazione figurata che troviamo nel testimone dell'Ambrosiana e, in parte, di quello di Nottingham è caratteristico anche di due codici italiani trecenteschi, Paris, BnF, fr. 821 e Paris, BnF, n. a. fr. 6774. Questi manoscritti sono anche testimoni parziali dell'*HAC*; sono siglati rispettivamente P12 e P25.

19. Si veda Jung, *La légende de Troie*, pp. 78-306.

20. In questo codice si contano quattordici illustrazioni per il *Roman de Thèbes* e dodici per il *Roman d'Eneas*; per la sua descrizione e il suo contesto di produzione si veda R. H. Rouse, M. A. Rouse, *Manuscripts and Their Makers. Commercial Book Producers in Medieval Paris 1200-1500*, 2 voll., London-Turnhout, Harvey Miller-Brepols, 2000, I, p. 216 e *passim*. Il codice Paris, BnF, che è latore di *Thèbes* ed *Eneas*, contiene una illustrazione introduttiva per ciascuna opera. Nel codice Montpellier, Bibliothèque universitaire, Section médicine, H. 251, che contiene anche una copia del *Roman de Troie* riccamente illustrata, *Eneas* è corredato da una sola illustrazione, in apertura.

caso, quella che possiamo osservare non sarebbe *la* cultura manoscritta francese del secondo Duecento, ma *una* di queste culture – certamente la più elaborata e lussuosa.

L'archetipo illustrato dell'*HAC* e le sue copie antiche devono aver giocato un ruolo di primo piano in questo cambiamento se, come ha sostenuto Rosa Rodríguez Porto rivedendo le ipotesi di Hugo Buchthal e Marc-René Jung, le illustrazioni del codice Paris, BnF, fr. 1610 e delle copie tardoduecentesche del *Roman de Troie* di influenza parigina derivano da quelle dell'*HAC* (direttamente, o mediante un archetipo figurativo comune elaborato a partire dall'*HAC*).[21] Nel *Bestiaire d'Amour* di Richard de Fournival, un testo basato sull'interazione tra parola e immagine redatto prima del 1252, compare un riferimento a cicli di illustrazione di materia troiana che è diventato un luogo comune negli studi sul tema: «car quant on voit painte une estoire, ou de Troies ou d'autre, on voit les fais des preudommes ki cha en ariere furent, ausi com s'il fussent present».[22] Richard – la cui opera è, insieme al *Roman de la Rose* di Jean de Meun, una pietra miliare nello sviluppo della testualità organica alle immagini – scrive negli anni in cui si stava elaborando la narrativa visuale di materia antica. Egli era un membro attivo delle chiese del Nord: dal 1239 era canonico ad Amiens, e cancelliere nella stessa sede dal 1246. Quanto Richard dice nel prologo del suo bestiario circa la funzione di parola e immagine come strumento di conoscenza e accesso alla memoria è un commento non solo a elementi di teoria gnoseologica trasmessi da una lunga tradizione di matrice filosofica, ma anche a operazioni culturali che stavano avendo luogo in quegli anni e in contesti a lui accessibili.[23]

2.2. *Le rubriche I: i "figli di Noè", o l'archetipo incompreso*

Come le immagini, anche le rubriche dell'*HAC* sono presenti in tutta la tradizione. A dispetto di variazioni episodiche che possono essere anche importanti, esse sono sempre comparabili per numero, dettato e posizione; derivano quindi con ogni probabilità da un modello comune. Nulla garantisce che siano autoriali; anzi, esistono indizi che inducono a pensare che esse siano il frutto di un'operazione editoriale condotta su un modello all'altezza dell'archetipo.

21. R. Rodríguez Porto, *Beyond the Two Doors of Memory: Intertextualities and Intervisualities in Thirteenth-Century Illuminated Manuscripts of the* Roman de Troie *and the* Histoire ancienne, in *Memory and Commemoration in Medieval Culture*, ed. by E. Brenner, M. Cohen, M. Franklin-Brown, Farnham, Ashgate, 2013, pp. 66-76.

22. *Li bestiaires d'amours* di Maistre Richart de Fornival e *Li response du bestiaire*, a cura di C. Segre, Milano-Napoli, Ricciardi, 1954, § 7, 4-6. Per il *terminus ad quem*, la citazione del Bestiaire nel *Miroir de Dames* dedicato a Bianca di Castiglia, si veda ivi, p. XXII, n. 6.

23. Sul ruolo pionieristico degli illustratori di testi di materia storica nello sviluppo di cicli illustrativi narrativi e in dialogo con il testo si veda E. Morrison, *From Sacred to Secular: The Origins of History Illumination in France*, in *Imagining the Past in France: History in Manuscript Painting 1250-1500*, ed. by E. Morrison, A. D. Hedeman, Los Angeles, Getty Publications, 2010, pp. 9-25.

Le rubriche offrono spesso un riassunto del paragrafo che non ne rappresenta pienamente il contenuto; come spesso accade nelle titolazioni apposte da copisti-editori nei codici medievali, esse sono tratte dalle poche parole o righe iniziali del testo che introducono. In un caso, una rubrica di questo genere ha contribuito a creare una variante importante nell'ordine di due paragrafi, che distingue la tradizione di Acri dalla prima tradizione.[24] La variante in questione interessa i §§ 73-75, che in P, V1, Ph, e Re – cioè nei testimoni della versione lunga della prima tradizione – corrispondono al testo che segue:

> 73. *Or comencerai des Ebrius a dire et de lor lignee ·lxx·* Ore lairons des fiz Noé ester, que n'en ferons plus mention ores. Si dirons des Ebrius et de ceaus qui en lor tans regnerent et coment li regne comencierent ou secunt eage dou siecle.
>
> 74. *Quans ans Sem li fis Noé vesqui puis le dolovie ·lxxi·* Sem li fiz Noé vesqui puis le doloive ·v·c· ans. Arphaxath li fiz Sem vesqui ·cccc· ans et ·xxxix·. Sala li fiz Arphaxath vesqui ·cccc· ans et ·xxxiiii·. Heber li fiz Sala vesqui ·cccc· ans et ·xxiiii·. Falech li fiz Heber vesqui ·cc· ans et ·xxix·. Reu li fiz Phalec vesqui ·cc· ans et ·xxxix·. Seruth li fiz Reu vesqui ·cc· ans et ·xxx·. Nachor fiz de Seruth vesqui ·cc· ans et ·l·viii·. Taré li fiz Nachor vesqui ·cc· et ·v·. Cis fu pere Abraham qui le loi Deu ama et tint, si com vos porrés avant oïr et entendre.
>
> 75. *Coment li premier temples fu fais ou imagenes furent aorees selonc le loi paiene ·lxxii·* Ou tans Reu le fiz Phalec furent premierement temple comencié et fait. Si aoroient les gens, ce sunt cil qui nule loi ne tenoient ne Deu ne conoissoient ne sa puissance, les princes qui de sur eaus estoient et si estoit en eaus lor creance. Et ne cuidés mie que ce fust par tot le monde, mes en aucunes contrees qui encor avant vos seront meaus esclairies. Ou tans Heber le pere Phalech fu la Tors de Babel ovree et faite. Et ou tans Phalec furent les terres parties et sevrees par la confusion des languages. Ou tans Seruch le fill Reu ot il premierement roi en Scithe, Thanaus ot a non. Cis fu premierement rois et furent desous lui tuit a son comandament cil dou roiaume. Ou tans Nachor le fiz Seruch comenca premierement le regnes d'Egypte, si com on dit et conte. Zoés en ot a non li rois qui premerains en ot la poesté et la segnorie. Ou tans Thare le fill Nachor pristrent comencemens des roiaumes la contree de Syche et la terre d'Asire. Egialus regna en Syche, et aprés lui en tint Europs le regne si com il fu droiture. Belis fu premierement rois des Assirieins et governa le roiaume. Et aprés lui en tint Ninus ses fiz la corone et la segnorie.

In β l'ordine dei paragrafi è uguale a quello di P, Ph e Re, ma il § 73 è privo di rubrica ed è fuso con il paragrafo precedente.[25] Nella tradizione di Acri i §§ 73

24. In M. T. Rachetta, *Sull'*Histoire ancienne jusqu'à César*: le origini della versione abbreviata; il codice Wien ÖNB cod. 2576. Per la storia di una tradizione*, in «Francigena», 5 (2019), pp. 27-57, pp. 37-40, ho valutato questa *varia lectio* in modo più superficiale e considerato erronea la lezione di P, Ph, Re e β. La rivalutazione di questo luogo (che da errore congiuntivo e separativo a carico della prima tradizione diventa innovazione localizzata nell'archetipo della tradizione di Acri) non inficia la ricostruzione complessiva, perché entrambi i rami rimangono dimostrati dagli errori individuati da Zinelli.

25. P (19r), V1 (12v), Re (17v), Ph (17r); per β: H (9r), Li (10v), Ch (8v), L5 (13r). La numerazione dei paragrafi segue quella dell'edizione di P in TVOF; in CJ, p. 23, è adottato l'ordine della tradizione di Acri.

e 74 sono copiati nell'ordine inverso; il § 73 non ha una sua rubrica ed è fuso con il § 75, la cui rubrica funge da introduzione per entrambi.[26]

La lezione della tradizione di Acri appare più fluida e soprattutto coerente rispetto a quella della prima tradizione: l'annuncio della transizione dalla storia dei figli di Noè a quella degli ebrei e dei regni loro contemporanei (cioè alla storia pagana), che è il contenuto del § 73 («Ore lairons des fiz Noé ester, que n'en ferons plus mention ores»), si trova dopo il § 74, dove si parla di Sem («Sem li fiz Noé vesqui puis le doloive ·v·c· ans»). In questo modo Sem e la sua discendenza sono menzionati, in maniera apparentemente più logica, prima della transizione e come ultima sezione dell'enumerazione dei figli di Noè e della loro discendenza. Il riferimento ai lignaggi nella rubrica del § 73, che sembra rimandare ai contenuti del § 74, è un elemento di minor peso nel valutare la coerenza delle due versioni: il dettato delle rubriche, quando è soggetto a varianza, mostra – come sarebbe prevedibile anche solo in teoria – che esse sono riscritte sulla base dei contenuti del testo; la rubrica di P, Ph, Re, e β potrebbe quindi essere stata redatta dopo un'eventuale inversione dei paragrafi. Dal punto di vista dell'aderenza o meno al sistema cronologico antico, il § 75, che contiene i primi riferimenti alla cultura pagana e la menzione di Nino, segna l'inizio del racconto della seconda età del mondo. La genealogia del § 74, terminando con Abramo, è tutta interna alla prima età, e quindi la sua collocazione prima della transizione risulterebbe più soddisfacente anche per quel che riguarda la coerenza con il sapere cronografico. Se si considera il problema da un punto di vista strutturale, però, l'ipotesi della genuinità della lezione della prima tradizione è supportata dal fatto che nel § 74 è ripercorsa una genealogia connettiva, che colma la distanza cronologica tra Noè e Abramo, e quindi tra il diluvio e l'inizio della seconda età del mondo, quella dei primi imperi e delle guerre; come abbiamo visto nel caso delle sezioni V, VII, e IX, nell'*HAC* questo tipo di genealogie solitamente aprono, non chiudono una sezione. Se questa tecnica di compilazione è stata utilizzata anche qui, in una partizione inferiore alla sezione, la lezione della prima tradizione potrebbe essere corretta.

Un esame più approfondito mostra come la sequenza costituita dai §§ 68-75 sia il frutto di un atto compilativo complesso. Il § 73 è basato su una transizione tra materie diverse che si trova già nello *Josephus latinus*, e che recita: «Haec itaque de filiis Sem dicta sufficiat. Faciam vero de Hebreis quoque sermone» (I, VI.iv.147-VI.v.148). Nel testo latino questa transizione divide in due parti la genealogia da Sem ad Abramo: prima di essa troviamo l'elenco dei capostipiti dei popoli semiti fino a Peleg, figlio di Eber. La discendenza di Peleg a partire dal figlio Reu trova posto dopo la transizione, e sono costoro che portano il nome di ebrei. L'autore dell'*HAC* ha sostituito la genealogia discontinua di Flavio Giuseppe con quella continua di Genesi 11, 26, che costituisce la fonte del § 74. Il confronto con lo *Josephus latinus*, dove la transizione cade a metà della genealogia, non ci permette dunque di stabilire se nell'originale dell'*HAC* questo paragrafo era collocato prima o dopo la transizione.

26. P10 (20v), Pa (15r), B (32r), D (14r), L (15v), P3 (17r).

L'identificazione degli ebrei con la discendenza di Eber era stata data da Flavio Giuseppe in un passo di poco precedente alla transizione: «[...] Heber, a quo Iudaeos Hebreos initio vocaverunt. Eber autem Iectam genuit et Phalech» (VI. iv.146). L'autore dell'*HAC* lo traduce:

> De cestui Heber issirent li Hebriu dont tres grande fu la lignee. Puis furent il Juif apelé, segnor, qui furent de mout grande puissance. Et bien orrés com Deus les ama plus qu'autres gens ains que l'estorie faille. Heber ot ·ii· fiz, Phaleth et Jectan; ce conte l'escriture (§ 68.9-10)

e aggiunge, proseguendo subito dopo e innovando rispetto alla fonte:

> Jectan ot ·xiii· fiz qui mout de terre puplerent. Lor nons ne taist mie l'escriture ne je ne les veill ne ne doi mie taire, encor seit ce chouse qu'il en anuient as plusors a oïr por l'aversité ancieine. Mes por la segnorie d'eaus et por la hautece et por les terres qu'il tindrent et puplerent en fait on mention et memoire. (§ 68.11)[27]

Questo segmento testuale annuncia il § 69, che traducendo lo *Josephus latinus* elenca i discendenti di Joctan, abitatori dell'India e della Siria.[28] I §§ 70-71, tratti dalle *Etymologiae* di Isidoro di Siviglia, sono una serie compatta che dà notizia dei fiumi presso i quali i discendenti dei tre figli di Noè si stanziarono e quante lingue parlarono: per Sem, l'Eufrate e venticinque lingue (§ 70); per Cam, il Nilo e ventiquattro lingue (§ 71); per Jafet, il Tigri e ventitré lingue (§ 71). L'autore dell'*HAC* segue quindi fedelmente lo *Josephus latinus* fino al § 69, salvo poi ampliare notevolmente il panorama ritornando ai figli di Noè e fornendo i numeri della differenziazione e dispersione della loro discendenza.

È a questo punto che, preceduto o seguito dalla genealogia che giunge ad Abramo, compare nell'originale dell'*HAC* il § 73. Traducendo lo *Josephus latinus*, l'autore converte i «filiis Sem» nei «fiz Noé». Nel testo di Flavio Giuseppe il senso de 'i figli di Sem' è chiaro: è una locuzione che non indica solo coloro che furono generati da Sem, ma tutti i semiti tranne i figli di Peleg e i loro discendenti, cioè gli ebrei. Se l'autore dell'*HAC* ha compreso questo uso e lo ha ricalcato, i 'figli di Noè' deve indicare, altrettanto collettivamente e secondo una logica residuale, non Sem, Cam e Jafet, ma 'tutti i discendenti di Noè, cioè tutti i popoli del mondo – eccetto gli ebrei'. Secondo questa interpretazione l'ordine dei paragrafi di P, Ph, Re e β non sarebbe illogico, perché Sem compare al § 74 nella sua qualità di ascendente di Abramo, non in una trattazione della storia dei popoli postdiluviani. Nell'*HAC* l'opposizione tra 'i figli di Noè' e gli ebrei corrisponderebbe anche – e forse prima

27. Il sintagma «l'aversité ancieine», deve essere inteso nel senso di 'la repulsione antica' (TL, 'Widerwärtigkeit'). È la lezione di P, Ph, P10 e Pa. La *varia lectio* presenta varianti, probabilmente all'origine indipendenti ma plausibili, che sembrano *faciliores* perché attribuiscono il fastidio degli ascoltatori a un fattore oggettivo quale 'la diversità' o 'la perversità': «la diverse ancienneté» in β e L; «la diverseté anciene» in B, D, P3 e Re. Entrambe le lezioni possono però risalire all'archetipo. V1 presenta una variante corrotta della lezione di P, Ph, P10 e Pa: «la verité anciene».

28. Il § 69 è indipendente e rubricato solo in P, Ph e Re, dove però la rubrica («De Heber et des fiz qui de ces fiz issirent ·lx·vi·») spezza in due un periodo sintatticamente coeso. È possibile sia che questa rubrica corrisponda a un'innovazione del modello comune ai tre codici, sia che il resto della tradizione l'abbia eliminata.

di tutto – a una transizione tra due discorsi e sistemi storici diversi: la prima designazione indicherebbe gli uomini i cui nomi e vicende sono trasmessi dell'erudizione antica, la seconda quelli le cui notizie giungono dalla Bibbia. In questa ottica, il posto naturale del § 74 sarebbe dopo il § 73, dove lo troviamo in P, Ph, Re e β.

Che il testo di P, Ph, Re e β dia una *lectio difficilior* mi sembra, a questo punto, fuori dubbio; per valutare però la probabilità che questa lezione sia originale, e non un errore riabilitato abusivamente da un eccesso di interpretazione, bisogna valutare le eventualità possibili sia nello scenario in cui a innovare sia stata la tradizione di Acri, sia che invece sia stata la prima tradizione. In entrambi i casi, il primo a non comprendere il significato strutturale del § 74 è il responsabile della rubrica corrispondente, che è trasmessa unanimemente da tutti i testimoni e che, con il suo riferimento esclusivo a Sem, riassume male il paragrafo ovunque lo si collochi. Questa rubrica può aver innescato la reazione – cioè l'inversione di paragrafi – da parte di un revisore responsabile del modello della tradizione di Acri. La genesi di un'eventuale inversione operata da un modello comune a P, Ph, Re e β non può essere spiegata come una banalizzazione e, soprattutto, implica una ricostruzione dell'archetipo incoerente con i dati complessivi di cui disponiamo. L'unica possibile strada per esplorare questa ipotesi è immaginare che l'archetipo desse adito a dubbio su dove collocare il § 74 rispetto al § 73. Dal momento che il capitolo § 74 è, a tutti gli effetti, un passaggio di raccordo cronologico composto ricorrendo a una fonte che in questo contesto ha un ruolo suppletivo, cioè la Genesi biblica, si potrebbe ipotizzare che esso comparisse in un archetipo con tracce di stratificazioni redazionali come aggiunta marginale in una posizione incerta nei pressi del § 73, e che due rami diversi della tradizione lo abbiano collocato diversamente (una prima del § 73, l'altra dopo) generando una situazione di diffrazione. Dato però che il § 74 è indubbiamente autoriale, questo archetipo dovrebbe coincidere con l'originale. In tal caso, all'archetipo/originale dovrebbero risalire sia il lessico piccardo che quello mediterraneo: si tratterebbe di un oggetto la cui conformazione non è supportata da nessun altro elemento.[29] Che questa ricostruzione sia impossibile è provato dall'incongruità della rubrica al § 74 stesso: se, come mi sembra, questa rubrica non può essere autoriale, essa non può comparire in un originale-archetipo. Dal momento che è unanimemente attestata in tutti i settori della tradizione essa deve risalire almeno all'archetipo. Per l'*HAC*, un archetipo che contenesse sia le rubriche che questa eventuale variante redazionale d'autore sarebbe internamente contradditorio. Di conseguenza, la spiegazione più probabile è che la lezione autentica tra quelle che abbiamo discusso qui deve essere quella, *difficilior*, della prima tradizione, e che la tradizione di Acri abbia innovato banalizzando.[30]

29. La presenza di regionalismi lessicali piccardi nelle rubriche conservati in P suggerisce di collocare la loro aggiunta all'altezza di un interposito tra originale e archetipo prodotto nel Nord della Francia: si tratta di *taion* a § 653, della grafia *garandise* con -d- a § 1161, e di *effoudres* a § 877 (per l'individuazione e il commento dei regionalismi si veda Zinelli, *Traditions manuscrites d'Outremer*, p. 90).

30. In questo quadro, la presenza di una lezione più aderente alle fonti latine nel dettato a § 75.2 nella tradizione di Acri deve essere interpretato come il frutto di una revisione: dove la prima

2.3. *Le rubriche II: unicità e resistenza dell'archetipo*

Nella rubricatura della sezione I (*Genèse*) si riscontra un errore di archetipo che, a gradi diversi, si riverbera in pressoché tutta la tradizione antica. Insieme agli altri errori individuati da Fabio Zinelli, contribuisce a stabilire che la copia che ha originato la tradizione era solo una: un fatto non scontato per un testo che è stato oggetto di interventi redazionali importanti in epoca pre-documentaria. La resistenza di questo errore consente anche di mettere a fuoco l'atteggiamento di settori specifici della tradizione nei confronti di asperità anche evidenti dell'archetipo.

L'errore in questione riguarda le rubriche dei §§ 55-57 e si accompagna a delle lezioni insoddisfacenti in quelle dei §§ 61 e 62. La lezione dell'archetipo per tutta la sequenza è trasmessa dal solo P (15v):

> § 55. *Quels terres Gomer estora li fiz Japhet ·liii·*
> Japhet li mainsnés fiz Noé si ot ·vii· fiz que je vos ai només ariere. Cist porpristrent a totes lor grans generations les regions et les contrees si com elles comencent tres la haute montaigne de la Tor et le grande montaigne qui Aman est apelee en la terre d'Aufriqua si com ele define, et tote la terre d'Asie dusques au flum de Thanai, et la terre de Gazire, qui est en la partie d'Europe que nos apelomes l'une des trois parties dou monde, car encor quant li fill Japhet i vindrent n'i avoit habité ni regné nulle creature humane. Cist mistrent nons as regions diverses et as pueples dont il les puplerent auques selonc lor nons et en divers languages.
>
> § 56. *Quels gens Magoth estora ·liiii·*
> Gomier li ainsniez fiz Japhet estora les Gomariquens en la terre de Gazire, qu'il ot en sa partie eslite. Puis changierent les nons de cele contree et si l'apelerent Galacie, et Galacieins le pueple. Ensi fu li nons changiés et remués de cele contree.
>
> § 57. [nessuna rubrica]
> Magoth li autre fiz Japhet apela ceaus qui de lui issirent Magogieins en son language. Et bien sachés que de ces issi tres grans lignee et cruouse, si com vos orrez ains que l'estoire faille. Li regions ou cist s'atraverent et traisent nomerent li Grizois Schite, et les pueples Schitieins qui i habiterent.
>
> § 58. *Quels gens Madeus estora ·lv·*
> Madeus li fiz Japheth estora les Madieins, et li Griu mistrent non lor contree Mede et Medieins nomerent le pueple. Janus li fiz Japhet estora les Joniens et les Elladieins. Bones gens sunt en lor contrees, ardies et segures. Jobel li fiz Japheth, qui mout fu vaillans et sages, ot feme de sa lignee, dont il issirent li Joblieins que li Griu

tradizione legge «Ou tans Heber le pere Phalech fu la Tors de Babel ovree et faite», la tradizione di Acri legge (qui nella grafia di P10): «El tens Heber li peres Falés qi fu comencement des ebrieus fu la tor de Babel ovree et faite», da confrontare con Isidoro di Siviglia, nelle *Etymologiae* (V, XXIX, 5-6: «Sala annorum CXXX genuit Heber, a quo Hebraei», in *Isidori Hispalensis episcopi Etymologiarum*, ed. Lindsay) e nella *Chronica* (2, 21: «Sala annorum CXXX genuit Heber, a quo Hebrei noncupati sunt», in *Isidori Hispalensis Chronica*, ed. J. C. Martin, Turnhout, Brepols, 2003). Un revisore esperto di storia biblica poteva operare questa interpolazione anche senza ricorrere alla collazione del testo latino. Questa aggiunta serve a chiarire lo svolgimento delle genealogie; dal punto di vista dei fini, sembra coerente con le rubriche aggiunte dal redattore di Acri nel § 58 e che esamineremo nel prossimo paragrafo.

Hiberiens apelerent. Or sunt Espaignol dit en nos language et la contree apelee Espaigne.

§ 59. *Quels terres Mosochins estora ·lvi·*
Mosochim li fiz Japhet engendra les Mososieins, que li Griu Capadociens apelerent, et la contree Capadocie. Et ancor a en la region une cité qui de l'ancien pueple detient le non, ce dient les escritures, car elle est Mosa dusques a ores encor par non apelee. Et par ce puet on savoir et entendre la raison que ensi en furent les gens sa en ariere apelees et nomees.

§ 60. *Quels terres Phiras estora ·lvii·*
Phiras li fiz Japhet apela ceaus qui de lui issirent Tirensieins, et la contree Tirense. Mes li Griu en remuerent le non et si nomerent la region Trace, qui mout est terre large et grans et lee. Segnors, tant de regnes et de contrees, com je vos ai dit, furent des fiz Japheth habitees et puplees.

§ 61. *Quels terres et quels gens Gomer estora ·lvii·*
Gomer li fiz Japhet ot ·iii· fiz dont il issirent grans gens et grans lignees. Li uns ot nom Ascheneas, dont li Aschenesien issirent et vindrent. Ensi furent il apelé quant il puplerent la contree; or sunt nomé Regenien par la muance dou non que li Griu lor firent. Riphat ot non li secuns fiz Gomer, qui fu fiz Japhet; de cestui isci une grans lignee et mout merveillous pueples. Rifeien furent primes apelé por le nom de lor ancestre, mes ore sunt Pafaglonien nomé en nos plus usé language. Hardie gent sunt et vaillant et preu de lor cors en bataille. Et bien sachez que mout sevent de chevaus et d'armes car il sunt voisin as Amazonienes, c'est as damoiseles qui d'Amazone tienent le regne et govervent. Tygran ot a non li tiers fiz Gomer. Cis fu mout vaillans et mout sages. De cestui issi grans esnations de gens hardie et seguraine, si com vos porrés bien oïr et entendre ains que l'estorie faille por quoi l'uevre vos en soit veraiement tote dite et contee. De Tygran issirent li Tigreien. Segnors, puis furent il apelé Frigien quant lor non changerent. Et puis aprés orent il a non Troien car li Griu lor nons lor remuerent par un roi qui fu en lor lignee, Tros fu només. Mout fu vaillans et mout sages. De cestui roi Tros fu Troie dite premierement et nomee, et Troien en furent les lignees apelees. Tuit cist que je vos ai dit et totes les grans lignees que puis en sunt venues issirent premeirement des trois fiz Gomer le fiz Japhet, dont je vos ai conté ariere.

§ 62. *Quels terres Janus fiz Japheth estora ·lviii·*
Janus li fiz Japheth ot ·iii· fiz dont grans gens sunt issues, si com l'estoire raconte. Helisas ot non le premiers, et Tharsis li autres, et Cethim apelerent le tiers cil qui le nom li mirent. De Helisas le premier issirent li Helisiem, por ce qu'il en fu comencemens et sires. Or sunt li Eoliem clamé; ensi a pris li premerains nons sa muance. Tarsis li autres se herberga en une autre contree qui de son non fu Tarse apelee, et Tharsiein en orent a non li pueple. Mes ores a a non cele regions Celicie et Ciliciein en sunt les gens apelees. Cethim li tiers se herberga en mer en une isle bele et ample et large. Il et sa lignee cele terre en cele mer Cethiman apelerent, mes puis li fu cis nons remués et si ot a non Cypre la contree qui encore est ensi apelee. Or vos ai tant dit de Japheth et de ceaus qui de lui issirent. Ne plus ne vos en quier parler ore, ains vos dirai de Cham et de Sem qui furent si frere si com vos avez bien oï et entendu ariere.

I §§ 55-60 corrispondono ai capitoli VI.i.122-125 dello *Josephus latinus* e contengono l'enumerazione delle terre abitate dai nipoti di Noè. I §§ 61 e 62, che traducono i capitoli VI.i.126-127 della stessa opera, sono dedicati dell'ulteriore dispersione geografica delle stirpi per opera dei figli di costoro. Nell'*HAC* l'enumerazione genealogico-etnografico è distribuita come segue:

§ 55. dispersione geografica dei figli di Jafet in generale;
§ 56. stanziamento di Gomer, primo figlio di Jafet, e origine dei Galati
§ 57. da Magog, secondo figlio di Jafet, originano gli Sciti
§ 58. da Madai, Javan e Tubal, figli di Jafet, originano rispettivamente Medi, Joni e Iberi
§ 59. da Meshech, figlio di Jafet, originano i Cappadoci
§ 60. da Tiras, figlio di Jafet, originano i Traci
§ 61. dispersione ulteriore dei figli di Gomer
§ 62. dispersione ulteriore dei figli di Javan

L'errore che concerne le rubriche dei §§ 55-57 si è prodotto per lo slittamento all'indietro di una posizione delle rubriche dei §§ 56 e 57, che vengono a introdurre rispettivamente i §§ 55 e 56. Il copista responsabile dell'errore si è avveduto di esso all'altezza del § 57, che ha lasciato privo di rubrica. In P è presente una particolare numerazione in cifre romane delle rubriche. Tale numerazione procede continua dopo la lacuna. Questo indica che essa è innovativa rispetto al modello e che è stata aggiunta dal copista dopo che egli ha riprodotto la lacuna nella rubricatura che era già nel suo antecedente. Le rubriche del § 61 e del § 62, che menzionano Gomer e Javan come fondatori anziché i loro figli, sono incongrue rispetto all'organizzazione dei paragrafi. La prima replica, nella sostanza, quella del § 55; la seconda sembra introdurre le informazioni relative allo stanziamento di Javan (il cui nome è trasmesso in tutta la tradizione dell'*HAC* nella forma corrotta *Janus*), ma queste sono in realtà collocate al § 58, insieme a quelle che concernono anche Madai e Tubal (quest'ultimo nome è corrotto in *Jobel* in tutta la tradizione). Queste rubriche non sono necessariamente frutto di un guasto, ma possono corrispondere alla lezione prodotta da un rubricatore che lavora meccanicamente sulla base degli *incipit* dei paragrafi, senza avere una visione d'insieme del progredire dell'esposizione. La rubrica del § 58, che menziona solo Madai mentre il paragrafo contiene informazioni anche su Javan e Tubal, dà luogo a una partizione incongrua rispetto ai contenuti. Ecco quindi una sintesi della lezione di P e dell'archetipo:

§ 55. *Quels terres Gomer estora li fiz Japhet* – errore
§ 56. *Quels gens Magoth estora* – errore
§ 57. nessuna rubrica – errore
§ 58. *Quels gens Madeus estora* – lezione incongrua rispetto ai contenuti del paragrafo
§ 59. *Quels terres Mosochins estora*
§ 60. *Quels terres Phiras estora*
§ 61. *Quels terres et quels gens Gomer estora* – lezione incongrua rispetto ai contenuti del paragrafo
§ 62. *Quels terres Janus fiz Japheth estora* – lezione incongrua rispetto ai contenuti del paragrafo

Nei codici della prima tradizione che trasmettono la versione lunga troviamo le prime revisioni della rubricatura:

V1 (11r)
§§ 55-60. mancano – una lacuna non materiale interessa i §§53-60
§ 61. *Quel gens issirent de Gomer le fis Japhet*
§ 62. *Quel tere li fis Jafet Janus estora*

Ph (14r), Re (14v)
§ 55. *Queles terres Gomer le filz Japhet estora* [var. *repara* in Re]
§ 56. *Quelles gens Gomer estora* [var. *engendra et nomma* in Re]
§ 57. *Quelles gens Magoth estora* [var. *engendra et nomma* in Re]
§ 58. *Quelles gens Madeus estora* [var. *nomma* in Re]
§ 59. *Quelles gens Mosochim estora* [var. *Quelz terres Mosochin habita etrepara* in Re]
§ 60. *Quelles terres Phiras estora* [var. *repara et restora* in Re]
§ 61. *Quelles terres et quelx gens Gomer estora* [var. *engendra et habita* in Re]
§ 62. *Quelles terres Janus le fils Japhet estora* [var. *habita* in Re]

La lezione di V1, che trasmette solo i §§ 61 e 62, attesta una correzione operata su un suo modello esente dalla lacuna ai §§ 53-60, il cui copista deve aver notato l'identità di contenuti tra la rubrica del § 55 e quella del § 61 e ha corretto la prima ispirandosi all'*incipit* del paragrafo relativo. Il problema alla rubrica del § 62 gli è invece sfuggito, e quindi la sua copia ha trasmesso la lezione insoddisfacente. Ph e Re discendono da un antigrafo comune la cui lezione è conservata meglio in Ph. Questa tradizione dipende da un modello che ha notato l'errore ai §§ 55-57 all'altezza del secondo della serie e ha quindi ricollocato correttamente al § 57 la rubrica che nel suo modello introduceva il § 56 e ne ha composta una adeguata per il § 56. Non ha notato invece l'incongruità ai §§ 61 e 62, le cui rubriche sono rimaste intatte. Il copista di Re si è accorto dell'identità di contenuti tra le rubriche dei §§ 55 e 56 nella lezione testimoniata da Ph e le ha distinte introducendo delle innovazioni che le rendono più analitiche: le terre vengono 'abitate' (*reparer*, singolarmente in forma transitiva), i popoli 'generati e denominati' (*engendrer* e *nommer*). Queste riscritture generano, a cascata, le varianti che interessano le rubriche successive, nelle quali le forme di *estorer* sono costantemente modificate per accordarsi all'oggetto.

Anche nei codici della tradizione di Acri queste rubriche sono sottoposte a revisione. Ecco la sintesi della *varia lectio* in questione:

P10 (17r), Pa (12v)
§ 55. *Qel terres Gomer li fis Japhet estora* [var. *Gomer estora* in Pa]
§ 56. *Qel gens estora Gomer*
§ 57. *Qel gent Magoth estora*
§ 58. *Qel gent Madeus estora*
Qel gens Janus estora
Qel gent Jobel estora
§ 59. *Qel terre Mosoquin estora*
§ 60. *Qel gens et qel terre Phuras estora* [var. *estora Thuras* in Pa]
§ 61. *Qel terre et qel gens Gomer et si fil estorerent*
§ 62. *Qel terre et qel gens Janus et si fis estorerent* [var. *Janus li fis Japhet* in Pa]

B (29v), D (11r), P3 (13v), L (13r)
§ 55. *Quels terres les enfans Jafet et leur lignee estorerent* [var. *les filz Japhet estorerent* in P3]
§ 56. *Quel gent estora Gomer* [var. *Gomer estora* in L]
§ 57. *Quel gent estora Magoth* [var. *Magot estora* in L]
§ 58. *Ques gens Madeus estora*
Ques gens Janus estora [manca in L]
Quels gens Jobel estora [manca in L]
§ 59. *Quels gens et quel terre Mosoquin estora* [var. *Quelz gens Mosoquim* in P3 e L]
§ 60. *Ques gens et quel terre Phiras estora* [var. *Quel genz Phiras* in L]
§ 61. *Quel gens et ques terres Gomer estora* [var. *Quels gens Gomer* in P3; *Quels terres et quel genz li fiz Gomer estorerent* in L]
§ 62. *Ques gens et quels terres les fiz Janus estorerent*

In tutti i testimoni di questa tradizione il § 58 è diviso in tre paragrafi brevi, ciascuno rubricato e dedicato rispettivamente a Madai, Javan e Tubal; fa eccezione il solo L, che è un codice che tende ad abbreviare il dettato, è solito sopprimere rubriche – probabilmente anche per ragioni di equilibrio nella costruzione della pagina – e, come vedremo presto, è contaminato con una copia della versione abbreviata, in cui questa partizione non compariva. È possibile che questa divisione fosse nell'archetipo, ma il fatto che non sia trasmessa in P – tanto conservativo da riprodurre anche le lacune nella rubricatura – fa propendere per l'ipotesi che si tratti di una innovazione del subarchetipo della tradizione di Acri, rettificata da L. Per quanto riguarda la rubrica al § 55, P10 e Pa trasmettono ancora l'errore di archetipo, mentre B, D, P3 e L recano una lezione corretta. La rubrica del § 56 è modificata in tutti i codici per essere aderente al contenuto del paragrafo. Allo stesso modo, tutti i codici introducono una rubrica corretta per il § 57. Tutti i testimoni di questa tradizione trasmettono inoltre una lezione congrua per la rubrica del § 62, mentre per quella del § 61 la versione migliore è propria dei soli Pa, P10 e L. L'unico codice della tradizione di Acri a recare sempre rubriche corrette e congrue è L, che però non trasmette la miglioria strutturale costituita dalla partizione del § 58. Gli interventi migliorativi e correttivi che interessano questa tradizione sono quindi sei: la correzione della rubrica al § 56, l'introduzione di una rubrica adeguata al § 57, la partizione del § 58, la revisione della rubrica al § 62, la correzione della rubrica al § 55, e la revisione di quella al § 61. Di queste, le prime quattro sembrano aver avuto luogo nel modello comune a tutta la tradizione, la quinta nel modello comune ai soli B, D, L e P3, la sesta – forse – indipendentemente nel modello di Pa e P10 e in L.

Il trattamento delle stesse rubriche nella versione abbreviata mostra come, anche in questo caso, l'errore d'archetipo fosse arrivato intatto alla tradizione antica. Ecco la lezione dei testimoni antichi prodotti nella Francia del Nord e di due codici italiani, Ch e Ve, che recano la stessa versione:

Ch (7v), H (7v), Li (8v), L5 (11v), Ve (17r), P18 (7r)
§ 55. *Queles terres Gomer estora li fix Japhet*
§ 56. *Quiex genz Magoth estora* [var. *Gomer estora* in H, Li e P18] – il paragrafo manca in L5; in Ve, l'incipit «Gomier li ainsniez fiz Japhet estora les Gomariquens» è modificato in «Magoth li ainznez filz Japhet establi les Gomariens»

§ 57. *Que Magot apela ceus qui issirent de lui Magociens* [var: *Quiex genz Magoth estora* in L5]
§ 58. *Quiex genz Medeus estora*
§ 59. *Quiex terres Mosophins estora*
§ 60. *Quiex terres Phiras estora*
§ 61. *Quiex terres et quiex genz Goumer estora*
§ 62. *Quiex terres Janus ie filz Japhet estora*[31]

In questo gruppo la lezione più conservativa – cioè meno toccata da riscritture – è quella, corrotta, di L5: l'errore d'archetipo alla rubrica del § 55 è riprodotto, il § 56 viene soppresso (probabilmente a seguito del rilevamento da parte del copista della discrepanza tra la rubrica e il contenuto del paragrafo), mentre l'errore al § 57 è sanato mediante la riattribuzione della rubrica corretta. Ch e Ve trasmettono l'errore d'archetipo ai §§ 55 e 56 ma introducono una nuova rubrica, innovativa, per il §57. H, Li e P18 conservano l'errore di archetipo al § 55, una riscrittura migliorativa ma insoddisfacente al § 56 (perché equivalente alla rubrica del paragrafo precedente) e la stessa rubrica innovativa di Ch e Ve al § 57. Le rubriche ai §§ 61 e 62 non subiscono innovazione. Anche in questo gruppo di codici assistiamo a un lavorio correttorio diffuso, anche se meno intenso, sistematico e "invasivo" rispetto a quello della tradizione di Acri. Questi codici, che sono latori della versione abbreviata, trasmettono versioni del testo revisionate con un approccio più meccanico rispetto a quelli della tradizione di Acri: qui non abbiamo a che fare con revisioni condotte con intento migliorativo e competenza – inferiore a quella dell'autore, ma considerevole – bensì con riscritture operate da copisti-editori più concentrati sulla semplice eliminazione delle incoerenze.

Simili, sotto il profilo delle competenze dei copisti, sono anche le varianti che troviamo nei codici prodotti nell'ambiente detto "pisano-genovese":

Vat (15v), C (9r), F (8r), P16 (12r)
§ 55. *Quiex terres estorerent le fil Japhet* in Vat | *[...] de terres estoirierent li fil Japhet* in C | *Qiex jenx Boimer estora li filx Japhet* in F e P16
§ 56. *Quels jens Gomer estora* in Vat | *Que li gens Gomariens* in C | nessuna rubrica in F e P16
§ 57. nessuna rubrica in Vat, C, F e P16
§ 58. *Ques jens Madeus estora* in C e Vat | nessuna rubrica in F e P16
§ 59. *Ques jens Mesephins estora* in C e Vat | nessuna rubrica in F e P16
§ 60. *Ques jens Taras estora* in Vat | nessuna rubrica in C, F e P16
§ 61. nessuna rubrica in Vat, C, F e P16
§ 62. nessuna rubrica in Vat, C, F e P16

Tutti i codici di questa provenienza tendono, in maniera più o meno marcata, a semplificare la rubricatura. Per quanto riguarda questa sezione del testo, F e P16 sopprimono tutte le rubriche tranne quella al § 55, dove replicano l'errore d'archetipo. Vat e C, che riproducono fedelmente l'archetipo tranne per la soppressio-

31. In H si legge ‹li fiz ianus li fiz iaphet› con il primo ‹li fiz› espunto.

ne delle rubriche ai §§ 61 e 62 (e anche il § 60 in C), trasmettono anche correzioni ai §§ 55 e 56. I codici di Genova-Pisa, che sono coevi a quelli provenienti dalla Francia del Nord esaminati sopra, trasmettono un testo complessivamente molto degradato ma anche latore di correzioni efficaci.

Nella tradizione antica della versione abbreviata esiste anche almeno un testimone in cui la revisione delle rubriche è condotta con consapevolezza pari se non superiore a quella della tradizione di Acri. Si tratta di Ma, un codice trecentesco francese ancora poco noto:

Ma (7r)
§ 55. *Ci parle de la generacion Japhet*
§ 56. *Comment Gomer establi les Goumariens*
§ 57. *Des Magociens*
§ 58. *Ci parle des Mediens*
§ 59. *Ci parle des Mesopians*
§ 60. *Ci endroit devise des Traciens*
§ 61. nessuna rubrica
§ 62. *Des Belisiens*

Non solo queste rubriche, tutte innovative, sono plausibili, ma si basano su una revisione onerosa, mirata a riorientare l'accesso a questi paragrafi non dal lato dei progenitori – quindi, in un certo senso, da monte – ma da quello dei popoli generati – quindi da valle. Nel valutare queste varianti bisogna tenere a mente che il modello della versione che le contiene comprendeva le rubriche antiche: l'autore di questa revisione ha deciso scientemente di sobbarcarsi delle modifiche basate su una lettura attenta del testo, per valorizzare le notizie di tipo etnico-geografico piuttosto che le genealogie bibliche. Questo tipo di intervento ci pone davanti a una situazione interessante in cui l'intervento redazionale è innescato dal cattivo stato del testo, ma la risposta del redattore eccede rispetto alle nostre normali aspettative, che sono piuttosto in linea con quanto abbiamo osservato negli altri gruppi di codici. Questa risposta può inquadrarsi in una ricezione specifica da parte di un determinato ambiente, interessato all'erudizione etnico-geografica *per se* e al di fuori dall'inquadramento biblico. Oppure, essa è la conseguenza dell'esistenza, nel Trecento, di professionisti della trasmissione manoscritta dei testi francesi dotati di competenze sensibilmente più elevate dei loro predecessori del Duecento.

2.4. *Le moralizzazioni in versi*

Il trattamento dei paragrafi in versi è il segno più evidente del degrado che il testo dell'*HAC* ha subito nella storia antica della sua trasmissione, in fase pre-documentaria. Nella maggior parte dei codici questi paragrafi sono soppressi totalmente o quasi totalmente, oppure, episodicamente, prosificati. Soppressione e prosificazione producono entrambe degrado testuale, ma le logiche che sottendono a queste operazioni sono molto diverse. La soppressione degli ottosillabi elimina dal testo dei brani il cui contenuto informativo non è considerato essenziale o utile, e con essi la maggior parte – e la parte più esplicita – delle dichiarazioni che esprimono l'orientamento ideologico dell'autore. Attraverso tali interventi di eliminazione dei passi versificati l'*HAC* diventa un'opera anonima anche dal punto di vista intellettuale, più adatta a circolare su un ampio raggio e a essere recepita in chiavi non previste originariamente dall'autore. La prosificazione, invece, produce risultati meno netti: uniforma – o meglio, tende a uniformare – le strutture del testo nel senso della prosa, ma mantiene intatti i contenuti.

La differenza di finalità tra i due processi di innovazione può essere all'origine della mancanza di coerenza e sistematicità che si rileva, per quanto riguarda il trattamento delle moralizzazioni in versi, nell'intera tradizione. La conservazione, la soppressione e l'eliminazione sono strategie che diversi copisti antichi devono aver scelto ragionando caso per caso. Tutti i testimoni contengono dei residui più o meno corposi di questi paragrafi, e non si può escludere che in qualche caso essi siano stati reintegrati tramite contaminazione.

Escludendo il prologo, che è conservato solo in due codici (P e V1) e la cui soppressione deve essere avvenuta secondo dinamiche poligenetiche non ricostruibili, le ventuno moralizzazioni in ottosillabi che conosciamo sono conservate tutte nel solo P. Venti di esse sono trasmesse anche dai due codici quattrocenteschi Ph e Re. In V1, che deriva dalla versione lunga solo per le sezioni I e II, sono conservate otto moralizzazioni rispetto alle nove di P.[32] In Ph e Re le sezioni in versi sono trasmesse spesso in forma molto degradata dal punto di vista del computo sillabico e della rima. Si tratta di innovazioni certamente volute, ma allo stesso tempo asistematiche e inefficaci nell'eliminare del tutto il *pattern* metrico. Queste degradazioni intenzionali occorrono normalmente all'inizio delle sezioni versificate, e più spesso in Re che in Ph.

La versione abbreviata trasmette solamente due paragrafi in versi, di cui uno fortemente scorciato, e due prosificazioni.[33] I codici della tradizione di Acri

32. § 31, 52 vv.: P (10r), Ph (8r), Re (8r), V1 (7r); § 49, 74 vv.: P (14r), Ph (12r), Re (12v), V1 (10r); § 85, 40 vv.: P (21v), Ph (20r), Re (20v), V1 (14r); § 96, 38 vv.: P (24r), Ph (22v), Re (23v), assente: V1 (16r); § 115, 32 vv.: P (28v), Ph (27r), Re (28v), V1 (18v); § 121, 50 vv.: P (30r), Ph (28v), Re (30r), V1 (19v); § 176, 52 vv.: P (41r), Ph (39v), Re (42r), V1 (26r); § 184, 138 vv.: P (43r), Ph (41v), Re (44r), V1 (27r); § 272, 30 vv.: P (62r), Ph (60v), Re (64r), V1 (36r); § 514, 2 + 4 vv.: P (122r), Ph (121r), Re (122r); § 515, 20 vv.: P (122v), Ph (121v), Re (122v); § 652, 42 vv.: P (180r), Ph (178v), Re (183r); § 673, 60 vv.: P (188v), Ph (187r), Re (191v); § 733, 46 vv.: P (212r), assente: Ph (211r), Re (215r); § 850, 60 vv.: P (252r), Ph (249r), Re (253r); § 910, 34 vv.: P (273v), Ph (265v), Re (273v); § 915, 6 vv.: P (275v), Ph (267v), Re (275v); § 942, 64 vv.: P (283v), Ph (274v), Re (283r); § 958, 24 vv.: P (288v), Ph (279r), Re (288r); § 1007, 146 vv.: P (304r), Ph (292r), Re (303r); § 1061, 22 vv.: P (304r), Ph (292r), Re (303r).

33. § 31, assente: H (5r), Li (5v), Ch (5r), L5 (8v); § 49, assente: H (7r), Li (8r), Ch (7r), L5 (11r); § 85, assente: H (11r), Li (12r), Ch (10v), L5 (15r); § 96, assente: H (12r), Li (13v), Ch (12r), L5 (17r); § 115, assente: H (15r), Li (16v), L5 (20r), lacuna materiale in Ch; § 121, assente: H (15v), Li (17v), Ch (14v), L5 (21r); § 176, assente: H (22v), Li (25r), Ch (19r), L5 (29v); § 184, assente: H (25v), Li (27r), Ch (19v), L5 (30v); § 272, assente: H (33v), Li (37v), Ch (26v), L5 (42r); § 514, assente: H (62v), Li (66v), Ch (42r), L5 (76v); § 515, assente: H (62v), Li (66v), Ch (42r), L5 (76v); § 652, prosificato: H (88r), Li (93r), Ch (65v), L5 (108v); § 673, integro: H (92v), Li

sono compatti nel sopprimere o prosificare gli ottosillabi per tutta la prima parte del testo; a partire dalla moralizzazione al § 733, mentre B, D, L e Pa testimoniano episodicamente delle sezioni in versi ben conservate, P10 è molto conservativo e le trasmette tutte.[34] Il codice italiano trecentesco P10 è, in generale, il testimone più competente della tradizione di Acri. La sua lezione dei paragrafi in versi a partire dal § 73 si può spiegare in due modi: o questo codice conserva uno stadio intermedio della soppressione delle moralizzazioni nella tradizione di Acri, nel quale l'eliminazione dei versi era stata condotta con sistematicità solo nella prima parte del testo, oppure un suo antecedente ha restaurato le sezioni in versi mediante contaminazione. Questa seconda eventualità è molto difficile da valutare sia a causa dell'elevata competenza di P10, che ne riconnette la lezione direttamente alla versione più antica della tradizione di Acri, sia al carattere frammentario dell'attestazione delle moralizzazioni. In ogni caso, P10 testimonia qui un fenomeno comune nella tradizione dell'*HAC*, che si spiega con la grande estensione del testo: la discontinuità dei testimoni dal punto di vista dell'innovazione sistematica. Tendenze innovative coerenti e dai fini ben chiari (in questo caso, la soppressione oppure il recupero per contaminazione dei paragrafi in versi) possono agire, nel contesto di un medesimo atto di copia prolungato nel tempo, in modo discontinuo o parziale, producendo testimoni che in sezioni diverse hanno fisionomie chiare (nettamente innovative o nettamente conservative) ma divergenti.

Tra le varianti che interessano i paragrafi in versi, le prosificazioni sono particolarmente interessanti perché permettono di isolare delle tipologie di innovazione da ricondurre, ipoteticamente, ad altrettanti atti redazionali. La dissoluzione dei versi morali poteva avere una finalità anche migliorativa nella mentalità

(98v), Ch (70r), L5 (115r); § 733, assente: H (105v), Li (114v), Ch (82r), L5 (133r); § 850, assente: H (129r), Li (144r), Ch (103v), L5 (163v); § 910, 4 vv.: H (141r), Li (159r), Ch (117r), L5 (179r); § 942, integro: H (146v), Li (166v), Ch (123r), L5 (186r); § 958, assente: H (149r), Li (170r), Ch (126v), L5 (190r); § 1007: H (157v), Li (181v), Ch (136r), L5 (201r); § 1061, prosificato: H (166v), Li (193v), Ch (145v), assente: L5 (207r).

34. § 31, assente: P10 (11r), Pa (8r), B (25v), D (7r), L (9r), P3 (8v); § 49, assente: P10 (15v), Pa (11r), B (28v), D (10r), L (11v), P3 (12r); § 85, assente: P10 (23v), Pa (17v), B (34r), D (16r), L (18v), P3 (19v); § 96, assente: P10 (26r), Pa (22r), B (36r), D (17v), L (20v), P3 (22r); § 115, prosificato: P10 (31r), B (40r), D (21v), L (24r), Pa (24r) – il paragrafo manca in P3 (26r) a causa della soppressione dell'intera sequenza §§ 114-116; § 121, assente: P10 (33r), B (41r), D (22v), L (25v), Pa (25v), P3 (26v); § 176, assente: P10 (46r), B (50v), D (30v), L (35v), Pa (35r); P3 (37v); § 184, assente: P10 (47v), Pa (36v), B (51v), D (31v), L (37r), P3 (39v); § 272, prosificato: P10 (70r), Pa (54r), B (67r), D (46r), L (52v), P3 (56r); § 514, assente: P10 (138r), Pa (108r), B (120r), D (89r), L (104r), P3 (109v); § 515, assente: P10 (138r), Pa (108r), B (120r), D (89r), L (104r), P3 (109v); § 652, prosificato: P10 (212v), B (173r), D (131v), L (157r), Pa (163v), P3 (169v); § 673, integro: P10 (222r), B (180r), D (137v), L (164v), P3 (173r), prosificato: Pa (172r); § 733, integro: P10 (247v), Pa (193v), assente: L (185v), B (199v), D (155r); § 910, integro: P10 (314v), B (249v), D (200v), L (237v), Pa (247r); § 942, integro: P10 (325v), assente: L (246v), B (258v), D (208r), Pa (255v); § 958, integro: P10 (331r), prosificato: Pa (259r), assente: L (250r), B (262r), D (211v); § 1007, integro: P10 (348r), assente: L (263v), B (275v), D (223r), Pa (272r); § 1061, integro: P10 (367r), 2 vv.: L (277r), B (289r), D (235r), Pa (285v).

dei copisti di metà Duecento. L'ipotesi che copisti e pubblico francofono stessero perdendo dimestichezza con gli ottosillabi morali – e che quindi le prosificazioni rispondano a un'esigenza di aggiornamento e chiarezza – non è convincente. A questa altezza è più probabile che a determinare l'innovazione fosse un modello stilistico diverso. A fornircelo è l'autore dell'*HAC*, che nella sezione V (*Troie*) produce un brano para-omiletico in prosa (inframezzata da un *couplet*) che ha molte delle caratteristiche discorsive tipiche dei paragrafi in versi. Il narratore-autore interviene qui adoperando la prosa per commentare e condannara la pratica pagana dei giochi funebri:

> E! por Deu segnors et dames, quels gius i monte a faire? Nos avons oils por veïr, si ne veons gote, nos avons cuer por retenir et por aprendre, si ne volons nient entendre.
> Por quoi demenons nos leece,
> quant veons nostre grant tristece?
> O! tu crestieins o tu crestiene, en avient il maintes fois que tu vois l'ome o la feme aler tot lié et tot aitié par semblance son chemin et sa voie et dedens les .viii. jors o mains le vois tu gesir en biere, et l'endemain porter a la fosse. Por Deu, quar te porpense coment pués tu de ce chanter ne coroler qui por toi meismes plorer en devroies. L'arme n'a cure de baler ne de coroler, ains veut et desire c'om por li face a Nostre Segnor orisons et proieres, et doint as povres besognos, selonc ce c'om puet de verai cuer et de bon entires aumosnes. Segnor, ce voudroit li arme et li cors quant il gist mors, que li puet aidier li gius c'om li fait, ne la feste nient certes ne li aïe, quar il s'en va en la terre tenebrose et noire o il a tels compaignons qui tot le rungent et manguent, ce sunt li ver de lui meismes. E quels joie, por Deu segnor, est a ffaire a celui qui s'en va en tele contree? Si m'aït Deus segnor, je di qui raison voudroit et mesure entendre, que plus se devroit on esmerveiller et hesbair s'on veoit coroler ne joier entor un cors qui fust trespassés de ceste vie, que s'on veoit plorer ne grant dolor demener ceaus et celes qui sunt assis au mangier d'unes hautes noces, o d'un haut home a sa premeraine chivalerie. Nos somes tuit esmarri et fors dou sens qui de ce ne nos porpensons, dont il nos seroit plus grans besoigne. Ne dirai plus de ce, ains dirai des Grigois, qui trop dolant estoient por Achillés, dont il avoient grant perte receue (§ 571. 7-19; J § 55)

Il contenuto di questo intermezzo morale è quello solito dei paragrafi in versi inframezzati nelle sezioni di storia pagana: la brevità della vita e la follia di non riconoscere tale brevità. La presenza di *je*, *vos* e *nos* testuali è fitta come nei versi. Come nei versi, il commento a un tema specifico – in questo caso la gioia incosciente di fronte alla morte – sfuma in considerazioni di taglio generale sulla miseria umana. Soprattutto, anche questa moralizzazione termina con una transizione esplicita verso la materia narrativa, che è il segno più evidente – qui come nei versi – del passaggio dalle parole dell'autore alle parole della storia. Allo stesso tempo, questo stile morale è nettamente prosastico. L'omofonia in fine di sintagma è evitata e la si trova solo nelle dittologie, che rappresentano il mezzo principale di amplificazione retorica (*tot lié et tot aitié, chanter ne coroler, de baler ne de coroler, rungent et manguent, coroler ne joier*). Se l'autore dell'*HAC* conosce una via prosastica allo stile morale elevato, è possibile che, a dispetto dei risultati concreti, alcuni copisti-editori avessero come obiettivo questo genere di soluzione.

Le due prosificazioni comuni alla famiglia β, che interessano i §§ 652 e 1061, presentano delle differenze sostanziali. La prima conserva al suo interno trentaquattro rimanti su quarantadue della versione in versi originale. Eccone il testo, con evidenziate in corsivo le parole rima conservate e i sinonimi non rimanti con cui occasionalmente possono essere state sostituite (che sono seguiti, tra quadre, dal rimante originale):

> Por sa grant *largece* venoient a lui les gens en servise et por sa grant *proesce*. Il lor *abandonoit* quenqu'il *avoit* sanz prometre, et por ce avoit il les *cuers* [= corages] des bas et des hauz, et des forz et des *sages*, car s'il *avenist* qu'il lor *promeist* sanz donner, ja les cuers d'eus n'eust en nule *fin* ne au soir ne au *matin*. Qui fait promesse et ne la *sost* le cuer de son ami se *tost*. Ce n'apartient pas a sage *homme*. Ja Romolus, qui fonda *Roume*, n'eust vaincus ses *anemis* se sanz donner eust *promis*. Ce avient meintes foiz *encore*, car il sont meint haut homme encore au tens d'*ore* qui molt prometent sanz *donner*. Ja Diex ne lor puist *perdonner* qu'il ne perdent lor *seignorie* et lor hommes et lor *baillies* que quan qu'il en ont *faunoient* [= vont faunoiant] or revendra, a mon dit, *devant* [Li, Ch, L5: lor revenra au nes devant]. Ne dirai plus, chascun se *gart* et de soi praingne tel *regart* que s'il a grant terre a *baillir* qu'il ne promete sanz *faillir*. A ce prist garde *Remulus* qui n'estoit mie quens ne *dus*, ne per terre ne per *baillie* que nus homme li eust *baillie*, mes en lui se prouva *nature* qui les gentis cuers *raseure*. (§ 652, versione di H, Li, Ch, L5)

Gli otto rimanti mancanti in questo paragrafo corrispondono a tre *couplet* non consecutivi, espunti dal prosificatore. La struttura sintattica è prevalentemente ricalcata su quella dell'originale in versi, e il tessuto metrico rimane ben riconoscibile. L'unità alla base della conversione tra verso e prosa è il *couplet*.

Il § 1061 preserva solo quattordici tra parole rima e sinonimi sostituiti sui ventidue del paragrafo in versi originale:

> Car je vos di que la *merite* de maint haut home est molt *petite*. Si sachent clers et *serjant* que je lor lo qu'il servent [Li: et serjant qu'il servent] bien lor *seignors* en droite foi et si se gardent de *mesfaire*, car s'il venoit .i. po au *mestrere* l'amor qu'il auroient *eue* avant a lor seignor seroit *perdue* molt tost, car l'amor pant en *balance* a si gresle fil que lor seroit route et *alee*. Et de ce nos dist li *vilains* qui sages fu, que l'amor de *seignor* [= segnorage] n'est pas *eritage*, et ce puet en souvant *veoir* a ceus qui hantent corz. (§ 1061, versione di H, Li, Ch)

In questo caso, la struttura sintattica è modificata più liberamente. Soprattutto l'unità su cui la rielaborazione è effettuata è diversa dal singolo *couplet*: la sintassi viene modificata congiungendo segmenti distinti nella versione metrica e si può dare il caso che una sola delle parole rima di un distico venga conservata (o convertita in un sinonimo) a fronte della soppressione dell'altra. Si veda, per esempio, il segmento «l'amor qu'il auroient *eue* avant a lor seignor seroit *perdue* molt tost, car l'amor pant en *balance* a si gresle fil que lor seroit route et *alee*» che deriva dai vv. 9-14:

L'amors qu'il avroient eue
A lor segnor seroit perdue
En mout brief tans sans demorance.
Quar l'amors pent en la balance
A si graisle fil sains celee
Que lués seroit route et alee.

Una prosificazione come quella del § 1061 ha molte possibilità di derivare, attraverso un'ulteriore rielaborazione, da una costruita come quella del § 562.

I paragrafi prosificati comuni a P10, B, D, L, Pa e P3 ricordano, dal punto di vista del rapporto con la prosa, la rielaborazione moderatamente libera del § 1061 in β. Il § 115 conserva sedici rimanti o loro sinonimi su trentadue:

> Car icest pechié contre Dieu et contre *nature*. Icest pechié fet *honte* a Dieu et a l'ame. Icestui pechié *het* Dieu itant q'il n'est nule criature qi tant *set* qi le vos poroit *dire*, et bien vos puis dire par verité qe par tout la ou l'en *le fait* [= en parole] et oissiaus i *volent* [= i vole] par dessus, c'est merveille q'il ne *chiet* a terre, car li airs est si *entoschiés* qe a grant *poine* puet li une *semaine* vivre aprés, et les herbes en sechent. Cestui pechié desavance l'ame de son droit *heritage* et l'enbat es mortels poines d'enfer, dont ja puis ne sera rachatee q'ele n'en soit a tous jors *parmenablement* perdue. De cest pechié gart Nostre sires sa *gent*, c'est cil qui en lui ont *fiance*, et de tous autres mau faire, et les done a tel *remenbrance* q'il puissent avoir penitance et pardon de tous lor autres forfais. (§ 115, versione di P10, B, D, L, Pa, P3)

Il § 272 conserva quattordici rimanti o sinonimi su trenta:

> Seignors, si porés *savoir* et entendre qe qant riche chose home puet *avoir* bon serjant il le doit mout *cherir* et amer et honorer, car li bon serjant qi bien croit Dieu fait mout grant *conqest* a son seignor, c'est q'il li *garde* bien et loiaument les choses q'il li met en *garde*, car Dieu meesmes li *avance* ces euvres. Et por ce fet cil qe sages qi bones *euvres* fet, car en la fin seront coneues. Si se doit chescuns pener d'estre bons et *loiaus* [= fin] et de bien faire et bien dire, car Dieu rent a chascun sa *merite* ou en cest siecle ou en l'autre. Seignors, qe *proufite* li maus a *dire* ne a faire? Certes noient, car tel cuide estre grant *sires* por ce que Dieu li soufre a *avoir* un poi de bien en cest siecle qe tout pert par la mort en mout brief termine, et por ce se doit chascun garder del mesfaire. Seignors, de ce ne vos en qier lonc sermon faire, ains *reviendrai* [= vuell revenir] a Joseph qi servoit Phutifares. (§ 272, versione di P10, B, D, L, Pa, P3)

Nel caso del § 652, la versione più antica della prosificazione – che preserva ventinove rimanti o sinonimi su quarantadue e che ricade nella stessa tipologia delle due che abbiamo appena esaminato – è trasmessa da B, D, L e P3, mentre P10 e Pa sono latori di una versione da essa derivata ma ulteriormente abbreviata mediante tagli:

> Tant avoit en lui grant *largece* et si fier cuer et tel *proece* que tuit cil qui en *ooient* parler *venoient* a lui, et il sans prometre lor *abandonoit* tout ce qu'il *avoit*. Et par ce en avoit il les leur *corages*, car s'il lor eust *promis* [= promesist] sans doner ja ne les eust eus si come il avoit, et ce puet on bien *apercevoir* que qui fait promece et ne la *tient* [= saut], si *tolt* le cuer a son ami, et par prometre sans *doner* puet on le

fol *reconforter*, mes ce ne font pas les *sages* [= sage home]. Car Romolus, qui fonda *Rome*, n'eust ja eu les cuers de ses amis et vencus ses *henemis* se il leur eust *promis* sans doner. Et se avient asses *el tens d'ores* qui sont assés qui prometent et rien ne *donent* [= doner], mes sachent bien que quant qu'il vont *faunoiant* lor vendra es nes *devant*. N'en dirai plus, chascun se *gart* et preigne de soi tel *cure* [= reguart] que s'il a grant terre a *baillier* qu'il par prometre sans doner ni ait domage. A ce prist garde *Romolus*, qui n'estoit ne *duc* ne conte, ni avoit terre ne *baillie* que nul li eust *donee* [= baillie], mes en lui se prova *nature* qui *rassegure* les gentils cuers. (§ 652, lezione di B, D, L, P3)

Et il avoit en lui si grant largece et si fier cuer qe il sans prometre luer abandonoit tout ce q'il avoit et por ce avoit les corages de tous, car c'il lor eust promis sans doner, aussi come font encore aucuns, ja lor cuer n'eust eu en nulle maniere, ne ja n'eust vencu ces henemis. Car il y a meint haus [Pa: haus homes] qi prometent asses et poi font, et por ce avient il souvent q'il perdent le cuer de luer homes et de luer afaires vienent au dessous. Romulus, qi n'estoit ne roi ne conte, se prist guarde de ce, et non por ce [Pa: non por quant] nature se prova en lui qi li rassegura son gentil cuer. (§ 652, lezione di P10, Pa)

Le due prosificazioni esclusive di Pa sono ancora diverse. Nel primo caso, al § 673, solo i primi tredici versi sono effettivamente prosificati (in modo conservativo: dieci rimanti sono conservati o sostituiti con sinonimi). I restanti quarantasette versi sono riassunti in una breve frase:

Or pores oïr et *entendre* que moult avoit de persecucions a *Rome* et de poine. Et bien sachiés certainement que aussi *avoient* tuit cil qui par le monde *habitoient*, quar il n'estoit nulle *region* ou il n'eust *pestilences* [= destruction] ou de guerre ou de *famine* ou de mortalités quar les gens n'estoient adonc *aclines* a Dieu server ni *aorer*, ni ne *voloient* [= se voloient pener] en nul endroit bien faire. Et pour ce lor advenoient tous maus, si que se li peres avoit acquis, li hoir n'en joissent ja aprés. Ensi estoit adonques tous li siecles livrés a mal et perdicion, pour ce qu'il ne servoient Dieu n'il nel creoient, ains estoient habandonnés as pechiés et as euvres des deables faire. (§ 673, lezione di Pa)

Al § 958, allo stesso modo, sono prosificati effettivamente solo i primi otto versi (con sette rimanti conservati o sostituiti con un sinonimo), mentre i restanti sedici sono riassunti e rielaborati liberamente:

Segnors, la n'eussent *mestier* cil blanc maminot *chevalier* qui bien ne *dient* ne ne font, ains *reguardent* [= espient] as mireors se bien seent leur *paeletes*, et qui leur lorains font plus sovent *forbir* et terdre qui ne vont la messe *oïr* et Dieu proier. Tels chevaliers, quant il ont bien beu sont hardi et fier a mal dire et a miau faire, quar n'ont nul bien ne nulle vaillantise en yaus. Et si voz diray bien por quoi il furent dit maminot, mais je n'ay mie tant de repit por la bataille que conte. Mais Dieu et estort de honte et hoste de voie esmarie les chevaliers sainte Marie, qui mau ne dient ne ne font; mes cuer a yaus s'acorde bien. (§ 958, lezione di Pa)

Con l'eccezione di P, Re e Ph, tutti i testimoni presi in considerazione (cioè la totalità di quelli della versione lunga e i testimoni antichi della versione abbreviata) presentano tracce di discontinuità sotto il profilo dell'innovazione per quanto riguarda il *corpus* costituito dai paragrafi in versi. Anche la lezione della versione abbreviata potrebbe derivare dallo stesso tipo di dinamica: è possibile che la prosificazione del § 1061, particolarmente sintetica, sia la rielaborazione di una più accurata e simile a quella attestata per il § 652. In questo caso ci troveremmo davanti a una situazione poco prevedibile *a priori*. Come vedremo meglio presto, nella versione abbreviata non tutto il testo dell'*HAC* è sottoposto a tagli, ma solo le sezioni centrali. Il § 562 ricade nelle sezioni effettivamente abbreviate, mentre il contesto in prosa del § 1061 ha un dettato sovrapponibile a quello della versione lunga. Gli interventi su queste prosificazioni, che sono attestate in tutti i testimoni antichi della versione abbreviata, sono governati da una logica opposta a quella applicata alla prosa loro vicina, e questo fa pensare che il responsabile della lezione del § 1061 sia un copista diverso da quello che ha abbreviato la prosa. È anche possibile però che la versione lunga del § 1061 sia esistita solo come versione intermedia "mentale" sulla base della quale un copista ha prodotto quella corta. Comunque sia andata, le prosificazioni documentano la discontinuità dal punto di vista dell'innovazione di un'entità antica come β, che tra l'altro è quella meglio caratterizzata e riconoscibile tra quelle ricostruite. L'accordo di P10 e Pa al § 652 attesta una semplificazione brutale di una prosificazione preesistente che proviene da una tradizione genericamente conservativa. La stessa impressione dissonante rispetto al trattamento della prosa narrativa è data, con ancora maggiore nettezza, dalle prosificazioni esclusive di Pa, le meno curate ed equilibrate tra tutte.

Nella tradizione esiste anche un caso di produzione di nuovi versi, o meglio pseudo-versi. Si tratta della lezione di Re per il § 1061, nel quale gli ottosillabi sono seguiti nella versione comune da alcune frasi in prosa:

> Sergans qui a haut home sert est tostans en ·ii· grandes pestilences. Li une si est de servir son segnor tostans, et nuit et jor, si que ses services ne li desplaise et qu'il n'en soit blasmés en nulle maniere. Et ce ne puet il faire sains grant paine a avoir, si com vos poés savoir et entendre. (§ 1061.6-7, lezione di P)

La lezione di Re presenta otto segmenti rimanti che contano dalle sei alle undici sillabe:

> Sergent qui a hault homme sert
> Tous temps en ·ii· pestilences y ert
> L'une si est de servir son signour
> Tous temps et nuit et jour
> Sic que son servise ne meprise
> Et qu'il ne soit blasmé en nulle guise
> Et ce ne peut il faire sans grant peine avoir
> Comme vous pouvez entendre et savoir.

Le rime sono ottenute mediante sostituzioni di sinonimi rimanti e modifiche nell'ordine delle parole: *est tostans en ·ii· grandes pestilences* (versione comune) > *tous temps en .ii. pestilences y ert* (Re); *ne li desplaise* (versione comune) > *ne meprise* (Re); *maniere* (versione comune) > *guise* (Re); *savoir et entendre* (versione comune) > *entendre e savoir* (Re). La lezione di Re è isolata e localizzata – come vedremo meglio presto – a un piano basso dello stemma e quindi certamente non autoriale. Inoltre, gli pseudo-versi non sono riconducibili a ottosillabi (e quelli più lunghi, tendenti all'alessandrino, ricordano particolarmente il gusto trecentesco e quattrocentesco). Anche interpretando questa lezione come prosa rimata, non si può non rilevare che la catena di omofonie a coppie che essa presenta non fa parte dell'*usus* dell'autore. Per quanto tardo e isolato, questo episodio rappresenta comunque un caso interessante di applicazione inversa dei procedimenti di sostituzione e inversione topologica normalmente utilizzati per eliminare le omofonie.

3. *Le dinamiche anti-stemmatiche e le culture della trasmissione*

3.1. *La cura del testo*

Entrambi i rami in cui la tradizione dell'*HAC* si biparte, la prima tradizione e la tradizione di Acri, sono piuttosto evanescenti dal punto di vista della stemmatica lachmanniana classica: se alcuni degli errori caratteristici delle due famiglie sono effettivamente ancora individuabili, altri che pure sono molto probabilmente esistiti sono stati cancellati dalla documentazione a causa dell'alta incidenza nella tradizione di dinamiche contaminatorie e correttorie.

Nel suo saggio fondativo del 1885 Paul Meyer poneva la distinzione tra la versione originale dell'*HAC*, che corrisponde a quella redatta nel primo XIII secolo per Roger di Lille e che a partire da questo momento è nota come "prima redazione", e la più antica revisione strutturale del testo, nota agli studiosi come "seconda redazione", composta a Napoli tra il 1337 e il 1340.[35] La seconda redazione è caratterizzata dalla soppressione delle sezioni I (*Genèse*) e IX (*Alexandre*) e dalla sostituzione, per la sezione V (*Troie*), della traduzione del *De excidio Troiae* dello pseudo-Darete Frigio con la prosificazione del *Roman de Troie* di Benoît de Sainte-Maure nota come *Prose 5*. Oltre cento anni dopo la composizione dell'*HAC*, la seconda redazione rappresenta il primo caso di radicale reinterpretazione strutturale del testo. La narrativa di storia antica diventa la storia di tre città: Tebe, ma soprattutto Troia e Roma. Questa riscrittura è stata prodotta per celebrare e sostenere l'alleanza angioina a sostegno della campagna in Morea promossa in quegli anni da Caterina di Valois-Courtenay, reggente del regno d'Acaia a nome del figlio Roberto di Taranto; l'intento politico emerge soprattutto nell'apparato iconografico del codice più antico, London, BL, Royal 20. D. I, che Luca Barbieri ha dimostrato essere l'archetipo conservato di tutta la tradizione. Le copie che da esso derivano sono state tutte prodotte in Francia e sono il prodotto di un'operazione di diffusione posteriore al trasferimento del volume napoletano a Parigi, dove esso sarebbe entrato a far parte della bibliote-

35. Meyer, *Les premières compilations*, pp. 63-75.

ca di Carlo V.[36] Il codice di Londra è discontinuo dal punto di vista qualitativo: tanto la sua versione di *Prose 5* è curata e plausibile, tanto quella delle sezioni comuni è di bassa qualità. Queste sezioni sembrano il prodotto di un atto di copia meccanico e acritico di un modello già fortemente degradato, e determinano un contrasto interessante tra le ambizioni che caratterizzano la produzione del testo e delle immagini da un lato e la qualità delle fonti testuali e delle competenze dei copisti dall'altro. Inoltre, il fatto che l'archetipo della seconda redazione sia conservato ci permette di osservare con chiarezza il carattere restaurativo della tradizione successiva che a esso fa capo, sistematicamente caratterizzata da interventi migliorativi operati sia sulla base di congetture che per mezzo di collazione con i testimoni delle fonti (nel caso di *Prose 5*, il *Roman de Troie* e *Prose 3*, una sua prosificazione più antica sulla quale *Prose 5* si basa).

L'esame dei testimoni della prima redazione porta a credere che anche nella tradizione di questa possa essere avvenuto qualcosa di simile a quanto è accertato per la seconda redazione. L'archetipo della prima redazione era certamente di qualità testuale molto più alta rispetto a quello della seconda. Tuttavia, anche la tradizione antica della versione originale è caratterizzata da interventi anche in senso migliorativo e restaurativo.[37] Questo vuol dire che gli ambienti responsabili della trasmissione dei grandi testi in prosa francese del Duecento erano attrezzati per portare avanti operazioni di cura testuale anche in casi che, nella percezione moderna, sembrano meno problematici. Le circostanze pratiche e psicologiche che hanno determinato queste operazioni devono essere state diverse e tra loro in contrasto: da un lato il fattore di inerzia rappresentato dalla ricchezza e comples-

36. L. Barbieri, *La solitude d'un manuscrit et l'histoire d'un texte: la deuxième rédaction de l'Histoire ancienne jusqu'à César*, dans «Romania», 138 (2020), pp. 39-96, e la bibliografia citata. Un'edizione del testo di *Prose 5* condotta da Barbieri in base a questa ricostruzione è inclusa in TVOF. *Le roman de Troie en prose*, éd. Rochebouet, è un'edizione di *Prose 5* basata su uno stemma diverso, che oppone il codice di Londra al resto della tradizione. Per quanto riguarda la "terza redazione", una versione ulteriormente ampliata redatta in Francia nel XV secolo e caratterizzata dall'uso di *Prose 5* per per sezione V, dalla presenza della sezione IX e dall'ampliamento della sezione I (attestata in due codici completi e tre frammenti) , si veda ora A. Rochebouet, *De la Terre sainte au Val de Loire: diffusion et remaniement de l'Histoire ancienne jusqu'à César au XVe siècle*, dans «Romania», 134 (2016), pp. 169-203, alle pp. 184-186; *Le roman de Troie en prose. Prose 5*, éd. Rochebouet, pp. 19-22; A. Rochebouet, *Réécrire l'histoire de Troie. La cinquième prose du Roman de Troie, compilation et création*, Paris, Classiques Garnier, 2022. Sulla presunta "quarta redazione", ipotizzata da J. H. Kaimonowitz, *A Fourth Redaction of the* Histoire ancienne jusqu'à César, in *Classical Texts and Their Traditions. Studies in Honour of C. R. Trahman*, ed. by D. Forbes Bright, E. S. Ramage, Chico (CA), Scholar Press, 1984, pp. 75-87, si veda ora R. Trachsler, *L'histoire au fil des siècles. Les différentes rédactions de l'Histoire ancienne jusqu'à César*, dans *Transcrire et/ou traduire. Variation et changement linguistique dans la tradition manuscrite des textes médiévaux*, sous la dir. de R. Wilhelm, Heidelberg, Winter, 2013, pp. 77-95, e Rochebouet, *De la Terre sainte au Val de Loire*, p. 190.

37. Individuati per la prima volta in Zinelli, *Au carrefour des traditions*. Si veda in particolare p. 114, n. 163: «Le fait que β coïncide en erreur tour à tour avec P et avec DBLPa semble devoir nous forcer, une fois de plus, à supposer que des campagnes de révision ont eu lieu dans les deux branches de la tradition».

sità dell'*HAC* da un punto di vista contenutistico e dall'altro la volontà di fornire una versione che, con parole diverse, ne riflettesse meglio il senso; la consapevolezza che qualunque modello diverso dell'originale era latore di congetture e aggiustamenti prodotti da copisti – cosa che autorizza i successivi a intervenire a loro volta –, ma anche il prestigio che poteva essere attribuito alle revisioni quando venivano reputate ben riuscite. Quella dell'*HAC* non è una tradizione *mouvante* nel senso di una tradizione che ricrea e aggiorna il testo liberamente: fino alla produzione della seconda redazione, tutte le copie rispettano l'assetto strutturale della compilazione e tendono a quella che potremmo definire una "completezza selettiva", incurante dei commenti autoriali e della tessitura verbale ma molto attenta a salvaguardare i contenuti.

Nell'esaminare la tradizione dell'*HAC* bisogna considerare fattori che non corrispondono a dinamiche realmente anti-stemmatiche – cioè non presuppongono necessariamente la contaminazione – ma i cui prodotti sono tipologicamente similissimi o identici a quelli della collazione tra testimoni. La prima di queste dinamiche è la critica interna al testimone, cioè la correzione per congettura che i copisti possono effettuare anche avendo a disposizione una sola fonte manoscritta. Dal momento che tutti i copisti che congetturano sulla base del testo hanno dati di partenza simili o uguali e in molti casi strumenti intellettuali analoghi, questa pratica implica che con elevata probabilità lezioni uguali o molto simili, sempre plausibili, si siano potute produrre in modo indipendente, con risultati anche al limite coincidenti con quella autoriale. Per questo, innovazioni del genere sono indistinguibili dalla trasmissione per contaminazione di lezioni plausibili o autentiche.[38] La seconda, che entra in gioco in testi considerevolmente lunghi come l'*HAC* e che abbiamo già evocato in merito al trattamento antico dei paragrafi in versi, è la discontinuità nell'innovazione sistematica. I copisti innovatori spesso non agiscono uniformemente su tutta l'estensione del testo. Il caso più evidente, cui abbiamo già accennato, è dato dalla versione abbreviata e dal subarchetipo a cui fa capo, β, individuato da una riscrittura che interessa solo le sezioni centrali. In modo analogo, anche le pratiche migliorative possono intervenire in sezioni limitate dell'opera oppure "a singhiozzo", suggerendo configurazioni stemmatiche che sono analoghe a ipotetici risultati di contaminazione. In questi casi è molto difficile assegnare a un testimone una fisionomia univoca sia dal punto di vista dei modelli che da quello dell'atteggiamento del copista. La collocazione dei testimoni nella genealogia e la valutazione delle varianti sospette di innovazione in esse presenti diventano entrambe molto incerte.

La contaminazione vera e propria, cioè l'utilizzo di più esemplari per produrre una singola copia, è riconducibile a due tipi di situazioni. La prima è il cambio di modello nel corso della copia, per cui questa deriva per sezioni diverse da modelli diversi. Nella tradizione dell'*HAC* questa eventualità è certa per il

38. Sulla produzione di doppie lezioni per congettura si veda A. Varvaro, *Considerazioni sulla contaminazione, sulle varianti adiafore e sullo* stemma codicum, in *Storia della lingua e filologia*, a cura di C. Ciociola, Firenze, Cesati, 2010, pp. 191-196.

testimone siglato V1. V1 convive insieme a un altro testimone, V2, nelle pagine dello stesso codice, indicato tradizionalmente negli studi sull'*HAC* con la sigla V.[39] V1 è stato copiato e illustrato a Venezia negli anni Quaranta del Trecento. Rimasto in stato di grave incompiutezza, qualche decennio dopo è stato corretto e integrato sulla base di un modello diverso; le integrazioni, che sono molto estese, hanno comportato anche l'aggiunta di nuovi fascicoli. L'insieme delle correzioni e delle integrazioni costituisce il testimone V2. Anche il solo V1, però, era già di per sé un testimone discontinuo dal punto di vista dell'approccio alla copia e composito per quanto concerne le fonti. Per le sezioni I e II, le due mani responsabili della copia si attengono abbastanza fedelmente a un modello che era latore del testo della versione lunga. Queste due sezioni sono state copiate nella loro interezza prima dell'intervento del miniatore. A partire dalla sezione III, V1 copia in maniera discontinua, per poche colonne all'inizio di ogni fascicolo. Questa operazione doveva essere funzionale a una nuova organizzazione del lavoro che prevedeva di cedere i fascicoli al miniatore quando il testo era stato copiato solo parzialmente; il copista B (che per le sezioni I e II si era alternato al copista A, ma che a partire dalla sezione III lavora da solo) esegue queste copie parziali al solo scopo di fornire una traccia al miniatore, e cede i fascicoli a costui allo stato di abbozzo. Dopo l'esecuzione delle miniature, i responsabili della copia di V1 non sono mai tornati in possesso dei fascicoli o hanno abbandonato il progetto. Con l'inizio della copia della sezione III, che corrisponde anche a un nuovo fascicolo, non cambia solo la catena produttiva, ma anche il modello di V1, che è ora un codice della versione abbreviata, e l'atteggiamento del copista, che diventa estremamente innovativo, fino a produrre alcune delle riscritture più originali di tutta la tradizione dell'*HAC*.[40] Quando, probabilmente verso la fine del Trecento, il copista responsabile di V2 si incarica di completare la copia, non si limita a in-

39. Per i dettagli su V1 e V2 si veda Rachetta, *Sull'*Histoire ancienne jusqu'à César, pp. 40-49. Ecco la distribuzione di V1 e V2 nelle sezioni del testo e nelle carte del codice (con una precisazione rispetto alla mia prima descrizione): sezione I (*Genèse*): V1 (1r-44v); sezione II (*Orient I*): V1 (44v-46v); sezione III (*Thèbes*): V1 (47r-48v), V2 (48v-59r); sezione IV (*Grecs et Amazones*): V1 (59r-60r); sezione V (*Troie*): V1 (60r-69r); sezione VI (*Eneas*): V1 (69r-72v), V2 (72v-73r); sezione VII (*Rome I*): V2 (73r-74r), V1 (74r-74v); V2 (74v-77r); V1 (77r-79v), V2 (80r); sezione VIII (*Orient II*): V2 (80r-92r); sezione IX (*Alexandre*): V1 (92r-103r); sezione X (*Rome II*): V1 (103r-104v); V2 (105r-106v); V1 (106v-109r); V2 (109v-154r); seconda versione della sezione IV (*Grecs et Amazones*): V2 (154v-155v). Per l'individuazione e la descrizione delle mani (A e B, che copiano V1, e C, che copia V2) si veda Cambi, *Note sull'*Histoire ancienne jusqu'à César *in area padano-veneta (con nuove osservazioni sul ms. Wien, ÖNB, 2576)*, in *Forme letterarie del Medioevo Romanzo: testo, interpretazione e storia*, XI Congresso Società Italiana di Filologia Romanza (Catania, 22-26 settembre 2015), a cura di A. Pioletti, S. Rapisarda, Soveria Mannelli, Rubbettino, 2016, pp. 145-161.

40. Il testo di V è stato esaminato criticamente, per singole sezioni, da: M. Cambi, *L'*Histoire ancienne jusqu'à César *in Italia. Manoscritti, tradizioni testuali e volgarizzamenti*, Pisa, Pacini, 2020, pp. 87-95 (sezione V); *L'Histoire ancienne jusqu'à César*, éd. Rochebouet, pp. 45-47 (sezione VIII); C. Baker, *La version vulgate de l'Histoire ancienne jusqu'à César*, dans «Revue belge de philologie et d'histoire / Belgisch Tijdschrift voor Filologie en Geschiedenis», 95 (2017), pp. 745-772, alle pp. 760-766 (sezione VI).

tegrare le sezioni mancanti ma collaziona quelle esistenti con il modello a sua disposizione, un codice della versione abbreviata.[41] Lo testimoniano le integrazioni a margine delle pagine di V1, che integrano lacune meccaniche della copia antica. I due testimoni che compongono V sono interessanti perché mostrano – nel caso di V1 tramite una ricostruzione a partire dalla comparazione dei testimoni, nel caso di V2 direttamente, con la forza della testimonianza "archeologica" – come modelli antichi, completi e vicini all'originale potessero essere comparati con modelli innovativi. Oltre a essere due testimoni molto importanti per la storia anche antica del testo, V1 e V2, entrambi trecenteschi, sono *per se* documenti della ricezione in un'epoca abbastanza avanzata della diffusione del testo. Ma, come vedremo subito, la contaminazione è una caratteristica anche della tradizione più antica, pienamente duecentesca.

La seconda dinamica contaminatoria è la collazione capillare di esemplari diversi. Come è noto, essa è una dinamica di diffusione di lezioni plausibili, corrette, e in qualche caso anche originali. Un copista collazionatore può lasciare dietro di sé molti indizi del suo operato, ma raramente delle prove schiaccianti. Le uniche valide sono costituite da innovazioni di cui si possa provare il carattere monogenetico: quindi, per esempio, estese riscritture, interpolazioni, o – con minore certezza – serie di varianti discrete ma chiaramente innovative e coerenti nella loro elaborazione e finalità. Una prova forte di contaminazione è accertabile nel codice L, che con B e D deriva da un subarchetipo che pertiene alla tradizione di Acri. Ecco la lezione dei codici per il luogo rilevante, § 38. 1-5:

P (11v); Ph (9r); Re (9v); V1 (8r); P10 (12r); Pa (8v); B (26v); D (7v); P3 (93)	L (9v); β = H (6v), Li (6r), Ch (5v), L5 (9r)
Segnors, ensi com je vos di est la terre en trois parties devisee. L'une de ces trois parties si est ausi grande par li seule com les autres ·ii· sunt ensamble. Asia a a non la plus grande, et les autres ·ii·, Europa et Affrica, *n'unt noient plus de grandece ne de leece que la premeraine que vos est nomee. Or est bien raisons, ce me samble, que je vos die en la quele partie dou monde est Asie nomee et asise.*[42] Asia si est sor l'Occean, c'est sor le grant mer, a trois costes asise. Si comprent tote la terre d'Orient et la contree, et si s'estent jusques en Occident. A destre partie et vers septentrion prent ele fin a Europe, et a senestre s'estent ele outre les mons des Capios jusques en Affrica.	Ensi come je vos di est la terre devisee en trois parties. L'une de ces ·iii· parties est aussi grant par lui soulle come sont les autres ·ii· tot ensemble. Aise a nom la plus grant, et les autres ·ii· Europe et Aufrique. *Sem le fiz Noé tint tote Aufrique, et Cam tint Aise, et Japhet tint Europe.* Aise est assise sur l'Occean, c'est sur la grant mer a ·iii· costes. Si comprent tote la terre et la contree d'Oriant et s'estent jusque a Occident a destre partie et vers septentrion prent jusque a Europe, et a senestre s'estent a mons de Capios jusque en Aufrique.

41. Affine al manoscritto pisano F e al modello dell'originale della seconda redazione; si veda Rachetta, *Sull'*Histoire ancienne jusqu'à César, p. 49.

42. La lezione incongrua «est Asie nomee et asise», 'è l'Asia chiamata e collocata', è tràdita da P, Ph, Re, P10, Pa, P3 e D; B legge «est Asie», V1 «est Asie formee et asise».

La versione nella colonna di sinistra è quella dei codici della versione lunga della prima tradizione (P, Ph, Re e V1) e di tutti i codici della tradizione di Acri eccetto L, compresi B e D che di L sono stretti collaterali. La lezione della colonna di destra è comune a L e ai codici della versione abbreviata. Questa seconda lezione è il prodotto della soppressione di materiali informativi secondari (il riferimento alle maggiori dimensioni dell'Asia rispetto all'Africa e all'Europa) e di una transizione alla prima persona, del tipo di cui la versione lunga dell'*HAC* è ricca e su cui si esercita solitamente l'intervento del redattore responsabile della versione abbreviata. Anche se questo passo non ricade nelle sezioni dove l'attività di questo redattore è stata sistematica, non ci sono difficoltà ad attribuirgli la soppressione. Insolito è invece il fatto che la versione abbreviata presenti non un semplice taglio, ma una vera e propria lezione alternativa. La distribuzione dei discendenti dei figli di Noè nei tre continenti (Sem in Africa, Cam in Asia e Jafet in Europa) contraddice il trattamento che questa materia avrà qualche paragrafo dopo: ai §§ 55-69 la dispersione dei discendenti di Noè è trattata diffusamente secondo la versione dettagliata dello *Josephus latinus* (I, VI.i.122-VI.iv.147), che percorre i loro stanziamenti non sui tre continenti, ma nei territori degli imperi romano e persiano antichi. Che la lezione di destra sia spuria è praticamente certo e potrebbe essere una semplice interpolazione banalizzante.

L'adozione di questa lezione da parte di L si inquadra nella tendenza del testimone, non estrema ma percepibile, ad abbreviare il dettato della versione lunga. L condivide modello iconografico e testuale con B e D, ma rispetto a questi due testimoni è molto più marcatamente un codice "d'apparato": il modulo della scrittura è più ampio e le miniature quadrate della larghezza di una colonna tipiche di B e D diventano in L ampie illustrazioni a mezza pagina, tre quarti di pagina e pagina intera. Il testo della prosa, che deve essere stato influenzato da questa diversa impostazione della copia, è caratterizzato da numerosi tagli capillari e dalla soppressione di alcune rubriche. Oltre al fatto che il copista di Acri si sia aiutato con una copia della versione abbreviata, è interessante notare come in questo caso – se non unico, sicuramente raro – in cui la versione abbreviata offre una versione alternativa a quella della versione lunga egli abbia scelto la prima: segno che egli attribuiva affidabilità, su punti di dettaglio, a questa versione riveduta. Questo giudizio può essere dipeso da circostanze molto specifiche. L deriva da un subarchetipo della versione lunga comune anche a B, D e P3, prodotto in Terrasanta e genericamente migliore, dal punto di vista testuale, rispetto alla versione abbreviata. Per la sezione I (*Genèse*), però, la cosiddetta versione abbreviata – come vedremo presto – non è abbreviata, e si configura come una versione integra (per quanto riguarda la prosa) che deriva da una tradizione molto curata e plausibile dal punto di vista linguistico e stilistico. In questo contesto quindi la versione abbreviata forniva effettivamente un modello di qualità, e questo spiega anche gli altri episodi noti di contaminazione dalla versione abbreviata a quella lunga.[43]

43. Si veda Zinelli, *Traditions manuscrites d'Outremer*, p. 82, per le tracce di contaminazione dalla versione abbreviata nelle sezioni I e II di V1 e in P3.

La contaminazione extrastemmatica mediante il confronto con le fonti latine – un'eventualità che può sembrare relativamente improbabile nel caso di una compilazione come l'*HAC*, in cui diverse fonti sono combinate e rielaborate e in cui non compaiono indicazioni esplicite circa la derivazione dei singoli segmenti – è, in almeno un caso segnalato da Fabio Zinelli, la spiegazione più economica per la genesi di una lezione che giunge a B, D, L e P3 da un loro modello comune e che è assente dal resto della tradizione moanoscritta.[44]

L'insieme delle dinamiche che abbiamo esaminato non determina l'impossibilità di razionalizzare la tradizione. Al contrario, i raggruppamenti genealogici tra i codici dell'*HAC* esistono e sono in gran parte individuabili, ed è proprio la razionalizzazione delle filiazioni che, essendo possibile, permette di accertare l'incidenza degli eventi antistemmatici. La contaminazione non confuta lo stemma, ma lo completa. Per rendere conto di queste vicende – e proporre delle ricostruzioni che con esse siano compatibili – è meglio parlare, per quanto riguarda i piani alti dello stemma, piuttosto che di famiglie, di "tradizioni": filoni di trasmissione testuale che derivano da antigrafi comuni individuati da errori, ma entro cui il testo dei testimoni è prodotto anche – e a volte prevalentemente – da dinamiche migliorative e contaminatorie.

3.2. *La genealogia dei codici e la circolazione*

Entro i due grandi filoni di trasmissione, la prima tradizione comprende i codici più conservativi, cioè P, Ph e Re, e quelli più innovativi, cioè quelli della versione abbreviata.

P è l'unico testimone completo duecentesco sopravvissuto e il codice di base di tutte le edizioni esistenti. La localizzazione della sua produzione è un argomento particolarmente spinoso. Le opinioni degli storici dell'arte si sono divise tra due localizzazioni possibili per la decorazione del codice: nella Francia del Nord secondo Hugo Buchthal e Doris Oltrogge, in Terrasanta secondo Jaroslav Folda.[45] Sia Folda, che ha studiato a più riprese la produzione manoscritta localizzabile ad Acri nei decenni precedenti la caduta nel 1291, sia Oltrogge, cui si deve l'analisi sistematica dei cicli illustrativi che compaiono nei

44. *Ibidem*, per il recupero della fonte latina da parte del modello comune a B, D, L e P3. Per un caso di possibile ritorno sulle fonti da parte del redattore responsabile della versione propria alla tradizione di Acri si veda *supra*, p. 191, n. 30.

45. H. Buchthal, *Miniature Painting in the Latin Kingdom of Jerusalem*, with liturgical and paleographical chapters by F. Wormald, Oxford, Oxford University Press, 1957, pp. 70-73 e 77-78; Oltrogge, *Die Illustrationszyklen*, pp. 20-22; Folda, *Crusader Manuscript Illumination*, p. 101, e Id., *Crusader Art in the Holy Land, from the Third crusade to the Fall of Acre, 1187-1291*, Cambridge, Cambridge University Press, 2005, p. 432. Le implicazioni della localizzazione in Terrasanta sono sviluppate ulteriormente in A. Derbes, M. Sandona, *Amazons and Crusaders: The* Histoire universelle *in Flanders and the Holy Land*, in *France and the Holy Land: Frankish Culture at the End of the Crusades*, ed. by D. H. Weiss, L. Mahoney, Baltimore-London, John Hopkins University Press, 2004, pp. 187-229.

manoscritti duecenteschi e trecenteschi dell'*HAC*, concordano nell'accostare quello di P a quello di B, D e L, sulla cui produzione in Terrasanta c'è accordo, e dei derivati continentali della tradizione di Terrasanta (il codice francese Pa e i codici italiani P10 e P3, che riproducono modelli ultramarini sia per le miniature che per il testo).

Alla radice del carattere perlomeno problematico della localizzazione di P sulla base della miniatura è la relativa assenza di caratteri stilistici "di contatto" prodotti dall'influenza delle arti figurative mediterranee (tra le quali un ruolo cardine è giocato dalla tradizione bizantina), ben individuabile invece in B, D e L. Un altro elemento che complica il quadro è il problema, al centro della ricostruzione di Folda, del rapporto tra produzione francese e produzione acritana nel terzo quarto del Duecento. Secondo lo studioso americano il sorgere di una produzione di influenza francese ad Acri era, nei decenni precedenti la caduta, un fatto relativamente recente: fino agli anni Quaranta inoltrati la produzione artistica latina avrebbe piuttosto avuto una matrice tedesca.[46] Nella seconda metà del secolo i modelli di riferimento sarebbero cambiati a seguito della migrazione di artisti e modelli dalla Francia verso Acri, dove questi avrebbero subito l'influenza degli stili orientali e avrebbero utilizzato i materiali locali (inchiostri e colori). Il caso meglio studiato è quello dei due "periodi" del *Paris-Acre Master*, un artista la cui mano è riconoscibile anche nel nostro L, che sarebbe stato attivo fino al 1280 circa a Parigi e successivamente ad Acri.[47] Folda attribuisce P a un assistente del *Paris-Acre Master* che lavorava ad Acri ma che adottava uno stile meno sperimentale e innovativo; la datazione bassa che egli propone per P, il 1287 circa, dipende dall'influenza che il ciclo illustrativo di L avrebbe esercitato su questo assistente.[48] In sostanza, la localizzazione di P ad Acri dipende dalla ricostruzione dell'attività intorno del *Paris-Acre Master*, e l'assenza nell'illustrazione di questo codice di elementi sincretici si spiegherebbe con la sua estraneità al filone più avanzato e sperimentale della produzione acritana. Entro questa ricostruzione, P è considerato un prodotto relativamente mediocre. Pur arrivando a conclusioni radicalmente diverse circa la localizzazione del codice, l'argomentazione di

46. J. Folda, *Before Louis IX: Aspects of Crusader Art at St. Jean d'Acre, 1191-1244*, in *France and the Holy Land: Frankish Culture at the End of the Crusades*, ed. by D. H. Weiss, L. Mahoney, Baltimore-London, John Hopkins University Press, 2004, pp. 138-157.

47. J. Folda, *The Hospitaller Master in Paris and Acre: Some Reconsiderations in Light of New Evidence*, in «The Journal of the Walters Art Gallery», 54 (1996), pp. 51-59. Sull'elaborazione a Parigi di narrative figurative connesse alle crociate si veda D. H. Weiss, *The Old Testament Image and the Rise of Crusader Culture in France*, in *France and the Holy Land: Frankish Culture at the End of the Crusades*, ed. by D. H. Weiss, L. Mahoney, Baltimore-London, John Hopkins University Press, 2004, pp. 3-21. Il *Paris-Acre Master* di Folda coincide con colui che lo studioso americano ha designato fino al 2004 come *Hospitaller Master*; per le ragioni del cambio di denominazione si veda J. Folda, *The Figural Arts in Crusader Syria and Palestine, 1187-1291: Some New Realities*, in «Dumbarton Oaks Papers», 58 (2004), pp. 315-331, p. 320.

48. Secondo Stefano Asperti, che ringrazio molto per aver voluto esaminare il codice, gli elmi con cimiero rappresentati nella miniatura a c. 96r suggeriscono di collocare la sua esecuzione negli ultimi quindici-venti anni del Duecento.

Folda differisce da quella di Buchthal e Oltrogge – che collocano P nella Francia del Nord e che lo ritengono una copia relativamente tarda e prodotta in Francia di un modello antico anch'esso francese – solo per quanto riguarda l'ipotesi circa gli influssi figurativi delle illustrazioni di L, che secondo Folda è il vertice dello sperimentalismo acritano, su quelle di P. In definitiva, non diversamente da quanto accade per la ricostruzione delle fasi antiche della tradizione manoscritta dell'*HAC*, anche l'ipotesi sulla produzione di P deriva in gran parte dalla ricostruzione più ampia dei fatti basata sulla comparazione dei vari testimoni, nonché naturalmente sulle ipotesi metodologiche relative alle evoluzioni delle forme figurative.[49]

A seguito dell'esame della lingua di P, Fabio Zinelli ha proposto di considerare il testo di questo codice il frutto di una tradizione francese "provinciale".[50] L'argomento principale alla base di questa ipotesi concerne la valutazione degli occitanismi di P e la loro comparazione con quelli ricorrenti nella *scripta* d'Oltremare. In P sono assenti gli occitanismi tipici di questa *scripta* (con l'eccezione dei fenomeni interpretabili anche come piccardismi), ma ne sono rilevabili altri a lui esclusivi entro la tradizione dell'*HAC*. Di conseguenza, essi devono

49. Rodríguez Porto, *Beyond the Two Doors of Memory*, p. 62, n. 29, riferisce una *expertise* di Patricia Stirnemann che, sulla base dell'esame delle filigrane, si pronunciava a favore della produzione di P ad Acri; una nuova *expertise* della stessa studiosa, riferita in Zinelli, *Traditions manuscrites d'Outremer*, p. 89, n. 138, non esclude la localizzazione del codice in Francia. Le ipotesi basate sull'ornamentazione sono separate da quelle che concernono la miniatura: gli elementi decorativi di tipo non illustrativo venivano eseguiti da artisti specializzati più numerosi e geograficamente stanziali rispetto ai miniatori; si veda P. Stirnemann, *Dating, Placing and Illumination*, in «Journal of the Early Book society for the Study of Manuscripts and Printing History», 11 (2008), pp. 155-166. L'ultimo studio della produzione acritana su base paleografica si deve a F. Wormald, in appendice a Buchthal, *Miniature Painting*, pp. 135-137. Anche da questo punto di vista, P si discosta sensibilmente da B, D, e L: presenta una scrittura assai meno rotonda, e più marcatamente angolosa. Per la scrittura "gotica mediterranea", in cui l'assenza di angolosità può essere interpretata come un arcaismo stilistico, si veda il caso del Salterio Hamilton studiato in G. De Gregorio, *Tardo Medioevo greco-latino: manoscritti bilingui d'Oriente e d'Occidente*, in *Libri, documenti, epigrafi medievali: possibilità di studi comparativi*, Atti del Convegno internazionale di studio dell'Associazione italiana dei Paleografi e Diplomatisti, a cura di F. Magistrale, C. Drago, P. Fioretti, Spoleto, Centro italiano di studi sull'Alto Medioevo, 2002, pp. 19-135, pp. 43-42. Sul Salterio Hamilton, prodotto intorno al 1300 e che è un oggetto composito che risentirebbe di influenze sia costantinopolitane che cipriote, si veda M. L. Meneghetti, M. Gaggero, *La cultura occidentale tra Costantinopoli e Cipro all'inizio del XIV secolo: gli affreschi della* Kalenderhane Camii *e il Salterio Hamilton*, in *Linee storiografiche e nuove prospettive di ricerca*, Atti del XI Colloquio Internazionale, Medioevo Romanzo e orientale (Roma, 27-28 febbraio 2018), a cura di F. Bellino, E. Creazzo, A. Pioletti, Soveria Mannelli, Rubbettino, 2019, pp. 237-260, alle pp. 248-260. Sulle caratteristiche codicologiche della produzione cipriota si veda ora M. Gaggero, *Intorno a S: la cultura libraria a Cipro nel XIV secolo*, in *Il manoscritto Saibante Hamilton 390*, edizione critica diretta da M. L. Meneghetti, Roma, Salerno, 2020, pp. LXXVI-XCVII.

50. Zinelli, *Traditions manuscrites d'Outremer*, pp. 83-89. Per le considerazioni preliminari si veda Id., *Les històries franceses de Troia i d'Alexandre a Catalunya i a Ultramar*, in «Mot so razo», 12 (2013), pp. 7-18, alle pp. 10-11.

dipendere da un contatto con le varietà gallo-romanze meridionali indipendente dal resto della tradizione, che può essere avvenuto in Terrasanta ma anche nel *Midi* o in Catalogna nel contesto della produzione di P o di quella di un suo modello.

Dell'altro testimone antico della versione lunga secondo la prima tradizione, il tormentato V1, abbiamo già detto parlando delle contaminazioni nella tradizione dell'*HAC*. V1 non è l'unica traccia lasciata dalla prima tradizione nel Veneto del Trecento. La traduzione trasmessa all'interno della compilazione del codice Venezia, Biblioteca Nazionale Marciana, It. VI. 81, presenta in corrispondenza dei §§ 73-74 una lezione che implica la presenza nel modello della rubrica al § 73 caratteristica della versione lunga della prima tradizione e di V1: «Chomo cummença i realli e i gran signori che descende digi ebrei e del so lignaço» (13r). Il § 73 non è tradotto, ma la rubrica introduce i contenuti del § 74, conformemente all'ordinamento della prima tradizione.[51] Il modello di questa traduzione può essere tanto V1 stesso che un suo stretto collaterale, o un altro codice derivante dalla prima tradizione.

I due testimoni quattrocenteschi Ph e Re sono stati individuati solo negli ultimi anni.[52] Per quanto riguarda Ph, il suo contesto di produzione è ancora incerto.[53] Re, invece, è datato dal copista al 1475 e nella decorazione porta le armi di una nota coppia di bibliofili bretoni del tempo, Tanguy IV du Chastel e Jeanne Raguenel de Malestroit.[54] Da un punto di vista genetico, sono strettamente apparentati a P. Entrambi presentano una lezione aderente a quella del codice antico, fatti salvi gli ammodernamenti linguistici e, soprattutto nel caso di Re, la tendenza a intervenire sugli ottosillabi morali. Soprattutto, P, Ph e Re condividono una variante nella rubricatura che presuppone un guasto meccanico ai §§ 1077-1079. La tradizione trasmette tre versioni di questa sequenza di rubriche:

51. Su questo codice e sul suo contenuto (siglato V1 negli studi sulle traduzioni italiane) si veda M. Cambi, *Codice, immagine e paratesto nel ms. Venezia, Biblioteca Nazionale Marciana, It. VI 81 (5795)*, in «Carte romanze», 7 (2019), pp. 347-374. Su V1 e i volgarizzamenti veneti in generale si veda Id., *L'*Histoire ancienne jusqu'à César *in Italia*, p. 133-166 (pp. 133-139 per la derivazione dalla versione lunga di un'altra traduzione probabilmente indipendente, limitata alla sezione tebana, tràdita da Venezia, Biblioteca Nazionale Marciana, It. VI. 7 e siglata Vz), e Id., *Fortune dell'*Histoire ancienne jusqu'à César *nel Veneto medievale*, in *Les chroniques et l'histoire universelle. France et Italie (XIIIe-XIVe siècles)*, sous la dir. de F. Montorsi, F. Maillet, M. Albertini, S. Ferrilli, Paris, Classiques Garnier, 2021, pp. 113-127.

52. Il primo a usarli entrambi è stato Baker, *La version vulgate*.

53. Rochebouet, *De la Terre sainte au Val de Loire*, pp. 186-187, che non sembra aver potuto consultare la riproduzione digitale di Ph, riprende la localizzazione nella Valle della Loira e la datazione agli anni Settanta del Quattrocento che erano state proposte nei cataloghi di vendita del codice. Su di esso si veda anche anche la notizia catalografica in C. Black, *Transformation of Knowledge. Early Manuscripts from the Collection of Lawrence J. Schoenberg*, London, Paul Holberton, 2006, p. 143.

54. Ivi, pp. 187-191; la pista italiana seguita da Rochebouet per quanto riguarda il modello di Re sembra meno probabile alla luce delle considerazioni che seguono.

P (325v), Ph (310v), Re (324v)	β = H (169r), Li (196r), Ch (148r), L5 (210r); P10 (371v)	B (292v); D (238r); L (280r); Pa (188v)
1076. *Que grant dolor avoit en Numance* La oïst on tans cris dolorous de ceaus qui la mort prouchaine sentoient, et des dolantes meres qui lor enfans et lor barons ansois que eles fussent estaintes ardoir et morir a grant dolor i veoient.	*Que grant dolor avoit en Numance* La oist on tant cri doulereus de ceus qui la mort prochienne sentoient, et des dolantes meres qui lor enfanz et lor barons encois qu'eles fussent estaintes ardoir et morir a grant dolor veoient.	[senza rubrica, paragrafo copiato di seguito al precedente] La ot tant cris dolorous de cil qui la mort prochaine sentoient, et des dolentes meres qui lor enfans et lor barons ansois qu'eles fucent estaintes ardoir et morir a grant dolor veoient.
1077. [senza rubrica; spazio vuoto in P, paragrafo copiato di seguito al precedente in Ph e Re] Ensi fu la cités de Numance destruite si dou tot en tot par fu et par venim et par armes esmolues c'onques ne remest tors ni maisons ne sale perrine [...]	*Que tout fu peri qu'en que avoit en Numance* Einsi fu la citez de Numance destruite si dou tout en tout par feu et par venim et par armes esmolues c'omques ni remest ne meson ne sales perrines [...]	*Comment tout fu peri quanque avoit a Numance* Ensi fu la cité de Numance destruite si del tout en tout par feu et par venim et par armes esmolues c'onques ni remest tor ni maison ni salle perrine [...]
1078. *Que tot fu peri quanqu'avoit en Numance* Quant li Romain, qui defors de Numance estoient logié et atravé, virent le grant fu et la flame par tote la cité enbrasee et levee, il s'esmerveillerent mout que ce puet estre. [...]	*Que molt se merveillierent li romain del feu de Numance la cité* Quant li Romain, qui de fors Numance estoient logié, virent le grant feu et la flambe par toute la cité embrasee et levee, il se merveillierent molt que ce pooit estre. [...]	*Que molt se merveillerent les Romains dou feu de Numance* Quant les Romains, qui defors numance estoient logié, virent le grant feu et la flambe par toute la cite embrasee et levee, il se mervillerent molt que ce pooit estre. [...]
1079. *Que molt s'esmerveillerent li Romain dou fu de Numance* Et lors ala Scipio li conceles o ses Romains par le regne d'Espaigne, conquerant cités et chasteaus et riches fortereces q'il l'ot tote sousmise a sa poesté et a la segnorie de Rome. [...] Et tantost com il ot tot ce fait, il s'en repaira ariere a la cité de Rome o sa grant gent, qui de lonc tans ostoier estoit mout agrevee. [...]	*Qu'adonc conquist Scipio toute Espaigne et si repaira a Romme.* Et lors erra Scipio li conceles o ses Romeins par le regne d'Espaigne, conquerant citez et chatiax et riches forteresces tant qu'il ot toute souzmise a sa poesté e a la seignorie de Romme. [...] Et tantost comme il ot ce fet il repaira arriere a la cité de Romme o sa grant gent qui de lonc tens ostoier estoit molt agrevee. [...]	*Comment Scipio conquisto toute Espaigne et s'en repaira a Rome* Lors erra le concele Scipio o ses Romains par le regne d'Espaigne, conquerant chastiaus et cités et riches fortereces qu'il ot toute sousmise a la poesté et a la seignorie de Rome. [...] Et tantost come il ot tout ce fait, il s'en repaira arrieres a la cité de Rome o sa grant gent qui de lonc tens estoit molt agrevee. [...]

1080. *L'ochoisons de la discordance en Rome*	*L'achaison de la descordance de ceus de Romme*	*L'achaison de la discordance de Rome*
Ceste parole que Tyresus ot ensi la racontee tindrent puis li Romain a essample d'aus meismes. Quar quant il furent venu et repairié ariere, il troverent par la cité de Rome mout grant discordance entre les haus homes et le pueple [...]	A ceste parole que Thiresus ot ensi racontee tindrent plus li Romain example d'eus meimes. Car quant il furent revenu et reperié arriere a Romme, il troverent par la cité de Romme assez grant descordance entre les hauz homes et le pueple [...]	A ceste parole que Thiresus ot ensi la recontee tindrent puis, ce di, les romains a essample d'eaus meismes. Car quant il furent revenu et reparié arriere a Romme, il trouverent par la cité de Romme assez grant descordance entre les haus home et le pueple [...]

La soppressione della divisione tra i §§ 1075 e 1076 in di B, D, L e Pa, con la conseguente eliminazione della rubrica, è una variante che può anche essersi prodotta poligeneticamente: il § 1076 (che nella tabella qui sopra è trascritto integralmente) è molto breve, e racconta dal punto di vista delle donne di Numazia gli esiti tragici del loro suicidio per avvelenamento, che era stato raccontato immediatamente prima, alla fine del § 1075. In P, il § 1076 rimane privo di rubrica; la rubrica a esso relativa slitta al § 1077, e quella del § 1077 al § 1078. Al § 1080 il copista responsabile dell'errore si deve essere avveduto dell'incoerenza e ha copiato la rubrica corretta. La genesi dell'errore può dipendere dall'estrema brevità del § 1076, che in P conta solo sette righe; lo spazio bianco per la sua rubrica è in un punto inatteso, vicinissimo a quello della precedente, e può essere passato inosservato. Ph e Re riproducono lo stesso errore di P, ma nel loro caso lo spazio per la rubrica del § 1077 è stato soppresso. Se l'errore si è prodotto in P, Ph e Re sono con ogni probabilità due suoi *descripti*. L'assenza in entrambi questi manoscritti degli ottosillabi morali del § 733, però, suggerisce che tra loro e P o un suo collaterale debba essere esistita almeno un'altra copia intermedia.

Indipendentemente da quale sia la relazione precisa tra Ph e Re e la tradizione di P, queste copie testimoniano che nel Quattrocento francese esisteva un pubblico per la versione completa dell'*HAC*, comprese le moralizzazioni e l'eredità intellettuale dell'autore. Che questo non sia un caso, e che la completezza di Ph e Re non dipenda solo dalla disponibilità di un modello completo negli *atelier* che li hanno prodotti, è dimostrato dalle annotazioni marginali di Ph. Coeve al testimone e vergate alternativamente in inchiostro nero e rosso, sono apposte prevalentemente in corrispondenza di eventi notevoli e di discorsi diretti. Ma segnalano anche, ai §§ 514 e 515, delle moralizzazione in versi: «Note bien ces paro[...] car elles sont profita[....]»; «[.]e ceulx qui guerroyent [.]glise et les serjans de Dieu et [.]el bien ilz en ont en la fin».

Dalla prima tradizione deriva anche la versione abbreviata dell'*HAC*. Il primo a individuarne l'esistenza e la seriorità rispetto a quella lunga è stato Marc-René Jung nel suo studio sulla sezione V (*Troie*). Jung individua due "famiglie" di codici: α (versione lunga) e β (versione abbreviata).[55] Lo studioso svizzero

55. Jung, *La légende de Troie*, pp. 353-354. Il primo a distinguere due versioni all'interno della prima redazione era stato Léopold Constans, che riteneva però che la versione lunga fosse un'am-

ha esaminato la tradizione senza voler individuare dei rapporti genealogici tra i codici, ma piuttosto al fine di esplorare le variazioni del testimoniale (soprattutto a livello macrostrutturale); anche se egli impiega il termine *famille*, α e β sono semplicemente dei raggruppamenti tipologici. Il gruppo α comprende i testimoni della versione lunga: P, D, B, L, Pa, P3 e P10. Il gruppo β include tutti gli altri codici compreso V, in cui la sezione V (*Troie*) ricade nella porzione di V1 che dipende dalla versione abbreviata. Confrontando il testo di P con quello di D, V e L5, un testimone antico della versione abbreviata, Jung dimostra il degrado del testo di V e L5 in rapporto alle fonti latine. Al momento di sintetizzare i risultati, individua nelle omissioni, soprattutto delle sezioni in versi, i caratteri distintivi del gruppo β.[56]

Nel 1986, nello stesso anno dell'uscita dello studio di Jung, Marijke de Visser-van Terwisga pubblica l'edizione delle sezioni II-IV (*Orient I – Thèbes – Grecs et Amazones*). A lei si deve il primo stemma dell'*HAC*, tracciato secondo metodi quantitativi sulla base del confronto a livello di microvarianza di un breve estratto testuale posto all'inizio della sezione II (*Orient I*).[57] Questo stemma è basato esclusivamente su constatazioni di natura tipologica. Queste permettono all'editrice di porre la distinzione tra un *noyau ancien*, che comprende i codici della versione lunga, e il resto della tradizione, latrice della versione abbreviata. Del *noyau ancien* fanno parte P, D, B, L, Pa, P3, P10 e V (l'estratto collazionato fa parte della sezione di V1 che deriva da un modello della sezione lunga). Un elemento problematico dello stemma di Visser-van Terwisga è l'assenza di un nodo (cioè, nella terminologia della stemmatica quantitativa, un addensamento di varianti) all'origine della versione abbreviata: i testimoni sono raggruppati sotto sei nodi indipendenti connessi a un ulteriore nodo, sovraordinato, da cui dipendono anche P e – tramite un ulteriore nodo interposito – tutti gli altri testimoni della versione lunga. Questa ricostruzione contraddice patentemente le caratteristiche della versione abbreviata quale era stata descritta da Jung: una riscrittura sistematica che ha dei caratteri molto netti. L'assenza in questa ricostruzione di un nodo comune alla versione abbreviata si spiega con ragioni non di metodo, ma di merito: per la sezione II, e quindi per i paragrafi collazionati da Visser-van Terwisga, la versione abbreviata non esiste, e tutti i codici sono latori di copie della versione lunga.

La consistenza genealogica della versione abbreviata è stata dimostrata nel 2017 da Craig Baker mediante il reperimento di errori congiuntivi e separativi

plificazione di quella breve; si veda *Le roman de Thèbes*, éd. L. Constans, II, pp. CXXIII-CXLV; L. Constans, *La légende d'Œdipe étudiée dans l'Antiquité, au Moyen Âge et dans les temps modernes, en particulier dans le Roman de Thèbes, texte français du XII*[e] *siècle*, Paris, Maisonneuve, 1881, dove dell'*HAC* si parla alle pp. 132-156, è superato dai contributi di Meyer.

56. Ivi, pp. 422-430 e 353. Per la casistica degli interventi che individuano la versione abbreviata si veda anche Baker, *La version vulgate*, pp. 757- 759, e Rachetta, *Sull'*Histoire ancienne jusqu'à César, pp. 44-48.

57. *Histoire ancienne jusqu'à César*, éd. Visser-van Terwisga, II, pp. 200-216. Per delle critiche all'applicazione della metodologia quantitativa da parte di Visser-van Terwisga si veda Baker, *La version vulgate*, pp. 754-760.

reperiti nella sezione VI (*Eneas*).[58] Questi errori permettono di individuare un subarchetipo, che Baker denomina β utilizzando la stessa sigla che Jung aveva scelto per indicare la versione abbreviata in quanto gruppo tipologico. Al redattore responsabile della versione abbreviata si deve una copia completa ma, per una vasta sezione del testo, fortemente innovativa. I suoi interventi si rilevano a partire dall'inizio della sezione III (*Thèbes*) per iniziare a diradarsi, fino a sparire lentamente, a partire dall'inizio della sezione VII (*Rome I*).[59] In questa porzione di testo i manoscritti che derivano da questa copia presentano una versione abbreviata mediante il taglio di interi sintagmi e l'eliminazione di ogni allocuzione al pubblico, di ogni deviazione dal racconto e della maggior parte delle amplificazioni retoriche.

La storia dei derivati di β, che costituiscono la maggior parte dei testimoni conservati, è quella della più ampia diffusione europea dell'*HAC*. Il nucleo più antico e prossimo a β è costituito dai codici H, Li, L5, Po, Ay e P18, copiati nella Francia del Nord, e dai due codici italiani Ch e Ve. Dal punto di vista delle illustrazioni, corrispondono (con l'eccezione di Li, che ha una sola miniatura in apertura) al *Zyklus C* di Oltrogge, abbastanza vario per quanto riguarda contenuto e localizzazione dei luoghi di esecuzione, caratterizzato però sempre dalla disposizione delle illustrazioni su più registri, con due, tre o quattro scene affiancate. In uno studio recente di Gabriele Giannini il codice P18, l'unico dei codici prodotti in Francia a non essere monografico ma a contenere una raccolta di testi, è servito da chiave di volta per definire l'ambiente di produzione di questa tipologia di testimoni dell'*HAC* e non solo. Giannini si concentra su P18 e sull'altro codice conservato copiato dal medesimo copista – oggi smembrato in tre diverse unità di conservazione segnate Paris, Bibliothèque de l'Arsenal, 3114, Paris, BnF, fr. 24431, e Paris, Bibliothèque de l'Arsenal, 3122 – del quale egli ha ricostruito l'unità e precisato lo studio degli aspetti paleografici e codicologici.[60] P18 e Paris, Bibliothèque de l'Arsenal, 3114 condividono, oltre a buona parte della silloge di testi più brevi, anche degli annali latini. In quelli copiati nel secondo codice il copista ha aggiunto delle voci relative all'episcopato di Milone di Bezoches, vescovo di Soissons dal 1263 al 1290. Questo elemento permette la localizzazione della produzione dei due volumi in questa diocesi soggetta a *iura regalia* a nord di Parigi, dato a sua volta coerente con la lingua relativamente scevra da tratti piccardi dei due testimoni. Giannini circostanzia inoltre l'adozione delle miniature a più comparti che Oltrogge aveva considerato tipiche del *Zyklus C* a una produzione diffusa nelle diocesi di Laon, Noyon (di cui, lo ricordiamo, faceva parte Lille) e Soissons, e la sua attestazione prevalente in volumi che contengo-

58. Ivi, pp. 755-757.

59. Rachetta, *Sull'*Histoire ancienne jusqu'à César, p. 35. Questa valutazione rimane in gran parte ipotetica, perché il redattore responsabile della versione abbreviata è solo il più sistematico e impietoso dei tanti copisti che hanno modificato il testo dell'*HAC* tendendo ad abbreviarla e ad asciugarne la prosa.

60. Giannini, *L'Arsenal 3114*. Per quanto riguarda la tradizione dell'*HAC*, si deve a Giannini anche l'attribuzione di L5 e Po allo stesso copista; si veda ivi, p. 131.

no opere a tema religioso. La produzione in questione è esemplificata, oltre che da alcuni manoscritti antichi dei *Miracles de Nostre Dame* di Gautier de Coinci (Sankt-Peterburg, Rossijskaja nacional'naja biblioteka, fr. F. v. XIV.9; Paris, BnF, fr. 25532; e Paris, BnF, fr. 22928), da una copia della *Bible du XIII*[e] *siècle* (Oxford, Corpus Christi College, 178), e da una copia del *Légendier A* (Paris, BnF, n. a. fr. 23686).[61]

Inoltre, Giannini individua nella silloge di testi di P18 e del codice copiato dal medesimo copista la traccia di una cultura testuale di matrice prettamente canonicale sviluppata intorno alle chiese della Champagne e della Piccardia. Lo testimoniano il *Livres d'Amours* di Drouart La Vache, chierico secolare originario della Champagne sud-orientale, nella cui opera la geografia ecclesiastica indicata dalle invocazioni ai santi è tutta interna all'arcidiocesi di Reims, ma anche tutte le opere più recenti che compaiono nei due codici – composte da canonici di origine champenoise o piccarda: Pierre de Maubeuge, Alart de Cambrai, Ellebaut, l'autore del *Miroir du Monde*, forse il Thibaud del *Roman de la Poire* – nonché le opere più esili conservate in Paris, BnF, fr. 24431, una breve e incompleta *Doctrine de l'Eglise* e una spiegazione della messa in latino.[62] La localizzazione nelle diocesi di Soissons, Laon e Noyon di P18 e dei codici il cui stile di illustrazione è analogo a quello del *Zyklus C* non equivale semplicemente alla collocazione della loro produzione del territorio di queste entità amministrative o nel contesto delle loro infrastrutture economiche, ma implica, nella dettagliata ricostruzione di Giannini, un coinvolgimento diretto degli ambienti canonicali nella produzione tanto dei testi che dei codici.

È in questi ambienti che si deve collocare anche la più antica circolazione solidale dell'*HAC* e dei *Faits des Romains*, attestata oggi nel solo Ch ma attribuita da Henry Ravenhall anche al modello – o alla versione antica integra, corredata di un volume ulteriore perduto – di Ve, H, Li, Ay, L5 e del testimone dei *Faits des Romains* Bruxelles, KBR, 10168-10172.[63] In particolare che L5, in origine o per lo meno per un periodo, facesse parte di un dittico che comprendeva anche i *Faits* è suggerito dalla rubrica incipitaria tardotrecentesca o quattrocentesca che elenca tra le fonti del testo anche quelle di questa opera: «Cy commence le tresor des ystoires compilé de la Bible, de Justin, de Josephe, des anciennetés, de Titus Livius, de Saluste, de Julle Celse, et de Lucain, et de Suetone» (4r). Ravenhall ha anche

61. Ivi, pp. 126-130; in Zinelli, *Au carrefour des traditions*, pp. 120-121, viene formulata l'ipotesi che il *Légendier A* sia stato composto in Terrasanta.

62. Giannini, *L'Arsenal 3114*, pp. 116-118. Su P18 si veda Ravenhall, *The Anachronic Manuscript*.

63. In merito alla localizzazione di Ch, assai discussa, si veda R. W. Corrie, *Angevin Ambitions: The Conradin Bible Atelier and a Neapolitan Localisation for Chantilly's* Histoire ancienne jusqu'à César, in *France and the Holy Land. Frankish Culture at the end of the Crusades*, ed. by D. H. Weiss, L. Mahoney, Baltimore-London, John Hopkins University Press, 2004, pp. 230-249, che propone una localizzazione napoletana ma soprattutto ritiene che il carattere "internazionale" delle illustrazioni di questo manoscritto sia il risultato dell'opera di artisti attivi nella capitale del regno angioino ma pienamente integrati in una rete più ampia, con contatti a Parigi e Bologna (quindi non membri di un *atelier* di corte locale).

mostrato come il più tardo dei testimoni italiani derivanti dalla tradizione francese della versione abbreviata, il gonzaghesco Ve, derivi da una produzione di ambiente mercantile dalla quale ha ereditato una lista delle fiere della Champagne.[64]

Ancora ignoti sono i modelli – comunque appartenenti alla versione abbreviata – copiati dai prigionieri pisani nelle carceri di Genova alla fine del Duecento, noti come "pisano-genovesi": C, Vat, F, P13, P16, T1, i frammenti modenesi HA5 e quello parigino P27, e il breve estratto copiato in P29. Si tratta di una produzione antica tanto quanto quella francese che abbiamo appena esaminato. I rapporti tra i codici che ne fanno parte sono stati studiati da Zinelli, che ha individuato un gruppo principale, formato da F e P27 e probabilmente HA5, in posizione sovraordinata per competenza, e P16 e Vat, più innovativi. P13 sembra invece derivare da una tradizione differente, caratterizzata da elementi linguistici occitani e propri ai volgari dell'Italia del Nord (compatibili sia con le parlate lombarde che con quelle venete).[65]

La storia della versione abbreviata è ancora largamente inesplorata. L'unico studio nel quale i suoi testimoni siano stati esaminati estesamente è quello di Craig Baker, che ha confermato i risultati di Zinelli per quanto riguarda la bipartizione genealogica dei codici pisano-genovesi e soprattutto ha individuato una riscrittura migliorativa sistematica nel gruppo di codici francesi formato da Ma (di cui abbiamo esaminato sopra una sezione della rubricatura) e B1, L3, P1, P2, P7 e Pr.[66]

Ancora molte sono le domande circa la revisione all'origine della tradizione di Acri, che si è accompagnata a una vistosa correzione in senso locale della *scripta* dalla quale l'archetipo era esente. I codici dell'*HAC* copiati ad Acri costituiscono una delle testimonianze più ricche e importanti della cultura francese in Terrasanta.[67] Per quanto riguarda le immagini, questi codici sono testimoni

64. Ravenhall, *All Roads Lead to Rome*; per Ve si vedano le pp. 28-29.

65. Zinelli, *I codici francesi di Genova e Pisa*, p. 89, n. 18; Id., *"je qui li livre escrive de letre en vulgal": scrivere il francese a Napoli in età angioina*, in *Boccaccio angioino. Materiali per la storia culturale di Napoli nel Trecento*, a cura di G. Alfano, T. D'Urso, A. Perriccioli Saggese, Bruxelles, Peter Lang, 2012, pp. 149-170, p. 166. Le divergenze tra P13 e gli altri testimoni pisano-genovesi sono emerse, per quanto riguarda la paragrafatura e *loci critici* selezionati, anche nelle ricerche funzionali all'individuazione delle fonti dei due volgarizzamenti toscani dell'*HAC*, di cui una (siglata HAT1) dipende da un testo del tipo di C, F, P16 e Vat, mentre l'altra (siglata HAT2) dipende da un modello del tipo di P13. Si veda L. Di Sabatino, *Une traduction toscane de l'Histoire ancienne jusqu'à César ou Histoires pour Roger: La fondation de Rome, la Perse et Alexandre le Grand*, Turnhout, Brepols, 2018, pp. 23-26 e, per delle annotazioni supplementari sulla lezione di P13, pp. 47-49, e Id. *L'*Histoire ancienne jusqu'à César *e le sue ricompilazioni in Toscana*, in *Les chroniques et l'histoire universelle. France et Italie (XIII*e*-XIV*e *siècles)*, sous la dir. de F. Montorsi, F. Maillet, M. Albertini, S. Ferrilli, Paris, Classiques Garnier, 2021, pp. 129-146, alle pp. 152-137.

66. Baker, *La version vulgate*, p. 757.

67. Minervini, *Les manuscrits français d'Outremer*, pp. 163-164. Per una lettura "culturale" di L si veda L. Mahoney, *Dialectal Identity in the Latin Kingdom of Jerusalem*, in «Gesta», 49 (2010), pp. 31-52. Sull'esatta localizzazione degli *atelier* responsabili della produzione di Terrasanta si veda H. D. Jacoby, *Society, Culture, and the Arts in Crusader Acre*, in *France and the Holy Land:*

insieme a P del *Zyklus D* di Oltrogge.[68] Oltre ai tre codici acritani B, D, e L, ne fanno parte le copie italiane P10 e P3 e la copia francese Pa.[69] P10 e Pa sono le copie più competenti di questo gruppo, mentre B, D, P3 e – nella misura in cui non è contaminato – L discendono da un modello comune più innovativo.[70] È possibile che una copia dell'*HAC* sia giunta in Terrasanta tramite Roberto di Lille, il fratello di Roger diventato gran maestro dei templari di Francia nel 1234, o tramite un altro membro dell'ordine. Questa però è solo la via più probabile; altre ce ne sono sicuramente state (per esempio quella che ha condotto oltremare la copia della versione abbreviata che è stata fonte di contaminazione per L) e nessuna esclude le altre. La circolazione del testo può essere dipesa anche da canali indipendenti dalla committenza, e non laici; del resto, gli ambienti più interessati alla divulgazione della morale e della visione della storia propagate dall'*HAC* dovevano essere quelli ecclesiastici. Ad Acri e probabilmente anche a Cipro, l'*HAC* ha contribuito a costruire l'identità dei regni cristiani latini nei complessi rapporti culturali con le altre fedi. Nel 1291, con la caduta di Acri, è plausibile che le copie più preziose che vi erano state prodotte siano state trasportate dai latini in fuga precipitosa verso l'Europa. È in questo momento, forse, che alcune copie saranno giunte in Italia, a Venezia e nelle città universitarie di Padova e Bologna.

Le vicende che hanno segnato la storia della tradizione dell'*HAC* hanno probabilmente ancora molto da insegnarci e i settori inesplorati sono ancora amplissimi. Nuove ricerche non solo completeranno, ma correggeranno quello che già sappiamo. Per ora, oltre a riflettere su vicende di dettaglio, ha forse senso soffermarsi su come un'opera redatta con le sole sue forze e nell'indipendenza intellettuale da un uomo che si era formato in una scuola cattedrale, che non era estraneo alla cultura universitaria, che conosceva la storia del mondo come la raccontavano i Padri della Chiesa, che amava la letteratura volgare di argomento profano, anche se non la approvava del tutto, e che probabilmente era Wauchier de Denain, abbia per tre secoli suscitato la partecipazione intellettuale di copisti-

Frankish Culture and the End of the Crusades, ed. by D. Weiss, L. Mahoney, Baltimore-London, John Hopkins University Press, 2004, pp. 97-137, in particolare pp. 118-120, che a partire dal codice B dell'*HAC* propone di rivalutare il ruolo di Cipro come centro di copia di manoscritti latini già nel Duecento, e J. T. Wollensen, *Acre or Cyprus? A New Approach to the Crusader Painting Around 1300*, Berlin, Akademie Verlag, 2013. Sulla cultura latina ad Acri – testimoniata del Duecento in maniera spesso frammentaria e problematica – si veda J. Rubin, *Learning in a Crusader City. Intellectual Activity and Intercultural Exchanges in Acre, 1191-1291*, Cambridge, Cambridge University Press, 2018.

68. Per lo studio delle immagini di B, D, e L nel contesto artistico ultramarino più ampio si veda É. Maraszak, *Les manuscrits enluminés de l'Histoire ancienne jusqu'à César en Terre sainte. Saint-Jean-d'Acre, 1260-1291*, Dijon, Éditions universitaires de Dijon, 2015.

69. Assegnata su base linguistica alla Champagne o alla Lorena da P. Nobel, *L'Exode de la Bible d'Acre transcrit dans un manuscrit de l'Histoire ancienne jusqu'à César*, dans *Philologia ancilla litteraturae. Mélanges de philologie et de littérature françaises du Moyen Âge offerts au Professeur Gilles Eckard par ses collègues et anciens élèves*, sous la dir. de A. Corbellari, Y. Greub, M. Uhlig, Genève, Droz, 2013, pp. 195-208.

70. Zinelli, *Traditions manuscrites d'Outremer*, pp. 81-82.

editori e di artisti. I manoscritti conservati dell'*HAC* ci dicono pochissimo, normalmente nulla, sulla ricezione del testo da parte dei lettori e degli ascoltatori. Che ci sia stata e che sia stata appassionata è certo, ma per noi i suoi contenuti sono ancora in gran parte inconoscibili. Lo saranno, in futuro, quando la cultura storica volgare del secondo Duecento e del Trecento francofoni sarà mappata estensivamente sia come esperienza intellettuale dei singoli che come esperienza collettiva dei gruppi e collocata nel contesto plurilingue più ampio. Per ottenere questa mappatura è necessario concentrarsi con attenzione nuova sulle opere per discernerne i contesti sociali e intellettuali di produzione, le finalità, gli elementi innovativi e quelli conservativi. Solo dopo queste necessarie operazioni, le copie dell'*HAC* potranno essere collocate nel loro contesto e diventare, pienamente, testimoni della storia culturale.

Conclusioni

L'*HAC* è stata recepita per oltre un secolo come un'opera espressione degli interessi della nobiltà fiamminga del primo Duecento. Negli ultimi decenni, alcune sue versioni sono state poste al centro di ricostruzioni, parziali ma interessantissime, della cultura volgare nei regni latini di Terrasanta. La circolazione italiana alle fine del Duecento e nella prima metà del Trecento, che è oggi un settore molto ben studiato sotto il profilo filologico, è invece molto mal nota per quanto riguarda la caratterizzazione culturale degli individui e degli ambienti a cui le copie erano destinate. Allo stesso modo, i contesti a cui si devono le copie francesi trecentesche sono fondamentalmente sconosciuti; queste, però, sono poco studiate anche dal punto di vista filologico.

Le ricerche contenute in questo libro si sono concentrate su due momenti: la produzione del testo e la primissima ricezione, antecedente o immediatamente successiva alla produzione dell'archetipo. Sono emerse delle novità e delle proposte nuove per quanto riguarda entrambi.

La prima novità relativa al momento della produzione è il recupero della proposta di Paul Meyer, che collocava la composizione del testo tra il 1223 e il 1230. La datazione dell'*HAC* in questo torno di anni dipende principalmente dall'identificazione del re di Francia menzionato al § 850 con Filippo Augusto, ma è supportata da almeno un altro argomento accessorio: la menzione dei cavalieri teutonici al § 958, che è possibile solo dopo la fine della quinta crociata nel 1223. Se si accetta questa collocazione cronologica, la posizione dell'*HAC* nella storia delle più antiche opere in prosa francesi cambia in maniera significativa. I tratti stilistici (per esempio il carattere oralistico della prosa) e culturali (la dipendenza da fonti cristiane) che sono stati talvolta interpretati com earcaismi devono essere ricontestualizzati e spiegati secondo logiche non evolutive.

Un'ulteriore novità è costituita dalla restituzione all'autore dell'*HAC*, nella ricostruzione della produzione del testo, di iniziativa e libertà intellettuale. Questo è stato possibile perché la sua attività è stata investigata dal punto di vista dei metodi, delle forme e delle fonti, tenendo conto della collocazione di questi elementi nel quadro più ampio della cultura del primo Duecento, sia latino che volgare. Questa linea di ricerca, che emancipa la produzione in prosa francese da semplificazioni eccessive determinate dall'appiattimento degli intenti dell'autore su quelli presunti della committenza, potrà in futuro produrre frutti ulteriori sia per quanto riguarda ancora l'autore dell'*HAC* – che è molto probabile sia Wauchier de Denain – che i suoi contemporanei.

In futuro sarà forse possibile individuare degli elementi ricorrenti nella produzione di questo periodo, sui quali pensare anche una sintesi. Un aspetto in particolare sembra promettente: la coesistenza, all'interno delle pratiche di lettura e ricodificazione della tradizione latina cristiana portate avanti dall'autore dell'*HAC*, di una capacità di rileggere profondamente gli autori determinando delle discontinuità ideologiche importanti (come la reinterpretazione radicale di Orosio) e di un approccio estremamente pragmatico alla ricodificazione (che abbiamo chiamato "mentalità grammaticale" per indicare la congruenza tra i mezzi con cui questo approccio viene perseguito e le competenze tipiche dell'istruzione di livello intermedio). La funzione socio-intellettuale ricoperta dall'autore dell'*HAC* può essere sintetizzata come "al servizio della trasmissione", piuttosto che "al servizio del testo autoritativo", indicando così come al centro della sua attività si collocasse l'obiettivo di proseguire la catena di trasmissione del sapere, in ambienti nuovi e ancora da conquistare, piuttosto che quello di conservare il patrimonio testuale trasmesso dall'antichità con i mezzi interpretativi dell'erudizione. Da questa funzione che egli ricopriva dipendevano anche la sua formazione e tutte le sue scelte operative. I caratteri specifici del suo "servire alla trasmissione", tuttavia, sembrano collocarlo di un contesto bilingue, volgare e latino, in cui altri, probabilmente molto vicini a lui per condizioni sociali e di vita, attendevano all'erudizione e al "servizio dei testi".

Nella ricostruzione del contesto di produzione dell'*HAC* un ruolo importante è giocato dal *network* che collegava le chiese del Nord con Parigi. Questo insieme di relazioni tra uomini e istituzioni è stato individuato e descritto sulla base di categorie linguistiche e sociolinguistiche da Serge Lusignan. Il fatto che esso sia di capitale importanza per provare a spiegare il retroterra culturale dell'*HAC* non significa assolutamente, però, che siano emersi elementi utili a sostenere un'unità culturale *francien-picarde* o *parisienne-picarde*. Le ricostruzioni proposte in queste pagine riguardano solo la storia dell'*HAC*; altre indagini di questo stesso tipo, condotte su altri testi e tradizioni, anche qualora dovessero arrivare a raccontare vicende simili non confermerebbero l'esistenza di un sistema ma contribuirebbero a far conoscere aspetti nuovi di un'epoca.

Infine, le analisi e le deduzioni relative all'opera originale e alla sua tradizione più antica sono state rese possibili dall'esame di settori estesi della tradizione e di un numero elevato di testimoni. La fonte principale – spesso unica – per la storia di un testo medievale è il testo stesso, e le fonti per conoscere il testo sono i testimoni nel loro complesso. Solo un esame esteso e tendenzialmente esaustivo permette di attingere alla storia pre-documentaria di un'opera, cioè i fatti che hanno determinato la sua concreta trasformazione nella tipologia di libro che l'ha trasmessa, e solo ricostruendo questa fase è possibile fare affermazioni non ingenue sul testo originale e comprendere le versioni manoscritte antiche. D'altra parte, lo studio dei codici, la ricostruzione delle loro relazioni genealogiche e l'esame delle riscritture non forniscono risposte univoche e automatiche né sull'originale, né sulla storia della sua produzione, e neanche su moltissimi aspetti capitali di quella della trasmissione.

Le considerazioni sulla tradizione presentate in questo volume forniscono alcune risposte ma pongono anche molti problemi, come è naturale quando ci si muove in un campo esplorato ancora solo parzialmente nonostante il numero elevato, le competenze e la passione di coloro che vi si sono avventurati. Ma proprio i problemi lasciati aperti da questo lavoro come dal resto degli studi recenti sull'*HAC* sono la prova più forte dell'interesse di questo campo di studi: perché sono radicalmente diversi da quelli che venivano posti qualche decennio fa, perché nascono dallo studio di nuove testimonianze e da nuove analisi, e perché danno una sostanza nuova (e talvolta inattesa) alle vicende culturali del medioevo romanzo.

Appendici

1. I codici dell'*Histoire ancienne jusqu'à César* (prima redazione)

Questa appendice contiene una lista dei codici che trasmettono la prima redazione dell'*HAC*, utile prima di tutto perché alcune scoperte fatte negli ultimi anni hanno ampliato i cataloghi a stampa più aggiornati.[1] La lista è pensata per essere consultata a partire dalla segnatura del manoscritto, di cui viene fornita anche la sigla.[2]

Dal punto di vista tipologico, la classificazione dei testimoni entro la prima redazione dipende dalla sezione V (*Troie*): se essa è costituita (in tutto o in parte) dalla traduzione del *De excidio Troiae* dello pseudo-Darete Frigio, il testimone – indipendentemente dai rimaneggiamenti anche profondi che il testo può aver subito – viene classificato entro la prima redazione; se essa è costituita dalla prosificazione del *Roman de Troie* di Benoît de Sainte-Maure (senza tracce della traduzione dello pseudo-Darete), il testimone è ascritto a una redazione successiva (ed è quindi escluso da questa lista). I codici che non contengono la sezione troiana sono assegnati d'ufficio alla prima redazione.[3]

Non è facile – né, talvolta, possibile – determinare se i frammenti di codici della prima redazione siano testimoni della versione lunga o di quella abbreviata (perché essi possono conservare sezioni di testo in cui le due versioni sono identiche, o perché possono fornire lezioni singolari); per questo motivo sono stati classificati per prudenza, e con il beneficio del dubbio, entro i testimoni della versione abbreviata. Per i codici del XV secolo la classificazione entro la versione abbreviata dipende da quella di Marc-René Jung, che è in molti casi l'ultimo ad avere esaminato i testimoni direttamente. In linea di

1. Jung, *La légende de Troie*, pp. 340-357 e 504-507; *Histoire ancienne jusqu'à César*, éd. Visser-van Terwisga, II, pp. 12-23; Rochebouet, *De la Terre sainte au Val de Loire*. La lista più completa disponibile in linea è quella di DEAFBibl*él*, alle voci HistAnc e HistAnc²rB. Le miniature conservate sotto le segnature Paris, Musée du Louvre, inv. RF 4143, RF 29494, RF 5271 e Amsterdam, Rijksprentenkabinet, inv. A 1943, siglate Pl e classificate da Visser-van Terwisga e Jung come provenienti da un manoscritto della prima redazione sono state attribuite a un codice della terza redazione da Rochebouet, *De la Terre sainte au Val de Loire*, pp. 179-181. I presunti frammenti di localizzazione ignota segnalati ivi, p. 198, sulla base di M. L. Palermi, Histoire ancienne jusqu'à César*: forme e percorsi del testo*, in «Critica del testo», 7 (2004), pp. 213-256, p. 220 n. 13, e p. 225, sono in realtà quelli dell'Archivio di Stato di Modena, pubblicati dopo l'uscita dello studio di Palermi (ringrazio molto Giuseppina Brunetti per il suo generoso aiuto su questo punto).

2. Secondo il modello di *Histoire ancienne jusqu'à César*, éd. Visser-van Terwisga, già seguito anche negli studi successivi.

3. I codici noti della seconda redazione e quelli della terza sono elencati, secondo la più recente classificazione, in Rochebouet, *De la Terre sainte au Val de Loire*, 199-200.

principio si tratta di una classificazione affidabile, perché la sezione studiata da Jung, V (*Troie*), è pesantemente toccata dagli interventi di β.

Quello che segue non è un catalogo di codici: si è deciso di non riportare la descrizione materiale e, per i manoscritti miscellanei, la tavola analitica dei contenuti (informazioni facilmente reperibili in numerosi cataloghi di biblioteche e repertori digitalizzati). L'obiettivo è quello di fornire informazioni sintetiche e ragionate su epoca e luogo di produzione dei codici (certi o ipotetici) e sulla loro collocazione nella storia e nella tradizione. Nel campo *Bibliografia* ho segnalato (e commentato brevemente) le pubblicazioni che contengono descrizioni codicologiche di prima mano e quelle – talvolta piuttosto datate – da cui dipendono la datazione e la localizzazione. Nella scheda dei frammenti e degli estratti compare un ulteriore campo, *Consistenza*. Tranne in un caso, relativo a un codice di localizzazione attuale ignota, non indico l'esistenza di una riproduzione digitale consultabile in linea, perché queste sono facilmente accessibili e in costante incremento. I riferimenti bibliografici sono dati sempre in forma abbreviata e se ricorrenti con il solo cognome dell'autore.[4]

1. Aberystwyth, National Library of Wales, 5027 E = Ab
   Versione abbreviata.
   Sezioni I-X.
   XIV secolo; Francia.
   Bibliografia: datazione, localizzazione e descrizione dei contenuti si devono a Jung; Rochebouet, p. 193, propone di restringere la datazione all'inizio del XIV secolo.

2. Aylsham, Blickling Hall, 6931 = Ay
   Versione abbreviata.
   Sezioni I-X.
   Terzo quarto del XIII secolo; Francia del Nord.
   Bibliografia: datazione tratta dalla scheda in MFLCOF (Schoenaers). Questo codice fa parte del più antico gruppo di testimoni della versione abbreviata – che coincidono con quelli del *Zyklus C* di Oltrogge – insieme a: Den Haag (17); Pommersfelden (80); London, BL, Additional 19669 (28); Paris, BnF, fr. 17177 (68); e i due testimoni di origine italiana Chantilly (14) e Venezia (89). A questi si deve aggiungere Lisboa (25). Sulla localizzazione della produzione di questi codici nella diocesi di Soissons si veda Giannini, *L'Arsenal 3114*.

3. Berkeley, University of California, Bancroft Library, 148 = Ber
   Versione abbreviata.
   Sezioni IV-V con un prologo *ad hoc*, seguite da una genealogia troiana dei re di Francia estratta dalle *Grandes Chroniques de France*.
   1480 circa; Francia del Nord.
   Bibliografia: Jung.

4. Folda = Folda, *Crusader Manuscript Illumination*; Jung = Jung, *La légende de Troie*; Oltrogge = *Die Illustrationszyklen*; Rochebouet = Rochebouet, *De la Terre sainte au Val de Loire*; Rouse, Rouse = Rouse, Rouse, *Manuscripts and their Makers*; Visser-van Terwisga = *Histoire ancienne jusqu'à César*, éd. Visser-van Terwisga, II. Le pagine esatte sono indicate solo quando la pubblicazione manchi di indici e non sia di facile consultazione.

4. Berlin, Staatsbibliothek zu Berlin - Preussischer Kulturbesitz, Hamilton 341 = Be
Versione abbreviata.
Sezioni I-XI, profondamente rimaneggiate e abbreviate.
Primo quarto del XV secolo; Amiens.
Bibliografia: Rochebouet, p. 193 n. 94.

5. Bologna, Archivio di Stato, Raccolta Manoscritti Francesi, Histoire ancienne = HA1
Versione abbreviata.
Porzioni delle sezioni I, III, VIII e X.
XIII secolo; Francia.
Consistenza: quattro *bifolia* membranacei, una giunta e due frammenti di giunta.
Bibliografia: raggruppati sotto la sigla HA1 e studiato da Cassì, *I codice estensi.*

6. Bologna, Archivio di Stato, Raccolta Manoscritti Francesi, Histoire ancienne = HA2
Versione abbreviata.
Porzione della sezione VII.
XIV secolo; Francia.
Consistenza: un *bifolium* membranaceo.
Bibliografia: siglato HA2 e studiato da Cassì, *I codice estensi.*

7. Bologna, Archivio di Stato, Raccolta Manoscritti Francesi, Histoire ancienne = HA3
Versione abbreviata.
Porzione della sezione X.
XIV secolo; Italia.
Consistenza: due *bifolia* membranacei e due giunte.
Bibliografia: raggruppati, siglati H3 e studiati da Cassì, *I codici estensi.*

8. Bruxelles, KBR, 9104-9105 = B1
Versione abbreviata.
Sezioni I-X, seguite da una copia dei *Faits des Romains.*
1340-1350; Parigi.
Bibliografia: riprendo la datazione di Rochebouet, ma le illustrazioni sono state attribuite al *Fauvel Master*, attivo da prima del 1314 al 1340, da Rouse, Rouse. Descrizione dettagliata in MFLCOF (Gaunt, Schoenaers). È uno dei testimoni del *Zyklus F* di Oltrogge insieme a: København (23); Paris, BnF, fr. 251 (53); Münster (40); London, BL, Additional 12029 (26); Princeton (81); i primi due, come questo codice, impaginati su tre colonne; gli ultimi due su due colonne.

9. Bruxelles, KBR, 9650-9652 = B2
Versione abbreviata.
Sezione III seguita da l'*Abregé de Troie* e della traduzione C dell'*Historia descructionis Troiae* di Guido delle Colonne.
1459; Borgogna.
Bibliografia: codice datato; studio del testimone e dei testi in Jung. Si vedano anche: Cologny (16); New York, Pierpont Morgan Library, William Glazier G. 23 (43); Torino (85).

10. Bruxelles, KBR, 10175 = B
Versione lunga (senza prologo).
Sezioni I-XI (senza prologo), precedute da un indice dei paragrafi (cc. 1-18) aggiunto nel XV secolo.

Ultimo quarto del XIII secolo; Terrasanta (Acri).
Bibliografia: alla c. 332v contiene un *colophon* con firma del copista: «Cest livre escrist Bernart d'Acre». Una descrizione dettagliata è fornita in MFLCOF (Schoenaers). La datazione di questo e degli altri codici acritani – Dijon (18) e London, BL, Additional 15268 (27) – è discussa in Folda, che riprende e dettaglia le ipotesi di Buchthal, *Miniature Painting in the Latin Kingdom of Jerusalem*. Per una bibliografia aggiornata si veda Minervini, *Les manuscrits français d'Outremer*, pp. 163-164. È un testimone del *Zyklus D* di Oltrogge insieme a Dijon (18); London, BL, Additional 15268 (27); Paris, BnF, fr. 168 (49); Paris, BnF, fr. 686 (56); Paris, BnF, fr. 9682 (63); Paris, BnF, fr. 20125 (69).

11. Bruxelles, KBR, 18295 = B4
Versione abbreviata.
Sezioni I-X.
Ultimo quarto del XIII secolo; Parigi.
Bibliografia: manoscritto incompleto alla fine. Una descrizione dettagliata si trova in MFLCOF (non attribuita); datazione e localizzazione si devono a Oltrogge. È uno – e il più antico – dei testimoni del *Zyklus A* di Oltrogge. Gli altri sono: Oslo and London (44); Paris, BnF, fr. 3576 (74); Paris, BnF, fr. 246 (51); London, BL, Royal 16. G. VII (32).

12. Cambridge, Trinity College Library, O. 4. 26 = Ca
Versione abbreviata.
Sezioni II-IV, seguite da una copia della prosificazione del *Roman de Troie* di Benoît de Sainte-Maure nota come *Prose 1* e da una copia dell'adattamento delle *Heroides* di Ovidio noto come *Epistres des dames de Grece.*
Prima metà del XV secolo; Francia.
Bibliografia: descrizione dettagliata, datazione e localizzazione in MFLCOF (Morato).

13. Carpentras, Bibliothèque municipale "L'Inguimbertine", 1260 = C
Versione abbreviata.
Sezioni I-VIII e inizio IX.
Fine XIII o inizio XIV secolo; Italia (produzione "pisano-genovese").
Bibliografia: descrizione dettagliata in MFLCOF (Gaunt). Per le scritture avventizie sulle carte di guardia si veda Cambi, *L'*Histoire ancienne jusqu'à César *in Italia*, pp. 22-23. Per il *corpus* "pisano-genovese" si veda Zinelli, *"je qui li livre escrive"*; Id., *I codici francesi di Genova e Pisa*. Secondo Oltrogge si tratta di un testimone del *Zyklus E*, insieme a: Paris, BnF, fr. 1386 (61); Paris, BnF, fr. 9685 (64); Città del Vaticano (15); Tours, BM, 953 (87); Wien (90).

14. Chantilly, Bibliothèque et archives du Château, 726 = Ch
Versione abbreviata.
Sezioni I-X seguite da una copia dei *Faits des Romains.*
Ultimo quarto del XIII secolo; Bologna.
Bibliografia: descrizione dettagliata in MFLCOF (Williams). Il codice è stato prodotto per una commissione angioina (Avril, *Trois manuscrits napolitains*; Williams, *Two manuscripts of the* Faits des Romains; secondo Oltrogge, il destinatario sarebbe Filippo, principe di Taranto dal 1294). La produzione bolognese è sostenuta da Perricioli Saggese, *Un codice bolognese*, ed Ead., *Riflessi delle crociate*, mentre Corrie, *Angevin*

Ambitions, mantiene la tesi napoletana. Sulle fonti testuali si veda Ravenhall, *All Roads Lead to Rome*. Si veda *supra*, Aylsham, Blickling Hall, 6931 (2).

15. Città del Vaticano, Biblioteca Apostolica Vaticana, Vat. lat. 5895 = Vat
Versione abbreviata.
Sezioni I-VII e inizio IX, precedute da un indice (cc. 1v-5v).
Ultimo quarto del XIII secolo; Italia (produzione "pisano-genovese").
Bibliografia: descrizione dettagliata in MFLCOF (non attribuita). Per le scritture avventizie sulle carte di guardia si veda Cambi, *L'*Histoire ancienne jusqu'à César *in Italia*, pp. 25-26. Si veda *supra*, Carpentras (13).

16. Cologny (Genève), Fondation Martin Bodmer, 160 = Cl
Versione abbreviata.
Sezione III seguita dalla traduzione francese della *Historia destructionis Troiae* di Guido delle Colonne (interpolata con estratti della sezione VI).
1469; Borgogna.
Bibliografia: la compilazione è analoga a quella di New York, Pierpont Morgan Library, William Glazier G. 23 (43), e simile a quella di Bruxelles, KBR, 9650-9652 (9). Codice datato; studio del testimone e dei testi in Jung.

17. Den Haag, Koninklijke Bibliotheek, 78. D. 47 = H
Versione abbreviata.
Sezioni I-X.
1260-1270 circa; Francia del Nord.
Bibliografia: descrizione dettagliata in MFLCOF (Schoenaers). Si veda *supra*, Aylsham (2).

18. Dijon, Bibliothèque municipale, 562 = D
Versione lunga, senza prologo.
Sezioni I-XI.
Ultimo quarto del XIII secolo; Terrasanta (Acri).
Bibliografia: descrizione dettagliata in MFLCOF (Gaunt, Schoenaers). Si veda *supra*, Bruxelles, KBR, 10175 (10).

19. Firenze, Biblioteca Riccardiana, 3982 = F
Versione abbreviata.
Sezioni I-X.
Fine XIII o inizio XIV secolo; Italia (produzione "pisano-genovese").
Bibliografia: le cc. 126v-129r contengono un indice della seconda parte dell'*Histoire ancienne*. Per le analogie stringenti tra l'ornamentazione di questo codice e quella di Firenze, Biblioteca Riccardiana, 1609 si veda Cambi, Cigni, *Il "Boezio pisano"*, pp. 115-116. Per le scritture avventizie sulle carte di guardia si veda Cambi, *L'*Histoire ancienne jusqu'à César *in Italia*, pp. 26-27. Si veda *supra*, Carpentras (13).

20. Gemona del Friuli, Archivio comunale, [senza segnatura] = Ge
Versione abbreviata.
Porzione della sezione I.
Fine XIII o inizio XIV secolo; Francia.
Consistenza: un *bifolium*.
Bibliografia: Guariglia, *Un frammento dell'*Histoire ancienne.

21. Genève, Bibliothèque de Genève, fr. 72 = G
Versione abbreviata.
Sezioni II-X.
Prima metà del XV secolo; Parigi.
Bibliografia: Jung.

22. Haarlem, Noord-Hollands Archief, Oude Boekerij 187 C 12 = Haa
Versione abbreviata.
Sezioni I-X (?) seguite dai *Faits des Romains*.
1390-1400; Parigi.
Bibliografia: Korteweg, *Splendour, Gravity and Emotion*, n. 47; *Le roman de Troie en prose*, éd. Rochebouet, p. 23, n. 23.

23. København, Kongelige Bibliotek, Thott 431 = Co
Versione abbreviata.
Sezioni I-X seguite da una copia dei *Faits des Romains*.
1340-1350; Parigi.
Bibliografia: localizzazione e datazione in Oltrogge. Descrizione dettagliata in MFLCOF (non attribuita). Si veda *supra*, Bruxelles, KBR, 9104-9105 (8).

24. Le Mans, Bibliothèque municipale, 103 = LMa
Versione lunga.
Porzioni della sezione VII e della sezione X, fortemente abbreviate, contenti passaggi in versi propri alla sola sezione lunga, precedute dal *Roman d'Alexandre* in prosa e seguite dai *Faits des Romains* e da una versione in prosa del *Brut*.
1410-1430; Francia del Nord (Parigi?).
Bibliografia: Zinelli, *Traditions manuscrites d'Outremer*, pp. 78-79. Datazione e localizzazione (basata sulle miniature) in INITIALE.

25. Lisboa, Biblioteca nacional do Portugal, Códices illuminados 132 = Li
Versione abbreviata.
Sezioni I-X.
Fine XIII secolo; Francia del Nord.
Bibliografia: si veda *supra*, Aylsham, Blickling Hall, 6931 (2).

26. London, British Library, Additional 12029 = L3
Versione abbreviata.
Sezioni II-X.
1340-1350; Parigi.
Bibliografia: localizzazione e datazione si devono a Oltrogge. Una descrizione dettagliata è fornita in MFLCOF (Gaunt). Si veda *supra*, Bruxelles, KBR, 9104-9105 (8).

27. London, British Library, Additional 15268 = L
Versione lunga (senza prologo).
Sezioni I-X (senza prologo).
Ultimo quarto del XIII secolo; Terrasanta (Acri).
Bibliografia: descrizione dettagliata in MFLCOF (Gaunt, Schoenaers). Si veda *supra*, Bruxelles, KBR, 10175 (10).

28. London, British Library, Additional 19669 = L5
Versione abbreviata.
Sezioni I-X.
Terzo quarto del XIII secolo; Francia del Nord.
Bibliografia: descrizione dettagliata in MFLCOF (Schoenaers). Si veda *supra* Aylsham (2).

29. London, British Library, Additional 25884 = L6
Versione abbreviata.
Sezioni I-X, interpolate con le sezioni iniziali della prosificazione del *Roman de Troie* di Benoît de Sainte-Maure nota come *Prose 5* e con materiali tratti dall'adattamento delle *Heroides* ovidiane noto come *Epistres des dames de Grece*, seguite da una genealogia degli imperatori romani e da una descrizione degli edifici di Roma.
Fine del XIV secolo; Parigi.
Bibliografia: descrizione dettagliata in MFLCOF (Gaunt, Schoenaers). Gli altri codici della prima redazione che contengono materiali tratti da *Prose 5* e dalle *Espistres* sono: Malibu (34); New York, Pierpont Morgan Library, M. 516 (42); Paris, BnF, fr. 250 (52); *olim* Rosenthal (la cui localizzazione attuale è ignota). Oltrogge considera tutti questi codici dei testimoni del *Zyklus B*. Rochebouet, pp. 176-178, sottolinea l'esistenza di importanti differenze testuali al loro interno.

30. London, British Library, Egerton 912 = L7
Versione abbreviata.
Sezioni I-X, precedute da un indice e seguite da una copia dei *Faits des Romains*.
1400-1420; Parigi.
Bibliografia: datazione e localizzazione riportate da Jung. Descrizione dettagliata in MFLCOF (Schoenaers).

31. London, British Library, Harley 3316 = L2
Versione abbreviata.
Sezioni I-II e IV-IX (Jung segnala che la copia è continua e l'omissione della sezione III è intenzionale).
XV secolo (Jung); Francia.
Bibliografia: datato al XIV secolo secondo Visser-van Terwisga. Una descrizione dettagliata è inclusa in MFLCOF (Gaunt, Schoenaers), dove la data proposta è la seconda metà del XV secolo.

32. London, British Library, Royal 16. G. VII = L1
Versione abbreviata.
Sezioni I-X seguite da una copia dei *Faits des Romains*.
1370-1380; Parigi.
Bibliografia: datazione e localizzazione si devono a Oltrogge. Descrizione dettagliata in MFLCOF (Gaunt). Si veda *supra*, Bruxelles, KBR, 18295 (11).

33. Mâcon, Archives départementales de Saône-et-Loire, H 362 = Ma
Versione abbreviata.
Sezioni I-X, seguite dai *Faits des Romains*.
XIV secolo (Woledge); Francia.
Bibliografia: il codice è descritto da Woledge, *Encore des manuscrits des Faits des Romains*, che si sofferma solo sulla lezione dei *Faits*.

34. Malibu, J. Paul Getty Museum, Ludwig XIII. 3 = Mal
Versione abbreviata.
Parti delle sezioni I, V, VI, X e X.
Fine XIV secolo; Parigi.
Consistenza: sei carte provenienti da uno stesso codice.
Bibliografia: descrizione dettagliata in MFLCOF (Gaunt). Si veda *supra*, London, British Library, Additional 25884 (29).

35. Metz, Archives municipales, [senza segnatura] = Me
Versione indeterminata.
Contenuto indeterminato.
Datazione e localizzazione indeterminate.
Consistenza: un *folio.*
Bibliografia: segnalato in Herbin, *Fragments médiévaux I*, p. 517 n. 1.

36. Modena, Biblioteca dell'Archivio di Stato, Frammenti, Busta 11/a, fascicolo 6 = HA4
Versione abbreviata.
Parti delle sezioni I, V, VI, VIII e X.
XIV secolo; Francia.
Consistenza: cinque *bifolia* e due carte.
Bibliografia: frammenti raggruppati sotto la sigla HA4 da Cassì, *I codici estensi.*

37. Modena, Biblioteca dell'Archivio di Stato, Frammenti, Busta 11/a, fascicolo 7 = HA5
Versione abbreviata.
Parti delle sezioni I, II, III, V e X.
Fine del XIII secolo; Italia (produzione "pisano-genovese").
Consistenza: nove *bifolia.*
Bibliografia: frammenti raggruppati sotto la sigla HA5 e studiati da Cassì, *I codici estensi.* Per l'attribuzione al gruppo "pisano-genovese" si veda Zinelli, *I codici francesi di Genova e Pisa*, in particolare p. 89, n. 18 e pp. 112-117 (e in seguito le osservazioni di Cambi, *L'*Histoire ancienne jusqu'à César *in Italia*, pp. 47-50). Il codice da cui provengono i frammenti è stato esemplato dallo stesso copista del manoscritto Firenze, Biblioteca Medicea Laurenziana, Ashburnham 123, una raccolta di testi francesi che si apre con il *Bestiaire* di Richard de Fournival. Si veda *supra*, Carpentras (13).

38. Modena, Biblioteca dell'Archivio di Stato, Frammenti, Busta 11/a, fascicolo 12 = HA6
Versione abbreviata.
Parti della sezione X.
XIV secolo; Francia?
Consistenza: cinque carte.
Bibliografia: frammenti raggruppati sotto la sigla HA6 da Cassì, *I codici estensi*, che in merito alla localizzazione della scrittura parla di «gotica libraria di matrice transalpina».

39. Mons, Bibliothèque Centrale de l'Université, 226/124 = Mon
Versione abbreviata.
Sezioni V e VI (abbreviate).
XVI secolo; Francia de Nord o Vallonia.
Bibliografia: Jung.

40. Münster, LWL-Landesmuseum für Kunst und Kulturgeschichte, Inv. 74.6.27 = Mün
Versione abbreviata.
Porzioni delle sezioni I-X.
1340-1350; Parigi.
Consistenza: miniature (5 secondo Rouse, Rouse; 21 secondo Rochebouet) ritagliate da un solo codice.
Bibliografia: riprendo la datazione di Rochebouet, ma le illustrazioni sono state attribuite al *Fauvel Master*, attivo da prima del 1314 al 1340, da Rouse, Rouse. Si veda *supra*, Bruxelles, KBR, 9104-9105 (8).

41. New York, Pierpont Morgan Library, M. 212 = Np
Versione abbreviata.
Sezioni I-XI.
Metà XV secolo; Francia.
Bibliografia: primo volume di un dittico completato da New York, Pierpont Morgan Library, M. 213, che contiene i *Faits des Romains*; datazione e localizzazione si devono a Jung. Descrizione dettagliata in MFLCOF (Gaunt, Burgwinkle).

42. New York, Pierpont Morgan Library, M. 516 = Np2
Versione abbreviata.
Sezioni I-X seguite da una copia dei *Faits des Romains*.
Fine del XIV secolo; Parigi.
Bibliografia: localizzazione e datazione si devono a Jung. Descrizione dettagliata in MFLCOF (Gaunt). Si veda *supra*, London, British Library, Additional 25884 (29).

43. New York, Pierpont Morgan Library, William Glazier G. 23 = Ng
Versione abbreviata.
Sezione III, seguita dalla traduzione francese della *Historia destructionis Troiae* di Guido delle Colonne.
1474; Borgogna.
Bibliografia: la compilazione è analoga a quella di Cologny (16) e simile a quella di Bruxelles, KBR, 9650-9652 (9). Codice datato; studio del testimone e dei testi in Jung.

44. Oslo and London, The Schøyen Collection, MS 27 = Schø
Versione abbreviata.
Sezioni I-X seguite dai *Faits des Romains*.
1375 circa; Parigi.
Bibliografia: manoscritto eseguito per Carlo V dall'*écrivain du roi* Raoulet d'Orléans (Rouse, Rouse). Descrizione in Visser-van Terwisga, p. 14 e nn. 62 e 63. Jung lo segnala tra i codici in mani private come Chester Beatty 74. Si veda *supra*, Bruxelles, KBR, 18295 (11).

45. Paris, Bibliothèque de l'Assemblée Nationale, 1263 = Pass
Versione abbreviata.
Sezioni I-X.
XVI secolo; Francia.
Bibliografia: primo volume (e unico conservato) di un dittico manoscritto che comprendeva anche i *Faits des Romains*; datazione e localizzazione si devono a Jung.

46. Paris, Bibliothèque de l'Arsenal, 5081 = Pars
Versione abbreviata.
Sezioni I-XI.
Fine del XV secolo; Francia.
Bibliografia: datazione e localizzazione si devono a Jung. Descrizione dettagliata in MFLCOF (Schoenaers).

47. Paris, Bibliothèque nationale de France, fr. 39 = P1
Versione abbreviata.
Sezioni I-X, precedute da un indice.
XV secolo; Francia.
Bibliografia: primo volume di un dittico; il secondo (Paris, BnF, fr. 40) contiene i *Faits des Romains*. Datazione e localizzazione si devono a Jung. Descrizione dettagliata in MFLCOF (Schoenaers).

48. Paris, Bibliothèque nationale de France, fr. 64 = P2
Versione abbreviata.
Sezioni I-X seguite da una copia dei *Faits des Romains*.
1460-1465 circa; Parigi.
Bibliografia: datazione e localizzazione si devono a Jung.

49. Paris, Bibliothèque nationale de France, fr. 168 = P3
Versione lunga.
Sezioni I-VI e inizio sezione VII (senza prologo).
Seconda metà del XIV secolo; Bologna?
Bibliografia: per l'attribuzione al miniatore Stefano Azzi, attivo a Bologna a partire del 1354, e per l'identificazione dello stemma della famiglia Mitte (un membro della quale, Pierre I Mitte, ha vissuto a Roma tra il 1353 e il 1359) si veda Avril, Gousset, *Manuscrits enluminés d'origine italienne*, n. 50, pp. 113-115. Descrizione dettagliata in MFLCOF (Williams). Si veda *supra*, Bruxelles, KBR, 10175 (10).

50. Paris, Bibliothèque nationale de France, fr. 182 = P4
Versione abbreviata.
Sezione I (parziale) e sezioni II-X.
XV secolo (Jung); Francia.
Bibliografia: primo volume di un dittico il cui secondo, perduto, doveva contenere i *Faits des Romains*. Datazione e localizzazione si devono a Jung; Visser-van Terwisga propone una datazione al XIV secolo.

51. Paris, Bibliothèque nationale de France, fr. 246 = P5
Versione abbreviata.
Sezioni I-X seguite da una copia dei *Faits des Romains*.
1364-1365; Parigi.
Bibliografia: codice datato; copiato su commissione di Jean de Berry da Mathias Rivalli (Mathieu de Rivau), che lavorava anche occasionalmente per Carlo V (Rouse, Rouse). Manoscritto alla base dell'analisi di Meyer, *Les premières compilations*. Descrizione dettagliata in MFLCOF (Gaunt). Si veda *supra*, Bruxelles, KBR, 18295 (11).

52. Paris, Bibliothèque nationale de France, fr. 250 = P6
Versione abbreviata.
Sezioni I-X e inizio XI seguite da una copia dei *Faits des Romains*.

Fine XIV secolo; Parigi.
Bibliografia: datazione e localizzazione si devono a Oltrogge. Descrizione dettagliata in MFLCOF (Gaunt). Si veda *supra*, London, British Library, Additional 25884 (29).

53. Paris, Bibliothèque nationale de France, fr. 251 = P7
Versione abbreviata.
Sezioni II-X precedute dalla Genesi secondo la versione della *Bible historiale* e seguite da una copia dei *Faits des Romains*.
1340-1350; Parigi.
Bibliografia: le illustrazioni sono state attribuite a Jeanne e Richard de Montbaston, attivi tra il 1325 e il 1353, da Rouse, Rouse. Descrizione dettagliata in MFLCOF (Gaunt). Si veda *supra*, Bruxelles, KBR, 9104-9105 (8).

54. Paris, Bibliothèque nationale de France, fr. 256 = P8
Versione abbreviata.
Sezioni IV-X seguite da una copia dei *Faits des Romains*.
Inizio del XV secolo; Francia.
Bibliografia: datazione e localizzazione si devono a Jung. Descrizione dettagliata in MFLCOF (Schoenaers).

55. Paris, Bibliothèque nationale de France, fr. 677 = P9
Versione abbreviata.
Sezioni I-X.
XV secolo; Francia.
Bibliografia: primo volume di un dittico composto anche da Paris, BNF, fr. 678, che contiene una copia dei *Faits des Romains*. Datazione e localizzazione si devono a Jung. Descrizione dettagliata in MFLCOF (Schoenaers).

56. Paris, Bibliothèque nationale de France, fr. 686 = P10
Versione lunga (senza prologo).
Sezioni I-XI (senza prologo), seguite dai *Faits des Romains*, dai *Conti di antichi cavalieri* e dal *Légendier A*.
Terzo quarto del XIV secolo; Veneto.
Bibliografia: datazione e localizzazione si devono ad Avril, Gousset, *Manuscrits enluminés d'origine italienne*, n. 119, pp. 177-181; Oltrogge proponeva una localizzazione bolognese e una datazione intorno al 1330 (entrambe riprese da Jung e Visser-van Terwisga). Descrizione dettagliata in MFLCOF (Schoenaers). Si veda *supra*, Bruxelles, KBR, 10175 (10).

57. Paris, Bibliothèque nationale de France, fr. 687 = P11
Versione abbreviata.
Sezioni I-X.
XV secolo; Francia.
Bibliografia: datazione e localizzazione si devono a Jung. Descrizione dettagliata in MFLCOF (Schoenaers).

58. Paris, Bibliothèque nationale de France, fr. 818 = P26
Versione abbreviata.
Porzione della sezione I.

XIII-XIV secolo; Francia.
Consistenza: aggiunta avventizia sulla carta di guardia posteriore antica (c. 310r).
Bibliografia: Rachetta, *Brunetto Latini, la storia universale*, p. 131, n. 60.

59.PARIS, BIBLIOTHÈQUE NATIONALE DE FRANCE, FR. 821 = P12
Versione abbreviata.
Sezioni IV, VI, inizio della VII, IX integrate in una compilazione di materia storico-morale.
Inizio del XIV s.; Italia del Nord.
Bibliografia: per la localizzazione si veda Avril, Gousset, *Manuscrits enluminés d'origine italienne*, n. 57, p. 119-120. Per le scritture avventizie sulle carte di guardia si veda Cambi, *L'*Histoire ancienne jusqu'à César *in Italia*, pp. 33-34. Per una scheda estesa si veda RIALFrI (Saviotti, Modena) e MFLCOF (Schoenaers, Gutt).

60. PARIS, BIBLIOTHÈQUE NATIONALE DE FRANCE, FR. 1113 [CARTA DI GUARDIA] = P27
Versione abbreviata.
Porzione della sezione I (cc. 1r-1v).
Fine XIII secolo; Italia (produzione "pisano-genovese").
Consistenza: una carta riutilizzata come guardia anteriore.
Bibliografia: Zinelli, *I codici francesi di Genova e Pisa*, pp. 87, 89 (n. 18) e 110. Si veda *supra*, Carpentras (13).

61. PARIS, BIBLIOTHÈQUE NATIONALE DE FRANCE, FR. 1386 = P13
Versione abbreviata.
Sezioni III-X.
Fine XIII secolo; Italia (produzione "pisano-genovese").
Bibliografia: descrizione dettagliata in MFLCOF (Williams). Si veda *supra*, Carpentras (13).

62. PARIS, BIBLIOTHÈQUE NATIONALE DE FRANCE, FR. 1407 = P14
Versione abbreviata.
Sezioni I, II e parzialmente III.
XV secolo; Francia.
Bibliografia: datazione e localizzazione si devono a Jung.

63. PARIS, BIBLIOTHÈQUE NATIONALE DE FRANCE, FR. 9682 = PA
Versione lunga (senza prologo).
Sezioni I-XI seguite da una continuazione costituita dall'adattamento francese del libro dell'Esodo attestato anche nella *Bible d'Acre*.
Secondo quarto del XIV secolo (Oltrogge, Jung, Visser-van Terwisga) o 1300 circa (Folda); Francia.
Bibliografia: manoscritto di produzione francese (Folda, Oltrogge) che trasmette la stessa versione dei codici prodotti ad Acri. Descrizione dettagliata in MFLCOF (Gaunt, Schoenaers). Si veda *supra*, Bruxelles, KBR, 10175 (10).

64. PARIS, BIBLIOTHÈQUE NATIONALE DE FRANCE, FR. 9685 = P16
Versione abbreviata.
Sezioni I-VIII.
Fine XIII secolo; Italia (produzione "pisano-genovese").

Bibliografia: per le scritture avventizie sulle carte di guardia si veda Cambi, *L'*Histoire ancienne jusqu'à César *in Italia*, pp. 35-36. Descrizione dettagliata in MFLCOF (Gaunt, Williams). Si veda *supra*, Carpentras (13).

65. Paris, Bibliothèque nationale de France, fr. 12586 = P17
Versione abbreviata.
Codice fattizio la cui prima unità contiene le sezioni II e III, la seconda la sezione V.
Fine del XIII e metà o seconda metà del XIV secolo; Francia.
Bibliografia: datazioni e localizzazione si devono a Jung. Descrizione dettagliata in MFLCOF (Schoenaers).

66. Paris, Bibliothèque nationale de France, fr. 12599 = P28
Versione abbreviata.
Estratto della sezione X copiato in un fascicolo contenente episodi lirico-epistolari e arturiani del *Tristan en Prose* e del *Guiron le Courtois*.
Seconda metà del XIII secolo; Italia.
Consistenza: 14 righe copiate alla c. 105v.
Bibliografia: Cigni, Guiron, Tristan, pp. 45-46 e 67. Descrizione dettagliata del codice in MFLCOF (Morato).

67. Paris, Bibliothèque nationale de France, fr. 15458 = P29
Versione abbreviata.
Sezione V interpolata in una copia della *Chronique dite de Baudoin d'Avesnes.*
XV secolo; [senza localizzazione].
Bibliografia: datazione e studio in Jung. Descrizione dettagliata in MFLCOF (Schoenaers).

68. Paris, Bibliothèque nationale de France, fr. 17177 = P18
Versione abbreviata.
Sezioni I-XI, abbreviate e interpolate, mediante l'aggiunta di quaderni supplementari, con una traduzione francese dell'*Historia regum Britanniae* di Goffredo di Monmouth. Costituisce il testo d'apertura di una collezione di testi storici, sapienziali e morali.
Ultimo quarto del XIII secolo; Francia del Nord.
Bibliografia: descrizione dettagliata in MFLCOF (Schoenaers). Si veda *supra*, Aylsham (2).

69. Paris, Bibliothèque nationale de France, fr. 20125 = P
Versione lunga (compreso il prologo).
Sezioni I-XI.
Ultimo quarto del XIII secolo; Terrasanta (Acri)?
Bibliografia: secondo Folda il codice sarebbe stato prodotto ad Acri in Terrasanta; Oltrogge, che riprende la tesi che era stata di Buchtal, ritiene invece che sia stato miniato nella Francia del Nord. Stirnemann (la cui ultima *expertise* è riferita in Zinelli, *Traditions manuscrites d'Outremer*, p. 89, n. 138) non esclude la localizzazione del codice in Francia. Zinelli, ivi, p. 89, ha individuato nella decorazione lo stemma di un gran maestro templare e ha proposto una localizzazione «continentale mais périphérique». Descrizione dettagliata in MFLCOF (Schoenaers). Si veda *supra*, Bruxelles, KBR, 10175 (10).

70. Paris, Bibliothèque nationale de France, fr. 20126 = P20
Versione abbreviata.
Sezioni I-X.
Seconda metà del XIII secolo; Francia.
Bibliografia: datazione e localizzazione in Jung.

71. Paris, Bibliothèque nationale de France, fr. 22986 = P21
Versione abbreviata.
Sezioni I-VI e inizio della VII seguite dall'*Epître d'Othéa* di Christine de Pizan copiata dalla stessa mano, ma in un'unità codicologica distinta.
Seconda metà del XV secolo; Francia.
Bibliografia: datazione e localizzazione in Jung. Descrizione dettagliata in MFLCOF (Schoenaers).

72. Paris, Bibliothèque nationale de France, fr. 24052 = P30
Versione abbreviata.
Sezioni IV e V in una raccolta di cronache di Tournai.
1507-1508; Tournai.
Bibliografia: copiato da Jean Blampain; segnalazione in Jung.

73. Paris, Bibliothèque nationale de France, fr. 24149 = P22
Versione abbreviata.
Porzioni delle sezioni VIII e IX.
XV secolo; [non localizzato].
Consistenza: un *bifolium* membranaceo rilegato insieme alla raccolta manoscritta *Procès-verbaux des chasses aux cygnes faites, sur la rivière de Somme, sous la direction du cellerier des eaux de l'abbaye de Corbie (1552-1693*).
Bibliografia: segnalazione e datazione in Jung. Descrizione dettagliata in MFLCOF (Schoenaers).

74. Paris, Bibliothèque nationale de France, n. a. fr. 3576 = P23
Versione abbreviata.
Sezioni I-IX seguite da una copia dei *Faits des Romains*.
1365-1375 circa; Parigi.
Bibliografia: copiato per Carlo V dall'*écrivain du roi* Henri de Trévou (Rouse, Rouse). Descrizione dettagliata disponibile in MFLCOF (Gaunt). Si veda *supra*, Bruxelles, KBR, 18295 (11).

75. Paris, Bibliothèque nationale de France, n. a. fr. 3650 = P24
Versione abbreviata.
Sezioni III-X, seguite da una copia dei *Faits des Romains*.
XV; Francia.
Bibliografia: codice lacunoso all'inizio e alla fine. Datazione e localizzazione si devono a Jung. Descrizione dettagliata in MFLCOF (Schoenaers).

76. Paris, Bibliothèque nationale de France, n. a. fr. 6774 = P25
Versione abbreviata.
Fine della sezione V, sezione VI, e inizio della sezione VII che seguono una copia del *Roman de Troie* di Benoît de Sainte-Maure.
XIV secolo; Italia.

Bibliografia: il codice, che si segnala per la peculiare forma oblunga, è localizzato da Mazzoni, Jeanroy, *Un nouveau manuscrit*. Descrizione dettagliata in MFLCOF (Schoenaers, Gutt).

77. Paris, Bibliothèque nationale de France, n. a. fr. 10053 = Pm
Versione abbreviata.
Sezioni I-IV.
XV s.; Francia.
Bibliografia: descrizione dettagliata in MFLCOF (Schoenaers). Jung lo segnala tra i codici in mani private come London, Maggs.

78. Paris, Musée Marmottan Monet, Collection Wildenstein, n. 140, 142 = Pmar
Versione abbreviata.
Porzioni delle sezioni IV e V.
XV secolo, Francia.
Consistenza: due miniature ritagliate da un codice.
Bibliografia: descrizione e attribuzione in Visser-van Terwisga, p. 14, n. 61.

79. olim Philadelphia, University of Pennsylvania, Rare Books & Manuscripts, Lawrence J. Schoenberg Collection, 17 = Ph
Versione lunga (senza prologo).
Sezioni I-XI.
1470-1480; Angers – Nantes – Bourges.
Bibliografia: datazione e localizzazione sono discussi in Rochebouet, pp. 186-187. Il codice, ceduto dalla Lawrence J. Schoenberg Collection a un acquirente ignoto nel 2006, è consultabile mediante una riproduzione digitale in linea (http://sceti.library.upenn.edu/pages/index.cfm?so_id=3243).

80. Pommersfelden, Graf von Schönborn'schen Schlossbibliothek, 295 = Po
Versione abbreviata.
Sezioni I-XI.
Terzo quarto del XIII secolo; Soissons, Compiègne?
Bibliografia: descrizione dettagliata in MFLCOF (Schoenaers). Si veda *supra*, Aylsham (2).

81. Princeton, Princeton University Library, Garrett 128 = Pr
Versione abbreviata.
Sezioni II-X seguite dai *Faits des Romains*.
1320; Parigi.
Bibliografia: datazione e localizzazione sono proposte in Rochebouet, pp. 173-175. Si veda *supra*, Bruxelles, KBR, 9104-9105 (8).

82. Rennes, Bibliothèque municipale, 2231 = Re
Versione lunga (senza prologo).
Sezioni I-XI (senza prologo).
Ante 1474; Bretagna.
Bibliografia: datazione e localizzazione sono discusse in Rochebouet, pp. 187-188.

83. Roma, Biblioteca Casanatense, 233 (A. I. 8) = R
Versione abbreviata.
Sezioni I-X precedute da un prologo opera di un copista-editore.

Seconda metà del XV secolo; Borgogna.
Bibliografia: segnalazione in Jung. Descrizione dettagliata in MFLCOF (Grange).

84. Rouen, Bibliothèque municipale, 1139 (U. 5) = Rou
Versione abbreviata.
Rimaneggiamento profondo dell'*HAC* derivante da una copia della prima redazione, abbreviata e interpolata.
Fine del XV secolo; Francia.
Bibliografia: segnalazione e studio in Jung.

85. Torino, Biblioteca Nazionale Universitaria, L. IV. 33 = To
Versione abbreviata.
Sezione III copiata entro una raccolta di testi storici e letterari.
XV secolo; Artois o Hainaut.
Bibliografia: segnalazione in Jung. Si veda *supra*, Bruxelles, KBR, 9650-9652 (9).

86. Tours, Archives départementales de l'Indre-et-Loire, 2. I. 5 = T3
Versione abbreviata.
Porzioni delle sezioni III e IV.
Datazione e localizzazione indeterminate.
Consistenza: due frammenti estratti da una legatura di un registro parrocchiale del 1674-1675.
Bibliografia: Rochebouet, p. 198; JONAS.

87. Tours, Bibliothèque municipale, 953 = T1
Versione abbreviata.
Sezioni V e VI incompleta della fine.
Fine XIII secolo; Italia (produzione "pisano-genovese").
Bibliografia: descrizione dettagliata in MFLCOF (Gaunt, Schoenaers). Si veda *supra*, Carpentras (13).

88. Tours, Bibliothèque municipale, 974 = T2
Versione abbreviata.
Sezioni II-X.
1450 circa; Francia.
Bibliografia: descrizione dettagliata in MFLCOF (Schoenaers).

89. Venezia, Biblioteca Nazionale Marciana, Fr. 2 = Ve
Versione abbreviata.
Sezioni I-X, precedute da un sommario del codice redatto in latino, da una lista delle fiere della Champagne e da dei calendari in francese.
Fine XIV secolo; Italia del Nord.
Bibliografia: codice esemplato per Francesco I Gonzaga e per la moglie Agnese Visconti durante il periodo di governo a Mantova (Bisson, *Il fondo francese della Biblioteca Marciana*, pp. 6-10). Si veda *supra*, Aylsham (2).

90. Wien, Österreichische Nationalbibliothek, Cod. 2576 = V (V1 + V2)
Copia parziale della versione lunga (compreso il prologo) integrata con la versione abbreviata.
Il codice contiene le sezioni I-X. Per quanto riguarda la parte antica (siglata V1) solo le sezioni I e II sono copie fedeli di un modello della versione lunga; le sezioni II, IV

e V e IX sono degli adattamenti liberi basati sul riassunto di un modello appartenente probabilmente alla versione abbreviata. Le integrazioni più recenti (siglate V2) completano l'esiguo testo di V1 per le sezioni III, VI, VII e X e costituiscono la totalità della sezione VIII.
V1: 1340 circa; Venezia. V2: fine del XIV secolo; localizzazione indeterminata.
Bibliografia: per lo studio delle tre mani principali (A e B che copiano V1, C che copia V2) si veda Cambi, *Note sull'*Histoire ancienne jusqu'à César. Per lo studio dei rapporti tra V1 e V2 e per le loro fonti si veda Rachetta, *Sull'*Histoire ancienne jusqu'à César. Descrizione in MFLCOF (Gaunt). Per le illustrazioni si veda *supra*, Carpentras (13).

Codici la cui localizzazione è ignota

olim Barrois 908/1704 = X1: si veda Visser-van Terwisga, p. 14 n. 67.

olim Philadelphia, University of Pennsylvania, Rare Books & Manuscripts, Lawrence J. Schoenberg Collection, 17 = Ph: si veda *supra, ad vocem*.

olim Ramsen n. 6 = X3: 1360 circa, Parigi, sezioni I-X o I-XI; si veda Rochebouet, p. 199 e n. 128.

olim Rosenthal 82/83 = X2: secondo Oltrogge, p. 326, si tratterebbe di un codice parigino della fine del XIV secolo che fa parte del gruppo di testimoni che interpolano l'inizio di *Prose 5* nella sezione V; si veda anche Rochebouet, p. 177.

2. I contenuti dei paragrafi in versi dell'*Histoire ancienne jusqu'à César*

È parso utile riunire in questa Appendice un prospetto dei contenuti dei paragrafi in versi dell'*HAC*, il "commento continuo" al racconto storico nel quale l'autore prende la parola, secondo la lezione di P. Non si tratta di traduzioni, ma di parafrasi dettagliate che tralasciano la maggior parte delle numerose allocuzioni a Dio e al pubblico e le ripetizioni più verbose; inoltre, appianano le *tournures* sintattiche spezzate tipiche dell'ottosillabo. In diversi casi, propongo una versione interpretativa che si distacca dal dettato per renderne più esplicito il senso, talvolta anche superando implicitamente alcune difficoltà, su singoli punti probabilmente corrotti, in ogni caso ininfluenti rispetto al senso generale del passo. L'obiettivo di questo prospetto è di rendere facilmente accessibile il discorso etico-morale dell'autore dell'*HAC*.

La prosa introduttiva appartiene generalmente al paragrafo che precede quello in versi, ma in qualche caso un passaggio in prosa può trovarsi nello stesso paragrafo degli ottosillabi. Dal punto di vista strutturale e discorsivo che ci interessa qui, cioè il rapporto tra narrazione e moralizzazione, la divisione in paragrafi è però un accidente del tutto ininfluente, perché i modi della transizione rimangono identici in entrambe le configurazioni. Un'edizione a stampa di quasi tutti i passi in versi dell'*HAC* secondo P si trova in VT, II, pp. 291-308 (manca quello al § 1061). Rispetto a questo *corpus*, è escluso dal mio prospetto il breve passaggio versificato al § 915 (n. 17 in VT) perché non si tratta di una moralizzazione, ma di soli sei versi sentenziosi che appartengono a una tipologia frequente nell'*HAC* per la quale si veda *supra*, a p. 135, n. 76.

§ 31 *prosa*: Adamo ha perso il paradiso, che gli spettava in eredità, a causa del suo peccato, e i suoi discendenti perirono tutti per i loro peccati e per i loro oltraggi. Noè da solo tra tanti uomini è stato salvato per le sue buone opere. Certamente ancora è salvo e lo sarà per sempre: quel Signore che a costoro di cui vi ho detto ha reso la loro ricompensa senza errore, ancora gliene rende merito – nessuno ne dubiti.
versi: Per questo dobbiamo fuggire la malizia e il peccato. Noi viviamo un nulla, la gioia è breve per tutti, perché gli uomini durante la loro vita fanno il male? La morte si rafforza contro i deboli e contro i forti, ci scaccia da questo mondo nel quale non ritorneremo più. A chi lasceremo le terre, le ricchezze e gli averi, le fortezze e i bei manieri? A quelli, io credo, che per noi non farebbero giusto il minimo di cui sono capaci, che è molto poco. Siamo tutti folli, perché non pensiamo a fare il nostro vantaggio. La Scrittura racconta che è maledetto l'uomo che volontariamente sceglie per sé stesso la parte peggiore quando dona e divide i

suoi averi. Ascoltate bene in cosa consistono questi suoi beni: le cose che Dio gli permette di possedere sono la sua conoscenza. Per questo tutti devono sapere che Dio ricompensa le buone azioni e i buoni detti. Dato che siamo cristiani, lasciamo il male e facciamo il bene; così comanda Nostro Signore. Per quanto possiamo leggere, non troveremo da nessuna parte che facendo il male nel mondo noi possiamo piacere a Dio. Per le nostre buone azioni, Dio ci attribuisce onore, signoria e pregio. Dunque, sarà ragionevolezza e moderazione credere alle scritture, che ci insegnano a fare il bene, perché presto arriveremo alla fine, quando lasceremo il mondo e con lui i mali e i beni di cui abbiamo goduto in vita e avremo ciò che piace a Dio. Quello che egli ci darà è sicuro: a ciascuno la sua ricompensa, cattiva o buona in modo grande e pieno. Non dirò altro, anzi ritornerò alla mia materia e racconterò di Noè e dei suoi figli, di cui la storia è lunga e grandiosa; ma qualche volta, se potrò, dirò volentieri qualche parola dalla quale si può prendere esempio su come fare le opere di Gesù Cristo.

§ 49 *prosa*: La torre di Babele non poté essere portata a termine perché i costruttori dimenticarono il bene che Dio aveva fatto loro e non temevano la Sua grande potenza, perché non avevano paura di nulla.
versi: Certo, vi sono ancora molti che non temono Nostro Signore; non so se costoro sono del lignaggio di Nembrod e dei giganti. Credo che siano molto poco saggi, perché vedono tutti i giorni la potenza di Dio e non si ravvedono facendo il bene e la giustizia. Sarebbe ragionevole credere a quello che si vede con i propri occhi: Dio vendica sempre i grandi orgogli, che non possono durare a lungo – tutti lo sanno con certezza. Nembrod il forte e i giganti, che furono tanto orribili e grandi e pieni di orgoglio e di potenza, sono tutti andati dove piace a Dio, non ci sono dubbi. Orgoglio e forza non sono serviti a nulla: tutti quelli che allora vivevano sono andati dove gli spettava, secondo il volere di colui che li ha creati e che noi chiamiamo Gesù Cristo. Signori, e noi che ora siamo al mondo vi andremo dopo: non rimarranno né gli umili né i potenti. Molto presto arriveremo al valico dove di necessità ci toccherà passare con un bagaglio molto piccolo. Là non serviranno a nulla orgoglio e forza, e l'oro e l'argento varranno quanto le cortecce di ontano o di salice, non dubitatene! Al mondo abbiamo una nemica che ha fatto molto male e lo farà finché durerà il mondo. Io so bene, e non me ne sorprendo, che fintanto che non è messa fuori dal mondo avrà tanta gente al suo vessillo, davanti, di lato e dietro: alti prelati, re, conti, baroni, chierici, cavalieri di grande fama, borghesi, scudieri, servitori; il suo esercito è troppo grande. Anche i consacrati e tutti i monaci, neri, bianchi e grigi, senza preoccupazioni la alloggiano nelle loro case, contro ragione. È la cupidigia, di cui io vi ho fatto qui la spiegazione. Per lei molti potenti finiscono male, e anche molti uomini umili ma desiderosi di ricchezze. L'uomo desidera, dal mondo e da Dio, quello che gli porta poco vantaggio. La cupidigia è cosa molto cattiva: se non pensa a Dio l'uomo avido riposa poco. La cupidigia lodata dagli apostoli è quella di chi ha tutto il suo pensiero rivolto ad avere Dio, che è desiderato da chi possiede abbastanza e sa con certezza che avrà abbastanza per sempre. Noi desideriamo l'onore, e questo è sciocco perché l'onore dura poco. L'onore è in questo mondo come una fumata, che passa presto e subito se ne fugge. Ora temo di dispiacervi perché non seguo la mia materia, che riguarda Nembrod e suo padre Kus, che fu figlio di Cam, figlio di Noè. Non ho dimenticato che devo parlare dei lignaggi, perché il mio cuore vi si affida: ne dirò secondo ragione, come li trovo nella Scrittura.

§ 85 *prosa*: Al tempo di Abramo la vita delle donne e degli uomini iniziò ad accorciarsi; Mosè visse solo seicento venti anni, come la Scrittura racconta.
versi: Ora la nostra vita è ancora più corta, abbandonata e tormentata, perché nessun uomo si avvicina ai cento anni. Trenta anni, quaranta: queste sono le cifre degli anni che

noi possiamo vivere, e giammai non sarà, [anche se fossimo] forti e liberi, che viviamo una sola ora di più. La morte ci dà la caccia e di bracca, e non ci concede tregua. Non le sfugge nessun potente, ricco, nobile o di alta nascita. La morte prende il folle e il saggio, ci fa piangere e dolere, fa degli uomini ciò che vuole. Alla fine, tocca morire a coloro che della morte traggono i loro desideri. Alla morte non sfugge nessuno. La morte prende tutti nella sua trappola, ricchi e poveri, potenti e umili. La morte ci insegue precipitosamente fino a una strettoia dalla quale nessun uomo ritorna. Né forza né preghiere servono a nulla, tutti muoiono all'ora dovuta. Per questo mi sembra ragionevole che abbiamo cura di noi per il tempo in cui viviamo. Non sappiamo quando moriremo né quanto a lungo vivremo, ma sappiamo con certezza che la morte arriverà e che non le sfuggiremo. Quindi facciamo il bene, siamo saggi, fino a che abbiamo in uso i nostri beni, che spesso lasciamo i beni di Dio a cattivi eredi. Non vi dirò più della morte, di cui la paura mi uccide molto spesso nel cuore. Anzi, se Dio mi viene in aiuto, vi racconterò la storia vera e perfetta che ancora non giunge al termine.

§ 96 *prosa*: [Abramo ha mentito al Faraone dicendo che Sara non è sua moglie, ma sua sorella.] A proteggere Sara non fu Abramo, ma il Re di tutte le creature, che aveva protetto e salvato Noè nell'arca con la Sua grande potenza. Quel Signore aveva dato ad Abramo la sua grande saggezza, e a sua moglie bellezza e acutezza, e così li proteggeva e sosteneva insieme senza fare il male.
versi: Fortunato chi è protetto dal Signore: senza di lui non possiamo proteggerci. Stiamo attenti a cosa facciamo, perché senza la Sua protezione non avremo alcun bene. Badiamo a essere dei Suoi: egli ci proteggerà dalla vergogna, dal dolore e dal fastidio. Se lo vogliamo e siamo con lui di cuore non perderemo mai la vera fede. Di questo nessuno dubiti: se la nostra fede è vera e sana non avremo pene da Dio e non ci mancherà mai la Sua protezione. Ma egli, che guarda le nostre opere, conosce tutte le potenze del nostro cuore per le quali possiamo perderci nei misfatti orridi e villani. Siatene tutti certi: Abramo e Sara furono protetti da Nostro Signore, che vide le loro opere e i loro pensieri non erano appesantiti dal male, né dalle follie o dagli oltraggi. Fu manifesto che Abramo era saggio, e ancora lo è per le sue azioni che vengono raccontate e che lo saranno fino alla fine dei tempi, in volgare e in latino. Non dirò di più e ritornerò alla storia, e racconterò in ordine tutta la vicenda, e mi protegga dal dire male e dal far male quello che mai disse né pensò né fece il male. «Sire, amen», dobbiamo dire, perché tutto ci consiglia Nostro Signore.

§ 115 *prosa*: Sapete quale fu il peccato per il quale Sodoma e Gomorra furono precipitate nell'abisso? Ho angoscia nel pensarlo e vergogna nel dirlo.
versi: Perché è un peccato contro natura e contro giustizia, fa vergogna a Dio e insulta l'anima. È il peccato odiato da Dio, di cui l'essenziale non sa dirlo nessuno, prete o chierico, per quanto sappia leggere. Dove viene menzionato e commesso, se un uccello vola nell'aria è stupefacente che non cada, perché sente l'aria così avvelenata che a malapena può vivere per una settimana, e l'erba si secca senza dubbio. È il peccato che sfratta l'anima dalla sua giusta eredità e la getta nell'inferno, da dove non sarà mai riscattata e dove rimarrà morta e battuta per sempre. Dio protegga la Sua gente, cioè coloro che confidano in lui, da quel peccato, e li volga al ricordo [del bene] e possa così allontanarli dal male in modo che possano fare penitenza di tutti gli altri mali che hanno fatto, perché Dio ci trova nei grandi misfatti per i quali l'anima grida e piange quando rimane nel dolore, dal quale non vi è riscatto né nessun'altra liberazione.

§ 121 *prosa*: [Dopo la distruzione di Sodoma, Abramo perora presso Dio la causa dei pochi giusti, chiedendo cosa succederà in futuro se, in una simile circostanza, entro un popolo di peccatori vi fosse una minoranza di giusti.] Abramo disse: «Signore, io che sono tuo servo ti parlo volentieri, e ti prego di non adirarti per la grande pietà che hai verso di me. Se ci fossero dieci uomini retti che amano lealtà e giustizia?». Nostro Signore rispose: «Per costoro saranno tutti gli altri liberati dai loro dolori e dalle loro pene». Abramo non seppe cosa dire di più, e tacque.
versi: Signori, qui potete apprendere che Dio ama molto gli uomini giusti. Molto miserabile è chi non si rivolge a Dio. Signori potenti su ogni cosa, possiamo capire bene che nella Sua grande potenza è la nostra pena e la nostra liberazione. La Sua signoria è molto grande: Sodoma non sarebbe perita se tra i suoi trentamila abitanti ve ne fossero stati anche soltanto dieci buoni. Dell'uomo retto nessuno sa dire l'essenziale. Egli deve essere molto onorato. Il malvagio deve amare il buono e temerlo, perché colui che vive senza legge, cioè in peccato mortale e vile, presto avrà grande confusione se Dio non ascolta le preghiere degli uomini retti che ha molto cari. L'uomo retto placa l'ira di Dio, con le sue preghiere [lo] ripaga del peccatore e dei suoi misfatti contro Dio. Egli non consiglia male colui che porta rancore a Dio, ma lo conduce fuori dall'errore e lo porta a correggersi. Per un solo uomo retto, una terra è liberata dai suoi nemici. Chi ricorda un uomo retto racconta sempre una storia buona; sia nella vita che nella morte, sempre ne traiamo conforto. L'uomo retto ha molto bene in questo mondo e nell'altro avrà sempre gioia e onore. Per [fare il volere di] Dio Signore, il Creatore, l'uomo retto è molesto, fellone, oltraggioso, commette torti e villanie. E per questo piacciono a Dio e le loro parole e i loro voti, e li libera subito dalle pene e dai tormenti. Ecco l'essenziale delle mie parole: Dio protegga l'uomo retto, e ci consigli sempre, e ci conceda il Suo paradiso.

§ 176 *prosa*: Abimelech, invidioso del fatto che Dio era propizio a Isacco e tutte le cose gli si moltiplicavano e gli fruttavano, lo scacciò da Gerar. Così egli ruppe e divise la buona amicizia.
versi: Avviene ancora molto spesso che a causa dell'ostile invidia molti malvagi cuori soffrono quando vedono un altro prosperare. Non accolgono Dio, anzi sono contro la Sua volontà, e ogni volta che possono si dolgono della bontà. Di ciò che arriva a loro costoro approfittano, senza che nulla scenda o salga verso di loro. Se Dio permette che un uomo salga in onore o in ricchezza per il suo senno o per il suo coraggio, perché farebbe egli male ad alcuno? Quello che ora abbiamo noi fu già di qualcun altro, e dopo di noi lo avranno altri. La volontà divina può e saprà: dunque tutti abbandonino l'invidia mentre sono in questa vita e prendano ciò che Dio dona loro. E colui che si abbandona al bene per fare la sua anima sobria e casta non sarà invidioso né avrà fretta di praticare quella malvagità che fa dolere e ardere il cuore. L'invidia è un cattivo boccone, rode il fegato e l'intestino, non serve ad altro che a morire di morte improvvisa. Quella compagnia è vittima di una crudele sofferenza, molto deve essere compatita; così è davvero per l'uomo retto. Questo è l'essenziale delle mie parole: un uomo invidioso fino alla fine non avrà mai cuore vero e perfetto. Sempre ha un pensiero malvagio da cui originano altri mali, da cui vergogne vanno e vengono quando meno ce lo si aspetta. Il buono si ritrae dall'invidia: un invidioso non può piacere a Dio, e a lui provoca un dolore segreto più spesso che a chiunque altro. Spesso per invidia hanno molti uomini retti perduto la loro vita. Non dirò più di loro. Che potessero ora essere tutti rinchiusi, tonsurati in alto come conversi, e riconosceremo i cuori perversi e saranno distinti gli uomini retti e i miserabili.

§184 *prosa*: Ora potete ascoltare quanto poco senno avessero allora le genti, che di un uomo illustre facevano il loro dio quando moriva e lo pregavano e credevano che avesse potere e signoria sul cielo e sulla terra.
versi: Non è questo, la morte. La morte, nostra nemica, castiga re e conti: dopo che sono morti non rimane neppure la memoria della potenza che hanno avuto. Come uomini poveri, pagano ciò che devono alla terra. Pagano i ricchi, perché tutti bevono dallo stesso calice quando sono morti, e niente più morde o uccide. I potenti e gli umili sono tutti di uguale potenza, non vi sono né nobiltà né orgoglio da far valere da sotto il sudario dopo che l'anima se ne è andata e non può essere richiamata. Non vi è potere né signoria. Dopo che uno è morto sono perite la sua ricchezza e la sua nobiltà, i suoi poteri e la sua ferocia. Rimane solo ciò che piace a Dio: chi ha fatto bene sarà premiato, perché l'anima ne avrà la sua ricompensa con il corpo, ricca e aperta, il giorno in cui il merito sarà riconosciuto. Queste cose sono ben note a tutti coloro che comprendono la ragionevolezza e che aspettano il giudizio nel quale la sabbia sarà divisa, e Dio ci metta nella Sua parte così come è Re e Signore. Ora non voglio più parlare di questa cosa che provoca fastidio. Ne dovremmo parlare fino a notte, ma ora ritornerò alla storia di Isacco e dei suoi figli.

§ 272 *prosa*: Per l'amore che Nostro Signore aveva verso Giuseppe e per la grazia che gli aveva concesso, tutti i beni dell'egiziano che Giuseppe aveva in custodia moltiplicarono e tutte le sue opere riuscivano nella prosperità. E Giuseppe fu attento a non fare mai alcuna cosa malvagia contro il suo signore e contro Dio.
versi: Quando un uomo ricco ha un buon servitore lo deve apprezzare, amare, onorare e festeggiare. Il servitore buono e saggio fa al suo signore delle grandi conquiste, perché protegge con lealtà e buonafede ciò che del suo egli gli affida. E il servitore che si affida a Dio fa il vantaggio suo e del suo signore, perché Dio fa progredire le sue opere. Per questo è saggio che egli agisca bene. Noi riconosciamo le opere ben fatte, e quelle fatte male si rivelano alla fine. Tutti dobbiamo essere veri e perfetti, perché Dio darà a tutti la loro ricompensa. E a cosa serve fare il male e dire il male? Colui che crede di essere potente e signore per ciò che Dio gli concede di avere secondo le condizioni del Suo volere perde tutto in poco tempo. Noi stiamo giocando tutti i nostri averi ai dadi. Ora guardiamoci dell'agire male. Non voglio farvi un lungo discorso, anzi voglio ritornare a Giuseppe che servì molto bene l'egiziano Putifarre.

§ 514 *prosa*: Ora guarda il potente e l'umile, il povero e il ricco, come ciascuno serve Nostro Signore secondo le sue possibilità e prega. Chi lo fa bene ne può essere molto lieto, e chi non lo fa incontrerà certamente battaglia cruenta e dolorosa, in questo mondo o nell'altro. Nell'altro mondo vi sarà battaglia? Certo, molto cruenta, contro il diavolo e contro coloro che non hanno pregato e servito Nostro Signore così come dovevano fare.
versi: Oh uomo ricco, rifletti e vedi chi è che ti protegge
prosa: Guarda da dove ti viene l'onore e il potere in questo mondo. Se credi che provenga dai tuoi antenati, rifletti su cosa è stato di loro.
versi: Ciò che rimane degli antenati noi lo lasciamo molto presto. Gli antenati muoiono, e così le ricchezze che ammassano. E così moriremo noi e si estingueranno le nostre ricchezze.[1]

1. I versi del § 514 sono inframezzati da una frase in prosa che non mostra segni univoci di *dérimage* («En cest mont esguarde dont l'onors te vient et la segnorie. Se tu cuides qu'ele te viegne de ton ancestre, porpense toi que tes ancestres est devenus»; §514.2-3; VT 144.3-5). La

§ 515 *prosa*: Cosa sarà di coloro che combattono contro la Chiesa, fanno il male e odiano coloro che servono Dio, il Signore di tutte le creature?
versi: Non si salveranno, perché se fanno il male ne avranno il peggio. Il giudizio è già stato emesso: ognuno porterà le sue azioni, buone o cattive, dove le espierà. Devo smettere di parlare di questo, perché ho ancora molto da raccontare. Ma è bene che noi coloriamo i nostri discorsi con i ragionamenti, così come coloriamo il volto di una figura quando la dipingiamo. Allo stesso modo, è giusto che si sforzi chi racconta una materia giovevole: che egli non dimentichi Dio Padre, perché gli esempi di tutto il bene vengono da lui, e in lui tutti i buoni rideranno e molto saranno lieti.

§ 652 *prosa*: Quando Romolo venne a sapere come sua madre era stata uccisa e suo nonno Numitore era stato spodestato da Amulio, subito attaccò il regno di questi. Tutto ciò che poté conquistare e prendere donò e diviste tra quelli che erano con lui. In questo modo Romolo iniziò a crescere in potenza, e per la sua generosità venivano a lui in molti e gli offrivano i loro servigi.
versi: Egli era tanto generoso, fiero e prode che tutti quelli che sentivano parlare di lui accorrevano, e lui concedeva loro tutto ciò che aveva senza neanche averlo promesso. Per questo egli aveva i cuori degli umili, dei nobili, dei folli e dei saggi. Se avesse promesso senza poi donare loro non gli avrebbero dato i loro cuori in nessun modo, e non avrebbe visto né la sera né il mattino. Lo possiamo capire bene, perché da tempo si dice che chi fa una promessa e non la assolve allontana il cuore del suo amico, e promettendo senza donare si può confortare solo il folle, ma l'uomo saggio non si comporta in questo modo. Romolo, che fondò Roma, non avrebbe vinto i suoi nemici se avesse promesso senza dare. Anche oggi molti uomini potenti promettono senza dare; Dio non può perdonarglielo, e questi perdono i loro potentati, i loro onori, i loro baliaggi, e anche i cuori dei loro uomini. Ma sappiano che tutto quello di cui vanno ciarlando gli tornerà indietro sui loro nasi. Non dirò nient'altro, ognuno sia consapevole, e stia attento che, se ha una grande terra nel suo dominio, prometta senza mancare. Di questo era consapevole Romolo, che non era né conte, né re, né duca, al quale nessuno aveva concesso alcuna terra né alcun governo; ma in lui agiva quella natura che mette al sicuro i cuori nobili.

§ 673 *prosa*: Al tempo dei consoli T. Gesonio e P. Minucio due calamità si abbatterono sui romani: una orribile carestia e una grave epidemia, per le quali furono molto afflitti poveri e ricchi. Morirono in tanti e la città ne fu indebolita.
versi: Roma ha sofferto molto, questo è l'essenziale. Quelli che abitavano tutte le regioni del mondo erano vittime di distruzioni, battaglie e carestie poiché loro non erano pronti a servire o pregare Dio, né volevano preoccuparsi di fare il bene. E Dio mal sopportò il loro comportamento e, senza annientarli, non volle permettere che costoro vivessero serenamente dei loro beni, né che giunti alla loro fine si elevassero, né che i loro eredi gioissero di questi beni ed ereditassero i loro onori. Anzi, i padri perdevano i loro beni in modo tale che i figli non potevano reclamare la loro parte se non uccidendosi a vicenda e togliendosela con la forza. Il mondo era così a quel tempo, perché nessuno credeva in Dio, nessuno lo invocava, e nessuno era battezzato. Ma dopo che [gli uomini] iniziarono a credere Dio

continuità discorsiva tra le due porzioni in versi e questo intermezzo prosastico fa pensare che l'autore dell'*HAC* abbia trovato difficoltà a mettere in versi questo passaggio argomentativo. VT, II, p. 161, pensa a una glossa marginale incorporata nel testo; non è un'ipotesi impossibile, ma si tratterebbe di un caso isolato.

li liberò dalle grandi persecuzioni di cui parla questo racconto. Per questo è folle chi non lo prega, e chi non piange per i suoi peccati, e chi non si umilia verso di lui. Chi spesso gli chiede pietà di vero cuore, e si pente degli errori commessi per ignoranza, non può mancare di accordarsi al Signore di misericordia, che è subito pietoso verso quelli che accorrono a lui, che non discordano con i suoi detti e che a lui si accordano. È giusto che noi ci accordiamo a lui, e che tiriamo quei cordoni che non mancano la giusta corda, perché presto avrà grande discordia chi discorda dal giusto. Nessuno discorda da lui facendo il bene, e Dio non rinuncia a questo Suo diritto. Vi ho detto queste cose perché vi ricordiate di Dio, che tiene tutti soggetti alla sua legge. Non dirò altro, e tornerò ai romani su cui ho molto da dire. Ma dico questo, ascoltate bene: tra venti mali un po' di bene.

§ 733 *prosa*: Dopo essere stato sconfitto dagli ateniesi e dagli spartani, il re Dario di Persia raccolse un esercito composto da tutti gli uomini in grado di portare le armi che vi erano in Oriente. Mentre faceva ciò lo colse una malattia che non risparmia né teme alcuna creatura.
versi: Perché nessun uomo muta i suoi comportamenti per timore della morte, che tanto duramente morde e uccide, e ci fa lasciare le ricchezze, gli onori, la bellezza, la forza e il coraggio? Ella ci precipita, secondo il suo volere, nel luogo dove non abbiamo potere, basti solo che a Dio piaccia. Là giungeremo alla conclusione delle azioni che rientrano tra le nostre possibilità, che sono nulla perché Dio ha in Suo potere tutto ciò che ci riguarda. Là l'anima che non sarà casta e purificata dal bene fatto nel mondo sarà a mal partito. L'uomo muore presto e si dirige verso la fine: tanto è gioioso al mattino, tanto, senza alcun colpo ricevuto in battaglia, è abbattuto a terra prima del vespro. Torri e fortezze non servono perché la morte tiene tutti nella sua stretta: vescovi, prelati, cappellani, re, conti, castellani, regine, dame e contesse. Ripaga molto bene le loro promesse perché fa loro lasciare ogni orgoglio e ingrassare la terra pulita, e abbandonare le stoffe di seta nelle quali si ripongono i grandi averi, quelli che sono stati tolti alla povera gente. Ma per i ricchi avranno poco valore quando saranno vittime della guerra per la quale li seppelliremo e quando le carni ben nutrite saranno putrefatte insieme alle loro vesti di pelliccia; là saranno restituiti i misfatti commessi in questo mondo. A questo deve pensare chi vuole proteggere la sua anima in Dio, perché nessun uomo vive quanto pensa. Per questo Dario mise tanto impegno nel vendicare la sua sconfitta. Ma Colui che abbassa l'orgoglioso rese tutta la sua riflessione inutile con la morte che gli era vicina.

§ 850 *prosa*: Dopo la morte di Alessandro Magno, i suoi baroni lo piansero e rimpiansero molto i suoi atti valorosi e le sue prodezze. Anche le sue sorelle lo piansero molto, e sua madre Olimpiade più di ogni altro mentre il suo corpo fu arso e posto nella sepoltura, che era ricchissima e fatta di oro, argento e pietre preziose. Dopo che il corpo fu sepolto rimase il grande dolore e ciascuno tornò velocemente nella terra che gli era stata assegnata.
versi: Per quanto un uomo possa essere stato ricco e aver fatto molto bene in vita, dopo la sua morte nessuno avrà voglia di mostrare un dolore troppo grande perché tutti vorranno ritornare ai loro affari. Alessandro fu dimenticato in fretta, così come è accaduto al buon conte di Fiandra Baldovino, che fu imperatore di Costantinopoli, e a sua madre, chiamata Margherita, buona e nobile dama; raccontare di costoro sarebbe una ingenuità. Dimenticato è anche il buon re di Francia, che amò tanto la santa Chiesa, e Dio, che loda e ricompensa i buoni nella sua più alta magione, gliene renda ricompensa come fece con la Maddalena, che è purificata e sanata dai peccati. E tutti coloro che onorano la Chiesa e la soccorrono quando essa è vittima di azioni perverse, Dio li allontani dalle avversità

il giorno che ne avranno bisogno, quando gli angeli tremeranno e tutti avranno la loro ricompensa, perché i debiti dei torti e dei mali che abbiamo fatto e dei vili peccati nei quali viviamo per fatti, detti e pensieri non saranno più nascosti e non saranno pari ai crediti. Per questo deve fare il bene ogni uomo che badi al suo profitto, cioè ai beni che Dio gli ha prestato, perché non c'è conquista più grande che essere con Dio nella vita che il diavolo ci invidia, quella in paradiso. Da che i nostri corpi sono messi in terra, noi siamo dimenticati: i nostri amici e i nostri parenti entrano in guerra per i nostri averi. Sarebbe giusto, a mio parere, che fintanto che ne abbiamo il potere facessimo delle anime le nostre eredi; eredi di una tale eredità per servire Dio, così che esse non ne abbiano danno mentre sono allevate secondo il volere di Dio, poiché i corpi e le anime sono dimenticati presto nel mondo in cui la grande ricchezza è data agli eredi. Male è abbeverato ciò che non si secca. Non dirò di più, ma chi non fa il bene è presto dimenticato.

§ 910 *prosa*: I consoli Servilio Cepione e Sempronio Bleso attaccarono il faro di Messina con un grande esercito, devastarono e saccheggiarono la terra. Durante il ritorno per mare una grande tempesta li colse e persero centocinquanta navi cariche di bottino. Così la grande sciagura vinse la cupidigia dei romani, che non poté essere saziata e che ancora non lo è.
versi: Essa fu così ben piantata e radicata che ancora è visibile, e lo sarà finché la città esisterà. Chi porta Roma della ricchezza – questo è l'essenziale – vi entra per una buona porta; chi ne porta poca non riuscirà a soddisfare le sue esigenze, perché Roma non teme nessuna grande azione. Perché il denaro va avanti? Vi sono uomini piccoli e grandi, forti e deboli. Se uno ha denaro, non credo che nessuno abbia noia tra i cardinali del pretorio; egli è onorato della vittoria. Colui che porta i regali più belli, e più è leale e forte, trova subito ascolto per la sua richiesta, che piace ed è accolta con gioia. Era così anche per i consoli che sono ricordati nei libri: chi conquistava più ricchezze riceveva onori più alti e incoronato con grandi feste. E quando non portavano nulla e non facevano il loro vantaggio non avevano né onori né lodi, ma vergogna e grande biasimo. Per questo quando giungevano in altre terre si sforzavano molto di fare bene per averne lodi, e così conducevano meglio la guerra.

§ 942 *prosa*: Sagunto fu presa non con la forza, ma per fame. Gli abitanti erano gonfi dal digiuno e ancora non volevano arrendersi. Ma alla fine non ebbero più forza di sopportate e stavano per morire, e così dovettero consegnare la città.
versi: La morte è temuta quando è a distanza di un giorno, cioè quando si avvicina all'animo. Allora vorremo dire e fare tutto il possibile per vivere anche un solo giorno di più ed essere liberati dal male, o anche meno, perché anche il riposo momentaneo è un dolce desiderio. Lo sanno i medici, che ne hanno tratto un gran vantaggio; ma serve a poco medicina, elettuario o radice, perché quando la morte acquisisce il dominio non esiste riscatto e non si può avere tregua. Signori, uomini ricchi, fate il bene! La morte vi spia e guarda, e ha sempre la spada sguainata per ferirvi quando non siete protetti. Certo, chi perde il corpo e l'anima non perde più di quanto perda un assassino o un impiccato. Perde corpo, anima e averi chi allontana l'erede leale per attaccamento ai beni di questa vita. Chi è l'erede leale e perfetto? Nostro Signore, che è il medico del corpo e dell'anima. Egli conosce tutte le salvezze e guarisce le infermità. Da lui vengono le eredità che sono detenute tanto dai folli come dai saggi. Chi non lo serve fa molto male, e sarà chiamato a risponderne in modo tale che dovrà renderne ragione, voglia o non voglia capirne di diritto, perché dovrà fare ricorso a quel giudizio. E se non temesse la morte, perché ella non gli sta dando la caccia troppo da vicino, sarebbe bene che ancor prima egli donasse per Dio i

beni di cui dispone sin dalla sua fanciullezza. Questo sarebbe un buon timore. Ma coloro che temono molto la morte perché gli toglierà le ricchezze che posseggono, perché non si ricordano di Dio? Questo timore non vale nulla, perché non conduce all'espiazione. Per questo temono la morte i più, perché trovano conforto nei beni che hanno in usufrutto; costoro non devono essere considerati saggi. L'uomo retto non ha paura della morte per la perdita di questa vita. Ma il malvagio deve averne paura, perché non ne avrà alcuna ricompensa e non sa cosa troverà dopo che lascerà questo mondo, dove lascia quel poco di bene che ha avuto senza portare con sé nulla, tranne un piccolo pezzo di stoffa delle dimensioni di una porta stretta.

§ 958 *prosa*: Durante la battaglia di Canne sia l'esercito romano che quello di Annibale si rifiutavano di retrocedere, preferendo morire piuttosto che vivere. Ad alcuni dispiaceva che la notte venisse così presto e che gli eserciti si allontanassero per la sola ragione che al buio non avrebbero riconosciuto gli amici e i nemici. Altri desideravano la notte, perché erano feriti e stanchi e volevano riposarsi, e sembrava loro che essa durasse troppo poco. E quindi restavano montati e armati i forti cavalieri e i valenti servitori, che portavano avanti i preparativi per le battaglie mortali.
versi: In questa battaglia non sarebbero serviti a nulla quei cavalieri bianchi che non fanno né dicono il bene, e che controllano negli specchi se i loro coprirotula sono ben calzati e che fanno pulire e lucidare le loro briglie ornate di campanelle più spesso di quanto vadano a messa. E sono arditi a casa, dopo che hanno bevuto in abbondanza, e quando indossano gli abiti variopinti. Oh, dame dai bei volti, certo, loro non sarebbero stati di alcun valore in quella situazione, e anche oggi valgono poco. Dame, ve li potrei descrivere molto bene e raccontarvi perché furono detti *maminot*, ma devo tornare alla battaglia di cui vi sto raccontando. Ma Dio protegga e allontani dalla vergogna e dalla perdizione i cavalieri di santa Maria, che non dicono il male e fanno il bene. Il mio cuore si accorda bene con il loro.

§1007 *prosa*: Al tempo in cui Antioco governava la Siria, a Roma furono forgiate le prime monete con figure.
versi: Prodigioso fu il giorno in cui fu inventata la moneta, che non esiste nessun uomo che soffra ad assemblarle e ad averne cura, purché ne possa venire a capo. Tutti dicono che il denaro d'argento è tenuto in gran conto a Roma, dove per la prima volta fu fatto. I romani sono cortesi e saggi, e se ne prendono cura secondo l'antico uso, e chi ne porta abbastanza ha accesso in città e può soddisfare i suoi bisogni senza trovare grandi avversari, perché non ve ne sono più né ve ne saranno. Tutti vogliono compiacere i romani: arcivescovi, vescovi e abati, preti e chierici, tutti si accapigliano. A nessuno importa della provenienza del denaro, ma solo di chi lo possiede al momento. Non tutti agiscono così, anzi alcuni percorrono una via aspra e dura che li condurrà alla gioia eterna, e Dio ci mantenga sulla diritta via con la sua grande misericordia. Ma i più, credo, si accordano al denaro, con il quale si può avere pane e vino. I cistercensi amano molto i sacchetti pieni. Non si curano del poco denaro perché velocemente, a poco a poco, non vi è abate da qui a Cahors né priore che governi una casa che per riempire la sua grande borsa non ponga mente ai denari, e che non escogiti la maniera per fare loro buon viso; cioè come ammassarne una grande quantità. Qui stiano attenti i re e i conti: costoro non tengono né registrazione né conto delle montagne di denaro che accumulano. E i principi e i castellani non lo ottengono rubando, ma lo tolgono ai lavoratori e ai mercanti, che lo guadagnano con grande fatica. E i cavalieri e i valvassori spogliano la loro gente ogni giorno per

ottenere il denaro del quale intendono godere. Questo denaro dura poco, perché non appena ne hanno accumulato una grande quantità, questa torna agli usurai. Tutti desiderano questo denaro cattivo, e agiscono così male che perdono il loro corpo e la loro anima, e così saranno messi nelle fiamme dell'inferno, da cui Dio vi guardi, perché soffre molto chi brucia là dentro. E chi vi entrerà non ne uscirà mai, e Dio non si prenderà cura di lui. Così testimonia la Scrittura, a cui dobbiamo credere perché è santissima e vera. Non vi è nessuna nobiltà nel trarre vantaggio dal danno altrui e dal fare grandi cinture con il cuoio degli altri. Lasciamo l'amore per questo denaro e dividiamo tra i poveri per giungere a Dio. Come può un uomo che abbia senno e reputazione sopportare di tenere dei tesori nei suoi scrigni mentre i suoi poveri, di mattina e di sera, gli vanno gridando che muoiono di fame e di freddo ed egli non li soccorre? A chi farà bene quel denaro? Non frutterà a nessuno, né a chi lo possiede né a nessun altro che lo dovesse avere, perché lo ha troppo caro chi lo accumula. Coloro che amano il denaro e non il Signore sono diavoli. Non dirò altro, ma finisce male chi lo ama e desidera troppo, perché costoro fanno più spesso il male che il bene. Chi ne ha molto non ha nulla, e morte, biasimo e onta lo uccidono, confondono e insultano. Di tutto questo non si occupavano coloro che hanno condotto in passato una vita di durezze. Parlo di san Pietro, di san Paolo e di sant'Andrea, che tanto ebbe cuore dolce e pio, degli apostoli e dei martiri, tanto amati dallo Spirito Santo, delle vergini sante, dei penitenti, che non desideravano altro che soffrire pene e travagli per avere la gioia lontana che ora hanno e avranno per sempre lassù in paradiso. Dalla povertà e dal dolore che hanno sofferto non subiscono ora nessuna perdita, anzi ne hanno ricavato ricchezze e onori presso Dio e nel mondo, per sempre, chiese ricche e ben dotate, servite e onorate. Costoro non amarono né oro né argento se non per donarli ai poveri, mai prestarono a usura né fecero torti, né vollero mai commettere peccato né saperne, per quanto poterono evitarlo. Potete vedere come tutto ciò torna loro a gloria. Se noi manteniamo la memoria di loro, delle loro azioni, delle loro parole e delle loro vite sante, abbandoneremo tutte le invidie del povero mondo nel quale siamo, dove viviamo in grande miseria. Per quanto argento e oro possiamo ammassare in un tesoro, non potremo vivere un giorno di più né essere liberati dalla morte. Ma quelli che un tempo hanno fatto il bene per le loro buone azioni hanno vissuto molto di più e quando erano amanti del bene hanno resuscitato i morti. Qui dobbiamo noi prendere esempio: lasciare il male e tendere al bene. Chi non farà così, per san Cosma, che viene invocato a Vendôme, sarà trattato male alla fine, così come troviamo negli scritti latini.

§ 1061 *prosa*: Nell'inverno in cui Scipione rimase accampato fuori da Numazia, egli istruì la sua cavalleria come fanno i chierici nelle scuole.[2] Insegnò loro a evitare la cupidigia villana che conduce al tradimento e che non facessero villania e non dicessero male degli altri, perché queste sono le cose che corrompono la cavalleria. E insegnò loro che un cavaliere invidioso non sarà mai sereno, perché sarà sempre un traditore di cattiva genia,

2. Questo passaggio, che si legge al § 1060.6, deriva da Orosio, *Le storie contro i pagani*, ed. Lippold, IV, 7, 4: «Igitur Scipio Africanus Hispaniam ingressus non se ilico ingessit hostibus, ut quasi incautos circumveniret, sciens numquam hoc genus hominum adeo in otium corpore atque animo resolui, ut non ipsa qualitate habitudinis suae apparatus aliorum praecelleret, sed aliquamdiu militem suum in castris velut in scholis exercuit». L'autore dell'*HAC* coglie questa occasione – che in Orosio allude, con tutta probabilità, a un addestramento tattico-militare – per attribuire a Scipione un ammaestramento sulla gestione delle masnade. Nell'*HAC* alla voce di Scipione, in prosa, si aggiunge il commento attualizzante del narratore, prima in prosa e poi in versi.

a causa della quale commetterà atti villani. «E un cavaliere» diceva Scipione «non deve invidiare che una cosa: fare il bene più di tutti nella sua compagnia. A questo deve essere teso il suo spirito, perché questo è l'inizio della cortesia, per la quale l'invidia è priva di orgoglio e di fellonia». E così li ammoniva Scipione che non tenessero nella loro masnada alcuno di cui dubitassero che non fosse fedele, ma che se ne liberassero subito; e che non allontanassero coloro dei quali non dubitavano che fossero fedeli, cavalieri o servitori che fossero, perché l'uomo nobile non può avere tesoro più grande che colui che lo ama con cuore leale e integro di amore certo.

A questa dottrina del valente Scipione devono fare attenzione i nobili baroni che hanno gentili cavalieri e servitori nella loro masnada. Quando ne trovano di buoni e leali, devono fare loro del bene in modo che costoro non pensino di servire altri per cupidigia. Così loro seguiranno volentieri e il signore potrà gioirne con Dio e con il mondo per tutta la vita. Ma la cose, che di solito non si svolgono secondo ragionevolezza, non vanno così.

versi: I meriti di molti uomini sono assai piccoli. Sappiano bene i chierici e i servitori che io raccomando loro, affinché lo ricordino, che devono servire bene e in buona fede il loro signore, giorno e notte, e guardarsi dal compiere misfatti. Poiché appena si comporteranno male l'amore che hanno avuto dal loro signore sarà perso. L'amore è posto su una bilancia il cui filo è fragile e si rompe facilmente. Il villano, che è pieno di grande scienza, ci dice che l'amore dei signori non si trasmette per eredità.[3] E questo lo possiamo spesso vedere nelle vicende di coloro che abbiamo visto servire e lo può vedere altrettanto spesso chi frequenta le corti.

3. Riferimento alla tradizione dei proverbi "rustici", attribuiti al villano, che sono trasmessi in francese da una tradizione manoscritta non amplissima ma molto variabile. Si possono leggere in *Li proverbe au vilain*, hrsg. von A. Tobler, Leipzig, Hirzel, 1895 (edizione ricostruttiva sia a livello linguistico che a livello di *corpus*). Su questa tradizione in generale si vedano anche R. N. B. Goddard, *Marcabru,* Li proverbe au vilain *and the Tradition of Rustic Proverbs*, in «Neuphilologische Mitteilungen», 88 (1987), pp. 55-70, e E. Schulze-Busacker, *Les sources des Proverbes au Vilain réexaminées à l'aide du* Thesaurus Proverbiorum Medii Aevi, in «Romance Philology», 65 (2011), pp. 247-332.

Bibliografia

1. *Manoscritti dell'*Histoire ancienne jusqu'à César

Ab	Aberystwyth, National Library of Wales, 5027 E
Ay	Aylsham, Blickling Hall, 6931
B	Bruxelles, KBR, 10175
B1	Bruxelles, KBR, 9104-9105
B2	Bruxelles, KBR, 9650-9652
B4	Bruxelles, KBR, 18295
Ber	Berkeley, University of California, Bancroft Library, 148
Be	Berlin, Staatsbibliothek zu Berlin - Preußischer Kulturbesitz, Hamilton 341
C	Carpentras, Bibliothèque municipale "L'Inguimbertine", 1260
Ca	Cambridge, Trinity College Library, O. 4. 26
Ch	Chantilly, Bibliothèque et archives du Château, 726
Cl	Cologny (Genève), Fondation Martin Bodmer, 160
Co	København, Kongelige Bibliotek, Thott 431
D	Dijon, Bibliothèque municipale, 562
F	Firenze, Biblioteca Riccardiana, 3982
G	Genève, Bibliothèque de Genève, fr. 72
Ge	Gemona del Friuli, Archivio comunale, [senza segnatura]
H	Den Haag, Koninklijke Bibliotheek, 78. D. 47
HA1	Bologna, Archivio di Stato, Raccolta Manoscritti Francesi, *Histoire ancienne*
HA2	Bologna, Archivio di Stato, Raccolta Manoscritti Francesi, *Histoire ancienne*
HA3	Bologna, Archivio di Stato, Raccolta Manoscritti Francesi, *Histoire ancienne*
HA4	Modena, Biblioteca dell'Archivio di Stato, Frammenti, Busta 11/a, fasc. 6
HA5	Modena, Biblioteca dell'Archivio di Stato, Frammenti, Busta 11/a, fasc. 7
HA6	Modena, Biblioteca dell'Archivio di Stato, Frammenti, Busta 11/a, fasc. 12
Haa	Haarlem, Noord-Hollands Archief, Oude Boekerij 187 C 12
L	London, British Library, Additional 15268
L1	London, British Library, Royal 16. G. VII
L2	London, British Library, Harley 3316
L3	London, British Library, Additional 12029
L5	London, British Library, Additional 19669
L6	London, British Library, Additional 25884

L7	London, British Library, Egerton 912
Li	Lisboa, Biblioteca nacional do Portugal, Códices illuminados 132
LMa	Le Mans, Bibliothèque municipale, 103
Ma	Mâcon, Archives départementales de Saône-et-Loire, H 362
Mal	Malibu, J. Paul Getty Museum, Ludwig XIII. 3
Me	Metz, Archives municipales, [senza segnatura]
Mon	Mons, Bibliothèque Centrale de l'Université, 226/124
Mün	Münster, LWL-Landesmuseum für Kunst und Kulturgeschichte, Inv. 74.6.27
Ng	New York, Pierpont Morgan Library, William Glazier G. 23
Np	New York, Pierpont Morgan Library, M. 212
Np2	New York, Pierpont Morgan Library, M. 516
P	Paris, Bibliothèque nationale de France, fr. 20125
P1	Paris, Bibliothèque nationale de France, fr. 39
P2	Paris, Bibliothèque nationale de France, fr. 64
P3	Paris, Bibliothèque nationale de France, fr. 168
P4	Paris, Bibliothèque nationale de France, fr. 182
P5	Paris, Bibliothèque nationale de France, fr. 246
P6	Paris, Bibliothèque nationale de France, fr. 250
P7	Paris, Bibliothèque nationale de France, fr. 251
P8	Paris, Bibliothèque nationale de France, fr. 256
P9	Paris, Bibliothèque nationale de France, fr. 677
P10	Paris, Bibliothèque nationale de France, fr. 686
P11	Paris, Bibliothèque nationale de France, fr. 687
P12	Paris, Bibliothèque nationale de France, fr. 821
P13	Paris, Bibliothèque nationale de France, fr. 1386
P14	Paris, Bibliothèque nationale de France, fr. 1407
P16	Paris, Bibliothèque nationale de France, fr. 9685
P17	Paris, Bibliothèque nationale de France, fr. 12586
P18	Paris, Bibliothèque nationale de France, fr. 17177
P20	Paris, Bibliothèque nationale de France, fr. 20126
P21	Paris, Bibliothèque nationale de France, fr. 22986
P22	Paris, Bibliothèque nationale de France, fr. 24149
P23	Paris, Bibliothèque nationale de France, n. a. fr. 3576
P24	Paris, Bibliothèque nationale de France, n. a. fr. 3650
P25	Paris, Bibliothèque nationale de France, n. a. fr. 6774
P26	Paris, Bibliothèque nationale de France, fr. 818
P27	Paris, Bibliothèque nationale de France, fr. 1113
P28	Paris, Bibliothèque nationale de France, fr. 12599
P29	Paris, Bibliothèque nationale de France, fr. 15458
P30	Paris, Bibliothèque nationale de France, fr. 24052
Pa	Paris, Bibliothèque nationale de France, fr. 9682
Pars	Paris, Bibliothèque de l'Arsenal, 5081
Pass	Paris, Bibliothèque de l'Assemblée Nationale, 1263
Ph	*olim* Philadelphia, University of Pennsylvania, Rare Books & Manuscripts, Lawrence J. Schoenberg Collection, 17
Pm	Paris, Bibliothèque nationale de France, n. a. fr. 10053
Pmar	Paris, Musée Marmottan Monet, Collection Wildenstein, n. 140, 142

Po	Pommersfelden, Graf von Schönborn'schen Schloßbibliothek, 295
Pr	Princeton, Princeton University Library, Garrett 128
R	Roma, Biblioteca Casanatense, 233 (A. I. 8)
Re	Rennes, Bibliothèque municipale, 2231
Rou	Rouen, Bibliothèque municipale, 1139 (U. 5)
Schø	Oslo and London, The Schøyen Collection, MS 27
T1	Tours, Bibliothèque municipale, 953
T2	Tours, Bibliothèque municipale, 974
T3	Tours, Archives départementales de l'Indre-et-Loire, 2. I. 5
To	Torino, Biblioteca Nazionale Universitaria, L. IV. 33
V (V1+V2)	Wien, Österreichische Nationalbibliothek, Cod. 2576
Ve	Venezia, Biblioteca Nazionale Marciana, Fr. 2
Vat	Città del Vaticano, Biblioteca Apostolica Vaticana, Vat. lat. 5895
X1	*olim* Barrois 908/1704
X2	*olim* Rosenthal 82/83
X3	*olim* Ramsen n. 6

2. *Dizionari, repertori e* corpora

AASS. — *Acta Sanctorum*, Antwerpen, 1643-.

AND — *Anglo-Norman Dictionary* (online: https://anglo-norman.net/; ultimo accesso: 29 maggio 2022)

BHL — *Bibliotheca hagiographica latina antiquae et media aetatis*, 3 voll., Bruxelles, Société des Bollandistes, 1898-1901.

DEAFBibl*él* — Möhren, F., *Dictionnaire Étymologique de l'Ancien Français. Complément bibliographique* (online: http://www.deaf-page.de/fr/bibl_neu.php; ultimo accesso: 29 maggio 2022).

DEAFpré — *Dictionnaire Étymologique de l'Ancien Français* (online: https://deaf-server.adw.uni-heidelberg.de; ultimo accesso: 29 maggio 2022).

INITIALE — *Catalogue de manuscrits enluminés*, sous la dir. de la Section des manuscrits enluminés de l'Institut des recherches et d'histoire des textes (online: http://initiale.irht.cnrs.fr/; ultimo accesso: 29 maggio 2022).

JONAS — *Jonas. Répertoire des textes et des manuscrits médiévaux d'oc et d'oïl*, sous la dir. de la Section Romane de l'Institut des recherches et d'histoire des textes (online: https://jonas.irht.cnrs.fr/; ultimo accesso: 29 maggio 2022).

MFLCOF — *Medieval Francophone Literary Culture Outside France*, ed. by S. Gaunt, B. Burgwinkle, J. Gilbert, P. Vetch, C. Tupman, D. Schoenaers, N. Morato, N. Grance, D. Murray, N. Jakeman, G. Ferraro, (online: http://www.medievalfrancophone.ac.uk/; ultimo accesso: 29 maggio 2022).

PL — *Patrologiae cursus completus*, ed. J. P. Migne, *Series Latina*, Turnhout, 1857-1904.

RIALFrI — *Repertorio informatizzato dell'antica letteratura franco-italiana*, (online: https://www.rialfri.eu/rialfriWP/; ultimo accesso: 29 maggio 2022).

TL — Tobler, A., Lommatzsch, E., *Altfranzösisches Wörterbuch*, Berlin 1915-1953, Wiesbaden, 1954-.

3. *Edizioni, cataloghi e studi*

Agrigoroaei, V., *The First Psalters in Old French and Their 12th Century Context*, in *Vernacular Psalters and the Early Rise of Linguistic Identities. The Romanian Case*, Bucureşti, Dart, 2019, pp. 29-37.

Die Altfranzösische Prosaversion des Alexiuslegende, hrsg. von E. Lutsch, Berlin, Trenkel, 1913.

Andrieux-Reix, N., *"Lors veïssiez": histoire d'une marque de diction*, dans «Linx», 32 (1995), pp. 133-145.

The Anglo-Norman Pseudo-Turpin Chronicle of William de Briane, ed. by I. Short, Oxford, Anglo-Norman Text Society-Blackwell, 1973.

Arduini, M. L., *Ugo di San Vittore e il problema della storia: il* Didascalicon. De studio legendi *ovvero i criterî per la metodologia della ricerca storica*, in «Aevum», 73 (1999), pp. 305-336.

Armellini, M., *Le chiese di Roma dal secolo IV al XIX*, Roma, Tipografia Vaticana, 1891.

Aujard-Catot, E., *Wauchier de Denain, Vies des pères du désert (édition du manuscrit 473 de la Bibliothèque Inguimbertine de Carpentras)*, thèse de doctorat, Université de Provence, Aix-en-Provence, 1981.

Aurell, M., *Le chevalier lettré. Savoir et conduite de l'aristocratie aux XIIe et XIIIe siècles*, Paris, Fayard, 2011.

Avril, F., *Trois manuscrits napolitains des collections de Charles V et de Jean de Berry*, dans «Bibliothèque de l'École des Chartes», 127 (1969), pp. 291-328.

Avril, F., Gousset, M.-T., *Manuscrits enluminés d'origine italienne*, III, *XIVe siècle*, 2, *Émilie-Vénitie*, Paris, Bibliothèque nationale de France, 2012.

Baker, C., *La version vulgate de l'Histoire ancienne jusqu'à César*, dans «Revue belge de philologie et d'histoire / Belgisch Tijdschrift voor Filologie en Geschiedenis», 95 (2017), pp. 745-772.

Baldwin, J., *The Government of Philip Augustus: Foundations of French Royal Power in the Middle Ages*, Berkeley-Los Angeles-Oxford, University of California Press, 1986.

Barbieri, L., *L'atelier du poète. Art poétique et métaphores "artisanales" dans la littérature médiévale*, dans *Fleur de clergie. Mélanges en l'honneur e Jean-Yves Tilliette*, éd. par O. Collet, Y. Foehr-Janssens, J.-C. Mühltehaler, Genève, Droz, 2019, pp. 197-218.

Barbieri, L., *Qui a tué Ajax, fils de Télamon? De la double mort d'un héros et d'autres incohérences dans la tradition troyenne*, dans «Romania», 123 (2005), pp. 321-359.

Barbieri, L., *La solitude d'un manuscrit et l'histoire d'un texte: la deuxième rédaction de l'Histoire ancienne jusqu'à César*, dans «Romania», 138 (2020), pp. 39-96.

Bately, J., *Alfred's Orosius and* Les Empereors de Rome, in «Studies in Philology», 58 (1960), pp. 567-586.

Baumgartner, E., *Le choix de la prose*, dans *Le choix de la prose (XIIIe-XIVe siècles)*, Paris, Champion, 1998 [= «Cahiers de recherches médiévales et humanistes», 5 (1998)], p. 7-13.

Beddoe, E., *Memory and Identity in Flodoard of Reims: His Use of the Roman Past*, in *Texts and Identities in the Early Middle Ages*, ed. by R. Corradini, R. Meens, C. U. Pössel, P. Shaw, Wien, Österreichischen Akademie der Wissenschaften, 2006, pp. 61-69.

Beer, J. M. A., *A Medieval Caesar*, Genève, Droz, 1976.

Beer, J. M. A.,, *Narrative Conventions of Truth in the Middle Ages*, Genève, Droz, 1981.

Benoît de Sainte-Maure, *Chronique des Ducs de Normandie*, éd. par C. Fahlin, 4 voll., Uppsala, Almqvist & Wiksell, 1951-1979.

Benoît de Sainte-Maure, *Le roman de Troie*, éd. par L. Constans, 6 voll., Paris, Firmin Didot, 1904-1912.

Berkey, M. L., Jr., *Pierre de Beauvais: An Introduction to his Works*, in «Romance Philology», 18 (1965), pp. 387-398.

Berkey, M. L., Jr., *Pierre de Beauvais'* Olympiade*: A Medieval Outline-History*, in «Speculum», 41 (1966), pp. 500-515.

Bernard, A., *Observations sur le sens du mot "olympiade" employé dans les actes du Moyen Âge*, dans «Mémoires de la Société impériale des Antiquaires de France», 22 (1854), pp. 267-274.

Bertin, G. A., Foulet, A., *The Book of Judges in Old French Prose: The Gardner A. Sage Library Fragment*, in «Romania», 90 (1969), pp. 121-131.

Le Bestiaire. Version longue attribuée à Pierre de Beauvais, éd. par C. Baker, Paris, Champion, 2010.

Li bestiaires d'amours *di Maistre Richart de Fornival e* Li response du bestiaire, a cura di C. Segre, Milano-Napoli, Ricciardi, 1954.

La Bible au seigneur de Berzé, éd. par F. Lecoy, Paris, Droz, 1938.

La Bible d'Acre. Genèse et Exode, éd. par P. Nobel, Besançon, Presses universitaires de Franche-Comté, 2006.

La Bible française du XIIIe *siècle. Édition critique de la Genèse,* éd. par M. Quereuil, Genève, Droz, 1988.

Bieler, L., *The Text Tradition of Dicuil's* Liber de mensura orbis terrae, in «Proceedings of the Royal Irish Academy: Archeology, Culture, History, Literature», 64 (1965-1966), pp. 1-31.

Bisson, S., *Il fondo francese della Biblioteca Marciana di Venezia*, Roma, Edizioni di storia e letteratura, 2008.

Black, C., *Transformation of Knowledge. Early Manuscripts from the Collection of Lawrence J. Schoenberg*, London, Paul Holberton, 2006.

Blumenfeld-Kosinski, R., *Moralization and History: Verse and Prose in the* Histoire ancienne jusqu'à César *(in B.N. f fr. 20125)*, in «Zeitschrift für Romanische Philologie», 97 (1981), pp. 41-46.

Boers, W., *La Genèse d'Évrat*, 4 voll., Brive-la-Gaillarde, Ver Luisant, 2002.

Boers, W., *La Genèse d'Évrat*, in «Scriptorium», 61 (2007), pp. 74-149.

Bourgain, P., *Qu'est-ce qu'un vers au Moyen Âge?*, dans «Bibliothèque de l'école des chartes», 147 (1989), pp. 231-282.

Brittain Bouchard, C., *Holy Entrepreneurs. Cistercians, Knights, and Economic Exchange in Twelfth-Century Burgundy*, Ithaca-London, Cornell University Press, 1991.

Brown, E. A. R., *Saint-Denis ant the Turpin Legend*, in *The* Codex Calixtinus *and the Shrine of St. James*, ed by. J. Williams, A. Stones, Tübingen, Narr, 1992, pp. 51-88.

Bruzelius, C., rec. D. H. Weiss, *Art and Crusade in the Age of Saint Louis*, in «Speculum», 76 (2001), pp. 813-815.

Buchthal, H., *Miniature Painting in the Latin Kingdom of Jerusalem*, with liturgical and paleographical chapters by F. Wormald, Oxford, Oxford University Press, 1957.

Burgio, E., *Schede bibliografiche sulla tradizione delle versioni anticofrancesi dei* Dialogi *di Gregorio Magno, in Dialogi di Gregorio Magno. Tradizione del testo e antiche traduzioni*, Atti del II incontro di studi del Comitato per le celebrazioni del XIV centenario della morte di Gregorio Magno (Firenze, 21-22 novembre 2003), a cura di P. Chiesa, Firenze-Impruneta, SISMEL - Edizioni del Galluzzo, 2006, pp. 82-125.

Burgio, E., *Racconti di immagini. Trentotto capitoli sui poteri della rappresentazione nel Medioevo occidentale*, Alessandria, Edizioni dell'Orso, 2001, pp. 5-57.

Burgio, E., *I volgarizzamenti oitanici della Bibbia nel XIII secolo (un bilancio sullo stato recente delle ricerche)*, in «Critica del testo», 7 (2004), pp. 1-40.

Buschinger, D., *La critique du clergé dans le roman animalier du Moyen Âge*, dans *Le clerc au Moyen Âge*, Aix-en-Provence, Presses universitaires de Provence, 1995, pp. 79-89.

Cambi, M., *Codice, immagine e paratesto nel ms. Venezia, Biblioteca Nazionale Marciana, It. VI 81 (5795)*, in «Carte romanze», 7 (2019), pp. 347-374.

Cambi, M., *Fortune dell'*Histoire ancienne jusqu'à César *nel Veneto medievale*, dans *Les chroniques et l'histoire universelle. France et Italie (XIII*[e]*-XIV*[e] *siècles)*, sous la dir. de F. Montorsi, F. Maillet, M. Albertini, S. Ferrilli, Paris, Classiques Garnier, 2021, pp. 113-127.

Cambi, M., *L'*Histoire ancienne jusqu'à César *in Italia. Manoscritti, tradizioni testuali e volgarizzamenti*, Pisa, Pacini, 2020.

Cambi, M., *Note sull'*Histoire ancienne jusqu'à César *in area padano-veneta (con nuove osservazioni sul ms. Wien, ÖNB, 2576)*, dans *Forme letterarie del Medioevo Romanzo: testo, interpretazione e storia*, XI Congresso Società Italiana di Filologia Romanza (Catania, 22-26 settembre 2015), a cura di A. Pioletti, S. Rapisarda, Soveria Mannelli, Rubbettino, 2016, pp. 145-161.

Cambi, M., Cigni, F, *Il "Boezio pisano": codice, testo, lettori*, in *«Agnoscisne me?». Diffusione e fortuna della* Consolatio philosophiae *in età medievale*, a cura di A. M. Babbi, C. Concina, Verona, Fiorini, 2018, pp. 111-135.

Campbell, E., *The Time of Translation in Wauchier de Denain's* Histoire des moines d'Égypte, in «Florilegium», 31 (2014), pp. 1-29.

Campopiano, M., *Introduction: New Perspectives on Universal Chronicles in the High Middle Ages*, in *Universal Chronicles in the High Middle Ages*, ed. by M. Campopiano, H. Bainton, York, York Medieval Press, 2017, pp. 1-18.

Capelli, R., *Per una nuova edizione del Bestiario di Pierre de Beauvais (Versione corta)*, in *"Tra chiaro e oscuro". Studi offerti a Francesco Zambon per il suo settantesimo compleanno*, a cura di D. Mariani, S. Scartozzi, P. Taravacci, Trento, Università degli studi di Trento, 2019, pp. 133-148.

Carapezza, F., *Il rigo musicale in fondo alla* Bataille d'Annezin *e i dispositivi di chiusura della lassa epica*, in «Zeitschrift für romanische Philologie», 131 (2015), pp. 440-464.

Careri, M., Ruby, C., Short, I., *Livres et écritures en français et en Occitan au XII*[e] *siècle. Catalogue illustré*, Roma, Viella, 2011.

Cassì, V., *I codici estensi dell'*Histoire ancienne jusqu'à César, in «Annali Online di Ferrara - Lettere», 1 (2013), pp. 37-141.

Catalogus codicum hagiographicorum in bibliothecis publicis Namurci, Gandae, Leodii et Montibus asservatorum, ampla documentorum appendice instructus, Bruxelles, Société des Bollandistes, 1948.

Les centres de production des manuscrits vernaculaires au Moyen Âge, sous la dir. de G. Giannini, F. Gingras, Paris, Classiques Garnier, 2015.

Chazan, M., *Un lorrain de cœur: le champenois Calendre*, dans «Les cahiers lorrains», 3 (1979), pp. 65-75.

Chazan, M., *Les traductions de la* Guerre des Gaules *et le sentiment national au Moyen Âge*, dans *L'historiographie en Occident du Ve au XVe siècle. Actes de VIIIe congrès de la Société des historiens médiévistes de l'enseignement supérieur public (Tours, 10-12 juin 1977)*, dans «Annales de Bretagne et des pays de l'Ouest», 82 (1980), pp. 387-407.

Cheney, C. R., *A Letter of Pope Innocent III and the Lateran Decree on Cistercian Tithe-paying*, in Id., *Medieval Texts and Studies*, Oxford, Oxford University Press, 1973, pp. 277-284.

Die Chronik des Hieronymus/Hieronymi Chronicon, hrsg. von R. Helm, Berlin, Akademie Verlag, 1956.

Les Chroniques latines de Saint-Denis, sous la dir. de P. Bourgain, publication électronique, Paris, Éditions en ligne de l'École des chartes, 2006 (online: http://elec.enc.sorbonne.fr/chroniqueslatines/; ultimo accesso: 29 maggio 2022)

Cigni, F., Guiron, Tristan *e altri testi arturiani. Nuove osservazioni sulla composizione materiale del ms. Parigi, BNF, fr. 12599*, in «Studi mediolatini e volgari», 45 (1999), pp. 31-69.

Clanchy, M. T., *From Memory to Written Record: England 1066-1307*, Chichester, Wiley-Blackwell, 2013[3].

Coker Joslin, M., *The Illustrator as Reader: Influence of Text on Images in the* Histoire ancienne, in «Medievalia et humanistica. Studies in Medieval and Renaissance Culture», 20 (1994), pp. 85-121.

Coker Joslin, M., rec. D. Oltrogge, *Die Illustrationszyklen zur* Histoire ancienne jusqu'à César *(1250-1400)*, in «Speculum», 68 (1993), pp. 544-547.

Collart, J.-L., *Le déplacement du chef-lieu des* Viromandui *au Bas-Empire, de Saint-Quentin a Vermand*, dans «Revue archéologique de Picardie», 3-4 (1984), pp. 245-258.

Collart, J.-L., Gaillard, M., *Vermand /* Augusta Viromanduorum *(Aisne)*, dans *Capitales éphémères. Des Capitales de cités perdent leur statut dans l'Antiquité tardive*, Actes du colloque (Tours, 6-8 mars 2003), sous la dir. de A. Ferdière, Tours, Fédération pour l'édition de la Revue archéologique du Centre de la France, 2004, pp. 493-496.

Collet, O., *Étude philologique et littéraire sur le Roman de Jules César*, Genève, Droz, 1993.

Collet, O., *Littérature, histoire, pouvoir et mécénat: la cour de Flandre au XIIIe siècle*, in «Médiévales», 38 (2000), pp. 87-110.

Colombo Timelli, M., *Traductions françaises de l'*Ars Minor *di Donat au Moyen Âge (XIIIe-XIVe siècle)*, Firenze, La Nuova Italia, 1996.

Constable, G., *Monastic Tithes from their Origins to The Twelfth Century*, Cambridge, Cambridge University Press, 1964.

Constable, G., *The Reformation in the Twelfth Century*, Cambridge, Cambridge University Press, 1996.

Constans, L., *La légende d'Œdipe étudiée dans l'Antiquité, au Moyen Âge et dans les temps modernes, en particulier dans le Roman de Thèbes, texte français du XIIe siècle*, Paris, Maisonneuve, 1881.

Copeland, R., *Horace's* Ars poetica *in the Medieval Classroom and Beyond. The Horizons of Ancient Precept*, in *Answerable Style: The Idea of the Literary in Medieval England*, ed. by F. Grady, A. Galloway, Columbus, Ohio State University Press, 2013, pp. 15-33.

Corley, C., *Wauchier de Denain et la deuxième continuation de Perceval*, dans «Romania», 105 (1984), pp. 351-359.

Corrie, R. W., *Angevin Ambitions: The Conradin Bible Atelier and a Neapolitan Localisation for Chantilly's* Histoire ancienne jusqu'à César, in *France and the Holy Land. Frankish Culture at the end of the Crusades*, ed. by D. H. Weiss, L. Mahoney, Baltimore-London, John Hopkins University Press, 2004, pp. 230-249.

Coüard-Luys, É., *L'écolâtre de Noyon et les écoles de cette ville jusqu'au milieu du XIII*[e] *siècle*, dans «Mémoires de la Société des antiquaires de Picardie», 30 (1889), pp. 267-292.

Crozy-Naquet, C., *Écrire l'histoire romaine au début du XIII*[e] *siècle. L'Histoire ancienne jusqu'à César et les Faits des Romains*, Paris, Champion, 1999.

Crozy-Naquet, C., *Les Faits des Romains. Une fortune diverse*, dans «Anabases. Traditions et reception de l'Antiquité», 4 (2006), pp. 141-154.

Damian-Grint, P., Estoire *as Word and Genre: Meaning and Literary Usage in the Twelfth Century*, in «Medium Ævum», 66 (1997), pp. 189-206.

Damian-Grint, P., *The New Historians of the Twelfth-Century Renaissance. Inventing Vernacular Authority*, Woodbridge, Boydell 1999.

Damian-Grint, P., *Truth, Trust and Evidence in the Anglo-Norman* estoire, in «Anglo-Norman Studies», 18 (1996), p. 63-78.

Damian-Grint, P., *Vernacular History in the Making. Anglo-Norman Verse Historiography in the Twelfth Century*, PhD dissertation, Birkbeck College, University of London, 1994.

Daretis Phrygii de excidio Troiae Historia, ed. F. Meister, Lipsiae, Teubner, 1873.

De Gregorio, G., *Tardo Medioevo greco-latino: manoscritti bilingui d'Oriente e d'Occidente*, in *Libri, documenti, epigrafi medievali: possibilità di studi comparativi*, Atti del Convegno internazionale di studio dell'Associazione italiana dei Paleografi e Diplomatisti, a cura di F. Magistrale, C. Drago, P. Fioretti, Spoleto, Centro italiano di studi sull'Alto Medioevo, 2002, pp. 19-135.

De moribus et actis primorum Normanniae ducum auctore Dudone Sancti Quintini, éd. par J. Lair, Caen, Le Blanch-Hardel, 1865.

Delbouille, M., *Les chansons de geste et le livre*, dans *La technique littéraire des chansons de geste*, Actes du Colloque (Liège, septembre 1957), Paris, Les Belles Lettres, 1959, pp. 295-407.

Delbouille, M., *La notion de "Bon usage" en ancien français*, dans «Cahiers de l'Association internationale des études francaises», 14 (1962), pp. 9-24.

Dembowski, P. F., *Learned Latin Treatises in French: Inspiration, Plagiarism, and Translation*, in «Viator», 17 (1986), pp. 261-263.

Demouy, P., *Henri de France et Louis VII. L'évêque cistercien et son frère le roi*, dans *Les serviteurs de l'État au Moyen Âge*, XXIXe Congrès de la Société des historiens médiévistes de l'enseignement supérieur public (Pau, 1998), Paris, Publications de la Sorbonne, 1999, pp. 47-61.

Derbes, A., Sandona, M., *Amazons and Crusaders: The* Histoire universelle *in Flanders and the Holy Land*, in *France and the Holy Land: Frankish Culture at the End of the Crusades*, ed. by D. H. Weiss, L. Mahoney, Baltimore-London, John Hopkins University Press, 2004, pp. 187-229.

Di Lella, F., *Les premières étapes de la réception du* Roman de Brut *de Wace: la rédaction γ (mss. DLZ) à côté du manuscrit de Guiot*, in corso di pubblicazione.

Di Sabatino, L., *Edipo, i Sette a Tebe e Wauchier de Denain: osservazioni sulla sezione tebana dell'*Histoire ancienne jusqu'à César, in «Troianalexandrina», 9 (2009), pp. 87-114.

Di Sabatino, L., *L'*Histoire ancienne jusqu'à César *e le sue ricompilazioni in Toscana*, in *Les chroniques et l'histoire universelle. France et Italie (XIII*[e]*-XIV*[e] *siècles)*, sous la dir. de F. Montorsi, F. Maillet, M. Albertini, S. Ferrilli, Paris, Classiques Garnier, 2021, pp. 129-146, alle pp. 152-137.

Di Sabatino, L., *Note su alcune chiose d'argomento tebano nei commenti danteschi di Andrea Lancia e dell'Anonimo fiorentino*, in «Rivista di Studi Danteschi», 2 (2010), pp. 368-382

Di Sabatino, L., *Une traduction toscane de l'Histoire ancienne jusqu'à César ou Histoires pour Roger. La foundation de Rome, la Perse et Alexandre le Grand*, Turnhout, Brepols, 2018.

Dinaux, A., *Trouvères, jongleurs et ménestrels du nord de la France et du midi de la Belgique*, 5 voll., Paris, Techener, 1836-1863.

Dinkova-Bruun, G., *Biblical Versifications from Late Antiquity to the Middle of the Thirteenth Century: History or Allegory*, in *Poetry and Exegesis in Premodern Latin Christianity*, ed. by W. Otten, K. Pollmann, Leiden-Boston, Brill, 2007, pp. 315-342.

Dinkova-Bruun, G., *Rewriting Scripture: Latin Biblical Versification in the Later Middle Ages*, in «Viator», 39 (2008), pp. 263-284;

Dinkova-Bruun, G., *The Verse Bible as Aide-mémoire*, in *The Making of Memory in the Middle Ages*, ed. by L. Doležalová, Leiden-Boston, Brill, 2010, pp. 115-131.

Dinkova-Bruun, G., *Why Versify the Bible in the Later Middle Ages and for Whom? The Story of Creation in Verse*, in *Dichten als Stoff-Vermittlung. Formen, Ziele, Wirkungen. Beiträge zur Praxis der Versifikation lateinischer Texte im Mittelalter*, hrsg. von P. Stotz, Zürich, Chronos, 2008, pp. 41-55.

Dionisotti, C., *Tradizione classica e volgarizzamenti*, in Id., *Geografia e storia della letteratura italiana*, Torino, Einaudi, 1999, pp. 125-178.

Duval, F., *À la recherche des bédiéristes et de leurs avatars*, dans *L'ombre de Joseph Bédier. Théorie et pratiques éditoriales au XX*[e] *siècle*, sous la dir. de C. Baker, M. Barbato, M. Cavagna, Y. Greub, Strasbourg, Éditions de linguistique et de philologie, 2018, pp. 181-206.

Edbury, P. W., *The Old French William of Tyre, the Templars and the Assassin Envoy*, in *The Hospitallers, the Mediterranean and Europe. Festschrift for Anthony Luttrell*, ed. by K. Borchardt, N. Jaspert, E. J. Nicholson, Aldershot-Burlington, Ashgate, 2007, pp. 25-37

Edbury, P. W., Gordon Rowe, J., *William of Tyre. Historian of the Latin East*, Cambridge, Cambridge University Press, 1988.

Les Empereors de Rome par Calendre, ed. by G. Millard, Ann Arbor, University of Michingan Press, 1957.

Eneas, éd. par J. Salverda de Grave, Halle, Niemeyer, 1891.

Epistola Alexandri ad Aristotelem, ed. W. W. Boer, Meisenheim am Glan, Hain, 1973.

L'estoire de Brutus, éd. par. G. Veysseyre, Paris, Classiques Garnier, 2015.

Eusebi, M., *La più antica traduzione francese delle* Lettere morali *di Seneca e i suoi derivati*, in «Romania», 91 (1960), pp. 1-47.

Expugnatio Hibernica. The Conquest of Ireland by Giraldus Cambrensis, ed. by A. B. Scott and F. X Martin, Dublin, Royal Irish Academy, 1978.

Evdokimova, L., *Vers et prose au début du XIII*[e] *siècle: le Joseph de Robert de Boron*, dans «Romania», 117 (1999), pp. 448-473.

Fabbri, F., *Romanzi cortesi e prosa didattica a Genova alla fine del Duecento fra interscambi, coesistenze e nuove prospettive*, in «Studi di Storia dell'Arte», 23 (2012,) pp. 9-32.

Faivre d'Arcier, L., *Histoire et géographie d'un mythe. La circulation du* De excidio Troiae *de Darès le Phrygien (VIII*ᵉ*-XV*ᵉ *siècles)*, Paris, École des chartes, 2006.

Fedorenko, G., *The Language of Authority? The Source Texts for the Dual Chronicles of the Anonymous of Béthune (fl. c. 1220) and the Evolution of Old French Prose Historiography*, in *Authority and Gender in Medieval and Renaissance Chronicles*, ed. by J. Dresvina, N. Sparks, Newcastle upon Tyne, Cambridge Scholars, 2012, pp. 202-230.

Fedorenko, G., *The Texts, Manuscripts and Historical Significance of the prose* Chronique de Normandie *and* Geste de France *(c.1180-c.1230)*, PhD dissertation, University of Cambridge, 2012.

Fedorenko, G., *The Thirteenth-Century* Chronique de Normandie, in *Proceedings of the Battle Conference 2012*, ed. by D. R. Bates, Woodbridge, Boydell and Brewer, 2013, pp. 163-180.

Fenzi, E., Translatio studii *e* translatio imperii. *Appunti per un percorso*, in «Interfaces», 1 (2015), pp. 170-208.

Li fet des Romains, éd. par L.-F. Flutre , K. Sneyders de Vogel, 2 voll., Paris-Groningue, Droz-Wolters, 1938.

La figure de Jules César au Moyen Âge et à la Renaissance (I/II), sous la dir. de B. Méniel, B. Ribémont, Paris, Champion, 2006-2007 [= «Cahiers de recherches médiévales et humanistes», 13 (2006), 14 (2007)].

Flutre, L.-F., *Li fait des Romains dans les littératures française et italienne du XIII*ᵉ *au XVI*ᵉ *siècle*, Paris, Hachette, 1932.

Flutre, L.-F., *Les manuscrits des Faits des Romains*, Paris, Hachette, 1932.

Folda, J., *Before Louis IX: Aspects of Crusader Art at St. Jean d'Acre, 1191-1244*, in *France and the Holy Land: Frankish Culture at the End of the Crusades*, ed. by D. H. Weiss, L. Mahoney, Baltimore-London, John Hopkins University Press, 2004, pp. 138-157.

Folda, J., *Crusader Art in the Holy Land, from the Third crusade to the Fall of Acre, 1187-1291*, Cambridge, Cambridge University Press, 2005.

Folda, J., *Crusader Manuscript Illumination at Saint-Jean d'Acre, 1275-1291*, Princeton, Princeton University Press, 1976.

Folda, J., *The Figural Arts in Crusader Syria and Palestine, 1187-1291: Some New Realities*, in «Dumbarton Oaks Papers», 58 (2004), pp. 315-331.

Folda, J., *The Hospitaller Master in Paris and Acre: Some Reconsiderations in Light of New Evidence*, in «The Journal of the Walters Art Gallery», 54 (1996), pp. 51-59.

Folena, G., *Volgarizzare e tradurre*, Torino, Einaudi, 1991.

Folz, R., *Le souvenir et la légende de Charlemagne dans l'Empire germanique médiéval*, Paris, Les Belles Lettres, 1950.

Fredborg, K. M., *The* Ars poetica *in the Eleventh and Twelfth Centuries: From the* Vienna scholia *to the* Materia *commentary*, in «Aevum», 88 (2014), pp. 339-442.

Gaggero, M., *La Chronique d'Ernoul et de Bernard le Trésorier, l'Eracles et la narration de la croisade*, in «Cahiers de recherches médiévales et humanistes / Journal of Medieval and Humanistic Studies», 37 (2019), pp. 53-74.

Gaggero, M., *L'édition d'un texte historique en évolution: la Chronique d'Ernoul et de Bernard le Trésorier*, dans *Actes du XXVII*ᵉ *Congrès international de linguistique et* *de philologie romanes (Nancy, 15-20 juillet 2013)*, *Section 13: Philologie textuelle et éditoriale*, sous la dir. de R. Trachsler, F. Duval, L. Leonardi, Nancy, ATILF, 2017, pp. 133-145 (online: https://web-data.atilf.fr/ressources/cilpr2013/actes/section-13.html; ultimo accesso: 29 maggio 2022).

Gaggero, M., *Intorno a S: la cultura libraria a Cipro nel XIV secolo*, in *Il manoscritto Saibante Hamilton 390*, edizione critica diretta da M. L. Meneghetti, Roma, Salerno, 2020, pp. LXXVI-XCVII.

Gaggero, M., *Per la tradizione dell'*Eracles: *copie occidentali di modelli oltremarini*, in *Innovazione linguistica e storia della tradizione. Casi di studio romanzi e medievali*, a cura di S. Resconi, D. Battagliola, S. De Santis, Milano-Udine, Mimesis, 2020, pp. 325-353.

Gaggero, M., *La place de la Deuxième Continuation dans le cycle en vers du Conte du Graal et dans l'œuvre de Wauchier de Denain*, in *Wauchier de Denain, polygraphe du XIII*[e] *siècle*, sous la dir. de S. Douchet, Aix-Marseille, Presses Universitaires de Provence, 2015, pp. 135-153.

Gallia Christiana in provincias ecclesiasticas distributa, 16 voll., Parisiis-Roma, apud Victorem Palme-Libraria S. Congregationis de Propaganda Fide, 1715-1865.

Gaunt, S., *French Literature Abroad. Towards an Alternative History of French Literature*, in «Interfaces», 1 (2015), pp. 25-61.

Gaunt, S., *Marco Polo's* Le devisement du monde, Woodbridge, D. S. Brewer, 2013.

Gaunt, S., *Philology and the Global Middle Ages: British Library Royal Ms 20.D.1*, in «Medioevo Romanzo», 40 (2016), pp. 27-47.

Gaunt, S., *Texte et/ou manuscrit? À propos de l'Histoire ancienne jusqu'à César*, dans *En français hors de France. Textes, livres, collections du Moyen Âge*, sous la dir. de F. Zinelli, S. Lefèvre, Strasbourg, Éditions de Linguistique et de Philologie, 2021, pp. 35-58

Geffrei Gaimar, *L'estoire des Engleis*, ed. by A. Bell, Oxford, Blackwell, 1960.

Giannini, G., *L'Arsenal 3114 et la production de manuscrits en langue vernaculaire dans l'ancien diocèse de Soissons (1260-1300 environ)*, dans *Les centres de production des manuscrits vernaculaires au Moyen Âge*, sous la dir. de G. Giannini, F. Gingras, Paris, Classiques Garnier, 2015, pp. 89-138.

Giannini, G., *Un guide français de Terre sainte, entre Orient Latin et Toscane occidentale*, Paris, Classiques Garnier, 2016.

Giannini, G., *Poser les fondements: lieu, date et contexte (essai sur le recueil L.II.14 de Turin)*, dans «Études françaises», 48 (2012), pp. 11-31.

Giannini, G., *Textes et manuscrits français dans la Rome pontificale*, dans *Actes du XXIX*[e] *Congrès international de linguistique et de philologie romanes (Copenhague, 1-6 juillet 2019)*, sous la dir. de L. Schøsler, J. Härmä, 2 voll., Strasbourg, Éditions de linguistique et de philologie, 2021, II, pp. 1243-1256.

Gilbert, J., Gaunt, S., Burgwinkle, W., *Medieval French Literary Culture Abroad*, Oxford, Oxford University Press, 2020.

Gilson, É., *Humanisme médiéval et Renaissance*, in Id., *Les idées et les lettres*, Paris, Vrin, 1955, pp. 171-196.

Glessgen, M.-D., *La genèse d'une norme en français au Moyen Âge: mythe et réalité du "francien"*, dans «Revue de linguistique romane», 81 (2017), pp. 313-398.

Goddard, R. N. B., *Marcabru,* Li proverbe au vilain *and the Tradition of Rustic Proverbs*, in «Neuphilologische Mitteilungen», 88 (1987), pp. 55-70.

Golding, B., *Gerald of Wales and the Cistercians*, in «Reading Medieval Studies», 20 (1995), pp. 5-30.

Greub, Y., *Sur un mécanisme de la préstandardisation de la langue d'oïl*, dans «Bulletin de la Société de linguistique de Paris», 102 (2007), pp. 429-434.

Guariglia, F., *Un frammento dell'*Histoire Ancienne *in Friuli: la storia di Giuseppe nel frammento di Gemona*, in «Medioevo Romanzo», 45 (2021), pp. 407-420.

Guenée, B., *Comment on écrit l'histoire au XIII*[e] *siècle. Primat et le Roman des roys*, éd. par J.-M. Moeglin, Paris, CNRS Éditions, 2016.

Guenée, B., *La culture historique des nobles: le succès des Faits des Romains (XIII*[e]*-XV*[e] *siècles)*, dans *La noblesse au Moyen Âge. Essais à la mémoire de Robert Boutruche*, sous la dir. de P. Contamine, Paris, Presses Universitaires de France, 1976, pp. 261-288.

Guenée, B., *L'historien et la compilation au XIII*[e] *siècle*, dans «Journal des savants», 1-3 (1985), pp. 119-135.

Guenée, B., *L'historien par les mots*, dans *Le métier d'historien au Moyen Âge. Études sur l'historiographie médiévale*, sous la dir. de Id., Paris, Publications de la Sorbonne, 1977, pp. 1-17.

Guggenbühl, C., *Recherches sur la composition et la structure du ms. Arsenal 3516*, Basel-Tübingen, Francke, 1998.

Guyon, C., *La formation intellectuelle des chanoines réguliers*, dans *Les chanoines réguliers. Émergence et expansion (XI*[e]*-XIII*[e] *siècles)*, sous la dir. de M. Parisse, Saint-Étienne, Publications de l'Université de Saint-Étienne, 2009, pp. 297-317.

Hakamies, R., *Deux miracles de Gautier de Coinci. D'un vilain qui fut sauvé pour ce qu'il ne faisoit uevre le samedi et Du cierge que Nostre Dame de Rochemafour envoia seur la vïele au jougleour qui vïeloit et chantoit devant s'ymage publiés par cinq manuscrits*, Helsinki, Suomalaisen Tiedeakatemia, 1958.

Hammer, W., *The Concept of the New or Second Rome in the Middle Ages*, in «Speculum», 19 (1944), pp. 50-62.

Handyside, P., *The Old French William of Tyre*, Leiden-Boston, Brill, 2015.

Hasenohr, G., *L'essor des bibliothèques privées aux XIV*[e] *et XV*[e] *siècles*, dans *Histoire des bibliothèques françaises*, I, *Les bibliothèques médiévales. Du VI*[e] *siècle à 1530*, sous la dir. de A. Vernet, Paris, Éditions du Cercle de la Librairie, 1989, pp. 251-263.

Hasenohr, G., *Les recueils littéraires français du XII*[e] *siècle: public et finalité*, dans *Codices miscellanearum*. Brussels Van Hulthem Colloquium 1999 / Colloque Van Hulthem, Bruxelles 1999, éd. R. Jansen-Sieben, H. van Dijk, Bruxelles, Bibliothèque royale de Belgique, 1999, pp. 37-50.

Hasenohr, G., *Sur une ancienne traduction lorraine (XII*[e] *s.?) du* Beniamin Minor, dans «Revue d'histoire des textes», 21 (1991), pp. 237-242.

Hathaway, N., *Compilation: From Plagiarism to Compiling*, in «Viator», 20 (1989), pp. 19-44.

The Heard Word: A Moralized Story. The Genesis Section of the Histoire ancienne *in a Text from Saint-Jean d'Acre*, ed. by M. Coker Joslin, University (Miss.), Romance Monographs, 1986.

Henri d'Arci's Vitas patrum*: a Thirteenth-Century Anglo-Norman Rimed Translation of the* Verba seniorum, ed. by B. A. O'Connor, Washington, Catholic University of America Press, 1949.

Herbin, J.-C., *Fragments médiévaux I*, dans «Romania», 126 (2008), pp. 517-529.

Higounet, C., *Essai sur les granges cisterciennes*, dans *L'économie cistercienne. Géographie. Mutations du Moyen Âge aux temps modernes*, Troisièmes journées internationales d'histoire (Centre culturel de l'abbaye de Flaran, 16-18 septembre 1981),

Toulouse, Presses universitaires du Midi-Comité départemental du tourisme de Gers, 1983, pp. 157-180.

The Histoire ancienne jusqu'à César: *A Digital Edition*, ed. by H. Morcos, S. Gaunt, S. Ventura, M. T. Rachetta, H. Ravenhall, N. Romanova, L. Barbieri; technical ed. G. Noël, P. Caton, G. Ferraro, M. Husar (online: http://www.tvof.ac.uk/textviewer/; ultimo accesso: 29 maggio 2022).

Histoire ancienne jusqu'à César (Estoires Rogier), éd. par M. Visser-van Terwisga, 2 voll., Orléans, Paradigme 1995-1999.

L'Histoire ancienne jusqu'à César ou Histoires pour Roger, châtelain de Lille, de Wauchier de Denain. L'histoire de la Macédoine et d'Alexandre le Grand, éd. C. Gaullier-Bougassas, Turnhout, Brepols, 2012.

L'Histoire ancienne jusqu'à César ou Histoires pour Roger, châtelain de Lille, de Wauchier de Denain. L'histoire de la Perse, de Cyrus à Assuérus, éd. par A. Rochebouet, Turnhout, Brepols, 2015.

Histoire des ducs de Normandie et des rois d'Angleterre, éd. par F. Michel, Paris, Renouard, 1840.

L'Histoire des moines d'Égypte, suivie de la Vie de saint Paul le Simple, éd. M. Szkilnik, Genève, Droz, 1993.

Hoffman Berman, C., *Land Acquisition and the Use of the Mortgage Contract by the Cistercians of Berdoues*, in «Speculum», 57 (1982), pp. 250-266.

Holmberg, J., *Das* Moralium dogma philosophorum *des Guillaume de Conches. Lateinisch, altfranzösisch und mittelniederfränkisch*, Uppsala, Almqvist & Wiksell, 1929.

Huchet, M.-M., *Les sermons en français attribués à Maurice de Sully: la piste anglaise*, dans «Romania», 138 (2020), pp. 325-359.

Hult, D. F., *Reading It Right: The Ideology of Text Editing*, in *The New Medievalism*, ed. by M. S. Brownlee, K. Brownlee, S. G. Nichols, Baltimore-London, John Hopkins University Press, 1991, pp. 113-130.

L'Humanisme médiéval dans les littératures romanes du XIIe au XIVe siècle, Colloque organisé par le Centre de Philologie et de Littératures romanes de l'Université de Strasbourg (29 Janvier-2 Février 1962), sous la dir. de A. Fourrier, Paris, Klinksieck, 1964.

Hunt, T., *Haymarus's* Relatio Tripartita *in Anglo-Norman*, in «Medieval Encounters. Jewish, Christian and Muslim Culture in Confluence and Dialogue», 14 (1998), pp. 119-129.

Isidori Hispalensis Chronica, ed. J. C. Martin, Turnhout, Brepols, 2003.

Isidori Hispalensis episcopi Etymologiarum sive Originum libri XX, ed. W. M. Lindsay, Oxonii, Clarendon, 1911.

Istorietta troiana con le Eroidi Gaddiane glossate. Studio, edizione critica e glossario, a cura di A. D'Agostino, L. Barbieri, Milano, Ledizioni, 2017.

Jacoby, D., *Society, Culture, and the Arts in Crusader Acre*, in *France and the Holy Land: Frankish Culture and the End of the Crusades*, ed. by D. Weiss, L. Mahoney, Baltimore-London, John Hopkins University Press, 2004, pp. 97-137.

Jauss, H. R., *Littérature médiévale et théorie des genres*, in «Poétique», 1 (1970), pp. 79-101.

Jeauneau, É., Translatio studii*: The Transmission of Learning. A Gilsonian Theme,* Toronto, Pontifical Institute of Mediaeval Studies, 1995.

John of Garland, *Parisiana Poetria*, ed. by T. Lawler, Cambridge (MA)-London, Harvard University Press, 2020.

Jones, J. W. Jr., *Allegorical Interpretation in Servius*, in «The Classical Journal», 56 (1961), pp. 217-226.

Jordan, E. L., *Gender Concerns: Monks, Nuns and Patronage of the Cistercian Order in Thirteenth-Century Flanders and Hainaut*, in «Speculum», 87 (2012), pp. 62-94.

Jordan, E. L., *Women, Power, and Religious Patronage in the Middle Ages*, New York, Palgrave Macmillan, 2006.

Jordan, W. C., *Louis IX and the Challenge of the Crusade. A Study in Rulership*, Princeton, Princeton University Press, 1979.

Julii Valerii Epitome, ed. J. Zacher, Halle, Verlag des Buchhandlung des Waisenhauses 1867.

Jung, M.-R., *Études sur le poème allégorique en France au Moyen Âge*, Bern, Francke, 1971.

Jung, M.-R., *La légende de Troie en France au Moyen Âge. Analyse des versions françaises et bibliographie raisonnée des manuscrits*, Basel-Tübingen, Francke, 1996.

Kaimonowitz, J. H., *A Fourth Redaction of the* Histoire ancienne jusqu'à César, in *Classical Texts and Their Traditions. Studies in Honour of C. R. Trahman*, ed. by D. Forbes Bright, E. S. Ramage, Chico (CA), Scholar Press, 1984, pp. 75-87.

Karolellus atque Pseudo-Turpini Historia Karoli Magni et Rotholandi, ed. P. G. Schmidt, Stutgardiae et Lipsiae, Teubner, 2011.

Kletter, K. M., *The Christian Reception of Josephus in Late Antiquity and the Middle Ages*, in *A Companion to Josephus*, ed. by H. H. Chapman, Z. Rodgers, Malden (MA)-Oxford-Chichester, Wiley-Blackwell, 2016, pp. 368-338.

Koaumé, T., *De l'office à la dignité. L'écolâtre cathédral en France septentrionale du XI*[e] *au XII*[e] *siècle*, Leiden-Boston, Brill, 2021.

Korteweg, A. S., *Splendour, Gravity and Emotion. French medieval Manuscripts in Dutch Collections*, Zwolle-The Hague, Waanders Publischers-Koninklijke Bibliotheek-Museum Meermanno-Westreenianum, 2002.

Kristeller, P. O., *The Classics and Renaissance Thought*, Cambridge (MA), Harvard University Press, 1955.

Kühnel, B., *The Perception of History in Thirteenth-Century Crusader Art*, in *France and the Holy Land: Frankish Culture at the End of the Crusades*, ed. by D. H. Weiss, L. Mahoney, Baltimore-London, John Hopkins University Press, 2004, pp. 161-186.

La Rue, G. de, *Essais historiques sur les bardes, les jongleurs et les trouvères normands et anglo-normands*, 3 voll., Caen, Mancel, 1834.

Lagomarsini, C., *Primi accertamenti sulla trasmissione manoscritta della* Bible du XIIIe siècle *(Antico Testamento)*, in «Medioevo Romanzo», 45 (2021), pp. 253-283.

Lamberton, R. *Homer the Theologian. Neoplatonist Allegorical Reading and the Growth of the Epic Tradition*, Berkeley-Los Angeles-London, University of California Press, 1986.

Landucci, F., *La* translatio imperii *dal mondo greco al mondo romano*, in «Erga-Logoi. Rivista di storia, letteratura, diritto e culture dell'antichità», 6 (2018), pp. 7-28.

The Late Middle Ages and the Dawn of Humanism Outside Italy, Proceedings of the International Conference, Louvain (May 11-13, 1970), ed. by G. Verbeke, J. Ijsewijn, Leuven-The Hague, Leuven University Press, 1972.

The Latin Josephus, I, *Introduction and Text. The Antiquities: Books I-V*, ed. by F. Blatt, Kobenhavn, Universitetsforlaget i Aarhus, 1958.

Laurent, F., *Wauchier de Denain. De l'historiographie à l'hagiographie, l'histoire d'une continuation*, dans *Wauchier de Denain, polygraphe du XIII*[e] *siècle*, sous la dir. de S. Douchet, Aix-Marseille, Presses Universitaires de Provence, 2015, pp. 15-28.

Leclercq, J., *La spiritualité des chanoines réguliers*, dans *La vita comune del clero nei secoli XI e XII*, Atti della settimana di studio (Mendola, settembre 1959), Milano, Vita e Pensiero, 1962, I, pp. 117-135.

Ledgeway, A., *V2 Beyond Borders: The* Histoire ancienne jusqu'à César, in «Journal of Historical Syntax», 5 (2021), pp. 1-65 (online: https://ojs.ub.uni-konstanz.de/hs/index.php/hs/article/view/83; ultimo accesso: 29 maggio 2022)

Leeker, J., *Die Darstellung Cäsars in den Romanischen Literaturen des Mittelalters*, Frankfurt am Main, Klostermann, 1986.

Lees, B. A., *Records of the Templars in England in the Twelfth Century: The Inquest of 1885 with Illustrative Charters and Documents*, London, British Academy, 1935.

Legge, M. D., *Anglo-Norman Literature and Its Background*, Oxford, Clarendon, 1963.

Lejeune, R., *Le péché de Charlemagne et la Chanson de Roland*, dans *Studia Philologica. Homenaje ofrecido a Dámaso Alonso por sus amigos y discípulos con ocasión de su 60º aniversario*, 3 voll., Madrid, Gredos, 1960, II, pp. 339-371.

Lentano, M., *Come si (ri)scrive la storia. Darete Frigio e il mito troiano*, in «Atlantide. Cahiers de l'EA 4276», 2 (2014), pp. 1-19.

Leonardi, L., *Filologia della ricezione: i copisti come attori della tradizione*, in «Medioevo Romanzo», 34 (2010), pp. 5-27.

Leonardi, L., *Il testo come ipotesi (critica del manoscritto-base)*, in «Medioevo Romanzo», 35 (2011), pp. 5-34.

Levilson, C. R., *Clergie, Clerkly Studium, and the Medieval Literary History of Chrétien de Troyes's Romances*, in «The Modern Language Review», 106 (2011), pp. 682-696.

Little, L. K., *Saint Louis' Involvement with the Friars*, in «Church History», 33 (1963), pp. 125-148.

Le Livre des Juges. Les cinq textes de la version française faite au XIIe *siècle pour les chevaliers du Temple*, éd. par le Marquis d'Albon, Lyon, Alexandre Rey, 1913.

Lot, F., rec. J. Frappier, *Étude sur la Mort le roi Artu*, dans «Romania», 64 (1938), pp. 111-122.

Lucas, R. H., *Medieval French Translations of the Latin Classics to 1500*, in «Speculum», 45 (1970), pp. 225-253.

Lusignan, S., *Essai d'histoire sociolinguistique. Le français picard au Moyen Âge*, Paris, Classiques Garnier, 2012.

Lusignan, S., *Les mythes de fondations des universités au Moyen Âge*, dans «Mélanges de l'École française de Rome. Moyen Âge», 115 (2003), pp. 445-479.

Lusignan, S., *La topique de la* translatio studii *et les traduction françaises de textes savants an XIV*[e] *siècle*, dans *Traduction et traducteurs au Moyen Âge*, Actes du colloque international du CNRS (Paris, 26-28 mai 1986), Paris, CNRS, 1989, pp. 303-315.

Lusignan, S., *"Verité garde le roy": la construction d'une identité universitaire en France (XIII*[e]*-XV*[e] *siècle)*, Paris, Publications de la Sorbonne, 1999.

Lynde-Recchia, M., *The* Histoire ancienne jusqu'à César, *the* Vie de seint Marciau, *and Wauchier de Denain*, in «Romania», 116 (1998), pp. 431-480.

Lynde-Recchia, M., *Prose, Verse, and Truth-Telling in the Thirteenth Century: An Essay on Form and Function in Selected Texts, Accompanied by an Edition of the Prose* Thèbes *as Found in the* Histoire ancienne jusqu'à César, Lexington (KY), French Forum, 2000.

Mahoney, L., *Dialectal Identity in the Latin Kingdom of Jerusalem*, in «Gesta», 49 (2010), pp. 31-52.

Maraszak, É., *Les manuscrits enluminés de l'Histoire ancienne jusqu'à César en Terre sainte. Saint-Jean-d'Acre, 1260-1291*, Dijon, Éditions universitaires de Dijon, 2015.

Marnette, S., *Narrateur et points de vue dans la littérature française médiévale. Une approche linguistique*, Bern, Peter Lang, 1998.

Marco Polo, *Le devisement dou monde, secondo la lezione del codice fr. 1116 della Biblothèque Nationale de France*, a cura di M. Eusebi, glossario a cura di E. Burgio, Venezia, Edizioni Ca' Foscari, 2018.

Marti, B. M., *Arnulfus and the* Faits des Romains, in «Modern Language Quarterly», 2 (1941), pp. 3-23.

Martina, P. A., *Il* Roman d'Eneas *e la tradizione grammaticale: ancora sulla sillabazione del nome di Enea e su qualche precedente*, in «Romania», 135 (2017), pp. 9-31.

Martina, P. A., *Il romanzo francese in versi e la sua produzione manoscritta*, Strasbourg, Éditions de linguistique et de philologie, 2020.

Marziali Peretti, A., *En marge de la tradition italienne des Faits des Romains: à propos de deux continuations traduites du latin*, dans *Rencontres, conflicts, échanges: l'éspace méditerranéen au Moyen Âge* [= «*Memini. Travaux et documents*», 25 (2019)] (online: https://doi.org/10.4000/memini.1338; ultimo accesso: 29 maggio 2022).

Maulu, M., *Osservazioni sulla metodologia di edizione del* Roman des septs sages de Rome*: il gruppo L*, in «Romance Philology», 70 (2016), pp. 411-432.

Mazzoni, G., Jeanroy, A., *Un nouveau manuscrit du Roman de Troie et de l'Histoire ancienne jusqu'à César*, dans «Romania», 27 (1898), pp. 574-581.

Mazzitello, P., *Un volgarizzamento fiorentino dell'*Olympiade *di Pierre de Beauvais*, in *Forme letterarie del Medioevo romanzo: testo, interpretazione e storia*, XI Congresso della Società Italiana di Filologia Romanza (Catania, 22-26 settembre 2015), Soveria Mannelli, Rubettino, 2016, pp. 335-348.

McDougall, S., *Royal Bastards: The Birth of Illegitimacy, 800-1230*, Oxford, Oxford University Press, 2017.

Mehtonen, P., *Old Concepts and New Poetics.* Historia*,* argumentum*, and* fabula *in the Twelfth- and Early Thirteenth-Century Latin Poetic of Fiction*, Helsinki, Societas Scientiarum Fennica, 1996.

Menache, S., *The Templar Order: A Failed Ideal?*, in «The Catholic Historical Review», 79 (1993), pp. 1-21.

Meneghetti, M. L., Gaggero, M., *La cultura occidentale tra Costantinopoli e Cipro all'inizio del XIV secolo: gli affreschi della* Kalenderhane Camii *e il Salterio Hamilton*, in *Linee storiografiche e nuove prospettive di ricerca*, Atti del XI Colloquio Internazionale, Medioevo Romanzo e orientale (Roma, 27-28 febbraio 2018), a cura di F. Bellino, E. Creazzo, A. Pioletti, Soveria Mannelli, Rubbettino, 2019, pp. 237-260.

Mermier, G. R., *Le Bestiaire de Pierre de Beauvais. Version courte*, Paris, Nizet, 1977.

Mermier, G. R., *De Pierre de Beauvais et particulièrement de son Bestiaire: vers une solution des problemes*, dans «Romanische Forschugen», 78 (1966), pp. 338-371.

Merrilees, B., *La vie des Sept Dormants en ancien français*, dans «Romania», 95 (1974), pp. 362-380.

Meyer, P., *De l'expansion de la langue française en Italie pendant le Moyen Âge*, Roma, Accademia dei Lincei, 1904.

Meyer, P., *Légendes hagiographiques en français*, dans *Histoire littéraire de la France*, XXXIII, Paris, Imprimerie Nationale, 1906, pp. 328-458.

Meyer, P., *Mélanges de poésie française*, dans «Romania», 6 (1877), pp. 481-503.

Meyer, P., *Les premières compilations françaises d'histoire ancienne*, dans «Romania», 14 (1885), pp. 1-81.

Meyer, P., *Versions en prose des Vies des péres*, dans *Histoire littéraire de la France*, XXXIII, Paris, Imprimerie Nationale, 1906, pp. 254-328.

Meyer, P., *Wauchier de Denain*, dans «Romania», 32 (1903), pp. 583-586.

Meyer, P., rec. S. Berger, *La Bible française au Moyen Âge*, et J. Bonnard, *Les traductions de la Bible en vers français au Moyen Âge*, dans «Romania», 17 (1888), pp. 121-144.

Métois, J., *La traduction du* De excidio Troiae *de Darès le Phrygien et ses liens avec le* Roman de Troie *(deux exemples du XIII*[e] *s.)*, dans «Atlantide – Cahiers de l'EA 4276», 2 (2014), pp. 1-23.

Michel, L., *Les légendes épiques carolingiennes dans l'oeuvre de Jean d'Outremeuse*, Bruxelles, La Renaissance du livre, 1935.

Minervini, L., *Les emprunts arabes et grecs dans le lexique français d'Orient (XIII*[e]*-XIV*[e] *siècles)*, dans «Revue de linguistique romane», 76 (2012), pp. 99-197.

Minervini, L., *Le français dans l'Orient latin (XIII*[e]*-XIV*[e] *siècles). Élements pour la caractérisation d'une* scripta *du Levant*, dans «Revue de linguistique romane», 74 (2010), pp. 119-198

Minervini, L., *Les manuscrits français d'Outremer. Un nouveau bilan*, dans *Transferts culturels entre France et Orient Latin (XII*[e]*-XIII*[e] *siècles)*, sous la dir. De M. Aurell, M. Galvez, E. Ingrand-Varenne, Paris, Classiques Garnier, 2021, pp. 149-172.

Minnis, A. J., *Late-Medieval Discussion of* compilatio *and the Role of the Compilator*, in «Beiträge zur Geschichte des deutschen Sprache und Literatur», 101 (1979), pp. 385-421.

Minnis, A. J., *Medieval Imagination and Memory*, in *The Cambridge History of Literary Criticism*, II, *The Middle Ages*, ed. by A. Minnis, I. Johnson, Cambridge, Cambridge University Press, 2005, pp. 239-271.

Minnis, A. J., *Translations of Authority in Medieval English Literature: Valuing the Vernacular*, Cambridge, Cambridge University Press, 2009.

Les miracles de Nostre Dame par Gautier de Coinci, éd. par V. F. Koening, 4 voll., Genève-Lille, Droz-Giard, 1955-1970.

Mölk, U., *Les débuts d'une théorie litteraire en France. Anthologie critique*, Paris, Classiques Garnier, 2011.

Monfrin, J. *La connaisance de l'antiquité et le problème de l'humanisme en langue vulgaire dans la France du XV*[e] *siècle*, dans Id., *Études de philologie romane*, Genève, Droz, 2001, pp. 803-837.

Monfrin, J. *Humanisme et traductions au Moyen Âge*, dans Id., *Études de philologie romane*, Genève, Droz 2001, pp. 757-785.

Monfrin, J. *Les traducteurs et leur public en France au Moyen Âge*, dans Id., *Études de philologie romane*, Genève, Droz 2001, pp 787-801).

Monfrin, J. *Les translations vernaculaires de Virgile au Moyen Âge*, dans Id., *Études de philologie romane*, Genève, Droz, 2001, pp. 859-917.

Montorsi, F., *Les origines des Francs dans l'Histoire ancienne jusqu'à César. Sur une source inconnue de la première chronique universelle en français*, dans «Medioevo romanzo», 40 (2016), pp. 415-426.

Montorsi, F., *Sur l'*intentio auctoris *et la datation de l'Histoire ancienne jusqu'à César*, dans «Romania», 134 (2016), pp. 151-168.

Moore, J. C., *Pope Innocent III and Usury*, in *Pope, Church and City. Essays in Honour of Brenda M. Bolton*, ed. by F. Andrews, C. Egger, C.M. Rousseau, Leiden-Boston, Brill, 2004, pp. 59-75.

Mora-Lebrun, F., *"Metre en romanz". Les romans d'antiquité du XII*[e] *siècle et leur postérité (XIII*[e]*-XIV*[e] *siècle)*, Paris, Champion, 2008.

Morato, N., *Sincronia e totalità. La compagine cronografica dell'*Histoire ancienne jusqu'à César, in corso di pubblicazione.

Morcos, H., *Compilation as Palimpsest: Tracing Origins of the* Histoire ancienne jusqu'à César *in the* Liber Floridus, in «Queeste», 28 (2021), pp. 277-311.

Morcos, H., Ventura, S., *Choréographies de la parole écrite entre vers et prose dans la tradition de l'Histoire ancienne jusqu'à César*, dans *Belles lettres: Les figures de l'écrit au Moyen Âge / Figurationen des Schreibens in Mittelalter*, Colloque fribourgeois 2017, sous la dir. de M. Uhlig, M. Rohde, L. Barbieri, P. Quarroz, Wiesbaden, Reichert, 2019, pp. 215-238.

Morrison, E., *From Sacred to Secular: The Origins of History Illumination in France*, in *Imagining the Past in France: History in Manuscript Painting 1250-1500*, ed. by E. Morrison, A. D. Hedeman, Los Angeles, Getty Publications, 2010, pp. 9-25.

Mortensen, L. B., *Change of Style and Content as an Aspect of the Copying Process. A Recent Trend in the Study of Medieval Latin Historiography*, in *Bilan et perspectives des études médiévales en Europe*, Actes du premier congrès européen d'études médiévales (Spoleto, 27-29 mai 1993), sous la dir. de J. Hamesse, Turnhout, Brepols, 1995, pp. 265-276.

Mortensen, L. B., *Comparing and Connecting: The Rise of Fast Historiography in Latin and Vernacular (12th-13th cent.)*, in «Medieval Worlds», 1 (2015), pp. 25-39.

Mortensen, L. B., *The Sudden Success of Prose: A Comparative View of Greek, Latin, Old French and Old Norse*, in «Medieval Worlds», 5 (2017), pp. 3-45.

Morton, N. E., *The Teutonic Knights in the Holy Land, 1190-1291*, Woodbridge, Boydell, 2009.

Munk Olsen, B., *La popularité des textes classiques entre le IX*[e] *et le XII*[e] *siècle*, dans «Revue d'histoire des textes», 14-15 (1984-1985), pp. 169-181.

Murdoch, B., *The Medieval Popular Bible: The Expansion of Genesis in the Middle Ages*, Cambridge, D. S. Brewer, 2003.

Nazet, J., *Les chapitres des chanoines séculiers en Hainaut du XII*[e] *au début du XV*[e] *siècle*, Bruxelles, Académie royale du Belgique, 1993.

Nobel, P., *Écrire dans le Royaume franc: la* scripta *de deux manuscrits copiés à Acre au XIII*[e] *siècle*, dans *Variations Linguistiques:* koiné*, dialectes, français régionaux*, sous la dir. de P. Nobel, Besançon, Presses Universitaires de la Franche-Comté, 2003, pp. 33-52.

Nobel, P., *L'Exode de la Bible d'Acre transcrit dans un manuscrit de l'Histoire ancienne jusqu'à César*, dans *Philologia ancilla litteraturae. Mélanges de philologie et de littérature françaises du Moyen Âge offerts au Professeur Gilles Eckard par ses collègues et anciens élèves*, sous la dir. de A. Corbellari, Y. Greub, M. Uhlig, Genève, Droz, 2013, pp. 195-208.

Nobel, P., *La tradition manuscrite du Livre des Juges transmis dans la Bible d'Acre*, dans *Francofonie medievali. Lingue e letterature gallo-romanze fuori di Francia (sec. XII-XV)*, sous la dir. de A. M. Babbi, C. Concina, Verona, Fiorini, 2016, pp. 275-291.

Nobel, P., *La transmission des Quatre livres des Reis dans une traduction biblique de Terre sainte au temps des croisades*, dans *Croisades? Approches littéraires, historiques et philologiques*, sous la dir. de J.-C. Herbin, M.-G. Grossel, Valenciennes, Presses universitaires de Valenciennes, 2009, pp. 130-164.

Noirfalise, F., *Context-Based Compilation? The Use of the* Histoire ancienne jusqu'à César *and the Function of the* Matière d'Alexandre *in the* Chronique de Baudoin d'Avesnes, in *Medieval Francophone Literary Culture Outside France. Studies in the Moving Word*, ed. by N. Morato, D. Schoenaers, Turnhout, Brepols, 2018, pp. 289-219.

O'Brien, B., *Leis Willelme*, in *The Encyclopedia of British Medieval Literature*, ed. by S. Echard, R. Rouse, 4 voll., Chichester, Wiley-Blackwell, 2017, III, pp. 1167-1169.

The Old English Orosius, ed. by J. Bately, Oxford, Oxford University Press, 2005.

The Old French Johannes Translation of the Pseudo-Turpin Chronicle, ed. by R. N. Walpole, 2 voll., Berkeley-Los Angeles-London, University of California Press, 1976.

Oldfield, P., *Urban Panegyric and the Transformation of the Medieval City, 1100-1300*, Oxford, Oxford University Press, 2019.

Oltrogge, D., *Die Illustrationszyklen zur* Histoire ancienne jusqu'à César *(1250-1400)*, Frankfurt am Main-New York, Peter Lang 1989.

Orobello, G., *Nuove ipotesi sulla produzione e circolazione del manoscritto ambrosiano del* Roman de Troie *(D 55 sup.)*, in «Carte Romanze», 3 (2015), pp. 189-214.

Orosio, *Le storie contro i pagani*, a cura di A. Lippold, 2 voll., Milano, Fondazione Lorenzo Valla - Arnoldo Mondadori Editore, 1976.

Les œuvres de Guiot de Provins, poète lyrique et satirique, éd. par J. Orr, Manchester, Imprimerie de l'Université, 1915.

Ovidio, Heroides. Volgarizzamento fiorentino trecentesco di Filippo Ceffi, I, *Introduzione, testo secondo l'autografo e glossario*, a cura di M. Zaggia, Firenze, SISMEL - Edizioni del Galluzzo, 2009.

The Oxford Psalter (Bodleian MS Douce 320), ed. by I. Short, Oxford, Anglo-Norman Text Society, 2015.

Palermi, M. L., Histoire ancienne jusqu'à César*: forme e percorsi del testo*, in «Critica del testo», 7 (2004), pp. 213-256.

Palumbo, G., *Alberto Varvaro e l'ecdotica: per un glossario antologico*, in «Ecdotica», 12 (2015), pp. 115-155.

Paradisi, G., *La Parola e l'amore. Studi sul Cantico dei Cantici nella tradizione francese medievale*, Roma, Carocci, 2009.

Paradisi, G., *Le passioni della storia. Scrittura e memoria nell'opera di Wace*, Roma, Bagatto, 2002.

Parker, M. E., *"Papa et pecunia": Innocent III's Combination of Reform and Fiscal Policy to Finance Crusades*, in «Mediterranean Historical Review», 32 (2017), pp. 1-23.

Parkes, M. B., *The Influence of the Concepts of* ordinatio *and* compilatio *on the Development of the Book*, in *Medieval Learning and Literature*: *Essays presented to R. R. Hunt*, ed. by J. J. G. Alexander, M. T. Gibson, Oxford, Clarendon press, 1976, pp. 115-141.

Pavlidès, C., *L'Histoire ancienne jusqu'à César (première rédaction): étude de la tradition manuscrite, étude et édition partielle de la section d'histoire romaine*, thèse de doctorat, Paris, École des chartes, 1989.

Peixoto, M., *Maintaining the Past, Securing the Future in the Obituary od the Temple of Reims*, in «Viator», 45 (2014), pp. 211-236.

Peixoto, M., *The Possible Ties of Lord Baldwin, Called Akarins: An Exploration of Social Rank and the Expansion of Templar Patronage in Thirteenth-Century Reims*, in «Medieval Prosopography», 34 (2019), pp. 119-150.

Perman, R. C. P., *Henri d'Arci, the shorter works*, in *Studies in Medieval French Presented to Alfred Ewert in Honour of his Seventieth Birthday*, Oxford, Clarendon Press, 1961, pp. 279-321.

Perriccioli Saggese, A., *Un codice bolognese alla corte angioina di Napoli: l'*Histoire ancienne *di Chantilly appartenuta a Guy de Montfort e il problema della Bibbia di Corradino*, in *Napoli e l'Emilia: studi sulle relazioni artistiche*, a cura di A. Zezza, Napoli, Luciano, 2008, pp. 19-30.

Perriccioli Saggese, A., *Riflessi delle crociate nella committenza di un manoscritto miniato destinato a Carlo I d'Angiò*, in *Medievo: i committenti*, Atti del Convegno internazionale di studi (Parma, 21-26 settembre 2010), a cura di A. C. Quintavalle, Electa, Milano, 2011, pp. 570-574.

Petit, A., *Naissances du roman. Les techniques littéraires dans les romans antiques du XII*[e] *siècle*, Paris-Genève, Champion-Slatkine, 1985.

Pierre de Beauvais, *La vie de Saint Eustache*, a cura di M. Badas, Bologna, Pàtron, 2009.

Pilati, F., *I volgarizzamenti italiani dei* Faits des Romains. *Indagini sulle versioni "ampia", "breve" e "intermedia"*, in «Studi di filologia italiana», 79 (2021), pp. 49-94.

Pinche, A., Camps, J.-B., Clérice, T., *Stylometry for Noisy Medieval Data: Evaluating Paul Meyer's Hagiographic Hypothesis*, in *Digital Humanities Conference 2019 - DH2019, ADHO*, Utrecht, July 2019 (online: https://arxiv.org/abs/2012.03845; ultimo accesso: 29 maggio 2022).

Polheim, K., *Die Lateinische Reimprosa*, Berlin, Weidmannsche, 1925.

Pollard, R. M., *Flavius Josephus: the Most Influential Classical Historian of the Early Middle Ages*, in *Writing in the Early Medieval West. Essays in Honor of Rosamond McKitterick*, Cambridge, Cambridge University Press, 2018, pp. 14-35.

Poureshagh, P. S., *Critical edition of the Anglo-Norman Rhymed Translation of the* Vitas Patrum *Dedicated to the Templar Henri d'Arci*, 2 voll., PhD dissertation, University of Edinburgh, 1977 (online: https://era.ed.ac.uk/handle/1842/17795; ultimo accesso: 29 maggio 2022).

Li proverbe au vilain, hrsg. von A. Tobler, Leipzig, Hirzel, 1895.

Li quatre Livre des Reis, hrsg. von E. R. Curtius, Dresden, Niemeyer, 1911.

Rachetta, M. T., *Brunetto Latini, la storia universale e la letteratura francese di matrice erudita del primo XIII secolo*, in *Dante e la cultura fiorentina. Bono Giamboni,*

Brunetto Latini e la formazione intellettuale dei laici, a cura di Z. G. Barański, T. J. Cachey Jr., L. Lombardo, Roma, Salerno, 2019, pp. 101-133.

Rachetta, M. T., *I discorsi e le storie. Sulla sezione retorica del* Tresor *di Brunetto Latini*, in *Filologicamente VIII: "La voie de prose". La materia antica nel romanzo francese in prosa medievale*, a cura di J. Fois, Bologna, Bologna University Press, 2022, pp. 141-155.

Rachetta, M. T., *From Saint-Denis to Béthune: The* Chronique française des rois de France *by the Anonymous of Béthune and its Textual Background*, in «Medium Ævum», 86 (2017), pp. 299-322.

Rachetta, M. T., Lignage *e* nacïon*, Storia, allegoria e analogia nelle Bibbie in versi del XII secolo francese*, in *Confini e Parole. Identità e alterità nell'epica e nel romanzo medievali*, Atti del Convegno (Roma, 21-22 settembre 2017), a cura di A. Perrotta, L. Mainini, Roma, Sapienza Università Editrice, 2019, pp. 49-89.

Rachetta, M. T., *Storia universale e retorica volgare nell'*Histoire ancienne jusqu'à César, in *Les chroniques et l'histoire universelle. France et Italie (XIIIe-XIVe siècles)*, sous la dir. de F. Montorsi, F. Maillet, M. Albertini, S. Ferrilli, Paris, Classiques Garnier, 2021, pp. 37-61.

Rachetta, M. T., *Sulla sezione storica del* Tresor*: Brunetto Latini e l'*Histoire ancienne jusqu'à César, in «Medioevo Romanzo», 42 (2018), pp. 284-311.

Rachetta, M. T., *Sull'*Histoire ancienne jusqu'à César*: le origini della versione abbreviata; il codice Wien ÖNB cod. 2576. Per la storia di una tradizione*, in «Francigena», 5 (2019), pp. 27-57.

Rachetta, M. T., *Transmettre et reconstruire: la tradition manuscrite de la* Bible *d'Herman de Valenciennes*, dans «Romania», 136 [2018], pp. 261-299.

Ramello, L., *Per un'edizione della versione* Johannes *dell'*Historia Karoli Magni et Rotholandi, in «Revista de literatura medieval», 31 (2019), pp. 217-233.

Raugei, A. M., *La Genesi di Évrat: un problema di doppia redazione*, in «Studi mediolatini e volgari», 54 (2008), pp. 179-210.

Ravenhall, H., *All Roads Lead to Rome: Revisiting the Pairing of the* Histoire ancienne jusqu'à César *and the* Faits des Romains *in the Thirteenth Century*, in «Romania», 139 (2021), pp. 5-36.

Ravenhall, H., *The Anachronic Manuscript: Voices of the Past in BnF fr. 17177*, Phd Thesis, King's College London, 2020.

Ravenhall, H., *The Date, Author, and Context of the Roman de Silence: A Reassessment*, in «Medium Ævum», 91 (2022), pp. 80-99.

Raynaud de Lage, G., *L'Histoire ancienne jusqu'à César et les Faits des Romains*, in Id., *Les premiers romans français et autres études littéraires et linguistiques*, Genève, Droz, 1976, pp. 5-13 (originariamente in «Le Moyen Âge», 55 [1949], pp. 5-16).

Rebuffi, C., *Il* Bestiaire *di Pierre de Beauvais. A proposito di una recente edizione*, in «Medioevo Romanzo», 5 (1978), pp. 34-65.

Rector, G., *Courtly Romance, the Vernacular Psalms, and Generic Contrafaction*, in «Viator», 45 (2014), pp. 117-147.

Rector, G., *The* romanz *Psalter in England and Northern France in the Twelfth Century: Production,* mise-en-page*, and Circulation*, in «The Journal of the Early Book Society for the Study of Manuscripts and Printing History», 13 (2010), pp. 1-38

Les rédactions en vers de la Prise d'Orange, éd. par C. Régnier, Paris, Klincksieck, 1966.

Le redazioni C e D del Charroi de Nimes*. Edizione critica*, a cura di S. Luongo, Napoli, Liguori, 1992.

Richard, J., *Pouvoir royal et patriarcat au temps de la Cinquième Croisade, à propos du rapport du patriarche Raoul*, dans «Crusades», 2 (2003), pp. 109-119.

Rochebouet, A., *De la Terre sainte au Val de Loire: diffusion et remaniement de l'Histoire ancienne jusqu'à César au XVe siècle*, dans «Romania», 134 (2016), pp. 169-203.

Rochebouet, A., *Organiser une histoire universelle: effets de lecture et dispositifs visuels et textuels dans quelques manuscrits de l'Histoire ancienne jusqu'à César*, dans *Les chroniques et l'histoire universelle. France et Italie (XIIIe-XIVe siècles)*, sous la dir. de F. Montorsi, F. Maillet, M. Albertini, S. Ferrilli, Paris, Classiques Garnier, 2021, pp. 63-84.

Rochebouet, A., *Réécrire l'histoire de Troie. La cinquième prose du Roman de Troie, compilation et création*, Paris, Classiques Garnier, 2022

Rodríguez Porto, R., *Beyond the Two Doors of Memory: Intertextualities and Intervisualities in Thirteenth-Century Illuminated Manuscripts of the* Roman de Troie *and the* Histoire ancienne, in *Memory and Commemoration in Medieval Culture*, ed. by E. Brenner, M. Cohen, M. Franklin-Brown, Farnham, Ashgate 2013, pp. 66-76.

Rolland, P., *Les origines légendaires de Tournai (étude critique)*, dans «Revue belge de philologie et d'histoire», 25 (1946), pp. 555-581.

Le roman de Barlaam et Josaphat, éd. par J. Sonet, 2 voll., Namur-Paris, Bibliothèque de la Faculté de Philosophie et Lettres-Vrin, 1949-1950.

Le roman de Jules César, éd. par O. Collet, Genève, Droz, 1993.

Le roman de Rou de Wace, éd. par A. J. Holden, 3 voll., Paris, Picard, 1970-1973.

Le roman de Thèbes, éd. par L. Constans, 2 voll., Paris, Firmin Didot, 1890.

Le roman de Thèbes. Manuscrit A (BnF, fr. 375), éd. par L. Di Sabatino, Paris, Classiques Garnier, 2016.

Le roman de Troie en prose. Prose 5, éd. par A. Rochebouet, Paris, Classiques Garnier, 2021.

Roncaglia, Au., *Roland e il peccato di Carlomagno*, in *Symposium in honorem prof. M. de Riquer*, Barcelona, Quaderns Crema, 1986, pp. 315-316 (ora in Id., *Epica francese medievale*, a cura di A. Ferrari, M. Tyssens, Roma, Edizioni di storia e letteratura, 2012, pp. 75-105).

Roques, G., rec. *Histoire ancienne jusqu'à César (Estoires Rogier)*, éd. par M. Visser-van Terwisga, dans «Revue de linguistique romane», 65 (2001), pp. 285-286.

Rouse, R. H., Rouse, M. A., *French Literature and the Counts of Saint-Pol, ca. 1178-1377*, in «Viator», 41 (2010), pp. 101-140.

Rouse, R. H., Rouse, M. A., *Manuscripts and Their Makers: Commercial Book Producers in Medieval Paris 1200-1500*, 2 voll., London-Turnhout, Harvey Miller-Brepols, 2000.

Rubin, J., *Learning in a Crusader City. Intellectual Activity and Intercultural Exchanges in Acre, 1191-1291*, Cambridge, Cambridge University Press, 2018.

Ruby, C., *Les psautiers bilingues latin/français dans l'Angleterre du XIIe siècle. Affirmation d'une langue et d'une écriture*, dans *Approches du bilinguisme latin-français au Moyen Âge. Linguistique, codicologie, esthétique*, sous la dir. de S. Le Briz, G. Veysseyre, Turnhout, Brepols, 2010.

Rüdiger, J., *"Éviter le mot": langages politiques au Moyen Âge*, dans *La légitimité implicite*, sous la dir. de J.-Ph. Genet, Paris-Rome, Éditions de la Sorbonne-École française de Rome, 2017, pp. 257-268.

Santini, G., *Un nuovo frammento manoscritto di un miracolo di Gautier de Coinci*, in «Studj Romanzi», nuova serie, 1 (2005), pp. 89-104.

Schenk, J., *Aspects and Problems of the Templars' Religious Presence in Medieval Europe from the Twelfth to the Early Fourteenth century*, in «Traditio», 71 (2016), pp. 273-302.

Schenk, J., *Templar Families: Landowning Families and the Order of the Temple in France, c. 1120-1307*, Cambridge, Cambridge University Press, 2012.

Schiesaro, A., *Il destinatario discreto. Funzioni didascaliche e progetto culturale nelle Georgiche*, in *Mega nepios: Il destinatario nell'epos didascalico*, a cura di A. Schiesaro, P. Mitsis, J. Strauss Clay, Pisa, Giardini, 1993, pp. 129-147.

Schulze-Busacker, E., *Les sources des Proverbes au Vilain réexaminées à l'aide du* Thesaurus Proverbiorum Medii Aevi, in «Romance Philology», 65 (2011), pp. 247-332.

Segre, C., *Lachmann et Bédier. La guerre est finie*, dans *Actes du XXVII*[e] *Congrès international de linguistique et de philologie romanes (Nancy, 15-20 juillet 2013), Allocutions d'ouverture, conférences plénières, tables rondes, conférences grand public*, sous la dir. de É. Buchi, J.-P. Chaveau, Y. Greub, J.-M. Pierrel, Nancy, ATILF, 2015, pp. 15-27 (online: https://web-data.atilf.fr/ressources/cilpr2013/actes/section-0/0_2_1_CILPR-2013-Conference-pleniere-Segre.pdf; ultimo accesso: 29 maggio 2022).

Servii Grammatici qui feruntur in Vergilii carmina commentarii, ed. G. Thilo et H. Hagen, 3 voll., Lipsia, Teubner, 1881.

Servius, *Commentaire sur l'Éneide de Virgile, Livre VI, Commentarius*, éd. par E. Jeunet-Mancy, Paris, Las Belles Lettres, 2017.

Short, I., *Patrons and Polyglots: French Literature in Twelfth-Century England*, in «Anglo-Norman Studies», 14 (1991), pp. 229-249.

Short, I., *Three Anglo-Norman Kings. The Lives of William the Conqueror and Sons by Benoît de Sainte-Maure*, Toronto, Pontifical Institute of Medieval Studies, 2018.

Short, I., *Vernacular Manuscripts I: Britain and France*, in *The European Book in the Twelfth Century*, ed. by E. Kwakkel, R. Thompson, Cambridge, Cambridge University Press, 2018, pp. 311-326.

Short, I., rec. *Poème anglo-normand sur l'Ancien Testament*, éd. par P. Nobel, dans «Cahiers de civilisation médiévale», 161 (1998), pp. 82-84.

Short, I., Careri, M., Ruby, C., *Les psautiers d'Oxford et de Saint Albans: liens de parenté*, dans «Romania», 128 (2010), pp. 29-45.

Shortell, E. M., *"The Widows' Money" and Artistic Integration in the Axial Chapel of Saint-Quentin*, in *The Four Modes of Seeint: Approaches to Medievale Imagery in Honor of Madeline Harrison Caviness*, ed. by E. Staudinger Lane, E. Carson Pastan, E. M. Shortell, Abingdon-New York, Routledge, 2016, pp. 217-238.

Signorini, M., *Aspetti codicologici e paleografici della produzione di manoscritti in lingua provenzale (secc. XIII-XIV)*, in *I trovatori nel Veneto e a Venezia*, Atti del Convegno Internazionale (Venezia, 28-31 ottobre 2004), a cura di G. Lachin, Padova, Antenore 2008, pp. 279-303.

Sijen, G. P., *Les œuvres de Philippe de Harveng, abbé de Bonne-Espérance*, in «Analecta Praemonstratensia», 15 (1939), pp. 129-166.

Sinclair, K. V., *The Translations of the* Vitas patrum, Thäis, Antichrist, *and* Vision de saint Paul *made for Anglo-Norman Templars: Some Neglected Literary Considerations*, in «Speculum», 72 (1997), pp. 741-762.

Sinex, M., *Echoic Irony in Walter Map's Satire against the Cistercians*, in «Comparative Literature», 54 (2002), pp. 275-290.

Sleiderink, R., *From Francophile to Francophobe: The Changing Attitude of Medieval Dutch Authors Towards French Literature*, in *Medieval Multilingualism: The Francophone world and its Neighbours*, ed. by C. Kleinhenz, K. Busby, Turnhout, Brepols, 2010, pp. 127-143.

Smolak, K., *Two 12th-century Commentaries on Martianus Capella and Virgil*, in «Wiener Studien», 126 (2013), pp. 249-260.

Sneyders de Vogel, K., *La date de la composition des Faits des Romains*, dans «Neophilologus», 17 (1932), pp. 213-214.

Sneyders de Vogel, K., *La date de la composition des Faits des Romains précisée*, dans «Neophilologus», 17 (1932), p. 271.

Southern, R. W., *Medieval Humanism*, Oxford, Blackwell, 1970

Southern, R. W., *Scholastic Humanism and the Unification of Europe*, I, *Foundations*, Oxford, Blackwell, 1995.

Southern, R. W., *Scholastic Humanism and the Unification of Europe*, II, *The Heroic Age*, Oxford, Blackwell, 2001.

Spiegel, G. M., *The* Reditus Regni ad Stirpem Karoli Magni*: A New Look*, in «French Historical Studies», 7 (1971), pp. 145-174 (ora in Ead., *The Past as Text. The Theory and Practice of Medieval Historiography*, Baltimore-London, Johns Hopkins University Press, 199, pp. 111-137).

Spiegel, G. M., *Romancing the Past. The Rise of Vernacular Prose Historiography in Thirteenth-Century France*, Berkeley-Los Angeles-London, University of California Press, 1993.

Stella, F., *La poesia carolingia latina a tema biblico*, Spoleto, Centro italiano di studi sull'Alto Medioevo, 1993.

Stella, F., *Riletture e riscritture bibliche: funzione della poesia esegetica e tipologie di trasmissione dei testi*, in *Scrivere e leggere nell'alto medioevo* (Spoleto, 28 aprile-4 maggio 2011), 2 voll., Spoleto, Centro italiano di studi sull'Alto Medioevo, 2012, II, pp. 993-1041.

Stempel, W. D., *Pour une description des genres littéraires*, dans *Actele celui de-al XII-lea Congres Internațional de de Linguistică și Filologie Romanică*, Bucarești, Editura Academiei Republicii Socialiste Romanicâ, 1971, II, pp. 565-570.

Stirnemann, P., *Dating, Placing and Illumination*, in «Journal of the Early Book society for the Study of Manuscripts and Printing History», 11 (2008), pp. 155-166.

Stirnemann, P., *Paris, BN, MS lat. 8846 and the Eadwine Psalter*, in *The Eadwine Psalter: Text, Image and Monastic Culture in Twelfth-Century Canterbury*, ed. by. M. Gibson, T. A. Heslop, R. W. Pfaff, London-University Park (PA), MHRA-Pennsylvania State University Press, 1992.

Stirnemann, P., *Some Champenois Vernacular Manuscripts and the Manerius Style of Illumination*, in *Les Manuscrits de Chrétien de Troyes / The Manuscripts of Chrétien de Troyes*, ed by K. Busby, T. Nixon, A. Stones, L. Walters, 2 voll., Amsterdam, Rodopi, 1993, I, pp. 195-226.

Stock, B., *A Note on Thebaid Commentaries: Paris, B. N., lat 3012*, in «Traditio», 27 (1971), pp. 468-471.

Stoll, J., *Imagining Troy. Fictions of Translation in Medieval French Culture*, PhD dissertation, King's College London, 2014.

Stones, A., *Two French Manuscripts: WLC/LM/6 and WLC/LM/7*, in *The Wollaton Medieval Manuscripts: Texts, Owners and Readers*, ed. by R. Hannah, T. Turville-Petre, Woodbridge, York Medieval Press - Boydell and Brewer - Centre for Medieval Studies, University of York, 2010, pp. 41-56.

Stout, J., *L'auteur au temps du recueil. Repenser l'autorité et la singularité poètiques dans les premiers manuscrits à collections auctoriales de langue d'oïl (1110-1340)*, these de Doctorat, Université de Montréal, 2020.

Syrovy, D., *Translation, Transmission, Irony: Benoît de Sainte-Maure and the Trope of the Fictional Source Text in Western Literature before Cervantes*, in *Taking Stock – Twenty-Five Years of Comparative Literary Research*, ed. by N. Bachleitner, A. Hölter, J. A. McCarthy, Leiden-Boston, Brill-Rodopi, 2020, pp. 447-492.

Szkilnik, M., *Écrire en vers, écrire en prose. Le choix de Wauchier de Denain*, dans «Romania», 107 (1986), pp. 209-230.

Szkilnik, M., *Wauchier compilateur, traducteur, et auteur?*, dans *Wauchier de Denain, polygraphe du XIIIe siècle*, sous la dir. de S. Douchet, Aix-Marseille, Presses Universitaires de Provence, 2015, pp. 61-73.

Tagliani, R., *"Et terre et fame tient por soe" (v. 1614). Considerazioni sul* Roman d'Eneas, in *Il Medioevo degli antichi. I romanzi francesi della "Triade classica"*, a cura di A. D'Agostino, Milano, Mimesis, 2013, pp. 139-166.

Tanniou, F., *Troie, sur le chemin des croisades (XIIe-XIVe siécle)*, dans «Atlantide. Cahiers de l'EA 4276», 2 (2014), pp. 1-16.

Thompson, J. J., *From the Translator's Worktable to the Predicator's Lectern: The Work of a Thirteenth-Century Author, Wauchier de Denain*, PhD dissertation, Yale University, 1993.

Thompson, J. W., *The Literacy of the Laity in the Middle Ages*, New York, Franklin, 1960.

Thompson, J. J., *The Recent Discovery of a Collection in Early French Prose: Wauchier de Denain's* Li seint confessor, in «Romance Notes», 38 (1998), pp. 121-132.

Toth, P., *La vision du Christ dans le Jardin de Gethsemani: un dialogue pseudo-apocryphe comme exemplum théologique*, dans *Formes dialogues dans la littérature exemplaire du Moyen Âge*, sous la dir. de M.-A. Polo de Beaulieu, Paris, Champion, 2011, pp. 427-441.

Trachsler, R., *L'histoire au fil des siècles. Les différentes rédactions de l'Histoire ancienne jusqu'à César*, dans *Transcrire et/ou traduire. Variation et changement linguistique dans la tradition manuscrite des textes médiévaux*, sous la dir. de R. Wilhelm, Heidelberg, Winter, 2013, pp. 77-95.

Trotter, D., *"Deinz certeins boundes": Where does Anglo-Norman Begin and End?*, in «Romance Philology», 67 (2013), pp. 139-177.

Le Turpin français, dit le Turpin I, ed. by R. N. Walpole, Toronto-Buffalo-London, University of Toronto Press, 1985.

Tyssens, M., *Le geste de Guillaume d'Orange dans les manuscrits cycliques*, Paris, Les Belles Lettres, 1967.

Tyssens, M., *Le jongleur et l'écrit*, in ead., *"La Tierce Geste qui molt fist a prisier". Études sur le cycle des Narbonnais*, Paris, Classiques Garnier, 2011, pp. 31-44.

Uitti, K. D. *Story, Myth and Celebration in Old French Narrative Poetry, 1050-1200*, Princeton, Princeton University Press, 1973.

Vanderputten, S., *Universal Historiography as Process? Shaping Monastic Memories in the Eleventh-Century Chronicle Of Saint-Vaast*, in *Universal Chronicles in the High Middle Ages*, ed. by M. Campopiano, H. Bainton, York, York Medieval Press, 2017, pp. 43-64.

Varvaro, A., *La centralità della Francia nella letteratura medievale*, in «Medioevo Romanzo», 34 (2010), pp. 241-263.

Varvaro, A., *Considerazioni sulla contaminazione, sulle varianti adiafore e sullo* stemma codicum, in *Storia della lingua e filologia*, a cura di C. Ciociola, Firenze, Cesati, 2010, pp. 191-196.

Varvaro, A., *Le corti anglo-normanne e francesi*, in *Lo spazio letterario del Medioevo. Il Medioevo volgare. La produzione del testo*, II, a cura di P. Boitani, M. Mancini, A. Varvaro, Roma, Salerno, 2001, pp. 253-301.

Varvaro, A., *Élaboration des textes et modalités du récit dans la littérature française médiévale*, dans «Romania», 119 (2001), pp. 1-75.

Ventura, S., *La grammatica delle frasi relative introdotte da o(u) ens e il rapporto tra anglo-normanno e varietà continentali (testo, sintassi, lessico)*, in corso di pubblicazione.

Ventura, S., *The Manuscripts of the First Redaction of the* Histoire ancienne jusqu'à César *(13th century): Textual Variation and Linguistic Coding*, in «Medioevo Romanzo», 41 (2017), pp. 316-363.

Il viaggio di Carlomagno in Oriente, a cura di M. Bonafin, Parma, Pratiche, 1987.

Videsott, P., *Le plus ancien document français de la prévôté de Paris. Édition et considérations historico-linguistiques*, dans «Medioevo Romanzo», 44 (2020), pp. 281-304.

Vielliard, F., *La traduction du* De excidio Troiae *de Darès le Phrygien par Jean de Flixecourt*, dans *Medieval Codicology, Iconography, Literature, and Translation. Studies For Keith Val Sinclair*, sous la dir. de P. Rolfe Monks, D. D. R. Owen, Leiden-New York-Köln, Brill, 1994, pp. 284-295.

Virgilio, *Eneide*, a cura di E. Paratore, L. Canali, 6 voll., Milano, Fondazione Lorenzo Valla - Arnoldo Mondadori Editore, 1978-1984.

Warlop, E., *The Flemish Nobility before 1300*, 4 voll., Kortijk, Desmet-Huysman, 1976.

Watson, A., *The Early Iconography of the Tree of Jesse*, London, Oxford University Press-Humphrey Milford, 1934.

Wauchier de Denain, *La vie mon seigneur seint Nicholas le beneoit confessor*, éd. par J. J. Thompson, Genève, Droz, 1999.

Wauchier de Denain, *La vie seint Marcel de Lymoges*, éd. par M. Lynde-Recchia, Genève, Droz, 2005.

Weiler, B., *How Unusual was Matthew Paris? The Writing of Universal History in Angevin England*, in *Universal Chronicles in the High Middle Ages*, ed. by M. Campopiano, H. Bainton, York, York Medieval Press, 2017, pp. 199-222.

Weiss, D. H., *The Old Testament Image and the Rise of Crusader Culture in France*, in *France and the Holy Land: Frankish Culture at the End of the Crusades*, ed. by D. H. Weiss, L. Mahoney, Baltimore-London, John Hopkins University Press, 2004, pp. 3-21.

Williams, E., *Two Manuscripts of the* Faits des Romains *in Angevin Italy*, in «Italian Studies», 72 (2017), pp. 157-176.

Woledge, B., *Un emploi du verbe être en ancien français:* fustes fiz Boeve *'vous êtes fils de Beuve'*, dans *Mélanges de linguistique romane et de philologie médiévale offerts à Maurice Delbouille*, sous la dir. de J. Renson, M. Tyssens, 2 voll., Gembloux, Duculot, 1964, II, pp. 749-756.

Woledge, B., *Encore des manuscrits des Faits des Romains*, dans «Neophilologus», 24 (1939), pp. 39-42.

Woledge, B., *La légende de Troie et les débuts de la prose française*, dans *Mélanges de linguistique et de littérature romanes offerts à Mario Roques*, 2 voll., Bade-Paris, Arts et sciences-Didier, 1953, II, pp. 313-324.

Woledge, B., Clive, H. P., *Répertoire des plus anciens textes en prose française depuis 842 jusqu'aux premières années du XIIIe siècle,* Genève, Droz, 1964.

Wollensen, J. T., *Acre or Cyprus? A New Approach to the Crusader Painting Around 1300*, Berlin, Akademie Verlag, 2013.

Zinelli, F., *Attrito, resistenza e fluidità nella ricodificazione linguistica dei testi romanzi (con particolare attenzione alle tradizioni in contatto)*, in *Innovazione linguistica e storia della tradizione. Casi di studio romanzi e medievali*, a cura di S. Resconi, D. Battagliola, S. De Sanctis, Milano, Mimesis, 2020, pp. 67-104.

Zinelli, F., *Au carrefour des traditions italiennes et méditerranéennes. Un légendier français et ses rapports avec l'Histoire ancienne jusqu'à César et les Faits des romains*, dans *L'agiografia volgare. Tradizioni di testi, motivi e linguaggi*, Atti del congresso internazionale (Klagenfurt, 15-16 gennaio 2015), sous la dir. de E. de Roberto, R. Wilhelm, Heidelberg, Winter, pp. 63-131.

Zinelli, F., *I codici francesi di Genova e Pisa: elementi per la definizione di una* scripta, in «Medioevo Romanzo», 39 (2015), pp. 82-127.

Zinelli, F., *De la France-Italie à l'Italo-France (ou de l'histoire littéraire comme délocalisation)*, dans *Transferts culturels franco-italiens au Moyen Âge / Trasferimenti culturali italo francesi*, sous la dir. de R. Antonelli, J. Ducos, C. Galderisi, A. Punzi, Turnhout, Brepols, 2020, pp. 169-199.

Zinelli, F., *Les històries franceses de Troia i d'Alexandre a Catalunya i a Ultramar*, in «Mot so razo», 12 (2013), pp. 7-18.

Zinelli, F., *Inside/Outside Grammar: The French of Italy Between Structuralism and Trends of Exoticism*, in *Medieval Francophone Literary Culture Outside France: Studies in the Moving Word*, ed. by N. Morato and D. Schoenaers, Turnhout, Brepols, 2019, pp. 31-72.

Zinelli, F., "*je qui li livre escrive de letre en vulgal": scrivere il francese a Napoli in età angioina*, in *Boccaccio angioino. Materiali per la storia culturale di Napoli nel Trecento*, a cura di G. Alfano, T. D'Urso, A. Perriccioli Saggese, Bruxelles, Peter Lang, 2012, pp. 149-170.

Zinelli, F., *Traditions manuscrites d'Outremer (Tresor, Sidrac, Histoire ancienne jusqu'à César)*, in *En français hors de France. Textes, livres, collections du Moyen Âge*, sous la dir. de F. Zinelli, S. Lefèvre, Strasbourg, Éditions de Linguistique et de Philologie, 2021, pp. 59-107.

Zink, M., *La prédication en langue romane avant 1300*, Paris, Champion, 1976.

Indice dei nomi e delle opere anonime

Indice dei manoscritti

Finito di stampare
nel mese di novembre 2022
da The Factory srl
Roma

ENDORSEMENTS

This book is pure fire! David Herzog carries such an incredible spirit of wisdom and revelation that will position believers for the greatest awakening and harvest season the world has ever seen. The pages of this book are filled with rich prophetic insights on accessing the glory of God, working with angel armies, understanding the times in the nations, and aligning with God's divine purposes for breakthrough, restoration, and transformation in the last days. As you read, wake up and be set on fire!

Jane Hamon
Vision Church @ Christian International Apostle
Conference Speaker
Author of *Confronting the Thief*, *Discernment*, *Declarations for Breakthrough*, *Dreams and Visions*, and *The Deborah Company*

All the signs around us reveal we are in the last of the last days. Although shaking will intensify, the greatest outpouring of God's Spirit is about to descend upon us. *Glory and the End Times* will help you get in the game and prepare you to fulfill your role in God's end-time plan.

Jonathan Bernis
CEO, Jewish Voice Ministries, Int.